Kohlhammer

Der Autor

Andreas Nöthen (Jahrgang 1973) ist Journalist sowie Buchautor und ausgewiesener Experte für Brasilien. Der vorliegende Band ist das insgesamt vierte Buch, in dem er sich mit dem größten Land Südamerikas beschäftigt. Er lebte einige Jahre mit seiner Familie in Rio de Janeiro, wo er als freier Korrespondent für diverse deutschsprachige Medien das politische Geschehen begleitete – vom Amtsenthebungsverfahren Dilma Rousseffs bis zum Beginn der Amtszeit Bolsonaros.

Nöthen studierte in seiner Geburtsstadt Bonn und in Manchester/UK Anglistik und Geographie, lernte das journalistische Handwerk als Redakteur bei Tageszeitungen. Er war freier Journalist und hatte einige Jahre einen Lehrauftrag an der Fachhochschule in Darmstadt. Aktuell arbeitet er als Pressesprecher und Autor. Brasilien, das er regelmäßig bereist, bildet nach wie vor seinen Tätigkeits- und Rechercheschwerpunkt. (Foto: Martina Seitz)

Andreas Nöthen

Brasilien

Gesellschaft – Kultur – Politik

Verlag W. Kohlhammer

Dieses Werk einschließlich aller seiner Teile ist urheberrechtlich geschützt. Jede Verwendung außerhalb der engen Grenzen des Urheberrechts ist ohne Zustimmung des Verlags unzulässig und strafbar. Das gilt insbesondere für Vervielfältigungen, Übersetzungen, Mikroverfilmungen und für die Einspeicherung und Verarbeitung in elektronischen Systemen.

Es konnten nicht alle Rechtsinhaber von Abbildungen ermittelt werden. Sollte dem Verlag gegenüber der Nachweis der Rechtsinhaberschaft geführt werden, wird das branchenübliche Honorar nachträglich gezahlt.

Dieses Werk enthält Hinweise/Links zu externen Websites Dritter, auf deren Inhalt der Verlag keinen Einfluss hat und die der Haftung der jeweiligen Seitenanbieter oder -betreiber unterliegen. Zum Zeitpunkt der Verlinkung wurden die externen Websites auf mögliche Rechtsverstöße überprüft und dabei keine Rechtsverletzung festgestellt. Ohne konkrete Hinweise auf eine solche Rechtsverletzung ist eine permanente inhaltliche Kontrolle der verlinkten Seiten nicht zumutbar. Sollten jedoch Rechtsverletzungen bekannt werden, werden die betroffenen externen Links soweit möglich unverzüglich entfernt.

Titelbild:
Watercolor brasil flag splash. PicItUp – stock.adobe.com

Zusatzmaterial online unter https://dl.kohlhammer.de/978-3-17-043773-9

1. Auflage 2024

Alle Rechte vorbehalten
© W. Kohlhammer GmbH, Stuttgart
Gesamtherstellung: W. Kohlhammer GmbH, Stuttgart

Print:
ISBN 978-3-17-043773-9

E-Book-Format:
pdf: ISBN 978-3-17-043774-6

Für den Inhalt abgedruckter oder verlinkter Websites ist ausschließlich der jeweilige Betreiber verantwortlich. Die W. Kohlhammer GmbH hat keinen Einfluss auf die verknüpften Seiten und übernimmt hierfür keinerlei Haftung.

Inhaltsverzeichnis

Einleitung		9
1.	Bolsonaro und der neue Konservatismus	13
	Nährboden für den Rechtsruck: Die dreifache Krise	15
	Bolsonaros Widersprüche stören die Anhänger nicht	16
	Bolsonaros Wähler: eine kleine Typologie	17
	Merkmale des Bolsonarismus	19
	Politikansatz wie zur Zeit der Militärdiktatur	20
	Was hätten vier weitere Jahre Bolsonaro bewirkt?	22
2.	Frauen in der Politik	27
	1933: Die erste weibliche Abgeordnete wird gewählt	27
	2010: Die erste Präsidentin wird gewählt	30
	Der Fall Marielle Franco	32
	Harte Bandagen: Frauen pro Bolsonaro	35
	Die Rolle der *primeiras damas*	37
3.	Und immer wieder die Korruption	39
	Die Anfänge Brasiliens – und der Korruption	40
	Nicht mehr das ganze System, sondern das Individuum	44
	Korruption in der Demokratie	46
	Erosion des Vertrauens in die Politik	48
	Lava Jato	50
	Institutionalisierte Korruption	53
4.	Ein tierisches Kulturgut – *Jogo do bicho* oder wie aus Spaß Ernst wurde	56
	Die Geschäftsidee verselbständigt sich	57
	Die Bicheiros und die Sambaschulen	58
	Das organisierte Verbrechen hält Einzug	59
5.	Der Sound der Großgrundbesitzer – *Sertanejo*	63
	Wenn die Partymusik politisch wird	66
	Musik als politisches Instrument im Kulturkampf	68
6.	Deindustrialisierung – warum Brasilien immer wieder den Anschluss verpasst	70
	Politische Reaktionen und Aktionen	75

	In der Krise Rückkehr zum Rohstofflieferanten	77
	Der Sonderaspekt des „Custo Brasil"	79
7.	Evangelikale – im Namen des Herrn?	82
	Glaubensmehrheit wandelt sich	83
	Viele Kirchen buhlen um die Gläubigen	84
	Selfmade-Bischof und Medienmogul Edir Macedo	85
	Bancada Bíblia – der politische Arm der Pfingstkirchen	91
8.	Rassismus und der Mythos von der Rassendemokratie	96
	Der Mythos von der Rassendemokratie	104
	Zufluchtsorte Quilombos – wie sich die Ungleichheit fortsetzt	106
	Rassismus im TV	110
	Polizeigewalt – Alte Denkmuster, neues Handeln	111
9.	Rechtsfreie Räume – Milizen, Drogenbanden und Rechtsstaatlichkeit	116
	Informelle Strukturen – die Drogenbanden	121
	Das Primeiro Comando do Capital – der mächtige Konkurrent	125
	Milizen	130
	Milizen werden zum öffentlichen Diskussionsthema	133
	Bolsonaro und die Milizen	136
10.	WhatsApp und Co. entscheiden die Wahl	140
	Wahlkampf erstmals verstärkt im Internet	140
	Fake News und Desinformation	144
	Stunde der alternativen Medien – Strukturen werden sichtbar	147
	Neuere Trends und Wege der Kommunikation	151
11.	Außenpolitik – Zwischen Abhängigkeit und Führungsanspruch	155
	Zurück auf der Weltbühne	158
	Brasilien und die USA	160
	Regionale Integration Brasiliens	162
	Vernachlässigte historische Bande: Brasilien und die EU	166
	Brasilien und die Süd-Süd-Verbindungen	168
	Bolsonaro bricht mit brasilianischer Verlässlichkeit	172
12.	Von Menschenfressern und Auswandererströmen – Brasilien und Deutschland	175
	Mit den „Entdeckern" kamen auch die ersten Deutschen	176
	19. Jahrhundert – In der Not wird Brasilien Ort der Hoffnung	180
	20. Jahrhundert – Schutz vor Krieg und Strafverfolgung	184

	Opfer und Täter leben Tür an Tür	185
	Wie Naziverbrecher über die Rattenlinie nach Brasilien kamen	187
13.	Amazonien – Naturraum mit globaler Bedeutung	191
	Ursprünglicher Lebensraum	192
	Ewiger Zankapfel und strategisch wichtige Region	194
	Gefährliches Terrain	198
	Der Fall Dom Phillips und Bruno Pereira	201
	Was tun für die Rettung Amazoniens?	202
14.	Bleibt Brasilien das ewige Land der Zukunft?	208
Anmerkungen		213
Ausgewählte Literatur		236
Abkürzungsverzeichnis		239
Abbildungsverzeichnis		242

Ein Personenverzeichnis und ein detailliertes Literaturverzeichnis finden Sie im Zusatzmaterial online unter https://dl.kohlhammer.de/978-3-17-043773-9

Einleitung

Brasilien – ein Land so groß wie ein ganzer Kontinent, ein in vielerlei Hinsicht wichtiges und gewichtiges Land. Ein paar Zahlen, die dies verdeutlichen: 16.145 Kilometer lang ist die Grenze, an der zehn südamerikanische Nachbarstaaten liegen. Dazu eine Küstenlinie von 7500 Kilometern Länge. Mit 8,5 Millionen Quadratkilometern Fläche, davon gut 60 Prozent von Wald bedeckt,[1] ist Brasilien das größte Land auf der Südhalbkugel und das fünftgrößte Land der Erde. Ebenso auf Platz fünf liegt es, wenn man die Einwohnerzahl (203 Millionen laut Zensus 2022[2]) betrachtet. Laut Zahlen des Internationalen Währungsfonds (IMF) rangierte die brasilianische Volkswirtschaft im Jahr 2022 auf Rang elf. Brasilien gilt als ein so genanntes Schwellenland. Dieser etwas ungenau definierte Begriff beschreibt Staaten, die an der Schwelle stehen, ein Industrieland zu werden. Bei diesen seien zwar, so beschreibt es Gablers Wirtschaftslexikon, durch hohes Wirtschaftswachstum große Industrialisierungsfortschritte zu beobachten, jedoch hielten viele soziale Indikatoren wie z. B. Alphabetisierungsrate, Lebenserwartung, Säuglingssterblichkeit mit der wirtschaftlichen Entwicklung nicht Schritt.[3]

Trotz der Dimensionen und der daraus erwachsenden politischen, wirtschaftlichen und zunehmend ökologischen Bedeutung in der Welt ist das allgemeine Wissen über Brasilien hierzulande begrenzt, erstreckt sich auf die üblichen Klischees von Samba, Sonne, Strand und Fußball, oder ist reduziert auf (meist negativ konnotierte) Schlagworte wie Gewalt, Drogenkriminalität, Politchaos oder (Umwelt-)Katastrophen. Oder aber das Wissen basiert auf Beschreibungen, die längst nicht mehr die Ist-Situation abbilden, sondern bestenfalls eine überholte Sichtweise.

Dass all dies nicht ausreicht, Brasilien auch nur ansatzweise zu beschreiben, steht außer Frage. Auch was die Menschen betrifft, möchte ich ausdrücklich davor warnen zu verallgemeinern. Der ganz überwiegende Teil der Menschen, die ich auf meinen Reisen und Recherchen treffe, ist ungeheuer herzlich und anständig, und sie haben keinen Einfluss darauf, wie sich Leute in der Politik verhalten. Die Institutionen sind jedoch häufig von korrupten Menschen infiltriert, und es ist schwierig, sich ihnen zu widersetzen – es gibt, wie man im Verlauf des Buches sehen wird, viele Drohungen, Todesfälle und Straffreiheit für die Täter. Die Klischees prägen das Brasilienbild außerhalb, vor allem in Europa. Ein brasilianischer Freund erzählte mir einmal, dass er das Gefühl habe, auf Reisen mit Misstrauen oder gar Verachtung konfrontiert zu sein, sobald bekannt wird, wo er herkommt.

Diese Klischees und Stereotype zu durchbrechen, soll eines der Ziele dieses Buches sein. Versuchen möchte ich dies, indem ich einige der oben bereits erwähnten Schlagworte in den historischen und gesellschaftlichen Kontext stelle. Wenn wir beispielsweise ständig von einer weit verbreiteten Korruption sprechen, dann reicht es nicht, immer wieder neue Ausprägungen zu beschreiben. Ich möchte schauen: Warum ist sie so verbreitet und wo hat sie ihren Ursprung? Zudem möchte ich den Blick auch auf Phänomene und Erscheinungen richten, die kaum außerhalb Brasiliens wahrgenommen oder diskutiert werden. Dabei ist es mir wichtig, möglichst wert- und vorurteilsfrei verschiedene Aspekte zu beleuchten.

„Brasilien ist nichts für Anfänger", *O Brasil não é para principiantes,* dieser Satz, der dem Musiker und Komponisten Tom Jobim zugeschrieben wird, findet in letzter Zeit immer wieder gerne in leicht abgewandelter Form Verwendung, indem das Wort *principiantes* gegen *amadores* getauscht wird, was übersetzt so viel bedeutet wie Amateure oder Dilettanten und eindeutig in Richtung der Politik zielt. Tatsächlich ist das Land, seine Gesellschaft, seine Politik und Kultur vielschichtig und komplex. Die Worte Ordnung und Fortschritt, *ordem e progresso,* zieren seit Ende des 19. Jahrhunderts die brasilianische Fahne. Brasilien ist kein rückständiges Land mehr, in dem Menschen in den Wäldern leben, auch wenn dieses extrem verzerrte Bild, das zurückgeht auf die ersten Reiseberichte aus dem 16. Jahrhundert, in Teilen immer noch zäh haftet. 1941 schwärmte der vor den Nazis geflohene österreichische Schriftsteller Stefan Zweig in seinem Exil vom „Land der Zukunft". Für so manchen scheint das Land über diesen Status bis heute nicht hinausgekommen zu sein. Die Chancen und Voraussetzungen sind, objektiv betrachtet, hervorragend, doch am Ende scheinen verheißungsvolle Ansätze nicht selten an den handelnden Akteuren zu scheitern. Wo der Staat scheitert, oder mit der Entwicklung nicht Schritt hält, bilden sich Parallelstrukturen.

Brasiliens kostenloses öffentliches Gesundheitssystem, der SUS, funktioniert wahrscheinlich besser als das prominente Vorbild, der britische NHS, wenngleich sich daneben ein Parallelsystem für alle diejenigen entwickelt hat, die eine gut gedeckte Kreditkarte besitzen und auf europäischem oder nordamerikanischem Niveau behandelt werden wollen. Ähnliches ist im Bildungssystem zu beobachten. Die Analphabetenquote ist niedrig, flächendeckende schulische Versorgung mit öffentlichen Einrichtungen an sich vorhanden, allerdings sind staatliche Schulen durch teure private Schulen einer erheblichen und wachsenden Konkurrenz ausgesetzt. Auf der anderen Seite sind es aber die staatlichen Universitäten und nicht die privaten, die bei den Studierenden erste Wahl sind und sich auch international durchaus konkurrenzfähig präsentieren.

Die aktuelle Verfassung, entstanden aus einem breiten politischen Konsens nach der Redemokratisierung und in Kraft seit Oktober 1988, ist modern und progressiv. Sie kombiniert wesentliche Elemente ihrer Vorbilder aus den USA und Europa, vor allem von Frankreich und Deutschland. Die staatlichen Institutionen arbeiten stabil und robust. Wegen der noch recht kurzen Zeit seit der Redemokratisierung scheinen diese jedoch noch Zeit zu benötigen, ihre Rolle zu finden und zu interpretieren. So hielt der Oberste Gerichtshof (STF) zwar während der Amtszeit von Präsident Jair Bolsonaro zahlreichen Angriffen stand.

Aber die oberste Institution der Judikative, die die Aufgabe hat, die Verfassung zu schützen, sah sich in doch zahlreichen Fällen dazu veranlasst, einzugreifen und eine aktive Rolle einzunehmen – ein riskantes Unterfangen, denn eine ganze Reihe der Entscheidungen hatten eine politische Dimension und gaben dem STF in einigen Fällen fast einen oppositionellen Charakter. Kritiker sehen in der grundsätzlich hochrespektierten Institution und deren Richtern, deren Sitzungen im TV live übertragen werden, mitunter mangelnde Zurückhaltung einzelner Personen und einen gewissen Hang zur Selbstinszenierung. Kritikwürdig wird vielfach auch gesehen, dass für neu zu besetzende Richterposten der amtierende Präsident ein Vorschlagsrecht hat, dem der Kongress in der Regel folgt.

Auch bei der Aufdeckung eines der weltweit größten Korruptionsnetzwerke im Zusammenspiel von Politik und öffentlichen Ausschreibungen, bekannt geworden unter dem Namen *Lava Jato*, wusste die brasilianische Justiz von 2014 bis etwa 2018 selbstbewusst, souverän und durchsetzungsstark aufzutreten und zeigte auch wenig Scheu vor großen Namen. Die teilweise atemberaubenden Ermittlungserfolge endeten jedoch in Selbstjustiz. Unzulässige Absprachen zwischen Staatsanwälten und Richtern führten zur gezielten Verurteilung von Luiz Inácio Lula da Silva vor den Präsidentschaftswahlen. Dadurch wurde die Operation *Lava Jato* nachhaltig infrage gestellt, sie wurde am 1. Februar 2021 sang- und klanglos als beendet erklärt und eingestellt. Diese beiden Beispiele von der Schnittstelle zwischen Justiz und Politik sollen illustrieren, dass bei reiner Lehre letzten Endes die handelnden Personen darüber entscheiden, ob sich das Geschehen innerhalb des vorhandenen Regelwerks abspielt oder Grenzen überschritten werden. Sehr anschaulich zeigt dies das Beispiel Sérgio Moro. Der Staatsanwalt, der Lula da Silva hinter Gitter brachte – und so dessen Präsidentschaftskandidatur verhinderte - wurde kurz darauf von Jair Bolsonaro zum Superminister für Innere Sicherheit und Justiz befördert, nur um kurze Zeit später das Handtuch zu werfen, als Bolsonaro die Spitze der Bundespolizei austauschen wollte, um seine Söhne vor Ermittlungen zu schützen.

Brasilien hat viel erreicht und doch immer wieder Rückschläge erleiden und Fehlentwicklungen wegstecken müssen, die nicht unbedingt systemimmanent sind, sondern eher individuellen Schwächen oder strukturellen Unzulänglichkeiten entsprangen. Eine gewaltige Schere zwischen Arm und Reich, Korruption, Rassismus oder Gewalt sind keine originär brasilianischen Eigenarten. Sie finden sich in allen Ländern der Erde. Und doch prägen sie das Land und seine Gesellschaft seit der Kolonialzeit bis heute und tragen zu Entwicklungen bei und verschärfen Problemstellungen, die schnelle Entwicklungen in Brasilien ausbremsen, schwächen oder ganz verhindern und dabei mit den gewachsenen oder fehlenden Strukturen zusammenwirken. Diese Phänomene werden zwar immer wieder schlagwortartig in der Berichterstattung über Brasilien genannt, aber in der Regel nicht weiter erläutert.

Dieses soll nun in diesem Buch geschehen. Der Begriff Länderporträt mag Assoziationen in Richtung eines Reiseführers wecken. Doch der Ansatz ist kein landeskundlicher, auch wenn die Zielstellung eine ähnliche sein dürfte: Brasilien, insbesondere seine Politik und Gesellschaft anhand ausgewählter Beispiele besser verstehen zu können. Um die Thematik etwas aufzulockern, habe ich bewusst auch leichtere gesellschaftliche Themen eingestreut, die mir sehr charakteristisch für die brasilianische Gesellschaft erscheinen.

1. Bolsonaro und der neue Konservatismus

Als Luiz Inácio Lula da Silva am 1. Januar 2023 als erster Präsident in der Geschichte Brasiliens für eine dritte Amtszeit vereidigt wurde, war das Kapitel des rechtsextremen Präsidenten Jair Bolsonaro geschlossen. Vorerst, muss man sagen. Denn die vier Jahre des Populisten haben gezeigt: Der Regierungschef Bolsonaro mag nicht mehr im Amt sein. Die politische Idee, für die er stand, der so genannte Bolsonarismus, dürfte Brasilien jedoch noch eine ganze Weile länger beschäftigen. Keine Woche später konnte die Weltöffentlichkeit sehen, wie das zu verstehen war: Tausende Demonstranten stürmten am 8. Januar 2023 in der Hauptstadt Brasília das Gebäude des Kongresses, den *Supremo Tribunal Federal*, Obersten Gerichtshof (STF) und den Präsidentenpalast *Palacio do Planalto*. In den Gebäuden wurde übelst randaliert: Scheiben eingeschlagen, Mobiliar zertrümmert, Türen eingetreten und Büros verwüstet, Kunstwerke zerschlagen oder gestohlen. Mehr als 1500 Personen nahm die Polizei anschließend vorläufig fest. Zwar misslang dieses offenbar konzertiert organisierte Putschversuch, aber der Schreck steckt den Brasilianern, die bereits eine Militärdiktatur überstehen mussten, noch immer in den Knochen.[1] Viele Monate dauerte die Aufarbeitung des Kongresssturms an. Schnell wurde deutlich, dass Busse organisiert worden waren, um die Randalierer aus dem ganzen Land in die Hauptstadt zu karren. Keine Staatsmacht stellte sich ihnen zunächst entgegen. Im Abschlussbericht der parlamentarischen Untersuchungskommission (CPMI) zu den antidemokratischen Handlungen vom 8. Januar, der im Oktober 2023 von Senatorin Eliziane Gama (PSD-MA) vorgelegt wurde, wurde Jair Bolsonaro (PL) wegen vier Straftaten angeklagt. Das Dokument weist darauf hin, dass der ehemalige Präsident eine kriminelle Vereinigung gegründet, politische Gewalt ausgeübt und die gewaltsame Abschaffung des demokratischen Rechtsstaates und einen Staatsstreich versucht hat, alles Straftaten, die im Strafgesetzbuch vorgesehen sind.[2] Zwar hatte sich Bolsonaro wenige Tage vor Ende seiner Amtszeit in die Vereinigten Staaten abgesetzt und damit auch die Übergabe der Präsidentenschärpe an seinen Nachfolger geschwänzt. Diese räumliche Distanzierung reichte den Mitgliedern des Untersuchungsausschusses jedoch nicht als Beleg seiner Unschuld.

Der Wahlsieg Lulas hätte kaum knapper sein können: 50,83 Prozent der Stimmen zu 49,17 Prozent. Oder in absoluten Zahlen: Lula wählten 60,3 Millionen Brasilianer, für Bolsonaro stimmten 58,2 Millionen. Wäre Bolsonaro mit dieser Stimmenzahl zum Präsidenten gewählt worden, es wären die meisten Stimmen gewesen, die je ein Präsident bekommen hätte. Es waren mehr als 2018. Schon der erste Wahlgang hatte gezeigt, wie gespalten Brasilien zurzeit ist. Lula und Bolsonaro erhielten zusammen 92 Prozent der Stimmen. Für eine Mitte oder einen dritten Weg, wie ihn sich viele Brasilianer gewünscht hatten, blieb da kein Platz. Bolsonaro wurde knapp geschlagen, aber seine Politik wird nachwirken.

Doch für was genau steht dieser Bolsonarismus? Man könnte ihn als Spielart einer Neuen Rechten bezeichnen, die eine Kombination aus wirtschaftlichem Ultraliberalismus und moralischem Konservatismus darstellt.[3] Die österreichische Politologin Natascha Strobl beschreibt diese Art der Politik als Zwischenspektrum einer Politikströmung, die sich vor allem im zweiten Jahrzehnt des 21. Jahrhunderts als Konservatismus nicht nur in Brasilien, sondern vor allem in Europa (Polen, Ungarn, Italien) einen Namen gemacht hat.[4] Dabei fügt sich Bolsonaros Politikstil nahezu prototypisch in Strobls Systematik und das schon in der Entstehungsgeschichte. Denn alles, was es für dessen Entstehung braucht, ist eine Krise. Brasilien gönnte sich in jüngerer Vergangenheit gleich derer drei – eine Wirtschaftskrise, eine politische Krise und eine Krise der Glaubwürdigkeit des gesamten politischen Systems. Um dies zu illustrieren, gehen wir zunächst ein paar Schritte zurück.

Ein radikalisierter Konservatismus hat wenig Angriffsfläche, wenn die Situation in einem Land oder einem politischen System einigermaßen funktioniert, eine Regierung ruhig regieren kann. Wenn es einen solchen Zustand in Brasilien jemals gegeben hat, dann wohl am ehesten in den acht Jahren der Regierungszeit von Fernando Henrique Cardoso (2005–2002) und der ersten Amtszeit da Silvas (2003–2006). Cardoso war es gelungen, mit dem *„Plano Real"* 1994 die hohe Inflation zu bändigen und die Wirtschaft nach vielen Jahren in ruhigeres Fahrwasser zu navigieren. Zudem war es ihm gelungen, eine ganze Reihe wichtiger Reformen durchzuführen bzw. anzuleiern. Auf diesem bereiteten Feld konnte Lula da Silva aufbauen. Und mehr noch: Hohe Rohstoffpreise, insbesondere für das vor der Küste des Bundesstaats Rio de Janeiro in großen Mengen gefundene Vorsalzöl, sorgten zunächst für reichlich Geld in der Staatskasse bzw. die Aussicht auf einen langanhaltenden Geldfluss. Brasilien witterte eine Chance, sich energiepolitisch unabhängig zu machen. Mit diesen Einnahmen konnte Lula seine großen sozialen Umverteilungsprogramme auflegen, allen voran die *„bolsa familia"*. Vielen Millionen Brasilianern gelang dadurch der Sprung aus der Armut und dem Hunger in sicherere, von bescheidenem Konsum gekennzeichnete Lebensbedingungen. Brasilien ging es gut. Die Wirtschaft brummte, der Wohlstand wuchs. Doch damit war recht bald Schluss, als sich die Lage eintrübte. Die Immobilienkrise 2008/09 konnte die Lula-Regierung noch durch Binnenkonjunkturprogramme abfedern, aber gegen sinkende Rohstoffpreise war man machtlos. Immerhin gelang es Lula noch, bei der Wahl 2010 mit seiner Nachfolgerin Dilma Rousseff die Arbeiterpartei PT in der Regierung zu halten. Lula selbst musste mit einer Zustimmungsquote von weit über 80 Prozent aus dem Amt scheiden, weil die brasilianische Verfassung nur zwei aufeinanderfolgende Amtszeiten bei Präsidenten vorsieht.[5]

Nährboden für den Rechtsruck: Die dreifache Krise

2013 begann sich die Lage zuzuspitzen. Die Großereignisse Fußball-Weltmeisterschaft und Olympische Spiele standen vor der Türe, es wurde groß investiert in Sportstätten und Prestige-Infrastrukturprojekte. Nur bei der Bevölkerung kam wenig an. Schulen und Krankenversorgung blieben schlecht. Als dann auch noch die Fahrpreise im öffentlichen Nahverkehr um wenige Centavos steigen sollten, entlud sich der lange aufgestaute Druck. Das Volk ging gegen die Regierung auf die Straße. Wie man inzwischen weiß, war ein nicht zu unterschätzender Teil der Akteure, die nun auf die Menschen auf die Straße trieben und später das Amtsenthebungsverfahren gegen Rousseff forderten, identisch mit denen, die später die Präsidentschaftskandidatur Jair Bolsonaros unterstützten.

Die einsetzende wirtschaftliche Krise war dabei, auf die Politik überzugreifen. Dilma Rousseff gelang zwar noch die Wiederwahl,[6] ihre Tage sollten aber bald darauf gezählt sein. Als ihr 2015 Vize-Präsident Michel Temer und seine Partei PMDB die Koalition aufkündigten, war Rousseff praktisch handlungsunfähig. Um nicht fast drei Jahre blockiert vor sich hinzudümpeln, konstruierte die Opposition, allen voran Temer und der damalige Parlamentspräsident Eduardo Cunha, ein höchst umstrittenes Amtsenthebungsverfahren gegen die Präsidentin. Es war erfolgreich. Kongress und Senat wählten sie mit der notwendigen Zweidrittelmehrheit ab, Temer übernahm als Vizepräsident die Interimsverwaltung. Angesichts der vergleichsweisen Nichtigkeit der sehr konstruierten Vorwürfe gegen Rousseff sprechen nicht wenige noch heute von einem Staatsstreich. Zur Wirtschaftskrise gesellte sich eine politische Krise.

Das Vertrauen in die Politik hatte ohnehin bereits massiv gelitten. Denn 2014 hatte ein talentierter junger Richter aus dem südbrasilianischen Curitiba begonnen, die politische Klasse auseinanderzunehmen. Sérgio Moro hieß der ehrgeizige Ermittler. Er sollte in den kommenden Jahren hunderte Minister, Abgeordnete, Senatoren, Bauunternehmer und Parteifunktionäre aller politischer Couleur der Korruption überführen und zur Strecke bringen. Der Richter wurde gefeiert, die Bevölkerung verlor auch den letzten Funken Vertrauen in ein System, das sie zwar vorher durchaus als korrupt wahrgenommen hatten. Jedoch das Ausmaß war neu. Es schien praktisch keine Ausnahme mehr zu geben. Die Politik geriet unter Generalverdacht. Die dritte, diesmal eine moralische Krise, war perfekt.

Dies, grob zusammengefasst, war der Nährboden, auf dem der bis dato bedeutungslose Hinterbänkler Jair Bolsonaro zum Präsidentschaftskandidaten heranwachsen konnte. Schon in den 1990er-Jahren, als er bereits als Abgeordneter in Brasília war, hatte er im Wesentlichen durch das Relativieren und Rechtfertigen der Militärdiktatur auf sich aufmerksam gemacht, sowie Polizeigewalt verteidigt, flexiblere Waffengesetze und härtere Strafen als Mittel der Verbrechensbekämpfung gefordert. Themen, die er damals besetzte und die während seiner Regierungszeit wieder auftauchten. Flávia Biroli fasst es passend zusammen: „Er vertrat die Aushöhlung des Prinzips der Rechtstaatlichkeit gegen VerbrecherInnen – bis hin zu deren Tötung – als gerechtfertigt, um die ‚Guten' zu schützen."[7] Auch wenn er bis dahin nur durch Beleidigungen und Grenzüberschreitungen von sich reden gemacht hatte – unter anderem hatte er einmal gefordert, in Armenvierteln Sterilisationspillen zu verteilen – so war er bis dahin nicht in den Sog der Korruptionsermittler geraten.

Das allein reichte offenbar, um sich den Brasilianern im Wahlkampf 2018, der von Korruptionsthemen aber auch der ewigen Gewaltproblematik geprägt war, als sauberer Anti-Establishment-Kandidat zu etablieren. Das Image des Saubermanns ist aber inzwischen dahin, wie man gegen Ende der Amtszeit erkennen konnte. Dubiose Zahlungseingänge auf dem Konto von First Lady Michelle, Immobilienkäufe in bar und Ermittlungen gegen die Söhne Flavio und Eduardo zeichneten 2022 ein ganz anderes Bild.

Bolsonaros Widersprüche stören die Anhänger nicht

Dass er sich darüber hinaus widersprüchlich gibt, schien einen Teil der Brasilianer nicht weiter zu stören. Bolsonaro preist stets das Militär. Dabei hatte er dort eine durchaus zweifelhafte Karriere hingelegt und wurde, nachdem er als kleiner Offizier öffentlich in einem Zeitungsinterview mehr Geld für die Soldaten gefordert hatte und dieser Forderung kurz darauf offenbar mit einem geplanten Bombenanschlag Nachdruck verleihen wollte,[8] aus dem Dienst entfernt. Während seiner Präsidentschaft spielte das Militär eine überragende Rolle. Mit neun Ministern, dazu Dutzenden Staatssekretären und mehr als 6000 Bediensteten, darunter vielen ehemaligen Militärangehörigen in zivilen Positionen[9] in Behörden und staatlichen Organisationen betrieb Bolsonaro eine exzessive Militarisierung des Staatsapparates, den dieser in diesem Ausmaß nicht einmal zur Zeit der Militärdiktatur (1964–1985) erlebt hatte.

Bolsonaro wurde nicht müde, den Wert der Familie immer wieder öffentlich zu betonen – auch, um die konservative Wertvorstellung in Kontrast gegen progressivere Lebensentwürfe zu stellen. In der eigenen Familie sieht er das offenbar nicht so eng. Er selbst hat fünf Kinder aus drei Ehen, ist seit 2007 mit der deutlich jüngeren Michelle de Paula Firmo Reinaldo verheiratet, die bekennende Anhängerin der evangelikalen Pfingstkirche *Igreja Batista Atitude* ist. Diese Verbindung scheint für den katholisch Getauften keinen Widerspruch darzustellen. Auch er selbst zeigt immer wieder seine Nähe zu den mächtigen Pfingstkirchen. Während in Brasilia 2016 das Amtsenthebungsverfahren gegen Dilma Rousseff beschlossen wurde, ließ er sich im Jordan in Israel medienwirksam taufen. Die Ehe mit Michelle schloss Pastor Silas Malafaia, das mächtige Oberhaupt der zweitgrößten Kirche Brasiliens, der *Assembleia de Deus*. Für den rechten Präsidenten ist diese Wahl sicher kein Zufall. Brasilianer evangelikalen Glaubens stellen in Brasilien eine immer wichtiger werdende Wählerschicht dar. Das Meinungsforschungsinstitut *Ibope* (heute *IPEC*) veröffentlichte 2018 eine Umfrage. Daraus geht hervor, dass acht von zehn Brasilianern bei der Entscheidung, wen sie zum Präsidenten wählen, dessen Haltung zu Glauben und Gott die größte Bedeutung beimessen.[10] Nicht umsonst lautete Bolsonaros Wahlkampfmotto „Brasilien über alles, Gott über allen" (*Brasil em cima de tudo deus acima de todos*).

Ein kurzer Gedanke zur Begriffsklärung. Gemein ist den fundamentalistisch pfingstlerischen und neu-pfingstlerischen Freikirchen, die in Brasilien als „evangelikal" bezeichnet werden, neben ihren großen Vermögen und einer fanatischen Masse an Anhängern eine wörtliche Auslegung der Bibel. Sie glauben an eine Wiederkehr Christi, der in Jerusalem den verwaisten Thron König Davids besteigen wird und nach der Konvertierung aller Völker zum Christentum tausend Jahre lang regieren soll. Doch damit dies geschehe, müsse zuvor unbedingt Israel und die Heilige Stadt unter Kontrolle der Juden sein, unterstützt von den Christen. Ein Ansatz, wie ihn auch konservative jüdische Strömungen haben. Um sich die bedingungslose Unterstützung der Evangelikalen in Nordamerika zu sichern, machte Donald Trump Mike Pence[11] zum Vize-Präsidenten und verlegte die US-Botschaft nach Jerusalem – aus demselben Grund verpflichtete sich dazu auch Bolsonaro gegenüber dem israelischen Premierminister Benjamin Netanjahu, der zu seiner Amtseinführung gekommen war – wie elf weitere Staatschefs.

Laut einer Untersuchung der staatlichen brasilianischen Filmagentur „Ancine" stehen inzwischen 21 Prozent aller Sendungen im frei empfangbaren Fernsehen im Dienst der Verbreitung von religiösen Botschaften. In seiner Antrittsrede bekräftigte Bolsonaro seine ultrakonservative Agenda mit Themen wie Stärkung der traditionellen Familie, Bekämpfung der „Gender-Ideologie", Erleichterung von Waffenbesitz und Einrichtung einer sogenannten parteilosen Schule (*escola sem partido*), die jedoch, wenig überraschend, alles andere als parteilos argumentiert.

Es mag für viele überraschend sein, aber Brasilien ist durchaus ein konservatives Land. Das ist nicht erst seit Bolsonaro so. Auf etwa 20 bis 30 Prozent wird der harte Kern der Anhänger Bolsonaros geschätzt, der die rechtskonservativen Werte, für die er angetreten ist, tatsächlich lebt. Sie erscheinen relativ immun gegen die Widersprüche in seinem Verhalten. Die Soziologin Angela Alonso sieht dies als Ergebnis einer progressiven Politik, die sich in Brasilien seit der Redemokratisierung 1985 und der 1988 eingeführten demokratischen Verfassung entwickelt hat.[12]

Bolsonaros Wähler: eine kleine Typologie

Dennoch war seine Wählerschaft inhomogen. Alonso unterscheidet drei große Trends. Die einen sind die Bolsonaristen im Herzen, die wirklich eine moralische Anhänglichkeit haben. Sie teilen eine Reihe von Werten, die Bolsonaro vertritt.

Für diese Menschen ist er der Mythos,[13] eine Figur, die sie fast schon mit religiösem Eifer verehren, die alles verkörpert, was sie als positiv ansehen und was sie gerne korrigieren würden. Dazu gehört, Brasilien vom „Sozialismus" befreien zu wollen, ein ausgeprägter Nationalismus und ein fast schon fundamentalistischer konservativer Wertekanon.

Für dieses Universum, das sich auf eine familiäre, religiöse, moralisierende, nationalistische, nationale Heilslehre und einen militaristischen Diskurs stützt, wird keine Nachricht, die gegen Bolsonaro gerichtet ist, Wirkung entfalten. Denn es ist eine emotionale Bindung an den Anführer. Alles, was gegen ihn vorgebracht wird, ist also so, als ob der Feind versuchen würde, ihn zu delegitimieren. Es wird daher nicht als Information gesehen, sondern als Propaganda oder Versuch der Delegitimation durch die Gegenseite. Ein Verhalten, das auch Strobl als Kennzeichen des radikalisierten Konservatismus beschreibt.[14] Anstelle von Konsens oder Staatsräson wird die Polarisierung vorangetrieben, ein konstruktives Miteinander ist da kaum mehr möglich, der Pegel der Erregung wird hochgehalten, wie in einem permanenten Wahlkampf. Dabei verfolgt diese Art der Politik obendrein ein ganz zentrales Ziel: Die Akzeptanz in das etablierte politische System und die Institutionen, die zum demokratischen Diskurs dazuzählen, wie Medien und Justiz auszuhöhlen und zu schwächen. Aber diese Haltung wird nur durch einen relativ kleinen Teil der Menschen, die für ihn gestimmt haben, repräsentiert.

Es gibt eine andere Gruppe, die für ihn gestimmt hat und dabei die Linie des radikalen Anti-Petismus verfolgte, also vor allem aus der Motivation heraus agierte, die Arbeiterpartei PT, die mit Lula und Rousseff 14 Jahre die Regierung anführte, von der weiteren Machtausübung fernzuhalten. Für sie war es wichtig, einen Kandidaten zu wählen, der die maximale Antithese zur PT darstellte. In dieser Gruppe gibt es ein emotionales, fast schon resignativ anmutendes Element, aber auch eine sehr große Diskreditierung durch das Narrativ, das seit dem ersten großen Korruptionsskandal *Mensalão* entstanden ist.[15] Nämlich, dass die bestehenden Parteien nicht in der Lage seien, die Art des politischen Spiels zu verändern.

Und es gibt eine dritte Gruppe, die entweder etwas naiv oder leichtsinnig war, weil sie dachte, dass Bolsonaro und sein innerer Kreis sich trotz der während der Kampagne gehaltenen Reden als weniger radikal erweisen würden, als sie sich letztendlich entpuppten. Sie dürften zu den Personen zählen, die sich bei der Wahl im Oktober 2022 von Bolsonaro wieder abwendeten. Denn ein Teil der Regierung wurde aus ideologischen Hardlinern zusammengestellt, wie Außenminister Ernesto Araújo, ein Vertreter des so genannten Anti-Globalismus. Umfragen, die ein halbes Jahr nach dem Amtsantritt Lulas von Datafolha durchgeführt wurden, scheinen das zu bestätigen. Unter den Wählern, die für Bolsonaro gestimmt hatten, waren nun acht Prozent der Auffassung, die Regierung Lulas habe in den ersten Monaten im Amt keine gar so schlechte Leistung gezeigt. Und wie so oft gibt es auch gleich einen Namen für diese Wählergruppe:

Lunaristas[16] – eine Kontraktion aus *Lulistas* – den Unterstützern Lulas – und *Bolsonaristas* – den Unterstützern Bolsonaros.

Merkmale des Bolsonarismus

Der Anti-Globalismus ist ein rechter Verschwörungsglaube, der in seinem Kern die Annahme vertritt, dass die Welt von einer einzigen Regierung kontrolliert werde, deren Ziel es sei, die Verbindung von Gott zu den Menschen zu kappen. Einer der Entwickler dieser These war Olavo de Carvalho, ein esoterischer Pseudowissenschaftler, der seine abseitigen Theorien zuletzt aus dem Exil in den USA verbreitete und von dem Jair Bolsonaro ein großer Anhänger war – de Carvalho, ein ausgesprochener Coronaleugner, erlag im Januar 2022 dem Corona-Virus. Zum Repertoire de Carvalhos zählten Thesen wie die des Kulturmarxismus, den er als eine Waffe im Kampf gegen die Familie beschrieb.[17] Denn, so die Logik, wenn die Bürger an nichts mehr glauben, auch nicht an den Kern des gesellschaftlichen Zusammenlebens, die Familie nämlich, falle es der globalisierten Elite leichter, sie zu kontrollieren. Auch um diesem vermeintlichen Einfluss zu entgehen, führten Bolsonaro und zunächst auch Araújo Brasilien politisch in die internationale Isolation – getreu dem Wahlkampfmotto: Brasilien über alles. Ähnliche, von ideologisch abstrusem Irrglauben durchtränkte Politikansätze fanden sich bei Bolsonaro auch in der Bildungs- und Familienpolitik, für die er mit Ricardo Velez, ein Vorschlag de Carvalhos, und der evangelikalen Pastorin Damares Alves willige Mitstreiter fand. Diese drei Ministerien – Familie, Bildung, Außen – waren auch diejenigen, die sich besonders intensiv der Bekämpfung der so genannten „Gender-Ideologie" widmeten. Damares Alves gehört zu den schärfsten Gegnern des Feminismus. 2019 nahm die Regierung die Ziele für nachhaltige Entwicklung (SDG) der UN aus der weiteren politischen Planung für 2020–2023 heraus, mit der Begründung, man müsse die „schädliche Gender-Ideologie" eliminieren.[18]

Bolsonaro hat im Laufe seiner vierjährigen Amtszeit sein wahres Gesicht gezeigt. Es gab kein Zeichen der Mäßigung, als er erst einmal an der Macht war, wie einige gehofft hatten. Stattdessen offenbarte sich ein Politikstil, der auf gemäßigte Wähler abstoßend wirkte. Da diese jedoch auch über eine Anti-Haltung gegen die PT verfügten, steckten sie bei dem Wahl-Duell 2022 in dem Dilemma, dass sie praktisch beiden Kandidaten nichts abgewinnen konnten.

Dennoch war seine Politik erfolgreich. Das zeigt sich besonders deutlich beim Thema Umwelt und Landwirtschaft. Denn Umweltschutz und Indigene sind Präsident Bolsonaro lästig, oder besser: eine Entwicklungsbremse. Tatsächlich ist das Agribusiness noch immer von überragender Bedeutung für die Wirtschaft Brasiliens. 22 Prozent des BIP kommen aus der Landwirtschaft, 48 Prozent der Exporte des Landes stammen von Äckern und Weiden.[19] Seit der rechte Bolsonaro Präsident des größten Landes Südamerikas war, rückte die Amazonasregion in den Fokus der Politik. „Amazonia é nossa!" – „Amazonien gehört uns!" war immer wieder von ihm zu hören – trotz aller internationaler Kritik an den Brandrodungen, die seit seiner Amtsübernahme wieder extrem zugenommen hatten. Am 22. August 2022 wurden 3358 Brandherde registriert – fast dreimal so viele wie an jenem 10. August 2019, der als „Tag des Feuers" bekannt wurde und weltweit für Entsetzen gesorgt hatte.

Politikansatz wie zur Zeit der Militärdiktatur

Das alles ist kein Zufall, sondern Ergebnis einer Politik Bolsonaros, die die Amazonasregion als unerschöpfliche Rohstoffkammer sieht und durch deren Ausbeutung Hoffnungen auf Wohlstand und Wachstum macht – koste es, was es wolle. Indigene und ihre Rechte stören dabei nur. Bergbau-Lobbyisten gegenüber erscheint er dagegen aufgeschlossener. So berichteten Medien, dass der Unternehmer Luis Felipe Belmonte unter anderem Geld an Bolsonaros jüngsten Sohn Renan Jair gezahlt haben soll, um die Erlaubnis zu bekommen, in Indigenengebieten Mineralien abbauen zu dürfen.[20]

Der Politikansatz ist nicht neu, er stammt aus den 1970er-Jahren, als in Brasilien das Militär regierte. Damals versuchte man, den gewaltigen Raum zu erschließen und strategisch zu sichern – auf Kosten der Natur. Wissenschaftler warnen, dass die Region auf einen Kipppunkt zusteuert, an dem das ganze Ökosystem zusammenbrechen könnte, mit fatalen Folgen. Dieser „Point of no return" soll dann erreicht sein, wenn 20 bis 25 Prozent der Fläche vernichtet wurden. Derzeit befinden wir uns bei rund 18 Prozent. Der bekannte Klimatologe Carlos Nobre, einer der beiden Wissenschaftler, die den Kipppunkt als erstes beschrieben und der nun zum Beraterstab Lulas gehört, sieht diesen teilweise jetzt schon erreicht. Mehr als zwei Millionen Quadratkilometer Regenwald sind nach seiner Ansicht schwerst geschädigt.[21]

Doch nicht nur in den Ministerien hat Bolsonaro aufgerüstet. Auch in den Behörden, die die Umwelt und Indigene schützen, die Agrarreform voranbringen und einer ausgewogeneren Landwirtschaft den Weg ebnen sollten, installierte Bolsonaro militantes Personal, um seinem Politikansatz den Weg zu ebnen. Und oft ging diese Politik zulasten der indigenen Bevölkerung oder der Kleinbauern und zugunsten von illegalen Holzfällern, Goldsuchern und Großbauern.

Seit der Amtsübernahme hat die Gewalt von Milizen gegen Kleinbauern zugenommen. „Das System Bolsonaro setzte auf Gewalt. Sei es in Amazonien, wo illegale Eindringlinge ermutigt wurden, indigene Gebiete auszubeuten, oder in den Großstädten, wo Bolsonaro Polizisten de facto Straffreiheit in Aussicht stellte, sollten bei ihren Einsätzen Personen ums Leben kommen. Ein alarmierender Ausblick: in 2021 wurden über 6000 Menschen durch die Polizei umgebracht, im Jahre 2015 waren es 3330", schreibt die Heinrich Böll Stiftung. Prominenteste Beispiele dieser Straflosigkeit sind die Tode des britischen Journalisten Dom Phillips und des Indigenenexperten Bruno Pereira im Juni 2022 bei einer Rechercheise ins *Vale do Javari* im Nordwesten.

Die Regierung schaute nicht nur weg, sie ging sogar noch weiter und forcierte die illegale Landnahme in Schutzgebieten. Seit April 2020 gibt es eine Verordnung, die zulässt, besetztes Land als Privatbesitz registrieren zu lassen, wenn es in noch nicht exakt definierten und anerkannten Indigenengebieten liegt. Und das, obwohl die brasilianische Verfassung Indigenen explizit ein Recht auf ihre angestammten Gebiete einräumt. Doch die Sache hat einen Haken. Seit 2014 ist der Anerkennungsprozess der Indigenengebiete ins Stocken geraten. Grundlage hierfür ist der sogenannte *Marco temporal*. Dieser besagt, dass Indigene nur Land beanspruchen können, auf das die schon einen Anspruch hatten, als 1988 nach der Diktatur die demokratische Verfassung in Kraft trat. Seither hatte der Oberste Gerichtshof STF die weitere Ausweisung von Schutzgebieten für Indigene auf Eis gelegt.

Die Folge: Stämme klagen seither vor den Gerichten, während sich illegale Landbesetzer die Gebiete in aller Ruhe unter den Nagel reißen. So wurden seit 2020 allein im Bundesstaat Maranhão 250.000 Hektar illegal erworbenes Land in 49 Indigenengebieten legalisiert. Zuständig für die Legalisierung ist die Bundesagentur für Landreform INCRA. Als deren Chef setzte Bolsonaro Nabhan Garcia ein – und seither lief es so, wie der Präsident es wollte. Die INCRA erteilte Genehmigungen für Farmen in indigenen Gebieten, die seit mehr als 20 Jahren auf Anerkennung warten. Der Mann, der eigentlich als Mittler zwischen Groß- und Kleinbauern für eine Lösung sorgen sollte, war kein Unbekannter. Garcia war Präsident der UDR, einer Großgrundbesitzervereinigung, die auch vor Gewalt nicht zurückschreckt. Als 2003 der linke Luiz Inácio Lula da Silva Präsident wurde, organisierte er Privatmilizen, um die agroindustriellen Betriebe vor der Landlosenbewegung MST zu „schützen". Die Bewegung selbst bezeichnete die Personalie als „Militarisierung der Landfrage".

Eigentlich hatte Garcia nur den Rang eines Staatssekretärs, war offiziell dem Landwirtschaftsministerium unterstellt. Zurückgepfiffen wurde er von Ministerin Tereza Cristina Corrêa da Costa Dias nicht. Denn ihre Politik unterstützte in erster Linie das große Agrobusiness. Die „Muse des Gifts", wie Tereza Cristina von Kritikern genannt wurde, zeigte sich sehr großzügig bei der Zulassung von Pestiziden, um die Produktivität zu erhöhen. Mehr als 200 Substanzen, die in Deutschland und der EU teilweise seit Jahrzehnten verboten sind, wurden während ihrer Amtszeit zugelassen, zum Wohle des Agrobusiness. Das war kein Zufall. Bolsonaro übernahm Brasilien mitten in der Wirtschaftskrise. Der Agrarsektor, der immer stärker auf den Export ausgerichtet wurde, trug maßgeblich dazu bei, dass die Wirtschaftsbilanz Bolsonaros noch ein hauchdünnes Plus verzeichnet. Mit fast 25 Prozent Anteil beim BIP hat die Landwirtschaft in den letzten Jahren wieder stark an Bedeutung gewonnen.

Was hätten vier weitere Jahre Bolsonaro bewirkt?

Doch allein kann ein direkt vom Volk gewählter Präsident, wie im präsidentiellen Parlamentarismus üblich, politisch wenig bewirken. Es braucht auch einen starken Rückhalt innerhalb des Parlaments. 513 Abgeordnete im Repräsentantenhaus und 81 Senatoren gehören den beiden Kammern des Kongresses an. Bei knapp 30 Parteien, die sich wegen der Abwesenheit einer Sperrklausel wie der Fünf-Prozent-Hürde im Parlament tummeln, kein leichtes Unterfangen. Koalitionen umfassen deshalb oftmals sechs, sieben oder mehr Fraktionen, sind entsprechend labil und teuer durch Ämter und Posten erkauft. Erst als Bolsonaro einen Pakt mit den Zentrumsparteien, dem *Centrão*, schloss, gelang es ihm, vom anfangs praktizierten, wenig erfolgreichen Stil des Regierens per Dekret abzurücken. Immer wieder hatte der Oberste Gerichtshof (*Supremo Tribunal Federal*, STF) die Dekrete Bolsonaros wieder einkassiert und so dessen Politik blockiert.

Dies war sicherlich neben dem generellen Misstrauen gegen die Justiz ein wesentlicher Grund dafür, dass sich Bolsonaro mehr und mehr auf den STF als Hauptgegner einschoss. Für den STF war die Abwahl Bolsonaros wahrscheinlich überlebenswichtig. Während der zweiten Amtszeit hätte er zwei der insgesamt elf Bundesrichter neu ernennen dürfen. Zudem hatte er kurz vor der Wahl Überlegungen geäußert, das Gremium auf 16 Richter aufstocken zu wollen im Falle eines Wahlsieges.[22] Die Folge wäre offensichtlich gewesen: Ein aufgeblähtes, mit dann fast zur Hälfte mit Bolsonaro-nahen Richtern bestücktes Gremium hätte auf Dauer weniger Widerstand leisten können. Ähnliches ließ sich auch schon in Ungarn, der Türkei oder Polen beobachten. Damit hätte Bolsonaro einen großen Schritt in Richtung Schwächung und Aushöhlung der demokratischen Institutionen erreichen können. Der Versuch erreichte einen ersten Höhepunkt während der Feiern zum Nationalfeiertag am 7. September 2021. Diesen, da waren sich Beobachter einig, inszenierte er als einen Stimmungstest für die Bereitschaft bei Bevölkerung und Militär zum Sturm auf die Institutionen. Die Angriffe auf die Glaubwürdigkeit der Institutionen gipfelte dann im Wahlkampf 2022, als Bolsonaro wiederholt Zweifel an der Zuverlässigkeit der elektronischen Wahlurnen streute, ohne dafür je einen Beweis liefern zu können. Im Gegenteil: Nachdem das Militär stichprobenartig die Auswertung der Wahlurnen überprüft hatte, konnte es keine Hinweise auf Manipulationen finden.

Grundsätzlich war der Kongress auch schon in den Jahren zuvor weiter nach rechts gerückt. Bei der knappen Wiederwahl Dilma Rousseffs 2014 war diese hinterher gezwungen, die Zentrumspartei PMDB, die fast ebenso viele Stimmen erhalten hatte wie die PT, mit auf die Regierungsbank zu nehmen. Das Regieren wurde für Rousseff schwieriger und am Ende unmöglich. Denn ihr Vize Michel Temer von der PMDB war es am Ende, der der Koalition den Stecker zog und den Weg zum Abwahlverfahren ebnete. Als Temer als Interimspräsident nach dem Amtsenthebungsverfahren sein Kabinett präsentierte, war das Entsetzen groß.

Die 24-köpfige Mannschaft bestand ausschließlich aus weißen Männern – keine Frau, keine schwarze oder indigene Person, dafür mit Blairo Maggi der größte Sojabauer Brasiliens als Landwirtschaftsminister.

Auch ohne einen Präsidenten Jair Bolsonaro im Amt hat das 2022 gewählte Parlament einen deutlichen Rechtsdrall. So wurden mit Ex-Familienministerin Damares Alves in Brasilia, Ex-Landwirtschaftsministerin Tereza Cristina (Mato Grosso do Sud), Ex-Justizminister Sergio Moro (Curitiba) und Ex-Vize-Präsident Hamilton Mourão (Rio Grande do Sul) gleich vier ehemalige Regierungsmitglieder als Senatoren gewählt. Die evangelikale Pastorin Alves sogar mit 600.000 Stimmen Vorsprung. In den Kongress wählten die Menschen im Bundesstaat São Paulo den früheren Umweltminister Ricardo Salles, der nicht nur die Coronapandemie nutzen wollte, um Umweltstandards zu lockern, wie in einem geleakten Video aus einer Kabinettssitzung bekannt wurde. Salles war selbst für Bolsonaro nicht mehr haltbar, als das Magazin *Istoé* dessen enge Kontakte zur Holzmafia enthüllte. Die Zwangspause währte nur kurz. Nun ist er zurück und erhielt doppelt so viele Stimmen wie die Umweltaktivistin und frühere Umweltministerin Marina Silva. Ein Umstand, der tief blicken lässt. Unter den vier Abgeordneten, die in São Paulo die meisten Stimmen erhielten, sind neben Salles auch die radikale Bolsonarista Carla Zambelli und der zweite Sohn des Präsidenten, Eduardo Bolsonaro. Zambelli war im Vorfeld der Wahl mehrfach auffällig geworden, weil sie über ihre Social-Media-Profile gezielt Fake News verbreitet hatte. Dafür erhielt sie nach der Wahl die Quittung. Instagram und andere sperrten ihre Profile. Aufsehen erregte sie außerdem, als am Tag der Stichwahl Videos kursierten, die zeigen, wie sie mit gezogener Waffe einen Mann durch die Straßen von São Paulo jagte. Offenbar soll es sich dabei um einen PT-Anhänger gehandelt haben, der sie beschimpft haben soll.[23] Allerdings ist das offene Tragen von Waffen am Wahlvortag verboten.

Die Partei Bolsonaros, die Partido Liberal (PL), wurde mit 99 Sitzen stärkste Fraktion in der 23 Parteien umfassenden Abgeordnetenkammer, gewann mehr als 30 Sitze hinzu. Zusammen mit den Parteien PP und *Republicanos*, mit der sie zusammenarbeitet, stellt sie den stärksten Block. Hinzu kommen weitere Kleinparteien, die ebenfalls pro Bolsonaro ausgerichtet sind.

Auf der anderen Seite büßte die PT, die Partei Lulas, bzw. deren fraktionsübergreifendes Parteienbündnis Stimmen ein. Zwar scheint es einen relativ großen Block aus PSDB, PMDB und PDT zu geben, jedoch zählen diese traditionell eher zum Zentrumsblock, weisen inhaltlich und ideologisch wenige Gemeinsamkeiten mit der Arbeiterpartei auf. Lula musste sich, um die Wahl überhaupt gewinnen zu können, weit aus dem linken Spektrum in die Mitte hinein bewegen.

Das stellt durchaus ein Wagnis dar. Denn auf der einen Seite ist die Bindung der angesprochenen Parteien zur PT traditionell gering – die PSDB war sogar lange Zeit der Hauptrivale der PT – zum anderen droht Lula Ungemach von der eigenen Parteibasis. Nämlich dann, wenn diese sich im Regierungsprogramm zu wenig wiederfindet. Es wird eine Menge Verhandlungsgeschick und Kompromisse fordern, damit eine Regierung Ergebnisse erzielen kann. Der Zentrumsblock weiß um die Notwendigkeit Lulas, mit ihm gut auskommen zu müssen. Das treibt den Preis in die Höhe. Die übliche Währung hierfür sind Zuschüsse zu lokalen Projekten in den Wahlkreisen der Zentrums-Abgeordneten und oder hohe Regierungs- oder Verwaltungsposten. Erster untrüglicher Beleg: Die Zahl der Ministerien oder Ministerien gleichgestellten Behörden stieg von 23 unter Bolsonaro auf 37 bei Lula da Silva.

Nicht nur in den Fraktionen haben sich die Stimmen nach rechts verschoben. Auch in den fraktionsübergreifenden Interessenvertretungen, den so genannten *bancadas*, haben sich rechts-konservative Kräfte behaupten und ausbreiten können. Die drei wichtigsten *bancadas* sind die *bancadas bbb*. Die drei ‚b' stehen für *bíblia* (Bibel), *bala* (Gewehrkugel) und *boi* (Rindvieh) und stehen stellvertretend für die drei Interessenvertretungen der evangelikalen Kirchen, der Waffenlobby und der Großgrundbesitzer. So ist die Waffenlobby mit 38 Abgeordneten (+10) vertreten. Von diesen stammt die überwiegende Zahl (37) aus Reihen der *Policia Militar*, der *Policia Civil*, der Armee, der Bundespolizei und der Feuerwehr (*Bombeiros*). Auch bei der Parteizugehörigkeit der neuen Abgeordneten zeigt sich eindeutig eine Tendenz pro Bolsonaro: 18 PL, 6 *União*, 3 PP, *Patriotas*. Eine PT-Abgeordnete gehört auch in dieser Gruppe. Allein die Initiative *Pro Armas* „entsendet" 16 Deputados. Dies illustriert auch ein Stück weit die andauernde Sicherheitsdebatte im Land, zu der die PT bislang kaum etwas beigesteuert hat. Ähnlich stark sind auch die beiden anderen *bancadas* vertreten. Die Evangelikalen kommen auf 115 Abgeordnete, verfehlten damit jedoch das selbst ausgerufene Ziel, 30 Prozent aller Abgeordneten stellen zu wollen. Noch etwas größer ist die *bancada boi* mit 120 Abgeordneten.

Auf der mittleren Ebene der Macht, der Bundesstaatenebene, sieht es für Lula kaum besser aus. Im Bundesstaat Rio de Janeiro wurde der Gouverneur und Bolsonaro-Kandidat Cláudio Castro im Amt bestätigt. Insgesamt wurden acht Politiker aus dem Lager Bolsonaros zu Gouverneuren gewählt. Im größten und wichtigsten Bundesstaat São Paulo hat PT-Kandidat Fernando Haddad zwar die Stichwahl erreicht, lag nach dem ersten Wahlgang jedoch mit 35,7 Prozent deutlich hinter Tarcísio de Freitas, der im ersten Wahlgang 42,3 Prozent gewann, im zweiten Wahlgang dann zum Gouverneur gewählt wurde. Neben Rio de Janeiro und Minas Gerais sind in den wichtigsten, weil bevölkerungsreichsten und wirtschaftsstärksten Bundesstaaten Bolsonaro-nahe Kandidaten Gouverneur geworden. Ernüchternd auch das Wahlergebnis in den Bundesstaaten, die im Gebiet der unter Bolsonaro so geschundenen Amazonasregion liegen. Dort siegte Bolsonaro sehr deutlich, gewann 70 Prozent der Stimmen. Ähnlich sah es im Süden in den Bundesstaaten Rio Grande do Sul, Paraná oder Santa Catarina aus, in denen auch die meisten deutschstämmigen Brasilianer leben. Ergebnisse zwischen 60 und 70 Prozent pro Bolsonaro sprechen eine deutliche Sprache. Insgesamt gewann Bolsonaro in vier der fünf Regionen die meisten Stimmen. Lulas Hochburg lag hingegen im Nordosten. Der dort errungene Stimmenvorsprung reichte

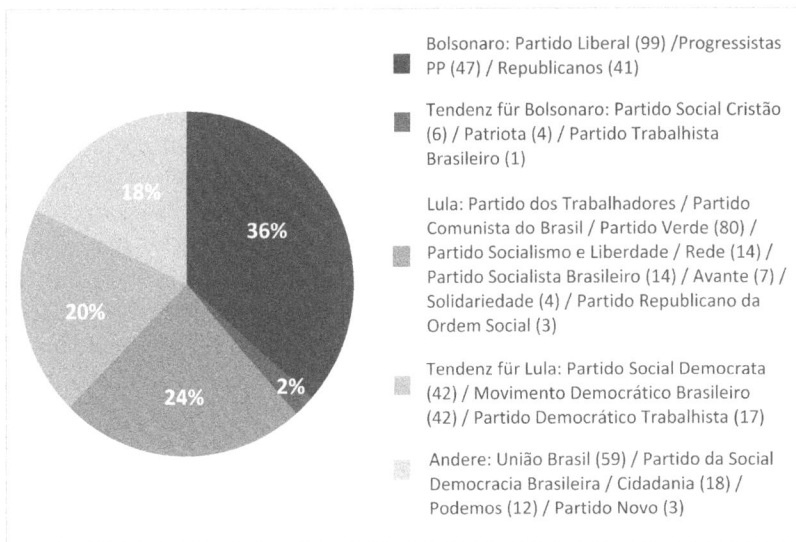

Abb. 1: Die Unterstützer von Bolsonaro und Lula in der Abgeordnetenkammer seit 2022.

aus, die eher knappen Unterschiede in den übrigen Regionen auszugleichen. Der Blick auf die verschiedenen Ebenen zeigt ziemlich deutlich: Der Geist des Bolsonarismus, wird weiter durch die politische Landschaft Brasiliens wabern.

Und zwar ganz ungeachtet dessen, was sich außerhalb der Parlamente abspielen wird. Die ersten Wochen nach der Stichwahl mit Straßenblockaden und Protesten vor den Kasernen, bei denen Demonstranten das Militär aufforderten, die Macht an sich zu reißen, zeigten es relativ deutlich. Auch als Bolsonaro mehrere Tage nach der Niederlage vor die Mikrofone trat, die Niederlage nur indirekt anzuerkennen schien und die Proteste, die durchaus gewaltsam waren, halbherzig verurteilte, sorgte das nicht dafür, dass seine Anhänger ihre Aktivitäten einstellten. Es schien fast so, als erreiche er besonders entschlossene und radikalisierte Teile seiner Anhängerschaft nicht mehr. Die rechte Bewegung scheint weiterzuziehen und sich bereits verselbständigt zu haben – mit oder ohne Bolsonaro.

Die Soziologin Adriana Dias sieht, vor allem in den Bundesstaaten des Südens, in den vergangenen Jahren eine rapide Zunahme an neonazistischen Gruppierungen und Zellen.[24] 2022 zählte sie 1117 solcher Zellen. 2015 waren es nur 72 gewesen. Seit der Wahl Bolsonaros im Oktober 2018 ist die Zahl geradezu exponentiell angestiegen.[25] Kein Zufall, wie Dias herausfand. Diese Gruppen fühlen sich vom nationalistischen Diskurs Bolsonaro, den er in seinem Wahlkampfmotto „Brasilien über alles" ausdrückte, ermutigt. Auch Treffen mit der deutschen rechtsradikalen AfD-Abgeordneten Beatrix von Storch,[26] oder die Treffen von Sohn Eduardo mit Trump-Wahlkampfmanager Stephen Bannon senden klare Signale in diese Gruppen.

Viele Brasilianer haben sich mit Waffen eingedeckt – von Bolsonaro mehrfach gelockerte Waffengesetze legten dafür den Grundstein. Mehr als versechsfacht hat sich der Waffenbestand in Brasilien, rund 4,4 Millionen Schusswaffen sollen sich nach Schätzungen der Organisation Brasilianisches Forum für öffentliche Sicherheit (FBSP) in privatem Besitz befinden.[27] Rund um zahlreiche indigene Schutzgebiete entstanden zudem während der vergangenen vier Jahre so genannte Schießclubs.[28] Auch die beiden Bolsonaro-Söhne Eduardo und Flávio posten gerne Fotos in sozialen Netzwerken, auf denen sie mit Waffen posieren oder in Schießclubs, vornehmlich im Süden, trainieren. Die Stimmung im größten Land Südamerikas ist in den vergangenen vier Jahren unter Jair Bolsonaro deutlich aggressiver geworden. Bolsonaro mag Vergangenheit sein, der Bolsonarismus aber bleibt.

Literatur

Da Empoli, Giovanni, Ingenieure des Chaos, Karl Blessing Verlag, Verlagsgruppe Random House, Berlin, 2020.
Netto, Vladimir, Lava Jato, GMT Editores, Rio de Janeiro, 2016.
Nöthen, Andreas, Bulldozer Bolsonaro – Wie ein Populist Brasilien ruiniert, Chr. Links Verlag, Berlin, 2020.
Nöthen, Andreas, Luiz Inácio Lula da Silva – Eine politische Biografie, Mandelbaum Verlag, Wien, 2022.
Strobl, Natascha, Radikalisierter Konservatismus, Suhrkamp, Frankfurt, 2021.

2. Frauen in der Politik

Obwohl Frauen 52 Prozent der brasilianischen Bevölkerung ausmachen, sind sie in der Politik – wie in den meisten anderen Ländern auch[1] – nach wie vor unterrepräsentiert. Mit der Kongresswahl im Oktober 2022 zogen 91 weibliche Abgeordnete in das Unterhaus des Kongresses ein – von insgesamt 513 Abgeordneten. Damit liegt der Frauenanteil aktuell bei 17,73 Prozent und ist einer der niedrigsten auf der ganzen Welt. Laut der Interparlamentarischen Union (IPU) rangiert Brasilien damit im internationalen Vergleich auf Platz 132 von 193.[2] Dabei gab es seit der Redemokratisierung ab 1985 und der neuen demokratischen Verfassung von 1988 immer Bestrebungen, den Frauenanteil in den Parlamenten zu erhöhen. 1995 legte das Gesetz *Lei Eleitoral* 9.100/1995 (Art. 11, §3) für den Kongress eine Frauenquote fest. 20 Prozent aller Abgeordneten sollten weiblich sein. 1997 schon wurde die Zielvorgabe auf 30 Prozent erhöht – ohne jedoch seither je erreicht worden zu sein. Interessant ist auch: 23 Prozent[3] der gewählten Frauen sind die Ehefrauen von Politikern. Damit bestätigt sich durchaus ein Trend, der generell in der brasilianischen Politik zu beobachten ist: Politik ist Familiensache. Viele Familien sind seit Jahrzehnten, manche sogar seit Jahrhunderten in der Politik aktiv, bilden einen mehr oder weniger geschlossenen Zirkel – Großväter, Väter und Söhne meist. Nun also auch überproportional viele Ehefrauen.

Bis zu einem paritätisch zusammengesetzten Parlament ist es also auch in Brasilien noch ein sehr weiter Weg. Fortschritte werden zwar erzielt, sind jedoch klein, wenn man die Zahl der weiblichen Abgeordneten mit der vorangegangenen Legislaturperiode vergleicht. 77 zählte die Kongressverwaltung zwischen 2019–2022. Die Diskrepanz zur brasilianischen Lebenswirklichkeit wird noch frappierender, wenn man soziale und ethnische Aspekte hinzuzieht. Denn von den 77 waren nur zehn afrobrasilianischer Herkunft – bei einem Bevölkerungsanteil von gut 60 Prozent. Eine Abgeordnete war Indigene. Immerhin in dieser Hinsicht ist die Abgeordnetenkammer 2022 etwas diverser geworden. Von 91 Abgeordneten sind 29 Schwarze, vier Indigene und mit Erika Hilton und Duda Salabert zwei Transfrauen vertreten.

1933: Die erste weibliche Abgeordnete wird gewählt

1933 war die erste Wahl, bei der Frauen wählen durften. Das Frauenwahlrecht wurde 1932 eingeführt.[4] Was fortschrittlich klingt, galt aber noch lange nicht für alle. Denn im Artikel 109 war eine Einschränkung formuliert, die de facto viele Frauen ausschloss. Denn das Recht galt nur für solche Frauen, die einer „bezahlten öffentlichen Arbeit" nachgingen. In den 1930er-Jahren dürfte das doch eine ziemliche Ausnahme gewesen sein. Erst von 1946 an galt das Wahlrecht verbindlich für alle Frauen ohne Bedingungen.

Die erste Frau, die in das brasilianische Parlament gewählt wurde, hieß Carlota Pereira de Queirós. Und sie war alles andere als ein schmückendes Beiwerk. Zwar entstammt sie dem weißen Bürgertum – ihr Vater José war einer der Gründer der Zeitung *A Província de São Paulo*, heute bekannt als die große Tageszeitung *Estado de São Paulo*. Carlota hatte zunächst als Erzieherin gearbeitet, war dann später in die Medizin umgeschwenkt. 1932 verließ sie das Labor und leitete während der Verfassungsrevolution in São Paulo zwischen Juli und Oktober desselben Jahres ein Team von 700 Frauen, die sich um die Verwundeten kümmerten.

Die Revolution von 1932 wurde von der Zentralregierung niedergeschlagen, aber im folgenden Jahr wurden Wahlen angesetzt, um einen neuen Verfassungstext auszuarbeiten. Carlota wurde auf Empfehlung der Handelsvereinigung vorgeschlagen, die von der Bürgerlichen Frauenvereinigung und dem Freiwilligenverband, einer Gruppe von Offizieren und Unteroffizieren aus São Paulo, die an der revolutionären Bewegung teilgenommen hatten, unterstützt wurde.

Carlota Pereira de Queirós wurde im Mai 1933 mit 5311 Stimmen im ersten Wahlgang und 176.916 Stimmen im zweiten Wahlgang zur ersten Bundesabgeordneten in der Geschichte des Landes gewählt. Ihre Beteiligung an der Politik begann mit der konstitutionalistischen Revolution von 1932, als São Paulo gegen die übermäßige Machtkonzentration in den Händen von Getúlio Vargas kämpfte und eine neue verfassungsmäßige Ordnung für das Land forderte.

Während des Verfassungsprozesses beteiligte sich Carlota an der Arbeit der Bildungs- und Gesundheitskommission, in der sie das erste Projekt zur Schaffung von Sozialdiensten im Lande entwarf. Ihre Initiative trug zur Einrichtung von Pflichtfonds für die Sozialhilfe bei und ermöglichte so den Bau der *Casa do Jornaleiro* und des *Laboratório de Biologia Infantil* (Kinderbiologielabor). Nach der Verabschiedung der neuen Verfassung wurde Carlota 1934 als Mitglied der Konstitutionalistischen Partei von São Paulo für einen der 34 Sitze in der Legislative des Bundesstaates São Paulo wiedergewählt. Bei dieser Wahl erhielt sie im ersten Wahlgang 1899 Stimmen und wurde im zweiten Wahlgang mit 228.190 Stimmen an zweiter Stelle gewählt.

Dass selbst dann, wenn nur wenige Frauen im Parlament vertreten sind, diese nicht unbedingt gleiche Interessen vertreten, zeigte sich in Carlotas Disputen mit Bertha Lutz, der zweiten Abgeordneten. Die Tochter einer Britin und eines Schweizers war schon in jungen Jahren eine vehemente Verfechterin der Frauenrechte. Unter anderem gründete sie die Liga für die intellektuelle Emanzipation der Frauen. Allerdings: Während Bertha für die bedingungslose Ausübung der politischen Rechte stritt, quasi als angeborenes Recht, setzte sich Carlota dafür ein, dass das Wahlrecht Frauen in einer feierlichen Zeremonie erst verliehen werden sollte.

Carlota blieb bis 1937 politisch aktiv. Länger ging auch nicht, denn da ordnete Getúlio Vargas an, das Parlament zu schließen. Am 10. November 1937 rief

Vargas durch einen Staatsstreich den Estado Novo ins Leben. In einer Rundfunkansprache veröffentlichte er ein Manifest an die Nation, in dem er erklärte, dass das Regime das Ziel verfolge, „den politischen Organismus an die wirtschaftlichen Bedürfnisse des Landes anzupassen". Praktisch begann eine nationalistische Diktatur, die bis 1945 anhalten sollte. Carlota Pereira de Queirós sollte auch über ihre politische Karriere hinaus Pionierin bleiben. 1942 wurde sie als erste Frau in die Nationale Medizinische Akademie aufgenommen. Von 1961–67 war sie Präsidentin der brasilianischen Vereinigung der Ärztinnen.

Die beiden erwähnten Abgeordneten blieben zwar nicht die Einzigen im Laufe der Zeit, relative Exoten blieben sie aber doch, zumindest, was höhere Ämter betrifft, etwa das des Gouverneurs eines Bundesstaats. Im Laufe der Geschichte wurden nur 14 brasilianische Bundesstaaten von Frauen regiert, entweder als Stellvertreterinnen oder dauerhaft. Die erste Frau, die einen brasilianischen Bundesstaat regierte, war Janilene Vasconcelos de Melo, die den damaligen Gouverneur von Rondônia, Jorge Teixeira (PDS), für 42 Tage vertrat. Die erste weibliche Gouverneurin, die tatsächlich einen brasilianischen Bundesstaat übernahm, war Iolanda Fleming (PMDB), die 1986 die Regierung von Acre übernahm, nachdem Nabor Junior zurückgetreten war und sich entschlossen hatte, für den Bundessenat zu kandidieren. Roseana Sarney war 1994 die erste Frau, die zur Gouverneurin des brasilianischen Bundesstaates Maranhão gewählt wurde. Ihr Vater ist José Sarney, der für den 1985 unerwartet und plötzlich verstorbenen Tancredo Neves als dessen Vize-Präsident die Regierungsgeschäfte übernahm. Sie war auch die erste Frau in der Geschichte, die als Gouverneurin des Bundesstaates wiedergewählt wurde, und gleichzeitig die einzige Frau, die einen brasilianischen Bundesstaat in vier Amtszeiten regierte. Rio Grande de Norte ist der Bundesstaat, in dem die meisten Gouverneurinnen gewählt wurden, nämlich drei. 2022 kam es in Pernambuco zum ersten Mal zu einer Stichwahl zwischen zwei Frauen.

Die eingangs des Kapitels geschilderte Zunahme weiblicher Abgeordneter in der Abgeordnetenkammer ist sicher auch als Zeichen einer gesellschaftlichen Veränderung zu werten. In erster Linie dürfte der Grund jedoch auch in einem geänderten Wahlkampffinanzierungsgesetz liegen. Seit 2018 ist es Firmen verboten, direkt an die Wahlkämpfer zu spenden. Stattdessen gibt es einen großen Finanztopf, bei beim Frauen Anspruch auf 30 Prozent des Volumens haben. Und nicht nur das. Das Gesetz regelt außerdem, dass Frauen 30 Prozent der Sendezeit bei Radio- und TV-Wahlkampfspots zusteht. Doch auch wenn sich bei der Wahlkampfausstattung etwas getan hat, sind es doch vor allem gesellschaftliche Stereotype, die Frauen die politische und gesellschaftliche Partizipation erschweren. Nach wie vor sind die häuslichen Pflichten ungleich zwischen Männern und Frauen verteilt, wobei man hier ergänzen muss, dass ein Großteil der häuslichen Arbeiten, wie auch der Kindererziehung im vorwiegend weißen Mittel- und Oberklassehaushalt von Hausangestellten (*empregadas*) oder Kindermädchen (*babás*) erledigt wird. Und diese *empregadas* und *babás* sind in aller Regel schwarz und arm. Weitere Nachteile sind die Erwartungshaltungen, die Frauen von der Politik entgegengebracht werden. Wenn sie sich schon einbringen, dann sollen sie sich doch bitte schön auf frauenspezifische Themen beschränken. Auch Medien spielen oftmals eine unrühmliche Rolle, wenn sie sich bei Politikerinnen mehr auf Geschlechterklischees wie Kleidung, Frisur oder Aussehen beschränken, und sich nicht inhaltlich auseinandersetzen.[5]

Brasiliens Gesellschaft ist durch einen nach wie vor ausgeprägten Machismus gekennzeichnet. So drohte in den 1980er-Jahren einem Ehemann, der seine ehebrecherische Frau getötet hatte, im Falle eines Geständnisses keine Strafe, weil die Justiz dies als eine Verteidigung der Institution Ehe wertete. Zwar hat sich dies gewandelt, auch weil inzwischen Gesetze wie das Maria da Penha-Gesetz[6] (August 2006) oder das Femizid-Gesetz (März 2015) in Kraft sind, die Frauen besser vor häuslicher und teilweise tödlicher Gewalt schützen.

2010: Die erste Präsidentin wird gewählt

Es sollte ebenfalls bis ins 21. Jahrhundert dauern, bis die erste Frau im höchsten Amt des Staates, im Präsidentenamt, vereidigt wurde. Wobei man ergänzen muss, dass es die Habsburgerin Leopoldine war, die Gemahlin von Kaiser Dom Pedro. I, die an der Spitze des Reiches staatstragende Entscheidungen traf, als sie im August/September 1822 die Unabhängigkeit Brasiliens von Portugal beschloss. Sie hatte ihren Gemahl Dom Pedro I. auf Reisen nicht erreichen können und musste unter großem Zeitdruck die Entscheidung allein treffen.

Dilma Rousseff, Politikerin der Arbeiterpartei PT, wurde am 1. Januar 2011 erste weibliche Präsidentin Brasiliens. Zwar war dem eine Wahl vorangegangen, doch dass Dilma Rousseff überhaupt die Chance auf dieses Amt bekam, hing in erster Linie damit zusammen, dass ihr Vorgänger, Luiz Inácio Lula da Silva, sie höchst persönlich als seine Nachfolgerin innerhalb der Partei durchsetzte. Es gab sicherlich nicht wenige männliche Kandidaten in der PT, die sich insgeheim Hoffnungen auf die Nachfolge Lulas gemacht hatten, auch wenn die natürlichen Thronfolger, Kabinettschef José Dirceu und Finanzminister Antonio Palocci aufgrund eines Korruptionsskandals vorübergehend aus dem Rennen waren. Doch Lula hatte andere Pläne. Man kann heute davon ausgehen, dass Rousseff von ihm als eine Platzhalterin gedacht war. Nach zwei Amtszeiten durfte er für keine dritte in Folge kandidieren. Anstelle des politisch verbrannten Dirceu hatte Lula Dilma als seine Kabinettschefin installiert. Sie war also zunächst nicht unbedingt die erste Wahl.

Interessant ist aber durchaus, wie es Rousseff überhaupt so weit schaffen konnte. Als sie 2003 Ministerin für Bergbau in Lulas Kabinett wurde, war sie politisch bis dahin nur auf kommunaler und bundesstaatlicher Ebene in Erscheinung getreten. Luiz Pinguelli Rosa, Physiker und Kandidat für dem Posten im Ministerium für Bergbau und Energie, hatte sie 2001 zu einem Treffen mitgebracht. Bei diesem Treffen scheint sie einen guten fachlichen Eindruck hinterlassen zu haben. So bekam sie am Ende den Job und zwar ganz ohne PT-Stallgeruch. Sie war sogar erst kurz zuvor in die Partei eingetreten, hatte nicht die gesamte interne Karriereleiter erklimmen müssen. Pinguelli erhielt später den sicherlich lukrativer dotierteren Job des CEO beim halbstaatlichen Industriekonzern Petrobras, dessen Aufsichtsratschefin Rousseff qua Amt wurde. Interessant dabei: Obwohl Petrobras einige Jahr später das Epizentrum eines gewaltigen Korruptionsskandals werden sollte, kam kein Richter oder Staatsanwalt auf die Idee, eine Verwicklung oder Verfehlung bei Rousseff zu suchen, geschweige denn zu finden, während zahlreiche männliche Kollegen im direkten Umfeld gleich reihenweise fielen.

Im Rahmen einer Kabinettssitzung im Februar 2008 soll Lula Dilma darauf vorbereitet haben, seine Nachfolge zu übernehmen. „Kleine Dilma, bereite dich darauf vor, dass ich eine große Aufgabe für dich haben werde, vielleicht die größte deines Lebens."[7] Es ist sicher nicht vermessen zu behaupten, dass in dieser Aussage ein gewisses Machtgefälle deutlich wird. Es ist nicht davon auszugehen, dass Lula einen José Dirceu „meinen kleinen José" genannt hätte. Lula präsentierte Dilma auf einem nationalen Kongress der PT am 20. Februar 2010 als Kandidatin. „Einer dritten Amtszeit Lulas, so Spötter, stand damit nicht mehr viel im Wege."[8] Fachlich gab es wenig Zweifel an der Präsidentin Dilma Rousseff. Aber sie war anders. Dilma war keine Strategin oder geschickte Strippenzieherin, sondern eine eher trockene Verwaltungschefin. Das passte nicht unbedingt in die politischen Gepflogenheiten, mit einem Netz aus kleinen und großen Abhängigkeiten und gegenseitigen Gefälligkeiten. Auf diese Spielchen schien sie sich kaum einzulassen. Nur einer Handvoll Abgeordneter und Senatoren gelang es, sich mit ihr zu einem Vieraugengespräch zu treffen.[9]

Sie regierte technokratisch und unspektakulär in einem sich allmählich verschlechterndem wirtschaftlichen Gesamtklima. Zwar rettete sie sich noch in eine zweite Amtszeit, doch die erstarkten konservativen Kräfte witterten ihre Chance, sich der spröden und unnahbar wirkenden Regierungschefin zu entledigen, und zwar vor Ablauf der vierjährigen zweiten Amtszeit: Ein Amtsenthebungsverfahren musste her, zumal Rousseff nicht daran dachte, von sich aus das Handtuch zu werfen. Die Zweifel an der Rechtmäßigkeit dieses Amtsenthebungsverfahrens konnten bis heute nicht ausgeräumt werden. Oder anders gefragt: „Wenn das Impeachment eine Strafe für ein Verbrechen war, was war dann das Verbrechen?"[10] Manch einer mag sogar noch weiter gegangen sein sich zu fragen, ob möglicherweise ihr Geschlecht ebenfalls eine Rolle gespielt haben könnte.

Dilma selbst schien davon auszugehen. In einer Pressekonferenz mit ausländischen Journalisten am 19. April 2016, wenige Tage, nachdem die Abgeordnetenkammer für das Amtsenthebungsverfahren gestimmt hatte, sagte sie: „In dem ganzen Vorgang finden sich auch Vorurteile gegen Frauen. Es gab da Einstellungen mir gegenüber, die es bei einem männlichen Präsidenten nicht gegeben hätte."[11] Es lässt sich kaum belegen, dass Rousseffs Geschlecht der Hauptgrund war, weshalb sie aus dem Amt entfernt werden sollte, dazu war die wirtschaftliche und politische Gemengelage sicherlich zu komplex. Außerdem konnte sie ja auch zwei Mal die Wahl gewinnen. Aber es ist ebenfalls kaum zu leugnen, dass Frauenfeindlichkeit zu einer Triebfeder des Prozesses wurde. Eine linke, geschiedene Frau an der Spitze eines Staates, in dem Religion, teilweise fundamentalistisch praktiziert, eine zentrale politische Rolle spielt, war für viele wohl doch zu viel. Rousseff war sich dessen durchaus bewusst, duckte sich aber nicht weg, wenn sie etwa in ihrer Antrittsrede von „*presidenta*" sprach, einen Begriff, den es im Portugiesischen an sich nicht gibt. Dort umfasst der Begriff „*presidente*" beide Geschlechter gleichermaßen. Am Ende musste sie gehen. Das notwendige Quorum von zwei Drittel der Abgeordneten wurde erreicht. Unter den 367 Ja-Stimmen waren übrigens auch die von 29 weiblichen Abgeordneten. 20 Frauen stimmten gegen das Impeachment.

Der Fall Marielle Franco

Die brasilianische Politik ist ein hartes Geschäft, bisweilen ist es auch grausam und brutal. Politiker leben in Brasilien gefährlich. Im Schnitt 27 gewählte Volksvertreter erleben nicht das Ende eines laufenden Jahres, haben die Organisationen *Terra de Direitos* und *Justiça Global* herausgefunden. Damit kein falscher Eindruck entsteht: Die Rede ist nicht von natürlichen Toden, Herzinfarkten, schweren Krankheiten oder Unfällen. Auch nicht eingeschlossen sind Mitglieder von NGOs, Umweltschützer oder Personen, die in Landkonflikten jährlich gewaltsam ums Leben kommen. Die Toten, die die beiden Organisationen aufzählen, kommen allesamt gewaltsam ums Leben; im Regelfall werden sie ermordet. Die Zahlen beziehen sich auf die vergangenen Legislaturperioden von 2016 bis 2020. In dieser Zeit gab es mindestens 125 Angriffe oder Attentate. Als Akte politischer Gewalt wurden sogar 327 Fälle seit 2016 gezählt.

Ganz offensichtlich scheint der „politische Mord" ein veritables Instrument der brasilianischen Politik zu sein. Vor allem auf kommunaler Ebene, wo mit Abstand die meisten Tötungen zu verzeichnen sind. 92 Prozent der Getöteten sind Stadträte (*vereadores*), die restlichen acht Prozent entfallen auf Politiker der Landes- oder Bundesebene. Männer werden übrigens sehr viel häufiger Opfer handfester Angriffe als Frauen, die ihrerseits häufiger verbal attackiert, beleidigt oder erniedrigt werden. Auch bei den Tätern ist die Statistik eindeutig. Mehr als neun von zehn, 93 Prozent, der Täter sind Männer. Auch interessant: Obwohl Frauen nur 13 Prozent der politischen Repräsentanten darstellen, leiden sie unter 31 Prozent der Übergriffe. Das ist 2,4-mal häufiger als Männer.

Politische Gewalt beschränkt sich nicht auf den Ausdruck physischer Aggression, sondern kommt in allen Situationen vor, in denen eine Behinderung, Einschränkung oder Blockierung der Ausübung politischer Rechte durch den Einsatz gewaltsamer Mittel, gleich welcher Art, auch wenn sie kulturell legitimiert sind, stattfindet.¹² Politische Gewalt kann nicht nur durch parteipolitische und ideologische Gründe motiviert sein, sondern auch durch Fragen im Zusammenhang mit dem Geschlecht, der sexuellen Ausrichtung, durch wirtschaftliche oder territoriale sowie ethnisch-rassische und kulturell-religiöse Konflikte. In der Praxis gibt es einen Zusammenhang zwischen Gewalttaten und Versuchen, die diskriminierenden sozialen Muster oder die Macht hegemonialer Gruppen aufrechtzuerhalten. In diesem Zusammenhang ist die politische Gewalt gegen Frauen eine Form, die sich in Geschlechterstereotypen und Machtkämpfen manifestiert, die darauf abzielt, die Ausübung der politischen Rechte von Frauen zu untergraben.

Ein besonders krasser Fall politischer Gewalt gegen eine Frau ist der Fall Marielle Franco. Er ist auch deshalb im kollektiven Gedächtnis nach wie vor sehr präsent, weil er in seiner Grausamkeit herausstach. Marielle Franco war am Abend des 14. März 2018 in Rio de Janeiro auf dem Weg nach Hause, als ihr Auto plötzlich im Stadtteil Estácio von einem anderen Fahrzeug ausgebremst und zum Anhalten gezwungen wurde. Mehrere Personen sprangen aus dem Fahrzeug heraus und eröffneten das Feuer. Neun Schüsse fielen, Marielle Franco und ihr Fahrer Anderson Gomes waren auf der Stelle tot. Praktisch auf offener Straße hingerichtet.

Schon wenige Tage nach der Tat stand fest, dass die Schüsse aus einer Polizeipistole abgegeben worden waren. Eine Maschinenpistole des Herstellers Heckler & Koch. Anhand der Chargennummer der verwendeten Munition lässt sich eingrenzen, woher die Patronen stammen. Auch wenn eindeutige Beweise fehlen: Die Vermutung liegt nahe, es könnte sich um einen gezielten Racheakt an der Politikerin gehandelt haben. Marielle Franco hatte immer wieder öffentlich die Polizeiwillkür angeprangert. Erst wenige Tage vor ihrem Tod hatte sie das in der Stadt auch als „Todesbrigade" bekannte 41. Bataillon der Militärpolizei beschuldigt, ohne einen Grund Kinder umgebracht zu haben.

Die Kaltblütigkeit des Verbrechens war für die in Sachen Gewalt einiges gewohnten Brasilianer wie ein Schock, die Botschaft war deutlich. Der Mord galt als deutlicher Fingerzeig in Richtung von Menschenrechtsaktivistinnen wie Marielle Franco: Wer die Sicherheitskräfte öffentlich an den Pranger stellt, lebt gefährlich. Darüber hinaus war die Bluttat allerdings auch eine Warnung an das Militär, das offiziell für die Sicherheit in Rio de Janeiro zuständig war, seit Übergangspräsident Temer im Februar 2018 per Dekret diese sogenannte Militärintervention angeordnet hatte. Steckt eure Nase nicht allzu tief in unsere Angelegenheiten hinein. Lasst besser alles so, wie es ist, lautete die Botschaft.

Marielle Franco war nicht nur eine engagierte Lokalpolitikerin. Sie war zudem Schwarze, Lesbe, Feministin und stammte aus dem Favela-Komplex Maré. Damit verkörperte sie alles, was den überwiegend konservativen weißen Politikern in Rio und ganz Brasilien, aber vor allem den Unterstützern Bolsonaros und seiner Politik unbequem und lästig ist. Sie musste sterben, weil sie mit ihrer Kritik den Mächtigen zu nahegekommen war und allmählich gefährlich zu werden begann. Konkret hatte sie ein Bataillon der Militärpolizei öffentlich harsch kritisiert, nachdem ein paar Jugendliche durch Polizeikugeln sterben mussten.

Marielle Francos Tod rüttelte die Brasilianer wach. Die Politikerin wurde zum Symbol für die vielen tausend meist schwarzen Brasilianer, die jährlich durch (Polizei-)Gewalt ums Leben kommen. Eine ganze Bewegung entstand, die dafür sorgte, dass ihr Name im öffentlichen Bewusstsein präsent blieb. „*Marielle vive*", Marielle lebt, „*Quem matou Marielle e Anderson*", wer tötete Marielle und Anderson, lauten die Losungen, die auf Kundgebungen zu hören und auf Häuserwänden zu lesen sind. Und: „*Quem mandou matar Marielle?*" Wer hat den Befehl gegeben, Marielle zu töten?

Wie eng organisierte Kriminalität, Ordnungsmacht und Politik in Brasilien miteinander verwoben sind, zeigt dieser Fall exemplarisch. Das Verbrechen ereignete sich bereits ein knappes Jahr vor der Regierungsübernahme durch Bolsonaro. Nach und nach kommen Details ans Licht, die auch die Frage aufwerfen, was er und seine Familie mit der ganzen Sache möglicherweise zu tun haben könnten. Im weiteren Verlauf werde ich im Kapitel zu den Milizen detaillierter auf den Fall eingehen. Sicher, Franco war unbequem, prangerte Missstände wie Polizeigewalt öffentlich an und wurde gehört. Aber reicht das für einen solchen Mord? Es wird auch spekuliert, ob der Mord ein Racheakt gegen den Bundesabgeordneten Marcelo Freixo gewesen sein könnte. Diese Theorie erhielt neue Nahrung, als wenige Wochen vor dem sechsten Jahrestag des Mordes der seit 2019 inhaftierte Ronnie Lessa einen Deal mit der Bundespolizei schloss: Durch eine Kronzeugenregelung sollte er Strafmilderung erhalten.[13] Im Gegenzug wollte er den oder die Auftraggeber nennen. Ob es am Ende tatsächlich der Kommunalpolitiker Domingos Brazão war, gegen den 2019 bereits in diesen Mordermittlungen wegen Strafvereitelung ermittelt wurde, bleibt sicherlich auch weiterhin abzuwarten. Der Beschuldigte bestritt seine Beteiligung. Die stets vermutete Nähe des Bolsonaro-Clans zur Tat bestätigte sich auch nicht. Brazão, der Jahrzehnte auf Stadt- und Bundesstaatenebene in der Politik von Rio de Janeiro mitmischte, war sowohl im Wahlkampf 2013 für Dilma Rousseff als auch später für Jair Bolsonaro aktiv gewesen.[14] Er war auch im Abschlussbericht des parlamentarischen Untersuchungsausschusses (*CPI das Milicias*) zu den Milizen im Bundesstaat Rio de Janeiro genannt worden.

Marcelo Freixo hatte 2008 den Vorsitz des Ausschusses geleitet und sich so einen Namen im Kampf gegen das organisierte Verbrechen der Milizen gemacht. Mehreren Dutzend Polizisten und Politikern wurde anschließend der Prozess gemacht. Marielle Franco war zur Zeit des Untersuchungsausschusses Beraterin Freixos, arbeitete eng mit ihm zusammen, dürfte also mit den Strukturen vertraut gewesen sein. Für Freixos steht eines ganz sicher fest: Der Fall (Marielle Franco) rührt in sehr tiefen kriminellen Strukturen und vor diesen ist man auch als Politikerin in Brasilien nicht geschützt. Diese Strukturen werden im Kapitel *Rechtsfreie Räume* eingehender beleuchtet.

Harte Bandagen: Frauen pro Bolsonaro

Seit dem Ende der Militärdiktatur hat sich Brasilien, allen wirtschaftlichen und sozialen Problemen zum Trotz, politisch und gesellschaftlich robust entwickelt. Gesellschaft und Politik wurden progressiver. Besonders seit Beginn des Jahrtausends, als Luiz Inácio Lula da Silva eine 13-jährige linke Regierungsära einläutete, hat sich die brasilianische Gesellschaft – auf dem Papier zumindest – sehr fortschrittlich gezeigt. Es gab große Fortschritte in der Gleichstellungspolitik, bei Frauenrechten oder der Geschlechterforschung. Feministische Themen fanden Eingang in die Politik oder fanden dort zumindest Gehör.

Dieser Ansatz ist jedoch, anders als man vielleicht meinen könnte, nicht unbedingt *common sense* in der „bancada feminina", der Gruppe der weiblichen Abgeordneten. 77 gab es in der Legislaturperiode 2019–2022, 27 von ihnen kamen aus dem politisch linken Spektrum, 44 von Parteien, die die Politik Bolsonaros unterstützten. 25 von diesen wiederum waren Mitglieder der erzkonservativen Gruppe Parlamentarische Frauen zur Verteidigung von Leben und Familie. Der Anteil eher rechter Politikerinnen steigt seit einigen Jahren. 2010 waren von 44 Abgeordneten noch 29 aus dem linken Spektrum. Zum Beginn der Legislaturperiode 2023–2026 werden 60 Prozent der 91 weiblichen Abgeordneten rechts sein.[15]

So breit gefächert wie das politische Spektrum, so breit gefächert sind auch die Themen, die auf der Agenda der Frauen stehen. Es gibt zwar durchaus Themen, auf die sich linke wie rechte Politikerinnen einigen können, etwa wenn es um den Kampf gegen häusliche Gewalt geht, denn dieses Problem ist ein gesamtgesellschaftliches, kein ideologisches. Auch wenn es darum geht, um Maßnahmen zur wirtschaftlichen Stärkung der Frauen zu kämpfen, kann es zum Schulterschluss rechter und linker Politikerinnen kommen.

Große Unterschiede treten aber dann zu Tage, wenn es um sexuelle Themen wie zum Beispiel Abtreibung geht. Während im linken Spektrum das Thema unter dem Gesichtspunkt der Selbstbestimmung diskutiert wird und als Kampf gegen die strukturelle juristische Ungleichbehandlung von Mann und Frau, wird eine Abtreibung im rechten Lager als moralische Verfehlung des Individuums betrachtet und als Verstoß gegen klassische Rollenbilder. Der klassische Feminismus, als Kampf von Frauen gegen die Ungleichheit, über den sich linke Politikerinnen zu definieren pflegen, wird von rechten abgelehnt. Mehr noch: Es werden antifeministische Thesen vertreten, wie dies die landesweit bekannte Caroline de Toni tat, die sich sogar öffentlich für eine Abschaffung der Frauenquote bei Wahlen aussprach. De Toni gehört mit Bia Kicis oder Carla Zambelli zu einer Gruppe recht radikaler rechter parlamentarischer Vorkämpferinnen. Kicis, von Bolsonaros Partei PL, war bis Ende der Legislaturperiode 2018–2022 Vorsitzende der Kommission für Verfassung und Justiz, einer der wichtigsten parlamentarischen Arbeitsgruppen. 2023 wurde sie von Simone Tebet (MDB) abgelöst.

Der propagierte Antifeminismus benutzt in seiner Argumentation durchaus Werte, die man aus dem klassischen feministischen Kontext kennt und die er sich selektiv aneignet. Etwa, wenn die Struktur der Pfingstkirchen als moralische Autorität als etwas dargestellt wird, was bei Frauen eine Entwicklung begünstigt, in der sich Frauen im öffentlichen Raum stärker beteiligen und auch politische Karrieren verwirklichen können.[16] Das mag auf den ersten Blick paradox erscheinen, dass es diesen antifeministischen und teilweise autoritären Narrativen gelingt, bis in die Mitte der Gesellschaft vorzudringen. De facto ist dieses Vordringen sehr weit fortgeschritten, wie das Beispiel von Judith Butler aus dem Jahr 2017 zeigt.

Damals war die führende Theoretikerin der Queer-Studies nach São Paulo eingeladen, um im gediegenen, bürgerlichen Club *SESC Pompeía* einen Vortrag zu halten. Schnell formierte sich Widerstand. „Verbrennt die Hexe!" war auf Plakaten zu lesen, eine Petition forderte die Absage der Veranstaltungen mit der Begründung, Butler sei „Verfechterin einer ruchlosen Ideologie die darauf abzielt, den Prozess der Korruption und der Zersplitterung der Gesellschaft zu beschleunigen".[17] Das Beispiel zeigt: Gegner Butlers bzw. Unterstützer des rechtskonservativen Antifeminismus treten massiv auf beim Versuch, die Gesellschaft zu mobilisieren um den stattgefundenen sozialen Wandel wieder rückgängig zu machen – ein echter Kulturkampf. Nach Butlers verharmlosenden Beschreibungen der Hamas als bewaffnete Widerstandsgruppe im Frühjahr 2023 dürften die Reaktionen auch auf absehbare Zeit kaum milder ausfallen.

Wobei man nicht den Fehler machen darf, Antifeminismus als die Fortsetzung des Machismus zu betrachten, da Männer und Frauen daran gleichermaßen beteiligt sind. „Es wäre jedoch falsch zu glauben, dass sich der Antifeminismus angesichts der Ausweitung der bürgerlichen, sexuellen und reproduktiven Rechte auf eine bloße Verteidigung traditioneller religiöser Werte beschränkt. Der Antifeminismus ist zu einem der Identitätsmerkmale der neuen lateinamerikanischen Rechtspopulisten geworden",[18] schreibt der Soziologe der Universität Barcelona, Jordi Bonet I Martí.

Eine Kernthese dieser Bewegung ist der Begriff „Gender-Ideologie". Der Begriff wird mindestens seit dem Jahr 2000 benutzt.[19] Damals tauchte er erstmals in einem Positionspapier des Päpstlichen Rats für die Familie auf, entstammt also höchstwahrscheinlich dem konservativen katholischen Kontext und gehört heute zum zentralen Schlagwortkatalog rechter und konservativer Bewegungen auf der ganzen Welt. In diesem Verständnis umfasst Gender-Ideologie die Themenbereiche Geschlechterforschung, Gleichstellungspolitik oder Frauenbewegung und queere Themen. Das Ziel des Begriffs ist die abschätzige Verengung des Begriffs auf etwas, womit man sich nicht weiter beschäftigen muss, da der Begriff Ideologie eine diskursunfähige starre Weltanschauung beschreibt, die keine anderen Ansichten zulässt.

Galionsfigur dieser Strömung innerhalb der Regierung Bolsonaros im Kampf gegen Feminismus und Genderpolitik war Familienministerin (zum Ressort zählten auch Menschenrechte und Frauen) Damares Alves. Die evangelikale Bischöfin stellt sich bei Kritik gerne als missgedeutet und missverstanden dar, indem sie dann betonte, durchaus für die bereits erwähnten Frauenthemen zu kämpfen (häusliche Gewalt, gleiche Gehälter) und nur übertriebenen Aktivismus abzulehnen. In ihrem Ministerium überließ sie aber nichts dem Zufall. Es wurde ausschließlich von konservativen Männern und Frauen geführt. Zum Führungskreis soll auch die katholische Anwältin Angela Gandra gehört haben, deren Vater Ives, ebenfalls Anwalt, Mitglied von *Opus Dei* und Gründer des rechtskonservativen religiösen Thinktanks *Instituto Brasileiro de Direito e Religião* (IBDR), Texte gegen das Recht auf Schwangerschaftsabbruch veröffentlicht haben soll.

Die Rolle der *primeiras damas*

Zu Beginn der Amtszeit von Jair Bolsonaro machte First Lady Michelle das, was First Ladys meistens tun: Sie engagierte sich sozial. Michelle kümmerte sich um Menschen mit Behinderungen oder engagierte sich fürs Ehrenamt. Auch als Übersetzerin in Gebärdensprache war sie zu sehen. Aber politisch trat sie nicht in Erscheinung. Das änderte sich im Wahlkampf 2022. Als Jair Bolsonaro im Juli seine erneute Kandidatur bekannt gab, ergriff auch seine Frau das Mikrofon, sprach mit feierlichem, religiösem Appeal über das Ziel der Wiederwahl ihres Gatten, die eine Art „Heilung für Brasilien" bedeuten würde. Vorbei die Zurückhaltung. Schon zu diesem Zeitpunkt war klar: Wollte Bolsonaro wiedergewählt werden, musste er sich extrem anstrengen. Kontrahent Lula lag seit Bekanntwerden seiner Kandidatur stets vor Bolsonaro und das deutlich. Zwischenzeitlich mit 14 oder 15 Prozentpunkten Abstand. Es mussten also Wählergruppen aufgetan werden, in denen Bolsonaro bis dahin eher schwach repräsentiert war. Und das waren vor allem die Frauen.

Dabei bilden Frauen die größte Wählergruppe in Brasilien. 52 Prozent aller Wähler sind Frauen. Frauen sind oft auch Mütter und Ehefrauen, die Einfluss auf Schwestern und Töchter haben. Dass Bolsonaro bei Frauen in Teilen weniger gut ankam, kann er sich sicher selbst zuschreiben. Frauenfeindliche Aussagen wie die gegen die Abgeordnete Maria de Rosario aus dem Jahr 2003 sind in der brasilianischen Öffentlichkeit nach wie vor präsent und reihenweise dokumentiert. Damals hatte er ihr den Satz „Du verdienst es nicht einmal, vergewaltigt zu werden", an den Kopf geschleudert. Der Vorfall wurde in einem Video dokumentiert.[20] Kein einmaliger Ausrutscher. 2014 wiederholte er die Aussage im Parlament.[21] Ein späterer Relativierungsversuch (2019) wirkte eher halbherzig und kläglich. Aber da dürfte ihm oder zumindest den Strategen in seinem Umfeld klar gewesen sein, dass er sein Image bei der Wählerinnenschaft aufpolieren musste. So schickte er seine dritte Ehefrau ins Wahlkampfrennen. Sie war freilich nicht die einzige Kandidatengattin, die nun zur Wahlkämpferin wurde. Rosangela „Janja" da Silva, die ebenfalls dritte Ehefrau des zweimal verwitweten Luiz Inácio Lula da Silva tat dasselbe. Und auch Ciro Gomes, Kandidat der Partei

PTB, zeigte sich verstärkt mit Gattin Giselle Bezerra in der Öffentlichkeit – laut eigenem Bekunden sogar noch vor den beiden anderen Kandidaten.

Aber lohnt der Aufwand auch? Immerhin legte Michelle Bolsonaro an Bekanntheit zu. Laut einer Umfrage gaben 57 Prozent der Befragten an, Michelle zu kennen. Für 60 Prozent dieser Gruppe hatte sie ein positives Image.[22] In einer anderen Umfrage gaben jedoch Wählerinnen mehrheitlich an, ihre Wahlentscheidung nicht von Michelle oder Janja beeinflussen zu lassen. Auch in den religiösen Lagern gab es anscheinend wenig Bewegung. Evangelikale fanden weit überwiegend (80 Prozent) Michelle positiv, die selbst auch evangelikalen Glaubens ist und im Wahlkampf mehrere Dutzend Termine gemeinsam mit Damares Alves absolvierte. Bemerkenswert auch ihre Botschaften in den sozialen Netzwerken, bei denen sie auch vor Desinformation nicht zurückschreckte. So behauptete sie in einem Instagram-Post, den sie am Nationalfeiertag, dem 7. September, postete, dass eine Regierung von Lula plane, im Falle eines Wahlsiegs Kirchen schließen und verbieten zu lassen.

Wie sehr Bolsonaro auf die Zugkraft seine Ehefrau zu bauen schien, zeigt auch, dass sein Wahlkampfteam einen TV-Wahlwerbespot produzierte, in dem vom Präsidenten kaum etwas zu sehen war. Dafür gehörte 100 Prozent der Sprechzeit seiner First Lady. Damit hat er – wahrscheinlich sogar bewusst – in Kauf genommen, vom obersten Wahlgerichtshof (*Superior Tribunal Eleitoral, STE*) zurückgepfiffen und mit einer Strafe belegt zu werden.[23] Denn das Wahlgesetz sieht vor, dass Unterstützer in Wahlwerbespots maximal 25 Prozent der Sendezeit erhalten dürfen. Mutmaßlich wird er Schaden und Nutzen gegeneinander abgewogen haben, schließlich ist die Strafe für diesen Verstoß vergleichsweise gering: 25.000 Reais.

Janja da Silva war, anders als Michelle Bolsonaro, schon vor dem Wahlkampf politisch aktiv. Die Soziologin sprach vor allem die katholischen Brasilianer an. 57 Prozent gaben bei einer Umfrage an, die Frau Lulas positiv zu sehen. Während Michelle ihre Religiosität klar zur Abgrenzung nutzt, ist die Funktion Janjas genau umgekehrt. Sie soll Lulas Kontaktfreudigkeit unterstreichen – durchaus im Zusammenspiel mit Lulas Bemühen, für die Wahl weitere Wählergruppen zu erschließen. Im Grunde spielen beide ihre Rolle gut aus, indem sie die Schwachstellen des Gatten versuchen zu überspielen, bzw. die Stärken betonen. Aber der Einsatz der First Ladys belegt auch einen anderen Trend, der sich – langsam, aber sicher – abzeichnet. Frauen spielen in der brasilianischen Politik zunehmend eine größere Rolle, wie die zunehmende Repräsentanz in den Parlamenten belegt, auch wenn dieser Prozess vergleichsweise langsam verläuft. Dabei bewegen sie sich durchaus über die klassischen Themenfelder (Gleichstellung, Familie) hinaus.

Literatur

Cunha, Eduardo, Tchau, Querida! O diário do impeachment, São Paulo, Matrix, 2021.
Peri Guedes, Marco Aurélio, Estado e Ordem Economica e Social – A experiancia constitucional da República de Weimar e a Constituição Brasiliera de 1934.
Prengaman, Peter und Savarese, Mauricio, Dilma's Downfall, Associated Press, New York, 2021.

3. Und immer wieder die Korruption

„Korruption in Brasilien gibt es nicht mehr" – diesen bemerkenswerten Satz sagte Ex-Präsident Jair Bolsonaro im April 2022 in einem TV-Interview.[1] Just zu dem Zeitpunkt, als seine Regierung mit Korruptionsvorwürfen konfrontiert worden war und der Wahlkampf für die Präsidentschaftswahl ganz allmählich wieder an Fahrt aufnahm. In den Wochen und Monaten zuvor hatten Medien immer wieder berichtet, dass es während der Corona-Pandemie im Zuge der Impfstoff-Beschaffung zu Schmiergeldzahlungen gekommen sei.

Einen ähnlichen Satz hatte es von Bolsonaro schon einmal gegeben. Einige Monate vorher, am 7. Oktober 2021. Damals erklärte er im Planalto-Palast, dass er mit der Operation *Lava Jato* fertig sei, weil es in der aktuellen Regierung keine Korruption gebe, die untersucht werden müsse.[2] Brasilien, das Land, das insbesondere in jüngerer Zeit durch spektakuläre Korruptionsaffären Schlagzeilen gemacht hatte, war plötzlich sauber? Sicher, Jair Bolsonaro hatte im Wahlkampf 2018 vor allem damit punkten können, dass Brasilien zuvor seit 2014 mit einem der größten Korruptionsskandale zu kämpfen hatte, den das Land – vielleicht sogar die ganze Welt – je gesehen hatte. Im Zentrum des Skandals, der sich unter dem Namen *Lava Jato* im kollektiven Gedächtnis verankerte, standen das halbstaatliche Erdölunternehmen Petrobras, die halbe politische Klasse Brasilien sowie die Crème de la Crème der brasilianischen Bauindustrie, allen voran der Odebrecht-Konzern. Milliarden-Schmiergelder waren durch Kickback-Zahlungen an Politiker direkt oder in Parteikassen geflossen. Systematisch. Jahrelang.

Nach der hastigen Verurteilung von Luiz Inácio Lula da Silva im Vorfeld der Wahl 2018 mag *Lava Jato* Bolsonaro ordentlich in die Karten gespielt haben. Alle diese Dinge hatten keinen geringen Anteil an Bolsonaros Wahl zum Präsidenten. Den Chefankläger Sérgio Moro ernannte er später sogar zu seinem Superminister für Justiz und Innere Sicherheit. Aber: Gelöst war und ist das Problem der Korruption in der brasilianischen Politik und auch Gesellschaft mitnichten, wie wir am Ende dieses Kapitels noch sehen werden. Und auch dabei, soviel nehme ich vorweg, steht Bolsonaro in keiner Weise als Saubermann da. Doch zunächst wollen wir einmal betrachten, woher die Korruption stammt, die nicht nur in der Politik, sondern auf praktisch allen Ebenen des gesellschaftlichen Lebens so allgegenwärtig zu sein scheint.

Die brasilianische Elite war während der Kolonialzeit und während der Monarchie eng mit der Krone verbunden, bzw. das Königshaus bildete die Spitze dieser herrschenden Klasse, die sich stets an den europäischen Gesellschaften, vornehmlich England und Frankreich, aber auch den Niederlanden und Deutschland orientierte. Heute, so beschreibt es Professor Luiz Carlos Bresser E. Pereira von der Getúlio Vargas Stiftung (FGV)[3], basiert die brasilianische Elite auf einer Ambiguität: Sie ist abhängig, weil sie sich selbst als „europäisch" und ihr Volk als minderwertig ansieht. Aber der Binnenmarkt ist groß genug und der brasilianische Staat fähig genug, diese Elite national zu machen.

Die Anfänge Brasiliens – und der Korruption

Ehe das Thema Korruption näher beleuchtet wird, ein Gedanke vorweg: Korruption in Politik und Gesellschaft ist weder ein rein brasilianisches Phänomen, noch eines rein der jüngeren Vergangenheit. Sicherlich gab oder gibt es Gesellschaften, die mit einem höheren Bürgersinn ausgestattet sind – die Römer zu Beginn oder, heutzutage, die nordischen Völker oder Japan, in denen Korruption gut kontrolliert zu sein scheint und auch entsprechend bestraft wird. Es liegt mir dennoch fern, Korruption als ein reines Phänomen der neuen Welt beschreiben zu wollen und damit einen scheinbar moralisch überlegenen europäischen Diskurs widerzuspiegeln.

Manch ein Brasilianer behauptet heute, die Korruption wäre 1500 mit den portugiesischen Barken von Pedro Alvares Cabral nach Brasilien gekommen. Den Portugiesen fehlte es an Personal, das neue, riesige Kolonialreich zu bevölkern und vor allem zu besiedeln und zu erschließen. Zudem hatten die portugiesischen Landadligen zunächst wenig Lust, für ein vergleichsweise beschwerliches Leben in Übersee die höfische Komfortzone zu verlassen. So wurden sie mit Posten geködert, die soziales Prestige, aber vor allem Geld versprachen. Das Land wurde in 15 Streifen aufgeteilt, so genannte Erbkapitanien, und an Adlige verteilt. Das Land blieb Besitz der Krone, dafür durften die Konzessionäre in den Gebieten tun und lassen, was sie wollten. Zwei Dinge vorausgesetzt: Zum einen war es ihre Aufgabe, die Gebiete zu besiedeln und zu erschließen. Zum anderen mussten sie dafür Sorge tragen, dass stets ein gewisser Gewinn an die Krone zurückfloss. Schon der erste Generalgouverneur Brasiliens, Tomé de Sousa (1503–79), war von König João II. autorisiert, jede Form von Konzession an jede beliebige Person zu vergeben, solange sie den Zugriff der Krone auf das brasilianische Gebiet zu sichern half.[4] Er hatte praktisch Narrenfreiheit. Vieles, was in der Kolonie geschah, geschah außerhalb der höfischen Kontrolle, oder man tat zumindest so, als bemerke man nichts. Denn zum einen war die Krone darauf angewiesen, dass Menschen nach Brasilien kamen, um die höfische Macht auszuüben, zum anderen war der Fluss von Rohstoffen und Ressourcen derartig groß und die Buchführung darüber so mangelhaft, dass der Betrug und die Veruntreuung kaum auffielen.

Solange das Geld floss, war es egal, auf welche Art und Weise es erwirtschaftet wurde. Allerdings gab es auch weder einen Siedlungsplan noch andere Anreize für irgendeine Form der öffentlichen Dienstleistung oder Daseinsvorsorge. Letztlich beruhte dieses Kolonialisierungskonzept auf Ausbeutung,[5] im Wesentlichen der natürlichen Reichtümer. Denn, so schreibt es Sérgio Buarque da Holanda in *Die Wurzeln Brasiliens*, „es war nicht zweckmäßig, hier große Werke in

Die Anfänge Brasiliens – und der Korruption 41

die Tat umzusetzen, es sei denn, sie brachten unmittelbaren Nutzen. Nichts, was dem Mutterland größere Ausgaben verursachte oder ihm zum Nachteil gereichte."[6] So blieb es strengstens verboten, in den Überseebesitzungen Güter zu produzieren, die mit den im Mutterland hergestellten Produkten konkurrieren könnten. Brasiliens Wertschöpfung basierte auf der Ausbeutung der Ressourcen zum Nutzen des Mutterlandes, vertraglich geregelt zwischen England und Portugal durch den Vertrag von Methuen[7] aus dem Jahr 1703, der ebenso den englischen Markt vor Konkurrenzprodukten aus der Kolonie schützte.

Dabei entwickelten sich immer wieder temporäre Schwerpunkte, oder Zyklen für bestimmte Rohstoffe: (Brasil)holz (1500–1550), Zucker (1500–1650), Gold (1690–1750) später Kautschuk (1840–1910), Kaffee (ab 1800), noch später Öl und Soja.[8] Die *Sesmeiros, Coronéis* oder, nach dem Übergang zur Republik, Oligarchen, wie die Konzessionäre, die in Laufe der Zeit zu Großgrundbesitzern wurden, vom frühen 20. Jahrhundert an genannt wurden, hatten nicht nur wirtschaftlich freie Hand. Die Krone ließ ihnen auch weitreichende Befugnisse für polizeiliche Dinge oder gar zur Ausgestaltung der Justiz – was die Abhängigkeit der Menschen noch verstärkte. Interesse an einer gesellschaftlichen Weiterentwicklung oder einer Emanzipation der Menschen bestand nicht. Bis in die 1920er-Jahre hinein blieb der überwiegende Teil der Gesellschaft Analphabeten. Ein Umstand, der Brasilien in Sachen Industrialisierung im Vergleich zu anderen Nationen zeitlich zurückwerfen sollte.[9]

Im kolonialen Brasilien zwischen 1500 und 1700 gab es keine wirkliche Macht und keine Kontrolle. Die ersten Kolonisatoren mussten Gewalt einsetzen, um zu überleben und die natürlichen Ressourcen auszubeuten. Eine königliche Konzession für die Erforschung galt neun Jahre – eine lange Zeit, gemessen an der damaligen Lebenserwartung. Zudem war die Präsenz der Krone gering, da sich Portugal auf Indien konzentrierte. Und auch die Krone war durch ihre geringe Präsenz der Korruption ausgesetzt. Ein Beamter des Königs zu sein war lukrativ, verschaffte es doch die Möglichkeit, Geld von einfachen Leuten und Händlern für Genehmigungen und Zustimmungen zu erpressen, indem vermeintliche bürokratische Hürden geschaffen und die passenden Lösungen verkauft wurden.

Das war der Status Quo bis zum Jahr 1808, als Napoleon die königliche Familie praktisch dazu zwang, mit Sack und Pack und dem gesamten Hofstaat nach Rio de Janeiro überzusiedeln. Fortschritte brachte das nicht. Zum Patrimonialismus kam der Klientelismus hinzu, also die Begünstigung von Angehörigen oder Freunden und die Schaffung wirtschaftlicher Abhängigkeiten. Die privilegierte Elite nahm sich, was sie brauchte, und brachte dafür praktisch keine Gegenleistung in Form einer staatlichen Infrastruktur. Stattdessen regierte sie mithilfe von Angst, Armut und Unterdrückung.

Adelstitel waren zu jener Zeit käuflich. Für ein hübsches Sümmchen an die Krone konnte man sich fortan Baron oder Graf nennen, je nachdem, wie viel man bereit war locker zu machen. „Während seiner ersten acht Jahre in Brasilien, verteilte König Dom João, mit dem Ziel seine Staatskasse aufzufüllen, mehr Adelstitel, als in den vorangegangenen 700 Jahren der portugiesischen Monarchie vergeben worden waren."[10]

Während der Monarchie, die bis zur Abdankung von Kaiser Dom Pedro II., dem Thronfolger Dom Pedros I. dauerte, gab es, obwohl er als Herrscher den Wissenschaften und Künsten zugetan war, kaum nennenswerte Verbesserungen in Sachen öffentlicher Infrastruktur. Auch die Sklaverei, gegen die die Briten seit Anfang des 19. Jahrhunderts versuchten, Druck zunächst auf Portugal, später auf Brasilien aufzubauen, hielt sich bis 1888 – so lange wie in keinem anderen Land Amerikas. Zwar war es den Briten 1838 gelungen, den Sklavenhandel von Guinea nach Brasilien zu verbieten. Doch das verlagerte lediglich das Problem: Die vorhandenen Sklaven wurden geraubt und zwischen den Provinzen des brasilianischen Reiches geschmuggelt. Dom Pedro II. und sein Außenminister José Bonifácio starteten ein Programm zur Einfuhr armer Arbeitskräfte aus Europa, das mit der Übersiedlung armer Menschen aus mehreren europäischen Königreichen zusammenfiel. So kam auch die erste Welle deutscher Einwanderer nach Brasilien, um die südlichen Regionen zu besiedeln und die Grenze zu Argentinien zu festigen.

Straffreiheit war nicht nur die Regel, sie wurde sogar von den Eliten vorausgesetzt. Dafür brauchten die lokalen Eliten sich keine Sorgen zu machen, beim Schmuggeln erwischt zu werden, zumal die Krone wiederum ihren Teil vom Kuchen abbekam. Das schönste Haus der Stadt auf dem Stück Land, auf dem Dom João nach 1808 seinen Palast in Quinta da Boa Vista errichten ließ, erhielt er von einem der mächtigsten Sklavenhändler zur Verfügung gestellt. Dafür durfte er, Elias Antonio Lopes, sich fortan als „Freund des Königs" bezeichnen, was ihm Privilegien sicherte. Lopes war damit keine Ausnahme, sondern einer von vielen, die so ein enges Netz von wirtschaftlichen Beziehungen zur Krone knüpften.

1889 ging Brasilien von der Monarchie zur Republik über. Kaiser Dom Pedro II. hatte abgedankt bzw. eine Gruppe von Generälen, darunter der Großvater des späteren Präsidenten Fernando Henrique Cardoso, zwangen ihn dazu. Strenggenommen war es ein Militärputsch. Eine neue Regierungsform wurde etabliert, die Werte blieben dieselben. Die bis dahin weitgehend rechtlose Zivilbevölkerung erhielt zumindest ein kleines Druckmittel: ihre Wahlstimme. Die Abhängigkeitsverhältnisse blieben mehr oder weniger bestehen, da die öffentliche Hand nicht in der Lage ist, die Grundbedürfnisse eines riesigen Gebiets zu befriedigen. In der nun föderativen Struktur des riesigen Landes hatte aber vor allem eine Gruppe das Sagen: die Großgrundbesitzer, allen voran die Kaffeebauern aus dem Bundesstaat São Paulo und die Viehbauern aus Minas Gerais – die so genannte Kaffee und Milch Koalition.

Der Kaffeeanbau war im 19. Jahrhundert zum Rückgrat der Wirtschaft des Kaiserreichs geworden. Brasilien war auf ihn angewiesen, um Wohlstand zu schaffen. Aus diesem Grund war auch die Sklaverei lange Zeit geduldet worden. Nach Ausrufung der Republik kontrollierten die Kaffee-Aristokraten die Republik von innen heraus, den Staat, die Dienstleistungen, kurzum: Alles. Um ihre Kaffeekulturen zu finanzieren, nahmen sie im Ausland Kredite auf, die sie zu niedrigen Zinssätzen bekamen. Die Kredite wurden von der Bevölkerung in Form von Steuern bezahlt. So regierten sie das Land bis zum Zusammenbruch der New Yorker Börse im Jahr 1929. Brasilien Finanzen zerbrachen, als die Kaffeepreise sanken.

Noch immer bestimmten die Eliten die Richtung, doch die normale Bevölkerung konnte nicht mehr im feudalen Sinne regiert werden, sie hatte ein Mitspracherecht. Das wichtigste „Druckmittel" des normalen Bürgers war jetzt die Stimme. Schließlich haben viele Oligarchen, die über wirtschaftliche Macht verfügen, auch politische Ambitionen. Sie mussten in den politischen Machtapparat integriert werden. Denn der weit überwiegende Teil der Wähler lebte im Hinterland und spielte politisch praktisch keine Rolle. Dieses Hinterland stand jedoch unter Kontrolle der Großgrundbesitzer, den *coroneis*. Wollten diese ihren politischen Einfluss geltend machen oder gar ausbauen, brauchten sie gute Verbindungen zur großen Politik und Menschen dort, die ihre Interessen vertraten. Der oder die Großgrundbesitzer bündelten die Stimmen der Wähler in ihrem Einflussbereich. Die Bundesregierung, deren Akzeptanz in der kurzen Zeit nach der Monarchie noch vergleichsweise gering war, versuchte, sich Akzeptanz zu kaufen, indem sie Kandidaten aufstellte, die den Großgrundbesitzern gewogen waren. Dafür verlangten wiederum diese ihren Tribut. Darum wird die erste Republik auch gemeinhin als „*republica dos coroneis*"[11], die Republik der Großgrundbesitzer, bezeichnet. Die Großgrundbesitzer erlangten so großen Einfluss auf den Wahlprozess, während die Bundesregierung bei vielen Dingen nicht so genau hinsah. „Wahlbetrug scheint die maßgeblichste Form der Korruption in der Zeit der ersten Republik [Anm. d. Autors: 1889 bis 1930] gewesen zu sein", schreibt Lilia Moritz Schwarcz[12] angesichts solcher Praktiken.

Die Kolonie, die auf korrupten Praktiken aufgebaut war, hatte eine unsichere Verwaltungsstruktur. Als der souveräne Staat gegründet wurde, war die Korruption also schon längst da. Die Korruption taucht, wie gezeigt, in jedem historischen Moment in Brasilien auf. Der ständige Austausch von wirtschaftlichen Sektoren mit politischen Sektoren und von politischen Sektoren untereinander, die sich weitgehend gegeneinander wenden, ist wie ein durchgehender roter Faden in der brasilianischen Kultur und Geschichte erkennbar. „Es war nicht die politische Partei ‚X' oder ‚Y' oder die so genannte Linke, Rechte oder Rechte Mitte, die mit der Darstellung des zersetzenden Keims der Korruption innovativ war."[13] Das bedeutet natürlich nicht im Umkehrschluss, dass alle Brasilianer korrupt sind. Nur zeigte und zeigt sich deutlich, dass diejenigen, die näher an den Quellen von Macht und Wohlstand sitzen, anfälliger zu sein scheinen als andere.

Nicht mehr das ganze System, sondern das Individuum

Bis hinein in die 1930er-Jahre blieb das gesamte politische und gesellschaftliche System von Korruption geprägt. Etwa ab Mitte der 1940er-Jahre begann sich das zu ändern. Von da an rückten immer wieder einzelne Personen in den Fokus, sicherlich auch begünstigt von einer weitgehenden Straffreiheit im Zusammenhang mit Korruptionsbelegen und zusätzlich erst sehr schwach ausgeprägten Bürgerrechten. Sicherlich hatte das damit zu tun, dass Präsident Getúlio Vargas die Industrialisierung des Landes forcierte, was gewisser Strukturen bedurfte. Brasilien machte sich auf den Weg in eine diversifiziertere Gesellschaft. Außerdem begann die Bundesregierung Gesetze zu erlassen, die nicht nur die Korruption der Regierung im Blick hatten, sondern auch auf Individuen angewendet werden konnten. Der Selbstmord von Getúlio Vargas im Jahr 1954 stand im Zusammenhang mit Korruptionsvorwürfen. Ihm wurde unter anderem vorgeworfen, einen Kredit der brasilianischen Zentralbank freigegeben zu haben, um die Zeitung *Última Hora* zu unterstützen – die einzige Zeitung in der Mainstream-Presse, die ihn verteidigte. Außerdem soll der Besitzer der Zeitung, Samuel Weiner, ein persönlicher Freund von Vargas gewesen sein.

Korruption, besser der Vorwurf der Korruption bzw. deren Unterstellung, wurde aber auch ganz gezielt von den Militärs benutzt, um politische Gegner auszuschalten und die eigene Macht herzustellen. Der linke Politiker João Goulart war, verfassungskonform als damaliger Vize, 1961 Präsident geworden, obwohl das Militär dies gerne im Vorfeld verhindert hätte. Doch die Argumente, Goulart sei ein Kommunist, verfingen in der Bevölkerung nicht wirklich. Man fürchtete man die Reaktion der Bevölkerung. Deshalb wartete man auf eine passendere Gelegenheit, Präsident Goulart aus dem Sattel zu werfen. Zudem wollte man sicher gehen. Goulart war da schon Vize-Präsident. 1960 wurde er erneut Vize-Präsident, diesmal von Janio Quadros, der jedoch nach wenigen Monaten im Amt hinwarf. Zum Zeitpunkt des Rücktritts hielt sich Goulart in China auf. Gerne hätte das Militär dessen Vereidigung in Abwesenheit verhindert, schaffte es aber nicht. Er wurde nach dem Widerstand des Militärs jedoch erst vereidigt, nachdem der Bundeskongress die Rechte des Präsidenten drastisch beschnitten hatte. Er trat das Amt dann am 8. September 1961 an. Vier Monate später ließ Goulart das Volk über die Macht des Präsidenten abstimmen und gewann so seine Handlungsfähigkeit wieder.

1959, noch während der Amtszeit Kubitscheks, wurde das *Instituto Brasiliero de Ação Democrática* (IBAD) gegründet, heute würde man es einen konservativen Thinktank nennen, der mit ordentlich Mitteln ausgestattet zu sein schien. Mit Zeitungsanzeigen malte man ein kommunistisches Schreckensszenario an die Wand. Noch schlimmer: Über das IBAD wurden die Wahlkampagnen von 250 Bundesabgeordneten und 600 Abgeordneten der Bundesstaaten finanziell unterstützt, in der Hoffnung, damit eine wirkungsvolle Opposition gegen Goulart aufbauen zu können[14] und einen möglichen Putsch vorzubereiten. Das Geld, das illegal floss, da eine externe Wahlkampffinanzierung zu jener Zeit verboten war, soll von internationalen Unternehmen und der US-Regierung gestammt haben. Diese soll auch das IBAD eng durch die CIA gesteuert haben. Trotzdem gelang das Vorhaben zunächst nicht. Bei den Wahlen 1962 wurde João Goulart zum Präsidenten Brasiliens gewählt. Goulart versuchte, diese Einflussnahme aufzuarbeiten. Er ordnete einen Parlamentarischen Untersuchungsausschuss (CPI) an, der letztlich zu dem Schluss kam, das Institut zu schließen. Dies geschah am 20. Dezember 1963. Wenige Monate später erreichten die Militärs doch noch ihr Ziel. Goulart wurde am 31. März 1964 durch das Militär gestürzt. Die Militärdiktatur begann.

Doch die Angst des Militärs um seinen Einfluss, aber vor allen Dingen vor allem, was politisch links sein könnte, blieb bestehen. Als die Militärs befürchteten, Ex-Präsident Juscelino Kubitschek, der politische Architekt der Moderne und der Hauptstadt Brasília, könnte aus dem Exil heraus Pläne für ein politisches Comeback schmieden, wurde er vom Militär als korrupt diffamiert. In einem Leitartikel der Tageszeitung *Estado de São Paulo* vom 21. April 1964 – nur drei Wochen nach dem erfolgten Putsch – wurde Kubitschek vorgeworfen, ein Vermögen zu besitzen, das nicht mit seinem Einkommen vereinbar sei, und dass seine Rückkehr an die Macht die Niederlage der Revolution bedeuten würde.[15] Beweise wurden aber nicht präsentiert. Zwar hatte es immer wieder in der Geschichte Mutmaßungen gegeben, ob es während des gigantischen Bauprojekts zu Korruption gekommen sei. Offenbar war es für viele nicht nachvollziehbar gewesen, wie ein solches Mammutprojekt innerhalb eines festen Zeitrahmens und Budgets überhaupt realisierbar gewesen sein konnte, wobei ein festes Budget anscheinend nie definiert worden war. 1,5 Milliarden Dollar sollen es damals gewesen sein, etwa ein Zehntel des brasilianischen Bruttoinlandsprodukts dieser Zeit. Der Bau von Brasília Ende der 1950er-Jahre stand unter dem Verdacht der Veruntreuung, weshalb ein parlamentarischer Untersuchungsausschuss CPI installiert worden war. Heraus kam dabei aber, wie so oft, nichts. Die Diffamierung als korrupt gab es also schon damals.

Dass die in konservativen Kreisen vielfach zur guten alten Zeit verklärte Militärdiktatur keinesfalls eine Zeit von Recht und Ordnung war, dürfte auch daran liegen, dass das Regime Nachrichten, die über Korruptionsfälle berichten sollten, zensierte und unterdrückte, als Teil der nationalen Sicherheitsstrategie. Jedoch ließen sich nicht alle Skandale unter der Decke halten, wie das folgende Beispiel zeigt, das immer wieder gerne zitiert wird.

Beim sogenannten „Lutfalla-Skandal" sollen 1974 öffentliche Gelder in die vermeintliche Rettung eines insolventen Unternehmens geflossen sein. Das Unternehmen, eine Weberei benannt nach der Eigentümerfamilie, gehörte dem Schwiegervater des damaligen Staatssekretärs für Transportwesen im Bundesstaat São Paulo, Paulo Maluf. Mit Hilfe seines Einflusses beim Militär – Maluf gehörte der praktisch als Einheitspartei fungierenden ARENA an – gelang es Paulo

Maluf, die Strukturbank BNDE dazu zu bringen, Geld in die Weberei zu stecken, ohne dass es eine Gegenleistung gab, obwohl der Präsident der Behörde gegen die Konzession war. Das Geld wurde auf ein Konto der Ehefrau von Maluf, Silvia Lutfalla Maluf, überwiesen. Im Jahr 1977 kam der Fall ans Licht und wurde in den wichtigsten Zeitungen des Landes veröffentlicht.

Korruption in der Demokratie

Die Militärdiktatur ging, die Korruption aber blieb. Sie hatte sich von der Kolonialzeit über das Kaiserreich, die Republik und die Militärdiktatur bis in die demokratische Ära erhalten. Auch die Verfassung von 1988 ließ Raum für das Überleben der Mechanismen, indem sie den regionalen Oligarchen die Möglichkeit einräumte, etwa eigene Kandidaten für die Gerichte zu nominieren. Darüber hinaus garantiert sie ihren Mitspielern weiterhin Privilegien und Vorteile, die Loyalitäten sichern und so die Funktionen des Staats mit Mechanismen der gegenseitigen Unterstützung und des gegenseitigen Schutzes verflechten.

Ein Beispiel: Schon der erste demokratisch gewählte Präsident seit 1960, Fernando Collor de Mello, wurde nach nicht einmal zwei Jahren seiner Amtszeit des Amtes enthoben. Es war das erste Mal, dass ein Impeachment-Verfahren durchgeführt wurde. Besonders kurios: Es war nicht etwa die Opposition, die ihn zu Fall brachte. Es war sein eigener Bruder Pedro, der das Amtsenthebungsverfahren in Gang setzte. Peinlich für Collor obendrein: Ausgerechnet er hatte im Wahlkampf den Saubermann gegeben und war gegen die in seinen Augen doch so gierigen und nimmersatten *Marajás* zu Felde gezogen. Collors Ausschluss aus dem System währte nur kurz. 2006 wurde er zum Senator für seinen Heimatbundesstaat Alagoas gewählt.

Während der Wahlkämpfe 1994 und 1998 erkannte die noch junge oppositionelle Arbeiterpartei PT, sie wurde 1980 gegründet, dass die damaligen Wahlfinanzierungsmechanismen relativ eindeutig die Zentrumspartei PSDB und ihren Kandidaten Fernando Henrique Cardoso bevorteilte. Das Aufkommen an Spenden, die Unternehmer und reiche Einzelpersonen bereitstellten, war für die PSDB deutlich höher als für die PT. Diese galt damals vor allem dem so genannten „Establishment" und den Eliten als viel zu links, programmatisch und letztlich zu radikal. Sie spendeten zudem lieber an die Parteien, die näher an die politischen Entscheidungsprozesse angegliedert sind – Banken, Schwerindustrie, Bergbau, Baugewerbe. Zudem trauten sie dieser bunten Truppen nicht unbedingt die Expertise zu, ein großes Land wie Brasilien zu regieren. Die PT hatte für ihre Wahlfinanzierung einen anderen Weg gewählt. Eingeworbenes Geld floss nicht in den Wahlkampf einiger Kandidaten, sondern in den großen Parteitopf. Daraus wurde dann der gesamte Wahlkampf finanziert.

Unternehmen, die ihre Spenden nicht unbedingt an den Obersten Wahlgerichtshof (*Superior Tribunal Eleitoral*, STE) melden wollten, das war damals die

Vorgabe, fanden andere Wege. Die der so genannten schwarzen Kassen, im Portugiesischen *caixa dois* genannt. Das Problem dabei: Die Herkunft des fließenden Geldes wurde so verschleiert. Sowohl beim Spender als auch beim Empfänger. David Samuels Cláudio Weber, Mitbegründer von *Transparência Brasil* formulierte es einmal so: „Geld aus schwarzen Kassen ist generell kein sauberes Geld."[16] Das Problem der PT: Sie war in der Opposition und damit für Unternehmen und Schmiergelder eher uninteressant. Zudem war sie als eine Partei angetreten, die anders sein wollte als die ansonsten verfilzten und intransparenten Wettbewerber. Aber: Wollte sie einen entscheidenden Sprung nach vorne machen und irgendwann die Chance bekommen, regieren zu können, brauchte sie auf finanzieller Ebene Waffengleichheit. Bis dato trug sie aber nur auf kommunaler Ebene Verantwortung.

So machte sich der damalige PT-Schatzmeister Paulo Okamotto daran, Kontakt zu PT-Bürgermeistern aufzunehmen, um vielleicht auf diesem Wege auszuloten, wie sich auf der niedrigeren Verwaltungsebene Geld abschöpfen ließe. Die PT entwickelte eine Art Kickback-System: Öffentliche Dienstleistungen wie Buskonzessionen oder kommunale Bauvorhaben wurden zu erhöhten Preisen ausgeschrieben. Die Differenz floss nicht in die Gemeindekasse, sondern an dieser vorbei in die Parteischatulle. Es war im Grunde der Vorläufer der später im *Lava Jato* im sehr viel größeren Maßstab praktizierten Korruptionsmasche. In der Parteienlandschaft fanden sich dagegen schnell Nachahmer. Die *caixa dois* blieb nicht auf die PT beschränkt. Das Symbol für diese Methode war die Ermordung von Celso Daniel. Er glaubte eigentlich an die PT-Rhetorik von sozialer Gerechtigkeit. Aber er fand heraus, dass das Geld, das aus den Geschäftsleuten, den Eigentümern der Busgesellschaft, herausgemolken wurde, in die Taschen des inneren Kreises der PT geleitet wurde. Er sagte, er wolle dies öffentlich machen, und gleich darauf wurde er entführt, gefoltert und getötet.[17]

In dem Vorgehen der PT, aber auch in der Rezeption des Vorgehens durch die anderen Parteien (Nachahmung) findet sich etwas wieder, was tief in der brasilianischen gesellschaftlichen Mentalität verankert zu sein scheint und allgemein als *jeitinho* beschrieben wird. Der kleine Weg, wie der Begriff übersetzt heißt, beschreibt die allgemeine Fähigkeit, für auftretende Probleme des täglichen Lebens eine improvisierte Lösung zu finden. Das kann durchaus Anerkennung finden, wenn die Lösung beide Seiten zufriedenstellt und niemand anderem Schaden zugefügt wurde, ein alltägliches Problem also kreativ aus dem Weg geschafft wurde. In so manchen Fällen bewegen sich die Akteure des *jeitinho* – bewusst oder unbewusst – in einer juristischen Grauzone oder darüber hinaus. Auch das findet in aller Regel allgemeine Akzeptanz, handelt es sich doch um Situationen, in denen sich jeder einmal wiederfinden könnte. Dadurch wird diese Anwendung von Tricks verharmlost und legitimiert und damit normalisiert.

Abb. 2: Zé Carioca

Wie der *jeitinho*, der sich in der Alltagskultur beispielsweise in der Comic-Figur des 1942 von Walt Disney eingeführten *Zé Carioca* manifestierte, hielt auch die Figur des *malandro* Einzug in die Alltags- und Popkultur. Vom *jeitinho* zum *malandro* ist es nur ein kleiner Schritt. Auch er ist im täglichen Leben bis hinein in soziale Beziehungen präsent. Das Verhalten des brasilianischen *malandro*, was mit Gauner oder Faulenzer übersetzt werden kann, umfasst eine Ansammlung von Kniffen, die verwendet werden, um sich in einer bestimmten Situation einen Vorteil zu verschaffen. Der Unterschied zum *jeitinho*: Dabei handelt es sich häufig um illegale Vorteile. Dies geschah in einer Zeit, in der die USA eine Publicity-Offensive in Brasilien starteten. 1978 schrieb Chico Buarque das an die Dreigroschenoper angelehnte Musical *Ópera do Malandro*. Institutionalisiert finden sich der *jeitinho* und der *malandro* in Person eines so genannten *despachante*. *Despachantes* sind Ermöglicher bei bürokratischen Hindernissen jeder Art. Der Südamerika-Korrespondent der Zeit, Thomas Fischermann, beschrieb deren Beruf einmal so: „Sie sind keine Anwälte, keine Amtspersonen und brauchen keine formelle Qualifikation. Sie kennen sich einfach nur sehr gut aus."[18] Wie weit und umfassend die jeweilige Dienstleistung geht, hängt einzig und allein vom Auftraggeber ab. Das kann von der Unterstützung bei einem Behördengang reichen, bis zur aktiven Bestechung, oder besser: Vergabe eines kleinen Trinkgeldes an Beamte zur Beschleunigung und Glättung einer Amtshandlung.

Erosion des Vertrauens in die Politik

Lange Zeit blieb die Korruption im Leben der Menschen weitgehend unbemerkt. Eine Reihe großer Korruptionsskandale sollte ihnen die Augen öffnen.

2002 wurde Luiz Inácio Lula da Silva im vierten Anlauf zum Präsidenten gewählt. Bis 2016 sollten fortan PT-geführte Regierungen das Land regieren. Was für viele Brasilianer aus dieser Ära hängenblieb – teilweise durchaus ungerechtfertigt, denn die Jahre brachten auch viele soziale und gesellschaftliche Fortschritte – waren große Korruptionsskandale, die das Land über Jahre in Atem halten sollten. Es dauerte nämlich nur kurze Zeit von der Amtsübernahme an, bis die Regierung vom ersten großen Skandal erschüttert wurde. Lulas Arbeiterpartei PT stellte zwar die Regierung, verfügte im Kongress jedoch über keine politische Mehrheit. In solchen Fällen müssen Koalitionen her, aber in einem zersplitterten Parlament wie dem brasilianischen, in dem zwischen 25 und 30 Fraktionen sitzen, sind selbst Mehrheiten auf dem Papier eine wackelige Angelegenheit. Dennoch schien es Lulas Regierung zu gelingen, zu Beginn der Legislaturperiode einige wichtige und vor allem umstrittene Entscheidungen auf den Weg zu bringen und so trotz der ungünstigen Konstellation beachtliche Erfolge zu erzielen.

Eine erste Ahnung davon, wie dies der Regierung gelungen sein könnte, lieferte das Magazin *Veja* am 22. September 2004. In der Ausgabe berichtete die Redaktion, dass die PT der Partei PTB offenbar ein unmoralisches Angebot gemacht hatte: Die Partei sollte 150.000 Reais für jeden Abgeordneten erhalten, wenn diese fortan die PT-Regierung in Abstimmungen unterstützen würde. Das Geld sollte über das Telekommunikationsunternehmen DECAM an die PTB fließen. Es war ausgerechnet Roberto Jefferson, den *Veja* als den „Schlüsselmann" bezeichnete, der, als er unter Druck geriet, die Flucht nach vorne antrat und den ganzen Schwindel öffentlich machte.[19]

Monatlich umgerechnet 11.000 Euro sollen die PTB-Abgeordneten erhalten haben. Wegen der üppigen monatlichen Zahlungen – ein Monatsgehalt heißt im Portugiesischen *mensalidade* – taufte die Presse dieses Vorgehen *Mensalão*, was so viel bedeutet wie „großes Monatsgehalt". Auch wenn inzwischen breit berichtet wurde, hätten die Medien das Schema nicht so schnell durchschaut, wenn nicht Neid und Missgunst die Triebfedern zur Aufdeckung gewesen wären. Weil die größere Zentrumspartei PMDB sicherlich deutlich höhere Forderungen gestellt hätte als Jeffersons PTB, hatte sich die PT kleineren, leichter zu kontrollierenden Parteien zugewendet.

Es kam zum Schlagabtausch. Die PT beging einen weiteren Kardinalfehler, indem sie alle Vorwürfe zunächst bestritt und ihnen eine PR-Kampagne mit großen (und natürlich auch teuren) Zeitungsanzeigen entgegensetzte. In diesen Anzeigen pries die PT ausgerechnet die vermeintlichen Errungenschaften, die sie in der Korruptionsbekämpfung angeblich bereits erzielt hatte – ein PR-Desaster. Statt die Wogen zu glätten, gab es gleich mehrere parlamentarische Untersuchungsausschüsse parallel, bei denen für die PT weitere unangenehme Dinge zu Tage gefördert wurden und die das Ansehen der Partei weiter beschädigten. So soll die *Banco do Brasil* mittels fiktiver Darlehen die Bestechungskampagne der PT aktiv unterstützt haben. Denn so konnte der wahre Ursprung des Geldes aus der Staatskasse verschleiert werden. Dem moralischen Erdbeben folgte das politische. Etliche Politiker, vor allem der PT, mussten ihren Hut nehmen.

Es dauerte weitere sieben Jahre, bis der *Mensalão*-Skandal auch strafrechtlich aufgearbeitet wurde. 2012 wurden vom Obersten Gerichtshof zehn der insgesamt 37 Angeklagten zu teilweise hohen Haftstrafen verurteilt, darunter engste Vertraute Lulas wie der Kabinettchef José Dirceu und Finanzminister Antonio Palocci. Dieser Skandal war nicht nur einer der größten und spektakulärsten Korruptionsskandale in der Geschichte Brasiliens bis dahin. Bemerkenswert war vor allem ein offensichtlicher Paradigmenwechsel, der stattgefunden hatte. Anstatt die Großkopferten, wie bislang in der Geschichte weitgehend üblich, davonkommen zu lassen, sendete die Justiz ein neues Signal in die Gesellschaft: Auch Minister und andere hochrangige privilegierte Menschen haben keine Garantie mehr, mit korrupten Handlungen ungestraft davonzukommen. Die Unantastbaren waren antastbar geworden.

Das wäre ein gutes Signal gewesen, zumal die PT am 1. August 2013 – zu jenem Zeitpunkt hieß die Präsidentin Dilma Rousseff – ein Antikorruptionsgesetz[20] verabschiedete. Von da an sollte nicht nur der, der Schmiergelder erhält, sich strafbar machen, sondern zugleich auch der Schmiergeldzahler. Bis dahin war das nicht vorgesehen. Bestechung und Korruption war ein Kavaliersdelikt. Zwar war die Motivation zur Ausarbeitung eines solchen Gesetzes keine intrinsische gewesen, sondern eine Initiative der OECD, der sich die Regierung da anschloss. Mit dem *Mensalão* im Rücken hätte es auf internationalem Parkett kaum glaubhaft gewirkt, hätte Brasilien sich geweigert, ein solch fortschrittliches Gesetz zu unterzeichnen. Es schien fast so, als hätte die PT aus den Erfahrungen gelernt. Doch Läuterung war, wie man kurze Zeit später sah, weder zu jenem noch zu einem späteren Zeitpunkt erkennbar. So entbehrt es aus heutiger Sicht nicht einer gewissen Ironie, dass ausgerechnet die PT kurze Zeit später in ihre eigene Falle tappte.

Lava Jato

Es dauerte vom Anti-Korruptionsgesetz an gerechnet keine zwei Jahre, bis sich aus Curitiba etwas entwickelte, was selbst das inzwischen durchaus leiderprobte Brasilien im Bezug auf Korruption noch nicht erlebt hatte: Die Operation *Lava Jato*. Der Name beschreibt eine Tankstelle mit Hochdruck-Autowaschanlage. Das, irgendwo in einem Vorort von Brasília, war der Ort, wo alles seinen Anfang nahm. Die Polizei war auf mehrere dubiose Geldüberweisungen aufmerksam geworden, die von dieser Tankstelle aus getätigt worden waren. Getätigt hatte diese Alberto Youssef, ein professioneller Geldwäscher, auf den die Justiz bereits einige Jahre zuvor im Rahmen anderer Ermittlungen aufmerksam geworden war. Bei ihm fanden sie Belege und E-Mails, die darauf hindeuteten, dass der frühere Chef des halbstaatlichen Energiekonzerns Petrobras, Paulo Roberto Costa, in den Genuss eines geschenkten SUV gekommen war. Für die Ermittler war dies Anfangsverdacht genug. Youssef wurde verhaftet und packte aus. Dabei machte sich eine neue eingeführte Kronzeugenregelung zunutze.

Bundesrichter Sérgio Moro und die Staatsanwälte um den leitenden Staatsanwalt am Bundesgericht Curitiba, Deltan Dallagnol, legten bei den Ermittlungen und den Verurteilungen ein beachtliches Tempo vor. Kaum ein Jahr, nachdem sie die Untersuchungen aufgenommen hatten, stießen sie auf die ersten großen Namen: Otávio Azevedo (CEO des Baukonzerns Andrade Gutierrez) oder Marcelo Odebrecht, Chef des gleichnamigen Baukonzerns, des zweitgrößten Unternehmens Brasiliens. Sie alle packten aus, berichteten von schwarzen Kassen und brachten Licht in ein systematisches Betrugs- und Schmiergeldsystem aus Kickback-Zahlungen. Für diese Schmiergelder sicherten sie sich die Aufträge für lukrative und große Infrastrukturprojekte. Zu tun gab es genug: Brasilien war innerhalb weniger Jahre Austragungsort mehrerer Großveranstaltungen, wie die Fußball-WM 2014 oder die Olympischen Spiele 2016. Außerdem hatte man vor der Küste des Bundesstaats Rio de Janeiro beträchtliche Ölvorkommen aufgetan. Allerdings fehlte es Petrobras an Raffinerien und anderen Anlagen, um in die Wertschöpfung einzusteigen.

Respekt verschaffte sich Moro, weil er auch vor den ganz großen Namen der politischen und wirtschaftlichen Elite Brasiliens keine Scheu zeigte. Jeder musste vor ihm zittern. Inzwischen hatten Moro und Dallagnol eine Popularität erreicht, die es unmöglich machte, diese beiden einfach zum Schweigen zu bringen. Sie führten die Ermittlungen und Verhandlungen in der Öffentlichkeit, waren bekannt wie die sprichwörtlichen bunten Hunde. Wer sich gegen diese Ermittlungen aufgelehnt hätte, hätte sich nur verdächtig gemacht. Das wollte niemand riskieren. Am Ende im Jahr 2019 standen nach fünf Jahren Ermittlungen 285 Verurteilungen, 600 Angeklagte und zusammengerechnet 3000 Jahre Gefängnisstrafe. Es waren übrigens nicht nur Politiker der PT, die verurteilt wurden, auch wenn sich die Ermittlungen zunächst auf die Partei konzentrierten. Auch die großen Zentrumsparteien PSDB, MDB und PP waren stark vertreten. Die aufgedeckten Betrügereien zogen sich durch das gesamte politische Spektrum.

Doch trotz aller Erfolge der ermittelnden Behörden: Der große Drahtzieher, der hinter all dem stand, schien noch nicht gefunden. Inzwischen schrieb man das Jahr 2018, ein Wahljahr. Ex-Präsident Luiz Inácio Lula da Silva, so sah es zu Beginn des Jahres aus, würde wohl noch einmal seinen Hut in den Ring werfen und als Präsident kandidieren. Als dies durchsickerte, schoss er in den ersten Wahlumfragen gleich mit großem Abstand an die Spitze. Aber genau das wollten Moro und Dallagnol verhindern. Für sie war Lula das Epizentrum der Korruptionsaffäre. Zumindest hatte es Dallagnol bereits im September 2017 so dargestellt – live übertragen von den großen TV-Kanälen des Landes. Dallagnol und Moro folgten dabei im Grundsatz dem Prinzip der finalen Handlungslehre. Das bedeutet: Lula musste in viele Dinge involviert gewesen sein oder hatte bei wesentlichen Entscheidungen das letzte Wort. Dass er also von Bestechungen und Zahlungen nichts gewusst haben soll, schien für die Ermittler demnach unwahrscheinlich. Im Gegenteil: Er war in ihren Augen das Zentrum aller aufgedeckten Aktivitäten. Doch so bombastisch und medienwirksam die Präsentation, so dürftig war letztlich der Inhalt. Die Vorwürfe, Lula sei das Mastermind einer kriminellen Vereinigung und stünde hinter praktisch allem, ließ sich durch Fakten kaum erhärten. Dallagnols Vortrag stützte sich ausschließlich auf Indizien und Zeugenaussagen.

Dennoch wagten die Ermittler den großen Schritt. Im Frühjahr 2018 wurde Lula, der bereits im April 2017 wegen Geldwäsche und passiver Korruption erstinstanzlich verurteilt war, zu einer Freiheitsstrafe von mehr als zwölf Jahren verurteilt, die er am 7. April auch antrat. Sergio Moro sah es als erwiesen an, dass

Lula ein dreigeschossiges Penthouse in Guarujá im Bundesstaat São Paulo von einer Baufirma erhalten habe, die dafür Gefälligkeiten erwartete. Auch hier erwies sich die Faktenlage als äußerst dünn. Das alles half Lula nichts. Er blieb im Gefängnis. Die Wahl im Oktober 2018 gewann der rechtsradikale Jair Bolsonaro, gegen den der eilig ins Rennen geschickte Ersatzkandidat für Lula, Fernando Haddad, keine Chance hatte. Bundesrichter Sérgio Moro folgte Jair Bolsonaro übrigens nach Brasília. Am 1. Januar 2019 wurde er zum Superminister für Justiz und Innere Sicherheit vereidigt.

Was Anhänger Lulas und der PT längst vermutet hatten, nämlich dass die Verurteilung Lulas politisch motiviert gewesen sei, um dessen Präsidentschaftskandidatur zu verhindern, wurde Mitte 2019 bestätigt. Der US-amerikanische Journalist Glenn Greenwald veröffentlichte Gesprächsmitschnitte, die belegen sollten, wie sich Dallagnol und Moro abgestimmt hatten und wie Zweifel an der Tragfähigkeit des Prozesses gegen Lula zerstreut werden sollten. Plötzlich standen die bis dahin kultisch verehrten Bundesermittler in einem ganz anderen Licht da. Vom Obersten Gerichtshof wurde dieses Verhalten Moros in Bezug auf die Verurteilung Lulas später als Befangenheit bewertet. Die scheinbar unbestechlichen Gesetzesvertreter schienen es mit Recht und Gesetz auch nicht ganz so genau genommen zu haben. Neben dem Ansehen der politischen Klasse litt nun also auch das Ansehen der Justiz.

Am 8. März 2021 wurden die in Curitiba gefällten Urteile durch Bundesrichter Edson Fachin annulliert. Damit erhielt Lula wieder das Recht, als Präsidentschaftskandidat antreten zu dürfen. Freigesprochen, wie seine Anhänger und er selbst es gerne sehen, war er aber nicht. Fachin hatte nicht das Urteil als solches in Frage gestellt. Die Annullierung erfolgte wegen eines Formfehlers: Der Prozess hätte nicht in Curitiba stattfinden dürfen, sondern hätte in der Bundeshauptstadt Brasília erfolgen müssen. Allerdings hatten weder das TRF, am ehesten zu übersetzen als Bundeslandesgericht als oberste regionale Gerichtbarkeit, noch der Oberste Gerichtshof der Justiz STJ (*Superior Tribunal da Justiça*) Einwände gegen die Ansetzung gehabt. Lediglich der Verfassungsrichter Fachin interpretierte diese Ortsansetzung im Nachhinein zu Gunsten Lulas als unzulässig. Hier spielt für viele Kritiker wieder ein Aspekt in den Vordergrund. Der STF, dem Fachin als Richter angehört, ist ein politisches Gericht, die Richter werden von der Politik in der Regel durch den Präsidenten oder die Präsidentin ernannt. Fachin war 2015 von Lulas Nachfolgerin Dilma Rousseff ernannt worden. Ob diese einsame Entscheidung also politische Motive gehabt haben könnte, wird sich vermutlich weder beweisen noch widerlegen lassen. Wie dem auch sei: Die Wahl 2018 war für Lula ohnehin gelaufen.

Die Operation *Lava Jato* steht für eine Bewegung einer Generation (der nach 1970 geborenen), die Gerechtigkeit herstellen wollten. Die Operation begann vielversprechend, aber sie endete, wie geschildert, auf sehr fragwürdige Weise, weil Justiz und Ermittler illegalerweise Informationen austauschten und Absprachen trafen, um ein gemeinsames Ziel, die Verurteilung Lulas, zu erreichen. Letztlich verhoben sich die zwar hervorragend ausgebildeten Juristen wie Moro und Dallagnol am politischen System. Es war schlicht zu groß. Der Wunsch, Gerechtigkeit herzustellen, brachte sie dazu, Grenzen zu übertreten und Gesetze zu brechen. Auf diese Weise diskreditierten sie die Operation und die Idee von Gerechtigkeit. Aber auch wenn sie scheiterten, gelang es ihnen, die beeindruckenden Dimensionen dieses Netzwerkes offenzulegen. Die politische Klasse, die Parteien, die Justiz, die Exekutive, alle sind vereint, um direkt oder indirekt die praktizierte Kleptokratie zu erhalten: gut strukturierte Karrierewege, hohe Gehälter, Rentenprivilegien. Und das tun sie für alle die, die den Schutzschild des Systems ausmachen: Politiker, Richter, Staatsanwälte und auch das Militär.

Doch gleich, ob *Mensalão* oder *Lava Jato* und ob Lula nun der vermeintliche Strippenzieher war oder nicht. Aus den Reihen der PT gab es bis heute keinen Impuls, diese Skandale kritisch aufzuarbeiten. Auch von Präsident Lula selbst war bisher kein selbstkritischer Ton zu vernehmen. Dieser Umstand ist es, den viele Menschen dem Präsidenten und seiner Partei nach wie vor übelnehmen und der dazu führte, dass an sich treue Wähler der Partei dauerhaft den Rücken kehrten. Inzwischen, im zehnten Jahr nach Beginn der Operation, sieht es so aus, als übte Präsident Lula da Silva nun späte Rache an den Ermittlungen. Lula, der wegen einer Verurteilung, die später aufgehoben wurde, 580 Tage inhaftiert war, greift die Operation wiederholt an und hat die Unterstützung von Kongressabgeordneten und Mitgliedern der Justiz. Einige Verurteilungen wurden von Bundesrichter Dias Tiffoli aufgehoben. Die wichtigsten Vertreter der Bundespolizei PF, die an der Operation beteiligt waren, sind nicht mehr in prominenten Positionen, und einer von ihnen hat die Behörde verlassen, um in die Privatwirtschaft zu wechseln.

Institutionalisierte Korruption

Die Präsidentschaftswahl 2018 hatte, nachdem Lula aus dem Rennen genommen worden war, der Herausforderer und eigentlich bis weit ins Wahljahr hinein als krasser Außenseiter wirkende Jair Bolsonaro gewonnen. Er hatte im hohen Maße von der Enttäuschung vieler Brasilianer profitiert, die nach mehreren Jahren *Lava Jato* und *Mensalão* den letzten Funken Glauben in die brasilianische Politik verloren hatten. Bolsonaro war es gelungen, sich als Anti-Establishment-Kandidat zu etablieren, obwohl er seit 1991 ununterbrochen Bundesabgeordneter gewesen war. Jedoch schien seine Rolle als Hinterbänkler so unbedeutend, dass er bis dahin nicht mit den Ermittlungen in Zusammenhang gebracht werden konnte.

Doch das Regieren war schwierig, denn – wie schon andere Präsidenten zuvor, verfügte Bolsonaro in den Kammern nicht über eine stabile Regierungsmehrheit. Er hätte Koalitionen schmieden können, wie andere vor ihm auch. „Alte Politik" nannte er diesen demokratischen Grundsatz, was durchaus verächtlich gemeint war. Stattdessen tüftelte er eine Möglichkeit aus, wie er sich die Gefolgschaft der Zentrumsparteien, des *Centrão*,[21] sichern konnte. Muss man sich die Gunst des *Centrão* sonst durch Ministerien oder andere Posten erkaufen, erfand Bolsonaro einen Weg, wie er die Ministerien behalten konnte – die er aus ideologischen Gründen und auch wegen des Militärs, das viele Ressorts besetzte, nicht hergeben mochte, der aber dennoch alles andere als billig kam und von der Opposition und der Presse *orçamento secreto*, übersetzt: Geheim-Budget getauft wurde – also gewissermaßen ein Schattenhaushalt neben dem normalen Staatsbudget.

Dazu nutzen die Verbündeten Bolsonaros, zu denen auch Parlamentspräsident Arthur Lira zählt, einen an sich gebräuchlichen Trick. Denn zum regulären Staatshaushalt hatte es schon seit längerem die Möglichkeit gegeben, über so genannte Änderungsanträge zum verabschiedeten Haushaltsplan nachträglich und kurzfristig kleinere Posten hinzuzufügen. So bleibt, zumindest rein formal, ein verfassungskonformes Vorgehen gewahrt. Von 2020 an änderte sich das sprungartig. Bolsonaros Regierung schaffte alle Kontrollmechanismen ab. Bolsonaro stimmte zunächst mit einem Veto dagegen, zog sein Veto aber später wieder zurück.

Das Besondere an der neuen Regelung: Legislative und Exekutive arbeiteten bei der Realisierung Hand in Hand[22] – um sich die parlamentarische Mehrheit zu sichern, schanzte die Regierung den Parlamentariern im größten Umfang Budgetverantwortlichkeit zu.

Sowohl Urheberschaft als auch der Wert als auch die Bestimmung des Antrags mussten fortan nicht genannt werden. Auch die Auswahl, welcher Antrag ausgewählt wurde und welcher nicht, blieb nicht nachvollziehbar. Es geschah, was geschehen musste: Die Ausgaben über diese Haushaltsergänzungen schossen in die Höhe: 13,1 Milliarden Reais waren es 2020, 2021 17,14 Mrd. und 2022 rund 16 Mrd., insgesamt also mehr als 46 Mrd. Reais (rund 9 Milliarden Euro) – deutlich mehr, als für diese Änderungsanträge von vornherein reserviert geblieben war. Diese fehlten nun für bereits bewilligte und genehmigte Haushaltsposten. Es wurde Kritik laut, das Prozedere daraufhin verändert. Später wurden die Änderungsanträge gleich den zuständigen Ministerien zugestellt, die die Mittel verwalteten und verteilten. Wieder fand sich ein Weg, ohne große parlamentarische Diskussion an Geld zu kommen. Nun schickten die Parlamentarier ihre Briefe gleich an die Ressorts und baten um Geld. Die Briefe wurden nicht öffentlich zugänglich gemacht. Wieviel Geld wohin floss, blieb weiterhin völlig intransparent.

Es war wie in einem Selbstbedienungsladen, wobei sich die Oppositionsparteien regelmäßig beschwerten, dass ihre Anträge häufig abgelehnt wurden. Sie erhielten nur insgesamt vier Prozent des freigegebenen Geldes. In Wahlkreisen von Regierungs- und Koalitionsabgeordneten sprudelte das Geld – allein im Wahlkreis von Parlamentspräsident Arthur Lira sollen 500 Millionen Reais geflossen sein – sie sicherten ihm im Bundesstaat Alagoas, einer Hochburg der Arbeiterpartei PT die Wiederwahl. Ein Grund, weshalb Lira ein besonders großes Stück vom Kuchen für sich und die Parlamentarier abzweigen konnte, liegen in seiner machtvollen Position als Parlamentspräsident begründet. Unter anderem ist er derjenige, der ein Amtsenthebungsverfahren gegen den amtierenden Präsidenten einleiten könnte. Ob er das tut, liegt in seinem Ermessen. Gelegenheit hätte er, so er denn gewollt hätte, gegen Bolsonaro reichlich gehabt. Mehr als 140 Anträge für Amtsenthebungsverfahren waren während der Amtszeit bei ihm eingegangen.

Im Oktober 2022 bereitete der Oberste Gerichtshof STF dem Treiben ein Ende. Mit sechs zu fünf Stimmen stuften die Richter diese Praxis knapp als verfassungswidrig ein. Die Opposition fühlte sich zunächst bestätigt. Simone Tebet, Präsidentschaftskandidatin in der ersten Wahlrunde und später Unterstützerin der Kampagne Lulas, bezeichnete dieses „geheime Budget" als größten Akt institutionalisierter Korruption in der Geschichte Brasiliens und stimmte damit zu 100 Prozent mit der Einschätzung der Organisation *Transparency International* überein.[23] Auch Luiz Inácio Lula da Silva verurteilte zunächst diese Art der Abzweigung öffentlicher Mittel. Seine Kritik war aber weniger laut. Denn auch für ihn zeichnete sich schnell ab, dass es vom 1. Januar 2023 an sehr schwierig werden könnte, parlamentarische Mehrheiten für Gesetzesvorhaben zu gewinnen. Deshalb regte er an, die Praxis beizubehalten, wenn auch verändert. Transparenter müsse das Prozedere werden. Außerdem solle das Geld nur für Programme gewährt werden, die den Prioritäten der Regierung entsprechen.

Literatur

Buarque da Holanda, Sérgio, Die Wurzeln Brasiliens, Suhrkamp, Frankfurt, 1. Auflage, 2013.
Fausto, Boris, História do Brasil, Editora da universidade São Paulo, Sao Páulo , 14. Auflage, 2015.
Moritz Schwarcz, Lilia, Brazilian Authoritarianism – Past and Present, Princeton University Press, New Jersey, 2022.
Prutsch, Ursula, Leopoldine von Habsburg, Molden, Wien/Graz, 2022.
Richter, Frederik, Geheimsache Korruption – Wie die deutsche Schmiergeldindustrie weltweit die Demokratie verrät, Correctiv, Essen, 2020.
Skidmore, Thomas, Brazil – Five Centuries of Change, Oxford University Press, New York/Oxford, 1999.

4. Ein tierisches Kulturgut – *Jogo do bicho* oder wie aus Spaß Ernst wurde

Der Sieg Saudi Arabiens gegen Argentinien bei der Fußball-Weltmeisterschaft in Katar am 22. November 2022 war, da waren sich die Sportkommentatoren in Brasilien einig, das „größte Zebra der WM-Geschichte". Diese Redewendung ist, ohne die Herkunft zu wissen, nicht zu verstehen. Was hat der Sieg eines Außenseiters, eine Sensation, mit einem Zebra zu tun? Um das zu erklären, muss man tief eintauchen in die brasilianische Alltagskultur.

Ins Deutsche könnte man das *Jogo* als Tierlotterie übersetzen. Die Ursprünge reichen zurück bis ins Kaiserreich. João Batista Viana Drummond war ein findiger Unternehmer, der in der Kleinstadt Nova Era im Hinterland des Bundesstaats Minas Gerais geboren worden war. Doch in der Kaiserzeit spielte die Musik in der Hauptstadt Rio de Janeiro. Für Kaiser Dom Pedro II. verwaltete er die erste Eisenbahnlinie, die damals Rio de Janeiro mit der kaiserlichen Sommerresidenz Petrópolis verband. Durch diese Tätigkeit kam er günstig an die Ländereien der *Fazenda de Macaco*, auf denen er 1873 den neuen Stadtteil Vila Isabel entstehen ließ – in Anlehnung an die kaiserliche Tochter Prinzessin Isabel. Drummond, ein Mann mit englischen Vorfahren, war ein weit gereister Mann, kannte auch die Architektur von Paris, die ihn besonders inspirierte und die ein Stück weit als Vorbild für dieses neue Zentrum diente, zu dem auch ein 300.000 Quadratmeter großer Park gehörte. In diesem entstand wenig später der erste Zoo Brasiliens. Später wurde Drummond vom Kaiser in den Adelsstand erhoben und durfte sich fortan Baron nennen.

Doch nichts währt ewig. Die Monarchie endete 1889 durch das Abdanken des Monarchen, die finanzielle Unterstützung, die Drummond von der Krone erhalten hatte, wurde gestrichen.

Den Baron plagten Geldsorgen, denn der Betrieb eines Zoos kostet Geld. Doch wie kommt man an welches? Woher die rettende Idee letztlich kam, darüber gibt es unterschiedliche Versionen. Eindeutig ist, dass ein Mexikaner namens Manuel Ismael Zereda, wobei auch der Name Zaveda zu finden ist, eine Lösung für den Baron parat hatte. Eine Version beschreibt ihn etwas romantisierend als Blumenverkäufer,[1] der sich ein besonderes Prinzip der Kundenbindung überlegt hatte. Zu seinen Blumen verkaufte er kleine Blumenbilder. Am Ende des Tages wurde aus den Bildern eine Blume gezogen. Wer das Bild hatte, bekam einen Preis. Andere beschreiben Zaveda als „Glücksspielforscher"[2].

Der Effekt war freilich derselbe. Drummond kopierte die Idee und ersetzte lediglich die Blumen durch Tiere. 25 Tiere hatte der Zoo, die durchnummeriert wurden. Die Zahl des Tiers wurde mit vier multipliziert. Das ergab die Gewinnzahlen. Für die Zahlen von 00 bis 99 erhielt jedes Tier vier aufeinanderfolgende

Ziffern. Die Tiere selbst werden in alphabetischer Reihenfolge gelistet. Den Anfang macht der Vogelstrauß (*avestruz*) und Nummer 25 ist die Kuh (*vaca*), wobei: ganz streng nach Alphabet scheint es nicht zu gehen, denn der Adler (*águia*) kommt nach dem Strauß. So erhält der Strauß die Ziffern 00-04, der Adler 05-08 bis schließlich zur Kuh 97-00. Das Prinzip lief wie beim Blumenverkäufer. Jeder, der vom 3. Juli 1892 an eine Zoo-Eintrittskarte kaufte, erhielt ein Tierbild. Am Ende des Tages wurde ein Tier ausgelost und wer die passende Karte hatte, erhielt als Geldprämie das Zwanzigfache des Eintrittspreises.

Die Geschäftsidee verselbständigt sich

Die Idee des Barons ging auf: Innerhalb kürzester Zeit erlebte der Zoo einen Besucherboom. Nicht mehr die Tiere selbst, sondern das neue Glücksspiel avancierte zur Hauptattraktion des Tiergartens. Die Eisenbahn reichte nicht mehr aus, die Menschen nach Vila Isabel zu bringen, so kamen sie teils zu Fuß von weither. Die Tier-Lotterie war ein Riesenerfolg. So erfolgreich, dass sich das Prinzip verselbständigte. Innerhalb weniger Wochen gab es Nachahmer in der ganzen Stadt, die das Prinzip kopierten. Das *jogo do bicho* konnte weder vom Baron noch von den Ordnungsbehörden wieder eingefangen werden. Zwar hatten die das Vorhaben ordnungsgemäß genehmigt, doch dass es ein derart durchschlagender Erfolg würde, dass es im Nu innerhalb Rios aber auch in ganz Brasilien Nachahmer finden würde, konnte niemand vorhersehen.

Es braucht aber auch nicht viel. Eigentlich nur einen Banker, der allgemein als *Bicheiro* bezeichnet wird. Das ist derjenige, der das Spiel betreibt. Dazu einen Manager, der die Einsätze und Gewinne weiterleitet und als letztes natürlich den Wetter. Übrigens ist dieses Prinzip kaum anders als das, welches etwa die Drogengangs nutzen. Ein Erfolgsfaktor dürfte auch der leichte Zugang über die Straße sein. Es braucht keine große Infrastruktur, keine Läden oder feste Annahmestellen. Diejenigen, die die Wetten annehmen finden sich noch heute im Stadtbild beinahe jeder Ortschaft. Oft sitzen die Personen recht unauffällig mit kleinen Stühlen oder Hockern am Straßenrand, nicht viel mehr dabei als ein paar Papierstücke und einen Taschenrechner. Die Gewinnzahlen werden – wenig transparent – dort gezogen, wo auch immer der *Bicheiro* sitzt. Sobald diese gezogen sind, werden sie an verschiedene Posten weitergegeben, die diese öffentlich anschlagen. Früher wurden die Zahlen per Taxi oder Laufboten verbreitet, heute reichen moderne Kommunikationsmittel. Bis heute werden die Zahlen übrigens auch kodiert in Tageszeitungen unter allerhand anderen Lotteriezahlen abgedruckt, obwohl das Spiel seit 1941 offiziell verboten ist und die Teilnahme als „Ordnungswidrigkeit" gilt. Jedoch nicht überall in Brasilien. Man ahnt an dieser Stelle schon eine recht widersprüchliche Tendenz des Staates, wie er mit dem Spiel und den Folgen umzugehen gedenkt. Wegen des großen Erfolgs konnte und kann man sich nicht zu einem ordentlichen Verbot durchringen. Daran würde sich ohnehin niemand halten. Aber eine Legalisierung, um dann die Umsätze besteuern zu können, das mochte auch niemand.

Die Bicheiros und die Sambaschulen

Dass sich irgendwann auch Sambaschulen und Fußballclubs im Dunstkreis des Glücksspiels wiederfanden, war einem Arbeitsunfall geschuldet, den im Alter von 20 Jahren ein junger Mann namens Natalino José do Nascimento erlitt. Er stammte ursprünglich aus dem Hinterland des Bundesstaats São Paulo. Doch nach dem Tod der Mutter zog die Familie an den Stadtrand von Rio de Janeiro, nach Oswaldo Cruz, um die Jahrhundertwende noch ein typisches Hinterlandsdorf. Trotzdem gelang es ihm, einen Ausbildungsplatz am Bahnhof Central in Rio de Janeiro zu ergattern. Dort arbeitete er sich als Kabinenjunge und Zugführer langsam hoch – bis zum Tage eines Unfalls, bei dem er seinen rechten Arm verlor.

Einen Invaliden wollte man nicht weiter beschäftigen. Auch niemand anderes wollte ihn. So blieb ihm wenig übrig, als sich als Straßenhändler seinen Platz in der Arbeitswelt zurückzuerobern. So kam er, fast zwangsläufig, in Kontakt mit dem Glücksspiel, dessen Betreiber offenbar weniger auf Äußerlichkeiten achteten, denn auf die Fähigkeit, für Umsatz zu sorgen. Das konnte Natalino offensichtlich. Vom einfachen Notenschreiber arbeitete er sich hoch über den Manager bis zum Bankbesitzer – Capitão Amorim, der Drogenboss der Gegend, der hier auch als *Bicheiro* die schützende Hand über das *Jogo do bicho* hielt, schien ihm zu vertrauen. Natalino, der später nur noch Natal do Portela genannt werden sollte, hatte dazu beigetragen, das Gebiet von Madureira, so heißt der Bezirk, zu einem der lukrativsten und umsatzstärksten der ganzen Stadt zu machen. Auch Natal verdiente daran gut, nutzte aber das Geld nicht nur für sich allein. Er begann, Freunde, Organisationen, Kirchen finanziell zu unterstützen, bezahlte Beerdigungen.

Nach dem Tod seines Freundes Paulo da Portela, der den Grundstein für die berühmte Sambaschule Portela gelegt hatte und 1940 zurückgetreten war, beschloss Natal, sich für diese zu engagieren. Als Direktor für Immobilien der Sambaschule sanierte er diese nicht nur finanziell, er ließ Straßen pflastern und ein neues Stadion bauen. Damit legte er den Grundstein für die bislang erfolgreichste Zeit der *Grêmio Recreativo Escola de Samba Portela (G.R.E.S. Portela)*: Zwischen 1941 und 1970 errang sie insgesamt 17 Siege bei der Parade der Sambaschulen an Karneval. Von 1941–1947 sogar sieben Mal in Folge. Auf die Verbindungen der organisierten Kriminalität zum *Jogo do bicho* kommen wir noch zu sprechen und Natal soll einer der ersten *bicheiros* gewesen sein, die sich aus taktischen Gründen oder zur Verbesserung des Images einer Sambaschule zuwendete – was, wie wir sehen werden, später auch geschah – doch Natal täte man damit Unrecht, auch wenn er einen nicht zu leugnenden exzentrischen Habitus pflegte: So soll er stets in Pyjamajacke und Hausschuhen anzutreffen gewesen sein, mit einer

Pistole, die im Hosenbund steckte. Und auch die 400 Gerichtsverfahren, die gegen ihn geführt wurden und 90 Verhaftungen sprechen an sich eine deutliche Sprache. Jedoch lange bevor er sich dem Glücksspiel zuwandte, war er schon in der Karnevalsszene von Madureira verwurzelt. Im Hinterhof des Hauses, in dem sein Vater Napoleão gelebt hatte, lag gewissermaßen die Keimzelle von Portela. Noch heute wird Natal von den Anhängern Portelas verehrt.

Das organisierte Verbrechen hält Einzug

Die Zeit der Militärdiktatur (1964–1985) wird heute noch von eher konservativen Brasilianern als Zeit idealisiert, in der Zucht und Ordnung herrschte und die Kriminalität weniger präsent war. Tatsächlich machten die Militärs den *bicheiros* nach der Machtübernahme das Leben zunächst schwer mit repressiven Maßnahmen und einer härteren Verfolgung des Drogenhandels. Das Spiel, das offiziell zwar verboten war, wurde bislang mehr oder weniger geduldet. Nun sah es so aus, als sollte sich das ändern. Aber der Anschein war nur vordergründig. Tatsächlich bewirkte die Militärdiktatur eine Professionalisierung der kriminellen Strukturen rund um das Spiel. Das Glücksspiel wurde zum Teil des organisierten Verbrechens.

Was wie ein Widerspruch klingt, war im Grunde eine fast logische Konsequenz. Ende der 1970er-Jahre erkannte das Militärregime, dass Repression auf Dauer nicht dem wachsenden gesellschaftlichen Druck würde standhalten können. Langsam aber kontrolliert wollte man versuchen, diesen Druck entweichen zu lassen und – irgendwann in der Zukunft – einen Übergang zur Demokratie zu ermöglichen. Die „Repressionskräfte" (Aloy Jupiara), also ehemalige Militärs und Beschäftigte des Sicherheits- und Unterdrückungsapparats, sahen dadurch ihre berufliche Perspektive gefährdet und suchten nach Alternativen. Bekannte Beispiele, die im Buch von Jupiara und Otávio genannt werden, sind Ailton Guimarães Jorge, genannt *„Capitão Guimarães"*, Anísio Abrãao David und Paulo Malhaes.[3]

Als die Diktatur endete, standen die Handlanger der Unterdrücker mit leeren Händen da. Sie mussten nach anderen Räumen suchen, wo sie ihre Qualifikationen – Brutalität, Gewalttätigkeit und Abgebrühtheit – mit gleicher Macht über Leben und Tod ausüben konnten. Perspektiven bot da nur das organisierte Verbrechen, das damit plötzlich in der Lage war, sich einen weiteren lukrativen Markt zu erschließen, das Glücksspiel. Nicht, dass dieses bis dahin als unbefleckt war. Die Tierlotterie war seit 1941 verboten – Bestechung von Polizisten gehörte durchaus zum Tagesgeschäft, um Razzien zu umgehen.

Die Gewalttäter professionalisierten die kriminellen Tendenzen. Die Lotterie-Landschaft in den 1960–1980er-Jahren war relativ zersplittert. Viele kleine *bicheiros* prägten das Bild. Nun begann, was man in der Wirtschaft eine Konsolidierung des Marktes nennt: Aus vielen kleinen Anbietern wurden weniger größere. Die Geschäftsaufgabe der kleinen *bicheiros* geschah aber nicht freiwillig. Es entstand ein regelrechter Krieg um die Territorien. Entweder bot man ihnen an, Standorte an die größeren Anbieter zu verkaufen oder man beschleunigte die Abgabe durch Erpressung und auch Mord. Im Grunde dasselbe Besteck, das heute die Milizen anwenden, um ihren Einflussbereich auszubauen. Neben den *bicheiros* und den Drogenbanden sind die Milizen die dritte große Kraft des organisierten Verbrechens in Brasilien. Wie Otávio und Jupiara analysierten, lassen die *bicheiros* Anwälte ausbilden, die sie später unterstützen sollen.

Die früheren Folterer erkannten zu diesem Zweck auch das Potenzial der Sambaschulen. Diese haben per se eine starke regionale Dominanz und Verwurzelung. Das bedeutet: In vielen Stadtbezirken gibt es nur eine große Sambaschule, die breite Unterstützung der Bevölkerung hat. Sambaschulen genießen breite Popularität, der Karneval ist ein wichtiger, positiver Imageträger. Dieses Image wurde benutzt. Die Repressionskräfte drängten hinein und übernahmen das Kommando. Welcher harmlose *Sambista* wird als Kandidat um die Präsidentschaft einer Sambaschule antreten, wenn er weiß, dass ein Gegenkandidat möglicherweise durch einen gewalttätigen Schutztrupp geschützt ist? So begann der Aufstieg von Capitão Guimarães, der eine Vergangenheit als Folterer und Beteiligter an illegalen Hinrichtungen vorzuweisen hatte, ehe er Ende der 1970er-Jahre aus der Armee geworfen wurde. Zunächst stieg er als *bicheiro* beim Banker Agostinho Lopes da Silva Júnior, genannt Guto, ein, der vor allen im Rios Nachbarstadt Niteroí und Umgebung aktiv war. Später suchte auch er nach einer Sambaschule, in die er einsteigen konnte und wurde bei den *Unidos da Vila Isabel* fündig. Gemeinsam mit Castor de Andrade, der die Sambaschule *Mocidade* (Stadtteil Padre Miguel) kontrollierte, und acht weiteren Schulen gründete er 1984 die „unabhängige Sambaliga LIESA", der heute die 16 größten und wichtigsten Sambaschulen angehören. Sie ist die Ausrichterin der großen Sambaparade an Karneval, die alljährlich Hunderttausende fasziniert, aber zugleich auch Unmengen an Geld verschlingt, welches wiederum zu erheblichen Teilen aus dem Glücksspiel, aber auch aus dem Drogenhandel oder der Geldwäsche allgemein stammt.

Castor de Andrade war eine der bekanntesten Persönlichkeiten der Rio-Szene. Sein Geschäft war neben dem Glücksspiel und der Sambaschule auch der Fußball. Er war Präsident des *Bangu Futebol Clube*. In der Tat war er der Eigentümer. Er kaufte Spieler, verkaufte sie, managte die Mannschaft und betrat sogar das Spielfeld, um sie mit der Waffe in der Hand zu verteidigen, wie er es einmal bei einem Spiel gegen *América* mitten im Maracanã-Stadion tat. Als der Schiedsrichter einen Elfmeter gegen seine Mannschaft verhängte, hatte er Zweifel: Er betrat das Spielfeld mit einer Pistole in der Hand und verlangte, dass der Schiedsrichter einen weiteren Elfmeter zu seinen Gunsten pfiff. Bangu hat das Spiel gewonnen.

Bis in die 1990er-Jahre hinein blieben die Sambaschulen in den Händen der *bicheiros* – und wahrscheinlich sogar darüber hinaus. Allerdings sorgte 1993 ein Prozess brasilienweit für Aufsehen. Die bis dahin relativ unbekannte Richterin

Denise Frossard verurteilte im Mai 1993 14 *bicheiros*, darunter Castor de Andrade, zu hohen Haftstrafen. Am 13. April 2007 gab es abermals einen Schlag gegen das organisierte Verbrechen und die Sambaschulen in einer landesweiten Razzia der Bundespolizei unter dem Decknamen „*Operation Hurricane*". Wieder gehörten der Capitão und Abrãao zu den Festgenommenen. Sie hatten, nachdem sie 1996 einen Teil ihrer Haftstrafe auf eine sehr privilegierte Art und Weise abgesessen hatten – es fehlte ihnen im Knast an nichts – den Rest im offenen Vollzug verbracht und konnten so ihre Geschäfte wieder aufnehmen. Die Polizei beschlagnahme einige Millionen Reais Bargeld, Dutzende Luxusautos sowie edle Uhren und Schmuck.[4] Wie sich später herausstellte, sollen sie auch die Sieger der Sambaparaden ausgekungelt haben.

Das ursprüngliche Spiel des kleinen Mannes hatte längst seine Unschuld verloren und war längst zu einem Megageschäft angewachsen, bei dem in den 1990er-Jahren auch Münzspielautomaten hinzukamen. Die Stiftung Getúlio Vargas (FGV) schätzt, dass das Glücksspiel 2014 zwischen 1,3 und 2,8 Milliarden Reais umsetzte und rund 450.000 Personen beschäftigte.[5] In der Realität dürften die Zahlen deutlich höher liegen. Das Spiel generierte nicht nur große Einnahmen, es verschaffte durch die Sambaschulen auch Prestige und öffnete die Türen zu den Mächtigen, die in Brasilien, wie bereits beschrieben, bei Bestechungsversuchen nicht allzu genau hinschauen. So sollen auch Ex-Präsident Fernando Collor de Mello, der frühere Oberbürgermeister von São Paulo, Paulo Maluf oder Rios früherer Bürgermeister Cesar Maia bei der großen Razzia 1993 betroffen gewesen sein. Sie sollen großzügige Spenden für den Wahlkampf von den *bicheiros* erhalten haben,[6] außerdem mehrere Unternehmer, Richter, Kongressabgeordnete, Polizisten. Auch sollen Schmiergelder an Politiker, Richter und Staatsanwälte geflossen sein.

Wollte man der Sache Herr werden, wäre ein logischer Schritt, das Spiel aus der Illegalität zu holen und es zu legalisieren. Eine Diskussion, die in Brasilien schon länger geführt wird, die politisch jedoch durchaus heikel ist. Zum einen könnte der Staat durch Steuern daran partizipieren. Zum anderen wäre völlig offen, was mit den vielen Tausend involvierten Personen geschehen würde. Würden sie aus dem Stadtbild verschwinden und möglicherweise ihre Jobs verlieren, die ihnen ein Auskommen sichern? Der Kongress debattierte die Frage zuletzt Anfang Oktober 2022, in der Zeit zwischen den beiden Präsidentschaftswahlgängen. Möglicherweise auch, damit die Diskussion etwas im Wahlgetöse untergeht und hinterher nicht ganz klar ausgemacht werden kann, welche politische Kraft nun verantwortlich war. Außerdem sind nicht alle von diesen Plänen überzeugt. Konservative Katholiken und Evangelikale gehören zu den Gegnern der Legalisierung. Der Nutzen läge auf der Hand: Steuereinnahmen für den Staat. Jährlich 20 Milliarden Reais könnte der brasilianische Fiskus erlösen, rechnet das *Instituto Brasileiro Jogo Legal (IBJL)*. Hinzu kämen nach dessen Berechnung mehr als 600.000 legalisierte Jobs.[7]

Das Spiel ist noch immer sehr mit dem brasilianischen Alltag verwoben. So gibt es einige Aberglauben, die sich hartnäckig halten. Die Nummer 24 der Tierlotterie stellt einen Hirsch dar. Der Hirsch wird in Brasilien jedoch symbolhaft mit Homosexualität verknüpft. Darum wird bei der Vergabe von Rückennummern der Fußballteams häufig auf die Nummer 24 verzichtet. In der Saison 2022/23 vergaben nur insgesamt vier der brasilianischen 20 Erstliga-Teams die 24. Allerdings kann sich der Aberglaube auch dem strengen Regelwerk des Fußballweltverbands FIFA nicht entziehen. Wegen der Pandemie war den nationalen Verbänden eine Kaderstärke von 26 Spielern zugebilligt worden (bis dahin immer nur 23). Daran konnte auch der brasilianische Verband CBF nichts ändern. So musste der Spieler Gleison Bremer mit der Rückennummer 24 auflaufen.

Doch woher stammt nun das eingangs erwähnte Zebra? Zumal es gar nicht bei den 25 traditionellen Lotterie-Tieren dabei ist? Die Legende besagt, dass im Jahr 1964 der Trainer des Fußballclubs Portuguesa, Gentil Cardoso,[8] am 23. Juli vor dem Spiel gegen den haushoch favorisierten Club Vasco da Gama von einem Journalisten zu den Siegchancen für seinen Club befragt worden sei. Daraufhin soll er gesagt haben: „Vasco zu schlagen wäre, wie ein Zebra im Jogo do Bicho zu ziehen." Also praktisch aussichtslos. Andere Quellen beziehen sich auf ein Spiel von Portuguesa im November des Jahres im Rahmen der Bundesstaatsmeisterschaften. Damals soll Cardoso gesagt haben: Es wird ein Zebra geben. An der Urheberschaft scheint kein Zweifel zu bestehen, nur am genauen Zeitpunkt. Am Ende gewann Portuguesa das Spiel und eine Redewendung wurde geboren.

Literatur

Chazkel, Amy, Laws of Chance – Brazil's Clandestine Lottery and the Making of Urban Public Life, Duke University Press, London 2011.

Jupiara, Aloy und Otávio, Chico, Os porões da contravenção: Jogo do bicho e Ditadura Militar: a história da aliança que profissionalizou o crime organizado, Record, 1. Ausgabe, Sao Paulo, 2015.

Alencar, Bruno Holanda Moura, Castor de Andrade e o Jogo do Bicho: Um ensaio sobre violência urbana na cidade do Rio de Janeiro, Universidade Federal Fluminense, 2017.

5. Der Sound der Großgrundbesitzer – *Sertanejo*

Das verbreitete Brasilienklischee will es so, dass die Samba-Musik als die bekannteste und beliebteste Musikrichtung Brasiliens gesehen wird – analog zur Caipirinha als Getränkevorliebe. Beides stimmt aber in der Realität nicht. Während auch die Brasilianer ein Land von Biertrinkern[1] sind und der Cachaça, der Zuckerrohrschnaps als Basis der Caipirinha relativ abgeschlagen erst auf Platz 2 folgt, liegt bei den Brasilianern anscheinend auch ein anderer Musikstil als der Samba in der Gunst seit Jahren schon weit vorne:[2] der *Sertanejo*. Dieser wird gemeinhin als die Country-Musik Brasiliens bezeichnet und tatsächlich gehören breitkrempige Stetsons oder karierte Hemden bei vielen Interpreten zum Erscheinungsbild.

Die savannenartige Halbwüste *Sertão* im Binnenland Brasiliens ist eine der vier Subregionen der Region Nordosten (*Região Nordeste*) mit dem höchsten Flächenanteil. Sie erstreckt sich über die Bundesstaaten Alagoas, Bahia, Ceará, Paraíba, Pernambuco, Piauí, Rio Grande do Norte und Sergipe, bis hinunter in die Mesoregionen Norte de Minas und Vale do Jequitinhonha im Bundesstaat Minas Gerais. Sie ist für Brasilianer praktisch Synonym für ländliche, agrarisch und kleinbäuerlich geprägte Landstriche. Sie lieh dem *Sertanejo* ihren Namen. Übersetzt bedeutet *Sertanejo* so viel wie „aus dem *Sertão* kommend". *Sertanejo* steht auch für eine Person, die aus dieser Gegend stammt.

Die Musik, die als *Sertanejo* bekannt wurde, soll ab circa 1910 entstanden sein. In der Regel handelte es sich dabei um einen oder zwei Interpreten, die, begleitet von einer Gitarre, der *viola caipira*, Geschichten gesanglich erzählten und untermalten, die sogenannten *repentes* oder *desafios*. Wegen der charakteristischen Gitarrenbegleitung wird der Stil auch als *Musica Caipira* bezeichnet. Heute nennt man diesen Stil in Abgrenzung zu den inzwischen erfolgten Weiterentwicklungen auch *Sertanejo raiz*, wobei das Wort *raiz*, übersetzt Wurzel, die Urtümlichkeit beschreiben soll. Die Bezeichnung gibt es auch beim *Samba do Raiz*, der ebenfalls eine ganz ursprüngliche Form des Samba beschreibt.

Da die *Musica Caipira* als eine eher lokale Erscheinung gesehen werden kann, die über ein begrenztes Einzugsgebiet verfügt, bildeten sich in unterschiedlichen Regionen klangliche Besonderheiten aus, etwa dort, wo sie auf andere traditionelle Musikstile traf. Und auch das Radio hielt allmählich Einzug in die brasilianische Gesellschaft, die sich in den 1920er- und 30er-Jahren vor allem mit großen Binnenmigrationsbewegungen konfrontiert sah, Da die großen Städte im Südosten und Süden – allen voran São Paulo und Rio de Janeiro (damals noch Hauptstadt) wesentlich weiter entwickelt waren und somit auf die Menschen aus den kargen Gebieten des Hinterlands eine große Anziehungskraft hatten. So kamen auch zahlreiche Menschen auf der Suche nach Arbeit in die großen Metropolen des Südens. Über das Radio bot sich ihnen jedoch eine Gelegenheit, wenigstens ein Stück weit Kontakt zur alten Heimat zu halten. Der Begriff *caipira* galt zu jener Zeit als negativ besetzt. Bis heute bedeutete er so viel wie rückständig, ländlich oder bäuerlich.

Der Modernismus, der unter Präsident Juscelino Kubitschek zur vollen Blüte kam, verstärkte die Industrialisierung und die damit einhergehende Landflucht. Damit verloren auch kulturelle Praktiken ihren ursprünglichen räumlichen Bezug, blieben aber, durch die Erinnerung und die Biografien noch immer mit den Lebensumständen der Menschen verknüpft. Diese wollen sich erinnern und vielleicht auch eine Sehnsucht, die berühmte brasilianische *Saudade* verspüren, wenn ihnen die Sänger musikalisch Geschichten erzählen oder soziale Begegnungen beschreiben, die die Zuhörer selbst erlebt haben könnten. Die Musik wurde so zu einer Projektionsfläche von Gefühlen und Sehnsüchten in einer Lebenssituation, in der sich die großen Erwartungen und Hoffnungen der neuen Stadtbevölkerung vielleicht gar nicht erfüllt haben, die berufliche oder finanzielle Situation alles andere als gesichert erschien. Das konnte dazu führen, dass das nun weit entfernte Landleben wegen seiner Überschaubarkeit und Einfachheit idealisiert wurde: Natürlich die Natur, im Kontrast zum Beton der Stadt, aber auch profane Dinge wie das Essen, Religiosität, aber eben auch die einstmals als zu beschwerlich empfundene Arbeit.

Mit der Verbreitung des Radios tat sich aber auch was für die Musiker. Denn auch sie erlangten breitere Aufmerksamkeit. Etwa das Duo Pena Branca & Xavantinho, das zu Beginn noch anderen Tätigkeiten nachgehen musste, um sich der Musik widmen zu können, und das nun plötzlich feste Sendungen im Radio bestritt. Ab den 1960er-Jahren drangen auch zusätzliche musikalische Einflüsse von außen, vor allem aus den USA, in die brasilianische Musikszene vor – auch und vor allem wegen des unaufhaltbaren Siegeszugs des Fernsehens. Nicht nur wurde insgesamt mehr Musik produziert – die diversen Kanäle wollten ja stets mit frischem Material versorgt sein, auch die Elektrogitarre, die man ausschließlich aus dem Rock 'n' Roll kannte, fand plötzlich Verwendung im *Sertanejo*.

Die Musiker vom Lande zog es in die Städte – dort waren die Auftrittsmöglichkeiten wesentlich vielfältiger, außerdem stieg die Chance schneller bekannt zu werden. Überdies knüpfte man Kontakte. Auch zu Musikern anderer Genres, wie das der als Mittel- und Oberklasse bevorzugten MPB-Szene. Das Kürzel MPB steht für *Musica Popular Brasileira* und umfasst auch heute noch eine bedeutende Gruppe populärer Musikrichtungen. Zu jener Zeit schon firmierten darunter Künstler wie Gilberto Gil, Tom Jobim, Elis Regina oder Caetano Veloso – damals schon beherrschten sie die großen TV-Shows, heute sind sie längst Giganten des Business. Wollte man über das Fernsehen berühmt werden, brauchte es neben der Musik natürlich auch optische Reize. Bis dahin waren die Performances von *Sertanejo*-Sängern oder -Duos jedoch eher statisch bis dürftig: Zwei Männer mit

Gitarre, die an einem Fleck stehen und singen. Von einer Bühnenshow war das weit entfernt.

Den großen Durchbruch als Musikform mit einer breiten Popularität im ganzen Land erlebte das Genre aber wohl erst ab den 1980er-Jahren. Die Instrumentalisierung wurde üppiger, Schlagwerk und Percussions gesellten sich hinzu. Der Sound entwickelte sich weg vom klassisch reduzierten hin zu einem deutlich poppigeren, tanzbareren und auf einen großen, globalisierten Markt ausgerichteten Stil. Elemente der ländlichen Kultur klangen allenfalls noch an. Die Texte, anfangs noch wesentlicher Bestandteil und wichtiger als die Musik, rückten in den Hintergrund. Mit dieser deutlichen Hinwendung zum populären Massengeschmack stieg die Vermarktbarkeit der Musik, die Veranstaltungsorte und Shows wurden größer. Chitãozinho & Xororó gelten als die ersten, die der *Sertanejo* zu Millionären gemacht hat. In den 1990er-Jahren hatten praktisch alle großen landesweiten Sendeanstalten, allen voran das größte Sendernetzwerk *Globo*, zur besten Sendezeit *Sertanejo*-Shows im Programm. Flaggschiff dieser Shows war der *Domingão de Faustão* (der große Sonntag mit dem großen Fausto) auf *Rede Globo*. Ansonsten hatte die MPB den TV-Markt noch fest im Griff.

Wesentlicher Bestandteil der Abendunterhaltung sind die so genannten *Telenovelas*, mehr oder weniger aufwendig produzierte Serienschmonzetten, oftmals relativ seicht und leicht verdaulich. Es geht um Herz-Schmerz, Intrigen, Eifersucht, Liebe, Hass, Verrat – die großen Gefühle. Viele dieser Serien waren in den 1980er- und 90er-Jahren echte Straßenfeger. Entsprechend lukrativ ist es für Musikproduzenten und Plattenlabels, ihre Künstler in den Soundtracks zu platzieren. Denn: Ist die Novela populär, mögen die Menschen meist auch die darin vorkommende Musik, die jeden Abend zur besten Sendezeit aus den allgegenwärtigen Fernsehern tönt und mit Bildern und Emotionen verknüpft in Erinnerung bleibt. Zwischen 1987 und 1994 wurden 480 Lieder in Novelas von *Globo* gespielt. Zwölf davon waren Stücke des Genres *Sertanejo*, der Rest MPB.[3] Diese Vorherrschaft konnte jedoch durchbrochen werden. Die Novela *O Rei do Gado* (1996) war die erste, die überwiegend *Sertanejo*-Stücke in ihrem Soundtrack enthielt. Dieser *Sertanejo modernizada*, also modernisierter *Sertanejo* (man findet auch die Begriffe *romantico* oder *dançante*) war schon generell sehr viel mehr an die Popmusik angelehnt, wurde deshalb auch von Akademikern, Journalisten und anderen Intellektuellen eher belächelt, während der *Sertanejo raiz* bei Kritikern eher ein positives Image genoss.

Den endgültigen Durchbruch und den Aufstieg zur meistgespielten Musikrichtung vollzog der *Sertanejo* dann um die Jahrtausendwende. Man bezeichnet diese Spielart als *universitário*. Über die Entstehung des Stils gibt es keine einheitliche Erzählung. Eine zu findende Version ist, dass die einfach gestrickten Lieder von zwei Sängern gesungen werden, die überwiegend jung sind und als „College Kids (*Universitario*)" gelten. An anderen Stellen werden die Heranwachsenden aus dem Hinterland verantwortlich gemacht, die in den 1990er-Jahren an die Universitäten kamen und diese Musik praktisch mitbrachten. Beispiel hierfür ist das Duo João Bosco & Vinícius. Das Duo, das als Pionier dieses Unterstils gilt, stammte aus dem Städtchen Coxim in Mato Grosso und zog Ende der 1990er-Jahre in die Hauptstadt des Bundesstaats, Campo Grande, um dort Zahnmedizin bzw. Physiotherapie zu studieren. Nebenbei musizierten sie in Kneipen und Bars. Später begannen auch junge Leute aus den städtischen Mittel- und Oberschichten die Musik für sich zu entdecken. An Stelle der traditionelleren Akkordeons und Geigen wurden in diesem Musikstil immer häufiger Synthesizer und E-Gitarren eingesetzt. Auch Anlehnungen aus dem Funk, dem brasilianischen Rap, der vor allem in den Favelas beliebt ist, fanden häufiger Eingang, bildeten neue Unterströmungen wie die *padilha*. Diese Variante unterscheidet sich vom *Sertanejo*, da sie mehr Pop-Elemente und eine informelle Sprache – oftmals mit Anspielungen auf romantische Beziehungen – aufweist. Ländliche Themen findet man hingegen fast gar nicht mehr, dafür Romanzen oder auch urbane Themen.

Mit dem *Sertanejo universitário* bildete sich ein Untergenre heraus, das praktisch alle anderen Strömungen unter sich begraben sollte. Musiker wie das Duo César Menotti & Fabiano, oder später Michel Teló, hoben die Musik in Sachen Popularität nochmals auf ein anderes Level. Die Shows und die Begleitbands wurden immer größer. Aufwendige Videoclips entstanden, ebenso wie TV-Shows, DVDs oder Novela-Soundtracks. Plötzlich war der *Sertanejo* überall und Größen aus anderen Sparten – allen voran aus dem Fußball – genossen die Nähe und Popularität der Musiker.

Wenn die Partymusik politisch wird

An sich ist die *Musica Sertaneja* nicht politisch. Die Texte drehen sich, wie bereits beschrieben, um Landlebenromantik oder die Themen Beziehung und Liebe. Da wundert es wenig, dass die Fanschar dieser Musik zum Großteil weiblich und überwiegend jung ist.[4] 58 Prozent der Fans sind zwischen 18 und 35 Jahren alt. Und es sind vor allem die Texte, die gefallen, denn 48,1 Prozent der Befragten einer Marktforschungsstudie gaben an, die Musik in erster Linie wegen der Texte zu mögen. Aber genau das ist es, was die Lieder und den ganzen Musikstil doch ein wenig politisch macht.

Brasilien ist eine konservative Gesellschaft und genau das spiegelt sich in den Texten wider, genauer in dem darin präsentierten Rollenverständnis von Mann und Frau und dem Frauenbild allgemein. Die Texte sind also nicht explizit politisch, bilden aber deutlich einen Wertekanon ab, wie er in konservativen und religiös-fundamentalistischen Schichten nach wie vor propagiert wird. Zu einem großen Teil deckt sich das Frauen- und Familienbild mit überholten und archaischen Stereotypen und Klischees, wie sie von den evangelikalen Kirchen gefordert werden. In den meisten Liedern wird die Mutter, die Ehefrau oder die Schwester besungen und damit ein klassisches Familienbild zu Grunde gelegt, unabhängige, selbstständige und selbstbewusste Frauen, geschweige denn andere Beziehungstypen, die außerhalb der konservativen Norm dieses heterodominierten Weltbildes stehen, kommen so gut wie nie vor. Andere, vielfältigere und progressivere Beziehungsmodelle, die inzwischen lange in der brasilianischen Gesellschaft angekommen und etabliert sind – gleichgeschlechtliche Ehen sind seit 2011 erlaubt – werden von dieser Szene schlichtweg ignoriert und finden somit auch nicht statt.

Das Magazin *Metropoles* stellte in einem Artikel eine Studie eines Forscherteams aus Brasília vor, das viele Lieder dieses Genres auf genau diese Merkmale hin untersuchte.[5] Ein Ergebnis: Die Liedtexte sind gespickt mit Botschaften, die die Beziehung der Ungleichheit zwischen Mann und Frau verstärken. Während Männer zum starken Beschützer oder treusorgenden Familienvater stilisiert und idealisiert werden, werden Frauen als schwach und schutzbedürftig besungen, als zerbrechliche und abhängige Personen, die als Besitz oder Objekt gesehen werden. Oder noch deutlicher: Die Frau ist zur Heirat bestimmt und hat ihrem Mann gegenüber unbedingten Gehorsam zu zeigen, wie es Vivianne Freire Valladão in ihrer Studienarbeit[6] beschreibt. Noch deutlicher: Es handelt sich oft um Machismo pur. Sie sieht die Texte als „Spiegelbild einer Gesellschaft, die auf sexistischen, intoleranten und frauenfeindlichen Ideologien beruht". „Erschreckend, dass mit Liedern mit dieser Art von Diskurs Profit zu machen ist."[7]

Tatsächlich ist die brasilianische Gesellschaft noch immer tief geprägt durch den Machismo, wodurch die Musik Anknüpfungspunkte in der Lebenswelt vieler Menschen findet, die vielleicht wenig Bezug zum Landleben haben, weil sie im urbanen Raum leben. Auch mit Blick auf Gewalt, die gegen Frauen ausgeübt wird, zeigt sich die brasilianische Gesellschaft erschreckend tolerant. Gewalt gegen Frauen ist sehr weit verbreitet. Maßnahmen, etwas dagegen zu unternehmen, gibt es durchaus, etwa eine ganze Reihe von Gesetzen. Das bekannteste ist das Bundesgesetz 11.340 aus dem Jahr 2006, vom Volksmund *Lei Maria da Penha* genannt.

Das *Instituto Brasileiro de Direito de Família* (IBDFAM) beobachtet eine seit Jahren steigende Zahl von Feminiziden in Brasilien. 2022 mussten im ersten Halbjahr 699 Frauen[8] sterben, nur weil sie Frauen waren – so viele wie nie zuvor.

Der brasilianische Senat veröffentlichte im Dezember 2021 eine Studie[9] zum Thema Gewalt gegen Frauen. Die Studie wird von *Datasenado* alle zwei Jahre erhoben. 86 Prozent der Befragten gaben an, eine Zunahme wahrgenommen zu haben – das waren vier Prozent mehr als noch 2020. Dennoch ziehen es 75 Prozent vor, den Täter nicht anzuzeigen, aus Angst, dass sie der Staat nicht ausreichend schützen kann. Eine frauenfeindliche Mentalität, wie die des Ex-Präsidenten Bolsonaro dürfte dazu beitragen haben, diese Entwicklung zu befeuern. Mehrfach hatte er sich frauenfeindlich in der Öffentlichkeit geäußert. Zudem kürzte er die gesetzlich zugesicherten Ausgaben für Präventionsarbeit und Aufklärung.[10]

Musik als politisches Instrument im Kulturkampf

Betrachtet man also den vermittelten Wertekanon der Liedtexte im Zusammenspiel mit der konservativen Grundhaltung der Gesellschaft und ihrer ausgeprägten Machokultur, dann ist es zum Dreiklang „Gott, Familie, Vaterland" – in den 1930er-Jahren übrigens das Motto des brasilianischen Faschismus, dem Integralismus – wie ihn Ex-Präsident Jair Bolsonaro in seinen Wahlkämpfen immer wieder als Motto benutzte, nur noch ein kleiner Schritt.

Die Verbindung der großen Politik zur *Sertanejo*-Szene gibt es nicht erst seit Bolsonaro. Schon Fernando Collor de Mello, erster gewählter Präsident Brasiliens nach der Militärdiktatur, hatte die Popularität dieser Musik erkannt und 1992 zahlreiche Vertreter zu einem Konzert in seine Residenz in Brasília eingeladen. Collor tat dies jedoch nicht nur, weil er ein großer Fan der Musik war. Collor steckte mitten in dem Korruptionsskandal, der ihn später durch ein Impeachmentverfahren den Job kostete. Wenn die Größen der Branche sich beim Präsidenten die Klinke in die Hand geben, kann an den Vorwürfen doch nicht viel dran sein, so die Botschaft.

Knapp 30 Jahre später unterstützen Größen wie das Duo Zé Neto & Cristiano oder Superstar Gusttavo Lima die Kulturpolitik Bolsonaros ganz offen. Bei einem Konzert auf einer Landmesse mit Rodeo, der Expo in Sorriso, einer 90.000-Einwohner-Stadt im Soja-Bundesstaat Mato Grosso machte Zé Neto am 12. Mai 2022 eine abfällige Bemerkung in Richtung von Superstar Anitta. Die hatte bislang keinen Hehl daraus gemacht, dass sie im Präsidentschaftswahlkampf den sozialdemokratischen Kandidaten Lula unterstützen würde. Kurz zuvor hatte sie sich wohl an einer recht intimen Körperstelle eine Tätowierung gegönnt, was der Klatschpresse nicht verborgen blieb. Zé Neto attackierte Anitta wegen des Tattoos. Dieses habe sie sich nur wegen des Kulturförderungsgesetzes, das unter dem Namen *Lei Rouanet* bekannt ist, machen können.

Doch zurück zum Battle zwischen Zé Neto und Anitta. Der Countrysänger attackierte also nicht nur eine vermeintlich linke Künstlerin, gleichzeitig schob er nach, dass seine Show ja nicht durch das Kulturförderungsgesetz bezuschusst gewesen sei, sondern das Volk seine Gage bezahlt habe. Die belief sich, wie Medien später berichteten, auf stolze 400.000 Reais.

Hellhörig wurde die Politik, als sie erfuhr, welche Gagen andere *Sertanejo*-Künstler für Konzerte abrufen. Gusttavo Lima soll für einen Auftritt beim Bananenfestival in Teolandia im Bundesstaat Bahia eine Gage von 704.000 Euro erhalten haben. Teolandia ist eine Kleinstadt mit 14.000 Einwohnern, die nicht lange vor dem Auftritt Limas, im Dezember 2021, von einer Überschwemmung in Mitleidenschaft gezogen worden war und seither als Notstandsgebiet galt. Das Geld für die Gage stammte jedoch nicht von Sponsoren, sondern aus der Stadtkasse.

Es war nicht das einzige Fest, bei dem Gusttavo Lima auf der Bühne stand und bei dem sich hinterher herausstellte, dass die Auftritte der Künstler mit massenweise öffentlichem Geld gekauft worden waren. Mehr als 24 solcher Veranstaltungen in kleinen Städten des Hinterlandes, alle geplant in der ersten Jahreshälfte 2022, also zu Beginn des Präsidentschaftswahlkampf, bei denen Künstlergagen durch Steuermittel bezahlt worden waren, identifizierte ein eingerichteter parlamentarischer Untersuchungsausschuss, der passend *CPI de Sertanejo* genannt wurde.

Gusttavo Lima ist einer der Künstler der *Sertanejo*-Szene, die Bolsonaro ganz offen unterstützen. Bei einem Konzert am 21. Mai im Stadion Mané Garrincha in Brasília nutzte ein Sprecher die Aufmerksamkeit der rund 60.000 auf Lima wartenden Fans, um Wahlkampfparolen im Stile eines geifernden evangelikalen Predigers in die Menge zu rufen. Es gibt davon zahlreiche Videomitschnitte zu bewundern.

Limas Verbindung zu Jair Bolsonaro reicht aber noch weiter zurück. Schon zu Beginn der Wahlkampfkampagne 2018 positionierte sich Lima pro Bolsonaro, indem er seine Unterstützung in sozialen Netzwerken kundtat. Soziale Netzwerke und Streamingdienste gehörten auch während der Pandemie zu den Hauptabsatzmärkten der Musiker, nachdem die großen Konzerte zunächst nicht stattfinden konnten.

Lima ist eine Schlüsselfigur, wenn es für Bolsonaro darum geht, sich die Unterstützung einerseits der großen *Sertanejo*-Gemeinde, andererseits des mächtigen Agrobusiness zu sichern, dessen offizieller Botschafter Lima ist. Darum tingelt er von einer Landmaschinenmesse zum nächsten Rodeo durch das für Bolsonaro so bedeutsame Hinterland. Außerdem ist Lima Mitinhaber des fleischverarbeitenden Betriebs *Frigorifico Goiás*. Mit diesem machten er und Präsident Bolsonaro am Muttertag 2021 Schlagzeilen. Bolsonaro posierte im Garten des Präsidentenpalasts in Brasília so, als würde er gerade mit der Familie einen gemütlichen Grillnachmittag verbringen. Mit ihm im Bild ein Mitarbeiter des Fleischbetriebs. Beide präsentieren eine Packung mit einer Scheibe *Picanha*, einem Stück Rindfleisch,[11] das in Brasilien sinnbildlich für Grillfleisch steht. „*Picanha Mito*" steht auf der Packung, die einen stilisierten Bolsonaro mit Sonnenbrille zeigt. Mito, übersetzt Mythos ist der Schlachtruf, mit dem besonders militante Anhänger den Ex-Präsidenten bei öffentlichen Auftritten feierten. Später enthüllten Journalisten, dass es sich bei dem *Picanha Mito* um ein Stück des superedlen Wagyu-Rindes handelt – Preis pro Kilo: stolze 1799 Reais.

Wer sich Fleisch zu solch astronomischen Preisen leisten kann, muss sich durchaus fragen lassen, ob er es mit dem Slogan *Capitão do Povo* (Hauptmann des Volkes) wie in seinem Wahlkampfjingle 2022 allzu ernst meint. Immerhin litten in Brasilien zum Ende seiner Amtszeit 30 Millionen Menschen wieder an Hunger. Für mehr als 120 Millionen, also gut die Hälfte der Gesamtbevölkerung ist morgens nicht klar, ob sie im Verlauf des Tages genügend Nahrung zu sich nehmen werden. Jingles, die die Botschaft der Kandidaten eingängig und bildgewaltig präsentieren, gehören zum brasilianischen Wahlkampf. Wohl kein Zufall, dass Bolsonaro 2022 auf den *Sertanejo*-Stil setzt, um seine Botschaft „Gott, Familie, Vaterland" klanglich zu untermalen. Eingespielt hatte den Jingle das Duo Mateus & Cristiano.

6. Deindustrialisierung – warum Brasilien immer wieder den Anschluss verpasst

Ein Naturprodukt, das leuchtend rote Holz des Brasil-Baums, war der erste Exportschlager Brasiliens und gab dem Land zugleich seinen Namen. Seither ist die brasilianische Wirtschaft immer wieder vor allem durch den Handel mit Rohstoffen groß geworden.

Als in Europa in den 1830er-Jahren die Industrialisierung begann, war Brasilien noch ein reines Agrarland, das nach wie vor an der Sklaverei festhielt. Das Zeitalter der Industrialisierung begann für Brasilien einige Jahrzehnte später. Bis zur Unabhängigkeit hatte Brasilien keine Industrie aufbauen dürfen, um nicht in Konkurrenz zur Wirtschaft des Mutterlandes treten zu können. Erst Einwanderer aus Deutschland und Italien brachten später nach und nach entsprechendes Knowhow mit. Bis dahin hatte es nur so etwas wie eine „spontane" Industrialisierung gegeben.[1] Spontan heißt in diesem Fall, dass Betriebe entstanden, die mit der Landwirtschaft zuarbeiteten, die Rohprodukte weiterverarbeiteten und halfen, die Effizienz zu erhöhen. Fabriken entstanden, in denen Landmaschinen für den Kaffeeanbau gefertigt wurden. Auch Firmen, die Jutesäcke für den Transport des Kaffees herstellten, oder Zuckerraffinerien oder Baumwolle verarbeitende Betriebe setzten unmittelbar an den Landwirtschaftstätigkeiten an, wobei der Kaffeesektor der beherrschende war und blieb. Bis in die 1950er-Jahre hinein machte er mehr als 60 Prozent der Rohstoffexporte aus.

Als Getúlio Vargas, Präsident von 1930 bis 1945 und von 1950 bis 1954, Brasilien in die Industrialisierung führen wollte, propagierte er den Slogan „das Erdöl gehört uns" als Ausdruck seiner Entschlossenheit, aus dem Rohstofflieferanten Brasilien eine Industrienation zu machen. Vargas hat dafür den Aufbau leichterer Industrien forciert und verfolgte ein weiteres Ziel: Für eine nationale Schwerindustrie zur Erzeugung von Stahl mit einer dazu passenden Versorgung von Energie durch Öl, Gas oder Elektrizität zu sorgen – unter der Leitung und Beteiligung des Staats. Diese sollte brasilianische Betriebe in die Lage versetzen, die für die weitere Entwicklung und Produktion nötigen Rohstoffe, wie Eisen und Stahl, bereitzustellen. Denn, so der Gedanke, nur so würde es Brasilien gelingen, sich langfristig von Importen unabhängig zu machen und die vielen Rohstoffe, über die das Land verfügt, selbst abzubauen und zu veredeln. Denn davon gibt es reichlich: Rund 80 Metalle und Mineralien schlummern im Boden des großen Landes, darunter Niob, Tantal, Eisen, Mangan, Bauxit und auch Lithium. Der Weg zum Extraktivismus war geebnet. Dieser bezeichnet den Abbau von Rohstoffen zum Zweck des Exports auf den Weltmarkt. Der Traum von der eigenen nationalen Veredelung und Wertschöpfung erfüllte sich aber kaum. Denn zum Aufbau einer eigenen, verarbeitenden Industrie kam Brasilien nur selten. Die, die die

6. Deindustrialisierung – warum Brasilien immer wieder den Anschluss verpasst

Rohstoffe brauchten, waren schneller, erwarben Konzessionen für den Abbau, brachten das eigene Knowhow mit und ließen am Ende die lokale Bevölkerung mit den Umweltschäden zurück.

1938 war der *Conselho nacional de Petróleo* (CNP) gegründet worden. Mit der Gründung von Petrobras im Jahr 1953 wurde ein Teil der Aufgaben des Rates in dieses neue Statut aufgenommen. 1960 wurde der Rat aufgelöst und in das Ministerium für Bergbau und Energie integriert, das für die nationale Politik der Erdöl- und Erdölderivatindustrie zuständig ist. Damit verbunden waren weitreichende Kompetenzen, die die Position der Bundesregierung stärkten, und damit erhielt die Union die Kontrolle über alle gefundenen und noch nicht entdeckten Lagerstätten auf brasilianischem Gebiet. Darüber hinaus wurde dem Rat die Aufgabe übertragen, die kommerziellen Aktivitäten im Zusammenhang mit Erdöl zu überwachen, von der Ein- und Ausfuhr bis hin zum Verkauf.

Anfang April 1941 wurde die staatliche Stahlgesellschaft *Companhia Siderúrgica Nacional* gegründet. Sie wurde mit amerikanischem Geld gebaut und erhielt im Gegenzug die brasilianische Erlaubnis, im Nordosten Brasiliens Luft- und Marinestützpunkte einzurichten sowie eine Armeedivision für den Kampf in Europa auszubilden und auszurüsten. Die Invasion in Afrika, die als „Operation Torch" bezeichnet wurde, war nur möglich, weil der Nordosten Brasiliens als Zwischenstation für Schiffe und Flugzeuge diente. Nach und nach wurde Brasilien an der Seite der USA zur Kriegspartei im zweiten Weltkrieg. Noch im selben Jahr gründete sich die *Companhia do Vale do Rio Doce* in Itabira als staatseigener Betrieb im Bundesstaat Minas Gerais. 1997 wurde das Unternehmen privatisiert und gehört heute unter dem Namen Vale zu den drei größten Bergbauunternehmen der Welt.

Brasilien richtete seine Industrie so aus, dass teure Importe künftig durch eigene Produkte ersetzt werden sollten. Diese in der Literatur als „importsubstituierende Phase" bezeichnete Industrialisierungsphase dauerte im Grunde genommen bis Ende der 1980er-Jahre an, wenngleich sie wiederum in Unterphasen unterteilt werden kann. Das Problem der mangelnden Diversifizierung der Wirtschaft war erkannt, das Ziel klar: Die Industrie breiter aufstellen, um künftig weniger anfällig zu sein. Präsident Getúlio Vargas gelang es sogar, die Industrialisierung, in die er ein Stück weit hineingetrieben worden war, als etwas Positives und Zukunftsweisendes zu deuten. „Vargas sah in der nachholenden Industrialisierung, die Brasilien auf die Entwicklungsstufe der Industrieländer anheben sollte, den Schlüssel zur Modernisierung Brasiliens."[2]

Die Politik von Vargas brachte zwar die Industrialisierung voran, produzierte zugleich jedoch Ungleichheiten, denn die Betriebe waren nicht über das ganze Land verteilt. Sie konzentrierten sich vielmehr auf die Bundesstaaten im Süden, Rio Grande do Sul, Rio de Janeiro, Minas Gerais, und vor allem: São Paulo, wo sich die Industrie ballte. 1943 wurden dort schon mehr als 50 Prozent der Waren hergestellt.[3] Das überschüssige Kapital, das im Kaffeeanbau angehäuft wurde, führte zur Industrialisierung São Paulos. Was die Industrialisierung dort ebenfalls begünstigte, waren die qualifizierten Arbeitskräfte, die deutschen und italienischen Einwanderer, die auf den Kaffeeplantagen arbeiteten. Der Ballungsraum São Paulo ist nicht nur bis heute das führende Wirtschaftszentrum Brasiliens, sondern auch der größte industrielle Ballungsraum Lateinamerikas. São Paulo ist auch der Ort in Südamerika, wo die meisten deutschen Firmen ihre Dependancen haben. Die Stadt gilt deshalb auch als größte deutsche Industriestadt außerhalb Deutschlands.[4] Diese Ungleichverteilung sorgte zugleich für ein Entwicklungsgefälle innerhalb Brasiliens, das bis heute besteht und an anderer Stelle gesellschaftliche Probleme schafft. Stichwort: Binnenmigration, die von den Metropolen kaum noch absorbiert werden kann.

Die regionalen Probleme zu beheben, war auch ein Schwerpunkt, den Präsident Juscelino Kubitschek während seiner Amtszeit (1956–61) mit seinem Entwicklungsplan *Plano de Metas* verfolgte. Eines der wichtigsten Vorhaben des Entwicklungsplans war die Förderung der Automobilindustrie durch steuerliche Anreize. Er investierte in die Gründung von Fabriken, die echte nationale Fahrzeuge herstellen sollten, wie die *Vemag* (Veículos e Máquinas Agrícolas S. A.). Außerdem wurden Fabriken von Volkswagen, Mercedes Benz oder General Motors errichtet. Von 1957 bis 1995 wurde der Volkswagen Käfer, in Brasilien *Fusca* genannt, vollständig im Lande produziert.

Ein zentraler Aspekt des Plans war die Gründung von Brasília. Als Kubitschek auf der kahlen Hochebene in der geografischen Mitte des Landes begann, eine neue Hauptstadt zu bauen, versprach er den Brasilianern, die Entwicklung von 50 Jahren in nur fünf Jahren zu schaffen. Zudem entstand eine knapp 2000 Kilometer lange Highway-Verbindung zwischen der neuen Hauptstadt und der Küstenstadt Belém. Um diesen Plan zu verwirklichen, musste Kubitschek auf Devisenemissionen und ausländische Kredite zurückgreifen. Das Prinzip Wachstum durch Verschuldung war hoch riskant. Es basierte auf der Hoffnung, dass die Inflation und das Wirtschaftswachstum im Idealfall die Schulden kompensieren würden. Der IWF (Internationaler Währungsfonds) hatte jedoch Zweifel am Erfolg dieser Politik und lehnte die Kredite ab, weil er befürchtete, dass diese Wirtschaftspolitik zu einer Inflation führen würde, die den internationalen Gläubigern schaden würde. Trotzdem wurde Geld von europäischen und amerikanischen Banken beschafft, ohne dass der IWF dafür bürgte.[5]

Aus wirtschaftlicher Sicht begannen die ersten Jahre der Militärdiktatur (1964–1985) verheißungsvoll. Mit Reformen, etwa der Steuergesetze, einem Pflichtsparfonds und der Ausweitung der Kreditvergabe gab es einen gewissen finanziellen Aufschwung. Zudem lief auch die Weltwirtschaft recht gut, was reichlich Auslandskredite greifbar machte. Der Grundstein für eine gemeinhin als „brasilianisches Wunder" bezeichnete Periode, die bis 1973 dauern sollte und ein zweistelliges jährliches Wirtschaftswachstum brachte, war gelegt.

Die Militärs trieben Großprojekte vor allem im Bereich der Infrastruktur voran. Diese im Volksmund ob ihrer gewaltigen Dimensionen *obras faraônicas*,

6. Deindustrialisierung – warum Brasilien immer wieder den Anschluss verpasst 73

Abb. 3: Ein Infrastrukturgroßprojekt des Militärs: Die Brücke von Rio de Janeiro nach Niteroí.

Pharaonenprojekte genannt, ließen nicht nur den Willen der Regierung erkennen, diese Problemfelder mit viel Verve und noch mehr Geld anzugehen, sie dienten natürlich ebenso zur Demonstration der Macht des Militärs. Zu den wichtigsten zählten die 13,3 Kilometer lange Brücke zwischen Rio de Janeiro und Niteroí, quer über die Guanabarabucht, das Kernkraftwerk Angra an der Costa Verde (1971) oder der Itaipú Staudamm an der Grenze zu Paraguay. Das dortige Wasserkraftwerk, das die Militärs gemeinsam mit dem paraguayanischen Diktator Alfredo Stroessner 1973 anstießen, erzeugt 17 Prozent der benötigten Energie Brasiliens und war bis 2008 das größte der Welt.

Auch das Problem der mangelnden wirtschaftlichen Integration des Nordens und Nordostens schien erkannt gewesen zu sein. Auf Grundlage des nationalen Integrationsprogramms PIN (*Programa da Intergração Nacional*), wurde am 9. Oktober 1970 der Grundstein der *Transamazônica* gelegt. Der Slogan lautete: „Ein Land ohne Menschen für Menschen ohne Land". Damit war auch der Versuch verbunden, die Ströme der Landflucht, die im Allgemeinen von Nord nach Süd in die Industriezentren verliefen, zu bremsen. Außerdem bot diese Verkehrsachse dem Militär deutlich bessere Möglichkeiten, die Amazonasregion auch militärisch und strategisch zu verwalten, was gerade mit Blick auf die vermuteten Rohstoffe wichtig erschien. Einen Blick auf die ökologischen Auswirkungen sowohl auf die Natur als auch die dort lebenden indigenen Völker hatte man zu jener Zeit noch nicht. Die *Transamazônica* war das größte zahlreicher weiterer Straßenbauprojekte der Militärregierung, die das Straßennetz Brasiliens tatsächlich vervielfachten. Allerdings hatte dieses Wirtschaftswunder seine Schattenseite. Nicht alle Bevölkerungsschichten profitierten gleichermaßen davon. Das Problem der Landflucht blieb, die Unterschiede zwischen Arm und Reich verringerten sich kaum. Und es endete jäh, als der Jom-Kippur-Krieg 1973 die erste globale Ölkrise auslöste. Zudem hatte die Militärregierung damit begonnen, die Exporte zu subventionieren, um sinkende Rohstoffpreise zu stützen.

Da diese globale Krise Brasilien abermals seine Verwundbarkeit und Abhängigkeit vom Weltmarkt vor Augen führte, schufen die Militärs 1974 den nationalen Entwicklungsplan II (*II Plano Nacional de Desenvolvimento*). Zum wiederholten Mal rückte die importsubstituierende Ausrichtung der Industrie in den Blickpunkt. Diese vermochte möglicherweise die Abhängigkeit von Importen ein Stück weit zu verringern, doch machte sie das abhängig vom Kapitalfluss aus dem Ausland. Dadurch verdreifachte sich die Auslandsverschuldung bis zum Ende der 1970er-Jahre. Und noch ein negativer Nebeneffekt zeigte sich deutlich: Es gab kaum Unternehmen, die ohne Subventionen aus eigener Kraft wettbewerbsfähig gewesen wären.[6] Mitte des Jahrzehnts wurden für mehr als 70 Prozent der Industrieexporte Subventionen gezahlt – eine tickende Zeitbombe.

Die 1980er-Jahre markierten einen Wendepunkt. Bis zum Ende der Militärdiktatur 1985 erreichte die Industrie ihren maximalen Anteil an der volkswirtschaftlichen Wertschöpfung, 21,8 Prozent des BIP steuerte die Industrie bei. Der relativ hohe Anteil täuscht aber ein Stück weit darüber hinweg, dass sich die Industrie Brasiliens während dieser Zeit in einer Krise befand. Der hohe Anteil war teuer erkauft. Deshalb werden die 1980er-Jahre gemeinhin als ein verlorenes Jahrzehnt, *decada perdida*, bezeichnet. Wie bereits beschrieben nutzte die Militärdiktatur die hohen Ölpreise, um ihre Industrialisierung zu vertiefen und so zwischen 1974 und 1980 zwar ein hohes Wirtschaftswachstum zu erzielen, welches jedoch mit einer zunehmenden Verschuldung und Inflation einherging.

Der Krisenmodus erforderte etliche Maßnahmen: Acht Stabilisierungsprogramme, vier Währungen, elf Indizes zur Inflationsberechnung, 19 Dekrete zur fiskalischen Austerität und noch einiges mehr.[7] Trotz allem erwirtschaftete die Industrie Gewinne. Jörg Meyer-Stamer vergleicht die Situation mit dem Orchester auf dem Luxusschiff Titanic, das trotz der absehbaren Katastrophe unbeirrt weiterspielte. Oder übertragen auf die Industrie: Kein Anpassungsverhalten an die neuen Rahmenbedingungen, sondern Fortführung tradierter Verhaltensmuster, was dazu führte, dass sich die Wettbewerbsfähigkeit weiter verschlechterte.[8]

Die Ausrichtung blieb weiter auf den Binnenmarkt gerichtet. Wenige Betriebe erreichten eine optimale Betriebsgröße, viele Unternehmen arbeiteten recht ineffizient, was sicher auch daran lag, dass es bei vielen Produkten wenig Konkurrenz gab, dafür zahlreiche Monopole und Kartelle. Das Kriterium, das am ehesten wirtschaftlichen Erfolg versprach, war nicht etwa betriebswirtschaftliche Effizienz und geschliffene Abläufe, sondern wie gut sich ein Zugang zum Staatsapparat und dessen Subventionstöpfen bewerkstelligen ließ, um an Produktions- und Außenhandelslizenzen zu gelangen. Kurzum: Klüngelei und Klientelismus lohnten sich mehr, als den Betrieb auf Effizienz zu trimmen. Da die Inflation weiterhin hoch blieb, entschieden ganz andere Faktoren darüber, ob ein Unternehmen finanziell erfolgreich abschnitt, nämlich das Finanzmanagement. Subventionierte Exportpreise wurden so etwa durch überhöhte Binnenpreise querfinanziert, das Preisgefüge wurde immer weniger nachvollziehbar. Preise lagen teilweise weit über dem Weltmarktniveau oder weit darunter.

Brasiliens Industrie begann seit Mitte der 1980er-Jahre zu schrumpfen, bzw. deren Anteil am Bruttoinlandsprodukt.

In den beiden Regierungszeiten von Luiz Inácio Lula da Silva (2003–2010) profitierte die Wirtschaft einmal mehr von einem Rohstoffboom. Die brasilianische Wirtschaft wuchs jährlich im Schnitt um fünf Prozentpunkte. Dennoch verlor die Industrie an wirtschaftlicher Bedeutung. Die inländische Industrie konnte von der grundsätzlich ansteigenden Nachfrage der wachsenden Mittelschicht an wettbewerbsfähigen Produkten nicht profitieren bzw. diese Nachfrage befriedigen. Die brasilianische Industrie verlor Marktanteile. Lag der Weltmarktanteil Brasiliens bei Technologieausfuhren im Vergleich zu Schwellenländern wie Indien und China im Jahr 2000 noch bei 14 Prozent, sank dieser bis 2010 auf 2 Prozent.

Für diesen Rückgang waren im Wesentlichen mangelnde Wettbewerbsfähigkeit, bedingt durch hohe Lohnstückkosten, politische Weichenstellungen wie der Protektionismus und systemische Mängel verantwortlich.

Politische Reaktionen und Aktionen

Grundsätzlich scheint die sinkende Wettbewerbsfähigkeit der Industrie auch der Politik nicht entgangen zu sein, wenn man die vielen Programme sieht, mit denen versucht wurde seit Anfang des Jahrtausends gegenzusteuern.

Der mangelhaften Infrastruktur versuchte die Regierung Lulas mit zwei so genannten Wachstumsbeschleunigungsprogrammen (*PAC, Programa de Aceleração do Crescimento*) entgegenzuwirken. Gute 500 Milliarden Reais wollte Lula in seiner zweiten Amtszeit von 2007 bis 2010 in viele Bereiche der Wirtschaft stecken, um Wachstum zu erzeugen, um den abebbenden Commodities-Boom, der die erste Amtszeit hindurch die Regierungspolitik getragen hatte, zu ersetzen. Unter anderem waren auch mehr als 70 Mrd. für Verkehrsprojekte vorgesehen. Doch das Programm litt trotz guten Ideen und nachvollziehbaren inhaltlichen Ansätzen unter den üblichen Malessen: Bürokratie, Beanstandungen durch den Rechnungshof oder auch aufwendige und schleppende Genehmigungsverfahren. Noch bevor das PAC abgearbeitet werden konnte, wurde bereits das zweite PAC beschlossen. Das geschah im März 2010, ein halbes Jahr vor der nächsten Präsidentschaftswahl. Das PAC 2 kann man darum durchaus auch als wahltaktisches Programm interpretieren, um der Bevölkerung, die Lula mit hohen Zustimmungsraten belohnte, den Abschied des Landesvaters etwas zu erleichtern: Seht her, die Weichen in die Zukunft sind gestellt.

Rousseff hatte sich bereits als Ministerin erste Lorbeeren verdient, als sie im Rahmen des ersten PAC gegen den Willen der damaligen Umweltministerin Marina Silva den Bau des Wasserkraftwerks Belo Monte am Rio Xingu nahe der Stadt Altamira durchsetzte, woraufhin Silva erbittert und desillusioniert das Handtuch warf und auch aus der PT austrat.[9] Der Staudamm Belo Monte steht nicht nur sinnbildlich für das Durchdrücken von politisch gewollten und fragwürdig dimensionierten Infrastruktur- und Großprojekten gegen die Warnung von Experten. Er steht auch für die Missachtung von ökologischen und politischen Standards, die eigentlich nicht dem politischen Selbstverständnis vieler Anhänger der PT entsprochen haben dürften. Denn so, wie das Kraftwerk entstand, mit Zwangsumsiedlung, ohne vorherige Flächenrodungen, was im Laufe der Zeit zu klimaschädlichen Faulgasemissionen führt, setzt dieses Projekt zumindest hinter dem Label grüner Strom mehrere Fragezeichen.

Mit Beginn der 2010er-Jahre stellten sich wirtschaftliche Schwierigkeiten ein. Der Commodities-Boom war weitgehend vorüber, die Finanzkrise 2008/09 traf zwar Brasilien selbst nicht so hart, machte sich aber indirekt bemerkbar, weil wichtige Handelspartner sehr viel mehr gelitten hatten und die Weltkonjunktur deutlich abgebremst wurde. Die brasilianische Regierung versuchte, mit dem Programm *Plano Brasil Maior*, übersetzt Plan größeres Brasilien, gegenzusteuern. *Brasil Maior* sollte die Wettbewerbsfähigkeit der brasilianischen Industrie steigern helfen. Zu den Erleichterungen gehörten die sofortige Ermäßigung von Steuern, die beim Kauf von Maschinen für die Industrie gewährt wurde, und Lohnsteuererleichterungen für Sektoren, die viele Arbeitskräfte beschäftigen, wie Bekleidung, Schuhe, Möbel und Computersoftware. Konkret wurde etwa die Zahlung von Arbeitgeberbeiträgen zur gesetzlichen Sozialversicherung ausgesetzt, was unter dem Strich inländischen Unternehmen einen Vorteil verschaffte. Zudem senkte die Regierung den Leitzins und subventionierte Kreditlinien der Strukturförderbank BNDES, um Investitionen in Unternehmen tätigen zu können, wie den Kauf von Maschinen oder Anlagen. Systemische Mängel blieben jedoch weitgehend unangetastet.

Nach Jahren des Paradigmenwechsels von der importsubstituierenden Industrie (bis 1990) zur weltmarktorientierten Industrie (ab 1990 zunächst unter Präsident Fernando Collor) und dem Commodities-Boom der 2000er-Jahre, drehte die Regierung von Dilma Rousseff das Rad wieder ein Stück zurück und leitete einige protektionistische Maßnahmen ein, um sinkende Exporte und steigende Importe in den Griff zu bekommen. Wirtschaftsexperten sahen in den politischen Steuerungsinstrumenten eine Verlängerung oder Fortführung des klassischen brasilianischen Ansatzes der importsubstituierenden Industrie mit protektionistischen Mitteln.[10] Marcos Troyjo, Wirtschaftswissenschaftler der Columbia University, prägte 2012 dafür den Begriff „Importsubstituierende Industrialisierung 2.0". Als geeignete Maßnahme sah die Regierung die Verteuerung des Imports etwa von Autos an, indem sie die Industrieproduktionssteuer IPI anhob. Zudem wurde durch ein weitere Anreizprogramm, INOVAR-Auto,[11] verfügt, dass im Inland produzierte Fahrzeuge einen Nationalisierungsgrad von mindestens 65 Prozent haben mussten. Ausgenommen waren jedoch Fahrzeuge aus Mexiko, da mit dem mittelamerikanischen Land besondere Freihandelsregeln galten, weswegen die Einfuhren für einige Jahre in Nachverhandlungen kontingentiert wurden, da dies sonst zu einer weiteren Erhöhung des Außenhandelsbilanzdefizits geführt hätte. Um die Binnennachfrage anzukurbeln, legte die Regierung ein öffentliches Beschaffungsprogramm für Krankenwagen aus heimischer Fertigung auf. Ein gewünschter Effekt wurde dabei teilweise erzielt. Zuliefererbetriebe der Autoindustrie begannen darüber nachzudenken, Geld in die Fertigungs- und Zulieferungsinfrastruktur zu stecken, um den geforderten Nationalisierungsgrad schneller erreichen zu können. Bis dahin wurden die meisten Produkte in Brasilien lediglich endmontiert. Allerdings bauten die Zulieferer nicht unbedingt eigene Kapazitäten auf, um mehr in Brasilien produzieren zu können, sondern begannen, brasilianische Konkurrenzunternehmen aufzukaufen. Die internationale Wettbewerbsfähigkeit brasilianischer Produkte steigerte das aber nur in sehr begrenztem Umfang. Im Gegenteil: Die eingeführten Wettbewerbsbarrieren für ausländische Betriebe dürften den Wettbewerb auf dem brasilianischen Markt eher weiter gebremst haben, was nicht unbedingt Innovation und effizientem Einsatz von Ressourcen förderlich ist.

Zu Beginn ihrer zweiten Amtszeit begann Präsidentin Rousseff, öffentliche Investitionen zu reduzieren. Dieser eingeschlagene Weg verschärfte jedoch die Rezession weiter, da ein großer Teil der brasilianischen Wirtschaft vom Staat getragen wurde. Die Unzufriedenheit mit der PT-Regierung wuchs in allen sozialen Schichten, insbesondere bei denjenigen, die am meisten Unterstützung aus staatlichen Programmen erhielten. Verbunden mit dieser wirtschaftlichen Bewegung lähmte die *Lava-Jato*-Operation die öffentlichen Investitionen von Petrobras, die allein ein BIP-Wachstum von 7 Prozent ausmachen konnten. So wurde die Krise mehr und mehr politisch. Die Amtsenthebung von Dilma Rousseff war nichts anderes als das besiegelte Ende einer Wirtschaftspolitik, die dank eines günstigen externen Szenarios Gewinne für Eliten und die Ärmsten abwarf. Leider hat sich das Land, das 2010 aufbrechen und die Unterentwicklung hinter sich lassen wollte, in seinen Problemen verfangen und zur Wirtschaftskrise gesellte sich eine handfeste politische Krise.[12]

In der Krise Rückkehr zum Rohstofflieferanten

Nachdem Rousseff aus dem Amt entfernt worden war wurde mit der Übernahme des Präsidentenamts durch Vize Michel Temer eine neue Ausrichtung der Wirtschaftspolitik erkennbar. Um in der bis dahin schon einige Jahre anhaltenden Krise das Ruder herumzureißen, konzentrierte sich die Regierung – und auch Temers Nachfolger Jair Bolsonaro – auf eine alte Tugend Brasiliens: den Export von Rohstoffen. Tatsächlich waren es vor allem die Ausfuhren von Fleischprodukten und Soja, die während der Pandemie die Wirtschaft Brasiliens stützten und noch ein geringes Gesamtwachstum generierten. Genauer gesagt finanzierte die Agrarindustrie die industriellen Defizite.[13] Zölle, Bürokratie und Steuern hielten nach wie vor Investoren ab, ein abgewerteter Real machte Importe teuer. Hinzu kam, dass Präsident Jair Bolsonaro während der Pandemie ein verheerendes Krisenmanagement an den Tag legte, das bei potenziellen Investoren ebenfalls Zurückhaltung erzeugte. Mit der Schließung des Ford-Werks in Camaçari, im Bundesstaat Bahia, erregte ein symbolträchtiges Ende eines namhaften Herstellers große mediale Aufmerksamkeit. Doch das Problem saß viel tiefer. In der Industrie gibt es immer weniger spezialisierte Arbeitsplätze, etwa in der Forschung oder Entwicklung. So kam es auch nicht ganz von ungefähr, dass Brasilien, das mit dem *Instituto Butantan* in São Paulo oder dem *Instituto Oswaldo Cruz* zwei durchaus anerkannte medizinische Forschungseinrichtungen vorzuweisen hat, während Corona zunächst nicht in der Lage war, einen eigenen Impfstoff zu entwickeln. Erst als man das Serum von außerhalb erhalten hatte, zeigte das Gesundheitssystem, dass es durchaus in der Lage ist, schnelle und effektive Arbeit zu leisten: Ende 2021 galt Brasilien als durchgeimpft.[14]

Da wundert es nicht, dass Stimmen laut wurden, die Brasilien angesichts dieser Neuausrichtung attestierten, an der „holländischen Krankheit" erkrankt zu sein. Der Begriff geht zurück auf Max Corden und J. Peter Neary, die 1982 bzw. 1984 ein Modell entwickelten: Durch den Verkauf von Rohstoffen (z. B. Öl) steigen die Exporterlöse. Es kommen vermehrt ausländische Devisen ins Land, deren Umtausch zu einer realen Aufwertung der inländischen Währung führen kann (Wechselkursmechanismus). Diese Aufwertung hat zur Folge, dass Importe billiger werden, der Import von Gütern anwächst, was zu einer Erosion bei der heimischen Industrie oder Landwirtschaft führen kann. Im Gegenzug werden Exporte teurer, was zu einer Verschlechterung der internationalen Wettbewerbsfähigkeit führt. Hinzu kommt, dass durch die Ausbeutung von Rohstoffen oftmals vorübergehend höhere Gewinne möglich sind, sodass viel Kapital in die Rohstoffgewinnung fließt, während der industrielle Sektor vernachlässigt wird.

Die Verteuerung der Faktorpreise begünstigt eine Wanderung von Faktoren aus der Produktion industrieller und landwirtschaftlicher Güter in den Bereich der Rohstoffgewinnung. Falls die Rohstoffgewinnung wenig arbeitsintensiv ist (wie beispielsweise die Öl- oder Gasgewinnung), wird eine Abwanderung in den Bereich der Erstellung nicht-handelbarer Güter (vor allem Dienstleistungen) begünstigt, weil diese nicht so stark vom internationalen Wettbewerbsdruck betroffen sind. Der Grad der Industrialisierung kann infolgedessen – gemessen am Anteil der Industrieproduktion an der gesamten volkswirtschaftlichen Güter- und Leistungsproduktion – stark zurückgehen oder verschwinden. Die Verschlechterung der internationalen Wettbewerbsfähigkeit bringt Absatzprobleme für Güter der übrigen exportierenden Industrien mit sich und einen verstärkten Import von ausländischen Gütern. Dies führt zu einem Rückgang oder Verschwinden von Industriezweigen und somit zu grundsätzlichen ökonomischen Problemen wie z. B. Arbeitslosigkeit. Die darüber hinaus gehende Ressourcenfluch-These besagt, dass ressourcenreiche Volkswirtschaften aus verschiedenen Gründen weniger stark wachsen als ressourcenarme Volkswirtschaften.

Der Sonderaspekt des „Custo Brasil"

Investoren und Betriebe gleichermaßen beklagen eine brasilianische Besonderheit, die sich in dem Begriff „Custo Brasil", zusammenfassen lässt, was übersetzt so viel wie „brasilianische Kosten" bedeutet. Der Begriff beschreibt ein ganzes Bündel struktureller, bürokratischer, arbeitsrechtlicher und wirtschaftlicher Schwierigkeiten, die das Wachstum des Landes behindern, das Unternehmensumfeld negativ beeinflussen, Preise für inländische Produkte und Logistikkosten erhöhen, Investitionen erschweren. Und zu einer übermäßigen Steuerbelastung beitragen, so beschreibt es Christian Opitz.[15] Der *Custo Brasil* verteuert brasilianische Industrieprodukte im Durchschnitt um 25,4 Prozent, wie aus eine Studie der Unternehmensverbände *FIESP/CIESP* vom Juli 2022 hervorgeht. Diese untersucht die Auswirkungen der Brasilien-Kosten auf die Preise der nationalen Industriegüter im Vergleich zu den 15 wichtigsten Handelspartnern des Landes für den Zeitraum von 2008 bis 2019.[16]

Die größte Auswirkung hatte laut der Erhebung die Besteuerung, die die Preise der produzierten Industriegüter um 13 Prozent ansteigen ließ. Die anderen Posten sind: Zinsen (6,1 Prozent), Rohstoffe und Energie (3,7 Prozent), Logistik (1,5 Prozent), zusätzliche Belastungen durch Leistungen (0,8 Prozent) und nicht handelbare Dienstleistungen (0,4 Prozent).

Interessant ist in diesem Zusammenhang, dass die fast allgegenwärtige Korruption in dieser Kalkulation noch gar nicht eingepreist zu sein scheint. Diese werde, so schreibt Opitz, „als Bestandteil der täglichen Geschäftstätigkeit und nicht als Problem empfunden".[17] Sehr wohl aber die Erfüllung aller gesetzlichen Vorschriften. Das brasilianische Institut für Steuerplanung, *Instituto Brasileiro de Planejamento e Tributação* (IBPT), hat errechnet, dass seit Inkrafttreten der Verfassung am 5. Oktober 1988 bis zum Jahr 2011 insgesamt 4.353.665 gesetzliche Vorschriften in Kraft getreten sind – das sind 518 pro Tag. Vorausgesetzt, die Gesetzgebung hat mit demselben Eifer weitergearbeitet, dürften bis Ende 2022 weitere 2,1 Millionen hinzugekommen sein.

Dass die Bürokratie in Brasilien vergleichsweise aufgebläht ist und zugleich ineffizient arbeitet, hat jeder erlebt, der schon einmal mit einer Behörde in Kontakt getreten ist. Für Unternehmen gibt es eine ganze Reihe Verpflichtungen, die die Abläufe verlangsamen. Dazu gehören Anträge, aber auch die Verpflichtung (lange Aufbewahrungspflichten), umfassende Statistiken zu erheben oder Nachweise zu liefern. Der brasilianische Bundesrechnungshof, der *Tribual de Contas da União* (TCU), sieht Brasilien als „Bürokratieweltmeister" und beruft sich auf Meinungsumfragen, wonach die Regierung durch die Bürokratie mehr Geld ausgibt als nötig. Zusätzlich zu den erhöhten Ausgaben führe die übermäßige Bürokratie in Brasilien zu einer Förderung der Korruption, entmutige die Wirtschaft, beeinträchtige das tägliche Leben der Brasilianer und sei eines der Haupthindernisse für das Wirtschaftswachstum des Landes.[18] Für Betriebe bedeutet der Wust an Gesetzen und Vorschriften, dass sie einen überproportional großen Anteil ihrer personellen Ressourcen für die ordnungsgemäße Einhaltung dieser Regeln aufwenden müssen. Das kostet natürlich für produzierendes Gewerbe Zeit und Geld und macht sich letztlich in einer geringeren Produktivität pro Kopf bemerkbar.

Schon an anderer Stelle wurde das Arbeitsgesetzbuch CLT aus der Ära Vargas angesprochen. 2017 gab es von der Regierung von Interimspräsident Michel Temer Bestrebungen, dieses zu verändern und zu vereinfachen, wie es der Industrieverband *FIESP* beschrieb. Die im Gesetz 13.467/2017 vorgenommene Arbeitsrechtsreform galt als die tiefgreifendste Änderung, die jemals an den Bestimmungen der CLT vorgenommen wurde. Einer der Kritikpunkte der Opposition war, dass der Gesetzentwurf nicht die thematischen Parlamentsausschüsse durchlief, sondern nur von einem Sonderausschuss geprüft wurde. Der Grund dafür war, dass das Präsidium der Kammer davon ausging, dass die Reform die Zuständigkeiten von vier Ausschüssen betraf.

Doch auch diese umstrittene und umkämpfte Reform änderte wenig daran, dass die Arbeitskosten hoch blieben. Um 40 Prozent liegen die Abgaben, hinzu kommen Zusatzleistungen, wenn man gut ausgebildete und fähige Mitarbeiter langfristig binden oder gewinnen möchte. Laut einer Erhebung der Stiftung Getúlio Vargas (FGV) – leider aus dem Jahr 2012 – liegt die Summe aller Kosten, die zum Faktor Arbeit anfallen, weit über den gezahlten Entgelten. Bis zum Faktor 2,83 errechnete die FGV. Das bedeutet, dass bei einem (fiktiven) monatlichen Gehalt von 2000 Reais Gesamtkosten von 5660 Reais entstehen.[19]

Das Thema Arbeitskosten geht einher mit dem Thema Steuern. Laut dem Institut für Steuerplanung gibt es in Brasilien rund 3500 Steuervorschriften, die zudem noch zwischen den einzelnen Bundesstaaten variieren, wie beispielsweise die Mehrwertsteuer. 92 verschiedenen Steuerarten, Stand 2020, liefert das *Portal Tributario*[20]. Knapp zehn Jahre zuvor waren es nur 66. Nur sieben der 92 Abgaben sind Bundesabgaben.[21] Darum ist der Anteil der Steuerlast im Vergleich zum Gesamtaufkommen des BIP vergleichsweise hoch. 2022 lag er bei 33,90 Prozent.[22] Damit liegt Brasilien in einem vergleichbaren Rahmen etwa zur Bundesrepublik Deutschland. Im Vergleich dazu ist jedoch das, was Bürger und Unternehmen vom Staat an Leistung zurückerhalten, vergleichsweise bescheiden und deutet somit auf eine geringere Effizienz des öffentlichen Sektors hin. Während der ersten Jahreshälfte der dritten Amtszeit Lula da Silvas schaffte es der Finanzminister Fernando Haddad, eine Steuerreform unter anderem der Mehrwertsteuer durchzubekommen. Welche Effekte diese entwickeln wird und ob sie die Situation verbessert, muss sich allerdings erst noch zeigen.

Zudem ist der öffentliche Sektor groß und teuer und verschlingt einen stetig wachsenden und nicht unerheblichen Teil der Mittel. Personalkosten sowie eine chronische Finanzierungslücke im Rentensystem beanspruchen schon einen großen Anteil der Haushaltsmittel. Ein niedriges Renteneintrittsalter und eine inzwischen ebenfalls schneller alternde Bevölkerung tragen ihren Teil dazu bei. Hinzu kommt, dass viele Einnahmen zweckgebunden sind, etwa für den staatlichen Gesundheitsdienst SUS (*Sistema Unice de Saúde*), in den allein rund zehn Prozent[23] des Budgets fließen. 2021 waren dies rund 150 Milliarden Reais (ca. 30 Mrd. Euro). Seit Inkrafttreten der Verfassung 1988 können alle Brasilianer dieses Angebot, ähnlich wie beim National Health Service (NHS) in Großbritannien, kostenlos nutzen.

Literatur

Opitz, Christian, Brasiliens Verlusts an internationaler Wettbewerbsfähigkeit der brasilianischen Fertigungsindustrie – Eine wirtschaftswissenschaftliche Analyse des Wirtschaft in der Krise, Dissertationarbeit, Universität St. Gallen, Dissertation Nr. 4228 Difo-Druck GmbH, Bamberg, 2013.

Souza, André Portela/Firpo, Sérgio P/Ponczek, Vladimir/Zylberstajn, Eduardo/Ribeiro, Felipe, Custo do Trabalho no Brasil: Proposta de uma nova metodologia de mensuração, in: Getúlio Vargas Stiftung FGV/EESP 5 (2012), https://eesp.fgv.br/sites/eesp.fgv.br/files/file/Custo%20do%20Trabalho%20no%20Brasil%20-%20Relat%C3%B3rio%20Final.pdf, aufgerufen am 13. Februar 2023.

7. Evangelikale – im Namen des Herrn?

Der Stadtteil Brás ist auf dem ersten Blick ein unscheinbarer Ort – Geschäfte, vorwiegend Textil- und Kleidungsgeschäfte, einstmals Fabriken, prägen das Erscheinungsbild dieses Arbeiterviertels, der noch zum historischen Zentrum der Megastadt São Paulo zählt – 3,5 Quadratkilometer groß, knapp 30.000 Einwohner. Doch seit einigen Jahren erlebt Brás einen bemerkenswerten Strukturwandel. Denn seit Beginn des Jahrtausends entwickelte es sich zum Zentrum der evangelikalen Pfingstkirchen. Das ehemalige Textilquartier wurde zum Ziel für Pilgerreisen. Ein kurzer Exkurs zur Begrifflichkeit: Wenn in diesem Kapitel von evangelikalen Kirchen die Rede ist, sind damit in aller Regel die pentekostalischen Pfingstkirchen gemeint. Darunter finden sich mit der *Asembleida de Deus* (AD), der *Congregação Cristão no Brasil* (CCB) und der *Igreja Universal* (IU) drei der größten und bekanntesten. Seit 2009 hat sich die Zahl der evangelikalen Tempel auf 20 mehr als verdoppelt.[1] Die *Igreja Universal* baute vor einigen Jahren mit dem *Templo de Salomão* sogar ihr Weltzentrum, eine 74.000 Quadratmeter große, einen ganzen Straßenblock umfassende, laut eigenen Angaben detailgetreue Nachbildung des Salomontempels in Jerusalem. Besonders deutlich wird dies an der *Avenida Celso Garcia*, wo sich die Machtdemonstration der Kirchen ballt, wie sonst nirgendwo. Schräg gegenüber vom 18 Stockwerke hohen Salomontempel befindet sich der ebenfalls imposante Tempel der Asembleia, keine 50 Meter weiter ein weiterer Großtempel. An einer Kreuzung liegt vis-à-vis des Salomontempels die katholische Kirche São João Batista. Gegen die gewaltigen Kästen in ihrer unmittelbaren Umgebung wirkt sie fast schon mickrig.

Der Stadtteil mag nicht unbedingt prädestiniert sein als Glaubenszentrum, aber er verfügt über einige Standortvorteile. So ist die Verkehrsanbindung gut, zudem gibt es eine Menge alter Fabriken und Hallen, die sich für wenig Geld umfunktionieren lassen. So fanden etwa viele der kleineren Kirchen in ehemals leerstehenden Textilfabriken Platz für ihre Gottesdienste. An manchen Tagen, vor allem an Feiertagen, ist das Verkehrschaos vorprogrammiert. Zwar verfügt der Salomontempel über eine zweigeschossige Tiefgarage, die den gesamten Block unterkellert, doch drängen von dort und den anderen Kirchen die Gläubigen auf die Straßen, ist das Chaos vorprogrammiert. Viele Gottesdienstbesucher pilgern von außerhalb nach Brás, deshalb entstanden im ganzen Viertel Pilgerhostels, in denen man für ein paar Reais einfach logieren kann.

Die geballte Präsenz der Pfingstkirchen auf engem Raum ist eine Demonstration von Macht und Autorität. Im Grunde haben sie sich das von den Katholiken abgeschaut, die nach demselben Muster seit Jahrhunderten ihren Machtanspruch zur Schau stellten.

Glaubensmehrheit wandelt sich

1950 war Brasilien praktisch ein katholisches Land. 94 Prozent der Bevölkerung zählten sich damals, laut Zensus, der Katholischen Kirche zugehörig. Doch die Macht bröckelt seither stetig und rasant: 75 Prozent waren es noch 1995, 66 Prozent 2005, 2015 nur noch 55 Prozent und Anfang 2022 gab dem Meinungsforschungsinstitut *Datafolha* gar nur noch jeder zweite Brasilianer an, der Katholischen Kirche anzugehören.[2] Im Gegensatz dazu wächst der Anteil der Brasilianer, die sich evangelikalen Kirchen zugehörig fühlen. 31 Prozent bekannten sich laut einer Studie 2020 zum evangelikalen Glauben. Parallel zur Erosion des Einflusses der Katholischen Kirche, stiegen dessen Zuwachsraten: zehn Prozent 1994, 14 Prozent im Jahr 2005, 22 Prozent im Jahr 2015. Es gibt Studien, die errechnet haben, dass sich 2032 das Mehrheitsverhältnis zwischen evangelikalen Gläubigen und Katholiken umkehren wird.[3] Ob es wirklich so kommen wird, wird andernorts bezweifelt, denn eine weitere Bevölkerungsgruppe verzeichnet im religiösen Bereich große Zugewinne: die Gruppe derer, die sich keiner Religionsgemeinschaft mehr zugehörig fühlen. Einige Experten sehen sie in der Zukunft als die Gruppe mit dem größten Bevölkerungsanteil,[4] denn die Zuwächse der evangelikalen Kirchen sind nicht so stark, wie die Verluste der Katholischen Kirche. Ein Grund könnte sein, dass der Reiz des Neuen verloren gegangen ist. Evangelikale Kirchen haben seit den späten 1970er-Jahren begonnen, in Brasilien Fuß zu fassen, inzwischen sind sie etabliert und der Markt weitgehend gesättigt. Zudem leben 80 Prozent der Brasilianer in urbanen Siedlungsräumen. Besonders dort gibt es ein breites Angebot für die Freizeitgestaltung, aber auch für Menschen, die religiöse Zugehörigkeit suchen. Ein dritter Grund könnte im reaktionären Image liegen, das evangelikale Kirchen, vor allem die Unterstützer Jair Bolsonaros, vermittelt haben. Sie unterstützten Bolsonaros antiwissenschaftlichen und antiökologischen Diskurs, gaben sich ultrakonservativ, homophob, autoritär und waffenfreundlich. Haltungen und Werte, die gerade im aufgeklärten, progressiven städtischen Milieu zunehmend an Bedeutung verlieren. So oder so, die brasilianische Gesellschaft steht vor enormen Umwälzungen.

Interessante Details zu den evangelikalen Anhängern offenbaren sich, wenn man etwas tiefer in die Statistik eintaucht. Erstens: Der Frauenanteil ist mit 58 Prozent höher als im Bevölkerungsdurchschnitt. Auch sind die Anhänger evangelikaler Kirchen im Schnitt jünger als der Rest der Bevölkerung. 37 Jahre im Vergleich zu 40 Jahre. Auch bei der regionalen Verteilung der Gläubigen gibt es durchaus Unterschiede, denn während der Nordosten mit 59 Prozent eine katholische Hochburg ist, sind die evangelikalen Kirchen im Südosten (32 Prozent), Mitte-West (33 Prozent) und Norden (39 Prozent) stark. Betrachtet man das in Korrelation mit den Ergebnissen der Präsidentschaftswahl 2022, dann schnitt Luiz Inácio Lula da Silva dort besonders gut ab, wo der Anteil Katholiken hoch ist (Nordosten). Die Gemeinde mit dem höchsten Bevölkerungsanteil evangelikaler Gläubiger gibt es laut dem Statistischen Bundesamt (IBGE) in dem Städtchen Arroio do Padre im Bundesstaat Rio Grande do Sul, mit 85,84 Prozent der Bevölkerung. Dort gewann Ex-Präsident Jair Bolsonaro 83,17 Prozent der Stimmen.[5]

Viele Kirchen buhlen um die Gläubigen

Die eine evangelikale Kirche gibt es nicht. Rund 50 verschiedene Kirchen tummeln sich in Brasilien. Die größte ist die *Asembleia de Deus*, die wiederum einige Untergruppierungen hat. Ihr folgt, laut *Datafolha*, ein knappes Fünftel der Gläubigen. Die nächstgrößeren sind die *Congregação Cristã no Brasil* und die *Igreja Universal*, die man in Deutschland als Universalkirche kennt. Was man angesichts der großen Zahl unterschiedlichster Kirchen- und Glaubensgemeinschaften ahnen kann: das wesentlichste Merkmal ist die Heterogenität. Im Wesentlichen kann man die evangelikalen Kirchen in drei Gruppen einteilen. Die historischen – dazu zählen die, die mit den frühen Einwanderungswellen der Europäer nach Brasilien kamen, unter anderem Baptisten, Presbyterianer, Methodisten, Lutheraner oder Anglikaner. Der Anteil der beiden letztgenannten ist jedoch marginal. Daneben gibt es die Gruppen der Pfingstler und der Neo-Pfingstler. Beide stammen ursprünglich aus den USA. Die Pfingstler entspringen der so genannten Erweckungsbewegung. Unter der Erweckung im Sinne dieser Glaubensrichtung versteht man ein einschneidendes subjektives Erlebnis des plötzlichen Ergriffenseins durch Gott, eine vermeintliche Wunderheilung etwa, was zu einer radikalen Kehrtwende im Leben und zur völligen Hingabe an Gott führen kann. Die Wohlstandstheologie bzw. das Wohlstandsevangelium fußt auf der religiösen Auffassung, Wohlstand, in erster Linie Geldvermögen und geschäftlicher wie persönlicher Erfolg und Gesundheit, seien der sichtbare Beweis für Gottes Gunst, so die Argumentation. Beiden gemein ist eine deutliche fundamentalistische Ausrichtung und das Narrativ der Rettung verlorener Seelen. Immer wieder werden in Gottesdiensten Personen präsentiert, die sich in einer scheinbar ausweglosen Lebenssituation befanden, etwa eine Drogensucht, Krankheit, Schicksalsschläge, die sie aus der Bahn geworfen hatten.

Der erste evangelikale Gottesdienst in ganz Amerika, also inklusive Nordamerikas, ist vom 10. März 1557 verbrieft.[6] Es waren protestantische hugenottische Missionare aus Genf, die vor dem Religionskrieg geflüchtet waren und sich in der Guanabarabucht vor Rio auf drei kleinen Inseln ansiedelten, die die Franzosen ein paar Jahre zuvor besetzt hatten, etwa dort, wo sich heute die *Ilha do Governador* befindet. Mit den Niederländern, rund sieben Jahrzehnte später um 1625, erfolgte ein weiterer Zufluss an Protestanten, diesmal im Nordosten, in etwa dort, wo heute die Bundesstaaten Paraíba und Pernambuco liegen.

Es war Dr. Robert Kalley, ein Schotte, der als Missionar nach Brasilien kam und am 10. Mai 1855 die erste evangelische Kirche, die portugiesischsprachig und kongregationalistisch war, gründete. Er nannte sie die Kirche von Fluminense. Im Jahr 1916 wurde durch den Zusammenschluss verschiedener evangelischer Konfessionen die Allianz der evangelischen Kongregationskirchen eingetragen. Später entstanden verschiedene Linien von Kongregationskirchen, die sich historisch – und lehrmäßig – unabhängig voneinander entwickelten.[7]

Die ersten Protestanten erreichten Brasilien also relativ früh. Es sollte aber bis zum Beginn des 20. Jahrhunderts dauern, bis auch die ersten pentekostalischen Pfingstkirchen in einer ersten Welle Fuß fassen konnten. Die ersten dieser Art waren die *Asembleia de Deus* und die *Congregação Cristã no Brasil*, bis heute zwei der größten Kirchen. Die ursprüngliche Idee stammt aus den Vereinigten Staaten, auch wenn die ersten, die diesen Glauben importierten, Europäer waren. Allerdings waren sie über die USA nach Brasilien gelangt. Der Presbyterianer Luigi Francescon, auf den sich gleich eine ganze Reihe von Glaubensgemeinschaften als Gründer berufen, unter anderem die *Congregação Cristão no Brasil*, deren Gründung übrigens in Brás erfolgte. Die bis heute größte Kirche, die *Assembléia de Deus*, geht zurück auf die beiden Schweden Gunnar Vingren und Daniel Berg. Die beiden hatten sich auf einer Konferenz in Chicago kennengelernt, ehe es eine göttliche Eingebung gewesen sein soll, nach Brasilien zu gehen, wo sie in Belém die Kirche gründeten und langsam über ganz Brasilien verbreiteten. Die zweite Welle erfolgte in den 1950er- und 1960er-Jahren, als sich der Pentekostalismus zu zersplittern und zerfasern begann. Das war vor allem die Zeit, in der die Kirchen über das Massenmedium Radio ihre Heilsbotschaft unter das Volk zu bringen versuchte. Es war auch die Hochzeit der göttlichen Heilungen, der Teufelsaustreibungen und der Wohlstandsversprechen.[8]

Selfmade-Bischof und Medienmogul Edir Macedo

Einer, der es im Sinne des Wohlstandsevangeliums geschafft hat, ist der Unternehmer und selbsternannte Bischof der Universalkirche, Edir Macedo. 1977 gründete er die *Igreja Universal* und machte sie im Lauf der Jahre zu einer der größten und anhängerstärksten in ganz Brasilien. Ursprünglich stammt Macedo aus einfachen Verhältnissen aus dem ländlichen Hinterland des Bundesstaats Rio de Janeiro. Geboren wurde er am 18. Februar 1945 in dem Ort *Rio das Flores*, einem Dorf, in dem es keine medizinische Versorgung gab. Er ist eines von sieben Kindern, die seine Mutter Geninha lebend gebar – 26 (!) weitere überlebten nicht. Sie erlitt unglaubliche 16 Fehlgeburten, weitere zehn Kinder starben im Kindesalter.

Macedo ist heute der vielleicht einflussreichste Kirchenführer Brasiliens. Was ganz wesentlich damit zusammenhängt, dass er neben seiner Kirche ein gewaltiges Medienimperium aufgebaut hat. Zu diesem gehört die *Record* Mediengruppe, die zu 100 Prozent im Besitz Macedos ist.[9] Tochterunternehmen dieser Gruppe sind die Zeitung *Correio do Povo*, der Radiosender *Rede Aleluia*, *Record News*, das Online Nachrichtenportal *R7* und *Record TV*, einer der größten privaten TV-Sender Brasiliens. Letzterer brachte das Kunststück fertig, am Vorabend der Präsidentschaftswahl 2018 zur Primetime ein 90-minütiges Exklusiv-Interview mit dem Kandidaten Jair Bolsonaro auszustrahlen, während beim Konkurrenzsender *Globo* zur selben Zeit die übrigen Kandidaten in einer letzten Elefantenrunde zusammenkamen. Es war der erste öffentliche Medienauftritt Bolsonaros nach dem Messerattentat vom 7. September 2018 in *Juiz de Fora* (Minas Gerais). Neben diesen Medienkanälen gehören Macedo das Kreditinstitut Banco Renner, und das *Social Instituto Ressoar*, ein Unternehmen, das man nach deutschen Maßstäben mit einem Sozialverband wie der AWO oder dem Caritasverband vergleichen könnte. Zudem mischt er im Immobiliengeschäft mit. Man übertreibt sicher nicht, wenn man Edir Macedo als den medienpräsentesten Kirchenführer Brasiliens bezeichnet.

Den Grundstein dafür legte er schon früh und es war auch das Medium Radio, das sein Interesse an religiösen Themen weckte. Anfang der 1960er-Jahre wurde er auf die Sendungen des kanadischen Predigers Robert McAlister aufmerksam.[10] Dessen Sendung *Stimme des neuen Lebens* wurde samstags und sonntags nachmittags auf dem ehemaligen Radiosender *Radio Copacabana* ausgestrahlt. Der von McAlister gegründeten Glaubensgemeinschaft *Nova Vida* gehörte auch Ester an, die Macedo 1971 kennenlernte. Deren Großvater war Pastor der *Asembleia de Deus* gewesen. Wenige Monate, nachdem sie sich kennengelernt hatten, heirateten Edir und Ester am 18. Dezember 1971. Die Arbeit bei der Lotteriegesellschaft *Loterj* reichte kaum aus, um das junge Paar über den Monat zu bringen. Ein Nebenjob als Meinungsforscher beim Statistischen Bundesamt (IBGE) kam hinzu. Kurz darauf erstand er sein erstes TV-Gerät. Nach zwölf Jahren verließ er die Kirche McAlisters und gründete zunächst mit Freunden die Kirche *Cruzada do Caminho Eterno*.

Das mag auf den ersten Blick merkwürdig erscheinen, ohne eine theologische Ausbildung eine Kirche oder Glaubensgemeinschaft zu gründen. Aber in Brasilien ist das durchaus üblich und möglich. Zahlreiche Websites bieten Informationen, was dabei zu beachten ist. Nach zwei Monaten kann man alle bürokratischen Vorgaben durchlaufen. Viele Kirchen funktionieren zudem wie ein Franchise-System, bei dem man sich als Pastor in die Struktur einkaufen kann, um dann eine eigene Filiale zu betreiben.

Der Kopf der *Igreja Universal do Reino de Deus*, wie sie ganz offiziell heißt, ist von Beginn an Edir Macedo. Und der hatte sofort erkannt, dass er die Reichweite der Massenmedien braucht, um seine Glaubensgemeinschaft bekannt zu machen. Zunächst brauchte es jedoch eine physische Anlaufstelle. In dem Stadtteil *Abolição*, in der Nordzone von Rio de Janeiro, fand er Mitte 1977 einen geeigneten Ort, eine alte Sporthalle, die er zum Tempel umbaute. Und rastlos ging es weiter: Im Februar weihte ihn der TV-Prediger Romildo Ribeiro Soares, allgemein bekannt als R. R. Soares. Soares ist der Schwager Macedos. Er ist mit Edirs Schwester Maria Magdalena verheiratet. Soares hatte gemeinsam mit Macedo die *Cruzada do Caminho Eterno* gegründet. Nur wenige Monate später, im April, ging die erste Radiosendung Macedos bei *Radio Metropolitano* auf Sendung. Das Kalkül ging auf: Das Medium Radio füllt Macedos Tempel deutlich. Macedo hatte früh erkannt, dass eine gute Kommunikation der Schlüssel zu wirtschaftlichem Erfolg seiner Glaubensgemeinschaft ist. Woraus er auch nie einen Hehl machte. Als er sich 1986 dazu entschloss, in die USA überzusiedeln und nur noch temporär nach Brasilien zu kommen, war er bereits ein wohlhabender Mann. 2015 stufte ihn das US-Wirtschaftsmagazins Forbes mit einem geschätzten Privatvermögen von 1,1 Milliarden USD als einen der reichsten Brasilianer ein.[11] Interessanterweise scheint das für die Anhänger der *Igreja Universal* nie ein Widerspruch gewesen zu sein. Auch, als in den 1990er-Jahren wiederholt Vorwürfe seitens der Justiz wegen Geldwäsche, Betrugs, Steuerhinterziehung und anderen vermeintlichen Delikten laut wurden, litt der Ruf Macedos kaum. Viele Vorwürfe wurden wegen Mangels an Beweisen fallengelassen. Ohnehin wusste die Universalkirche sich zu verteidigen. Sie verfügt über eine leistungsfähige Rechtsabteilung mit renommierten Anwälten, deren Ausbildung sie selbst finanziert hat.[12] Macedo selbst soll einmal gesagt haben, dass eine Theologie der Armut die des Teufels sei und die Theologie des Wohlstandes die Gottes.[13] In gewisser Weise steht dieser Ansatz in einem diametralen Gegensatz zur Heilslehre der Katholischen Kirche, der Macedo ganz zu Beginn angehörte, die er jedoch immer wieder hinterfragte und nicht nachvollziehen konnte. Später verfeinerte er seinen Ansatz zur „Theologie der Ergebnisse".[14]

Da wundert es nicht, dass dieser Theologieansatz vor allem auf Menschen aus den ärmeren Bevölkerungsschichten attraktiv wirkte. Macedo predigte das, was im Grunde jeder hören will: Selbstbewusstsein. Er versprach Heilung bei Krankheit, Gesundheit, aber auch Glück, Freiheit und eben Wohlstand. Der erste große Boom der *Igreja Universal* fiel, für Macedo eine glückliche Fügung, in die 1980er-Jahre. Ein Jahrzehnt, dass nicht nur von hoher Inflation und wirtschaftlicher Unsicherheit geprägt war und deshalb auch als verlorenes Jahrzehnt vielfach gesehen wird, sondern auch politisch bewegt war: Die Militärdiktatur lag in den letzten Zügen und machte nur recht widerwillig der Demokratie Platz. Da kommen einfache Heilsbotschaften wie die Macedos natürlich gut an, auch wenn die natürlich nicht gratis sind. Den Zehnten, also zehn Prozent des Einkommens, fordert die *Igreja Universal* von ihren Anhängern. Für die Pastoren, die gebraucht werden, um an den zahlreichen Standorten die Gottesdienste abzuhalten, die an Wochenenden oft im Zwei-Stunden-Takt gefahren werden, kann es ein solides, wenn auch nicht üppiges Einkommen sein. Zwischen 1980 und 1990 verdienten 99 Prozent der Pastoren zwischen zwei und vier Mindestlöhnen pro Monat. Wesentlich attraktiver wurde es, wenn man sich zum Oberhaupt der Kirche in einem Bundesstaat heraufgearbeitet hatte. Dann waren zwölf bis 15 Mindestlöhne drin, zusätzlich Kost, Logis, Auto und Sprit.[15]

Der Expansionshunger Macedos war Anfang der 1980er-Jahre noch lange nicht gestillt. Die Radiopräsenz wurde systematisch ausgebaut. Im April 1983 wurden bereits 27 Radiosendungen ausgestrahlt. Im Jahr 1984 kaufte Macedo mit *Radio*

Copacabana seinen eigenen Radiosender. Auch die Zahl der Tempel wuchs rasant. 1980 betrieb die *Igreja Universal* 21 Tempel, 1987 waren es bereits 356 in 18 von 27 Bundesstaaten. Bei einem derartigen Expansionstempo braucht es auch Personal. Und das beschloss Macedo am besten selbst nach eigenen Maßstäben und Vorstellungen auszubilden. Deshalb gründete er 1984 mit der *Faculdade Teológica Universal do Reino de Deus* (Faturd) seine eigene Nachwuchskaderschmiede.

Nur ein halbes Jahr nach der ersten Radiosendung, flimmerte auch die erste TV-Sendung Macedos über den Bildschirm. Beim TV-Sender Tupi, vor allem im Hinterland des damals noch konservativ-katholischen Bundesstaats São Paulo, lief täglich die halbstündige Sendung „*O Despertão da Fé*", übersetzt: Das Erwachen des Glaubens. Damit weitete Macedo nicht nur das mediale Portfolio seiner Kirche aus. Es gelang ihm auch, im bevölkerungsreichsten und wirtschaftsstärksten Bundesstaat Fuß zu fassen. Den vielleicht größten Coup jedoch landete Macedo, als es ihm gelang, 1989, im Vorfeld der ersten demokratischen Wahl Brasiliens, den traditionsreichen TV Sender *Record TV* zu kaufen.

Record war in den 1950er-Jahren der erste brasilianische Sender gewesen, hatte unter anderem die Fußball-Weltmeisterschaften 1958 und 1962 übertragen. In den 1960er-Jahren erreichte er enorme Einschaltquoten mit Musik-Shows, bei denen die bekanntesten Künstler Brasiliens auftraten. In den 1980er-Jahren geriet der Sender, der inzwischen von *TV Globo* überholt worden war, in eine finanzielle Krise, weshalb sich die Familie des Gründers Paulo Machado de Carvalho zum Verkauf entschied. Der Preis wurde mit 55 Millionen USD taxiert – weit über dem tatsächlichen Wert. Aber die Liste der Interessenten war lang und illuster – neben dem späteren US-Präsidenten Donald Trump und dem italienischen Ex-Präsidenten und Medienunternehmer Silvio Berlusconi warf auch Edir Macedo seinen Hut in den Ring – allerdings nicht er selbst, sondern über einen Mittelsmann. Offenbar war das auch notwendig, denn wäre er selbst als Interessent in Erscheinung getreten, hätte er womöglich nicht den Zuschlag erhalten, wenn man die Aussage von Paulo Machado de Carvalho Filho, Sohn des Gründers, richtig deutet: „Mein Vater wollte *Record* nicht verkaufen. Ich auch nicht. Er starb ohne zu wissen, dass wir an den Bischof verkaufen würden. Wüsste er davon, er würde sich im Grabe herumdrehen."[16]

Ein weiterer Mosaikstein für das Wachstum der *Igreja Universal* sah Macedo in der Positionierung seiner Kirche gegen andere Religionen. Insbesondere die nicht-christlichen, afro-brasilianischen Religionen wie *Umbanda* oder *Candomble* dienten als Feindbilder. Macedo, der zahlreiche religiöse Bücher schrieb, oder besser in seinem Namen schreiben ließ und veröffentlichte, nutzte beispielsweise das 1997 veröffentlichte Buch mit dem Titel *Orixás, caboclos e guias: deuses ou demônios?* (übersetzt: *Orixás, Caboclos und Führer: Götter oder Dämonen?*[17]) zum Angriff. Der Drei-Millionen-Bestseller wurde durchaus kontrovers rezipiert. Für die verhandelnde Richterin Nair Cristina de Castro aus Bahia überschritt das Werk die Grenzen der Religionsfreiheit, da es sich nicht auf die Erklärung und Verbreitung der Ideen der Religion beschränkt, die von den Verfassern angenommen wurde, sondern dazu neigt, eine andere Religion und ihre Anhänger abwertend zu behandeln und zur Diskriminierung anzustiften. In einigen Passagen des Buches werden *Umbanda, Quimbanda* und *Candomblé* als „dämonische Sekten" bezeichnet, die für die Unterentwicklung des Landes und den Konsum von Rauschmitteln verantwortlich seien. Deshalb wurde das Buch 2005 zwischenzeitlich vom Markt genommen.[18] Denkbar, dass Macedo den Eklat verkaufsfördernd einkalkuliert hatte. Zudem bewies er Pragmatismus und strategisches Denken. Denn das sogenannte Austreiben von Dämonen durch eine Art Exorzisten nahm Macedo fortan in das Repertoire seiner Kirche auf.

Ganz sicher kalkuliert war von seiner Seite, dass er ein Randphänomen aufbauschte, um es möglicherweise bedrohlicher und das Thema brisanter erscheinen zu lassen. Denn Macedo schreibt darin von 40 Millionen Brasilianern, die diese Religionen regelmäßig ausüben – das wären im heutigen Brasilien schon 20 Prozent der Bevölkerung und damals wäre der Anteil sogar noch höher gewesen. Beim letzten Zensus von 2010 zählte das Statistische Bundesamt (IBGE) jedoch gerade einmal zwei Prozent diesen Religionen zugehörig. Sieht man das vor dem Hintergrund, dass Edir Macedo als Meinungsforscher just für das IBGE gearbeitet hatte und sich folglich mit Umfragen, Daten und Prozenten auskennen musste, kann man wohl davon ausgehen, dass er diese Übertreibung aus dramaturgischen Gründen angewendet hat – der Zweck heiligt die Mittel.

Einen intensiveren Blick ist auch das Verhältnis von Bischof Macedo zur Politik wert. Die aktive Wahlkampfunterstützung des rechtsextremen Kandidaten Jair Bolsonaro im Jahr 2018 wurde eingangs bereits erwähnt. Die *Igreja Univeral* wurde in einer Zeit gegründet, als sich Brasilien in einer Militärdiktatur befand. Sicherlich hatte Macedo in den ersten Jahren genügend Arbeit damit, seine Kirche auf dem durchaus umkämpften Religionsmarkt Brasilien zu etablieren und wachsen zu lassen. Eine politische Haltung, zumal wenn sie kritisch gewesen wäre, hätte dem Vorhaben durchaus hinderlich sein können. Allerdings zeichnete sich zu Beginn der 1980er-Jahre bereits ab, dass die Diktatur nicht mehr ewig andauern würde. Schon gegen Ende der 1970er-Jahre kam es immer häufiger zu Demonstrationen, die immer lauter und vehementer Veränderungen hin zu Demokratie, in erster Linie Direktwahlen des Präsidenten, forderten. Allen voran die Gewerkschaften mit dem charismatischen Arbeiterführer Luiz Inácio Lula da Silva, aber auch andere Berufsverbände, die Katholische Kirche und auch populäre Künstler und Intellektuelle schlossen sich dieser Bewegung an. Diesem wachsenden Druck wollten die Militärs nicht abrupt nachgeben. Vielmehr versuchten sie, durch Wahlrechtsreformen – dem Zulassen weiterer Oppositionsparteien etwa – den Anschein zu erwecken, den Druck langsam entweichen lassen zu wollen und einen geregelten Übergang zu ermöglichen. Darum sprach sich die Militärführung dafür aus, bei der ersten Präsidentschaftswahl nach der Diktatur im Jahr 1985 den Präsidenten nicht direkt vom Volk, sondern von einem Electoral College, ähnlich wie in den USA, wählen zu lassen. Zudem behielten sie sich vor, den Kandidaten und seinen Stellvertreter sorgsam selbst auszuwählen.

Unter dem Slogan „*Diretas já*" (Direktwahlen, jetzt) begann sich 1983 eine demokratische Massenbewegung zu formieren. Die Idee dazu wurde vom damaligen Senator von Alagoas, Teotônio Vilela, in der Sendung *Canal Livre* des Netzwerks *Bandeirantes* lanciert. Die erste öffentliche Demonstration für Direktwahlen fand am 31. März 1983 in der Gemeinde Abreu e Lima nahe Recife in Pernambuco statt und die Bewegung begann sich schnell über das ganze Land zu verbreiten. Edir Macedo und die Universalkirche beteiligten sich nicht aktiv und inhaltlich an den Protesten, indem er Position bezog. Aber er wusste dennoch daraus Profit zu schlagen, indem er die Massenveranstaltungen zur Mitgliederwerbung nutzte. Strategisch sehr viel interessanter als eine Beteiligung am Straßenprotest war für ihn, direkten politischen Einfluss auszuüben. Als die Verfassungsgebende Versammlung zusammenkam, um bis Oktober 1988 einen neuen Verfassungstext auszuhandeln – den siebten bisher – waren unter den Delegierten 32 evangelikale Politiker dabei, von denen 18 der pentekostalischen Richtung angehörten. Diesen Moment kann man als Entstehungszeitpunkt der fraktionsübergreifenden evangelikalen Gruppierung sehen, die allgemein als *bancada bíblia* bezeichnet wird. Deuten lässt sich dies als Versuch, ein Gegengewicht zur Katholischen Kirche zu etablieren, die nicht nur im außerparlamentarischen Redemokratisierungsprozess ihren Einfluss geltend gemacht hatte, sondern, aus Sicht der Pfingstkirchler, auch diese Versammlung nutzen wollte, um sich Privilegien zu reservieren.[19] Seinen vorläufigen größten politischen Erfolg errang Macedo, als José Alençar 2002 Vize-Präsident in Lulas erster Amtszeit wurde. Zwar ist Alençar auf dem Papier Katholik – wie im Übrigen auch Jair Bolsonaro – doch soll er bei vielen strategischen und Gebetstreffen mit Macedo anwesend gewesen sein.

Marcedo suchte stets die Nähe zur Macht. In den 1990er-Jahren legte sich seine Kirche früh fest, verteufelte den aufstrebenden linken Gewerkschafter Lula als „Satan" und machte so Stimmung gegen dessen Politik. 2005 gründeten Pastoren der *Igreja Universal* die Partei *Partido Republicano Brasileiro* (PRB), die aktuell unter dem Namen *Republicanos* firmiert und mit der Alençar 2006 als Vize-Präsident Lulas wiedergewählt wurde. Trotz der Umbenennung gilt die Partei, die dem rechten Spektrum zuzuordnen ist, als der politische Arm der Kirche Macedos. Um größeren politischen Einfluss ausüben zu können, hatte er sich praktisch seine eigene Partei gründen lassen. Zur PRB gehörte auch Marcello Crivella, Neffe Macedos und Sohn seiner Schwester Eris. Crivella, selbst Bischof der Universalkirche, schaffte es sogar bis in ein Ministeramt. Lulas Nachfolgerin Dilma Rousseff ernannte ihn zum Fischereiminister. 2016 wurde Crivella zum Bürgermeister von Rio de Janeiro gewählt. Die *Republicanos* sind inzwischen gut etabliert in der brasilianischen Politik. 2018 zogen sie mit 29 Abgeordneten in das Repräsentantenhaus ein, 2022 gewannen sie 44 Mandate, die sechstgrößte Fraktion. Hinzu kommen zwei Senatoren – Damares Alves, frühere Familienministerin der Bolsonaro-Regierung und evangelikale Pastorin und Hamilton Mourão, Ex-General und Ex-Vize-Präsident Bolsonaros.

Macedo hatte sich noch zu Beginn der heißen Wahlkampfphase im September an die Seite von Bolsonaro gestellt. Im Wesentlichen bedeutet so etwas, dass die Kirchenführer wie eben Macedo, aber auch Bolsonaro-Freund Silas Malafaia von der *Asembleia de Deus* in den Gottesdiensten und ihren TV-Auftritten eindeutige Wahlempfehlungen aussprechen. Mit Bolsonaro zeigte Macedo sich nach seinem Wahlsieg 2018 gerne und häufig öffentlich. Anlässlich des Nationalfeiertags am 7. September 2019 durfte der Kirchenführer sogar neben dem Präsidenten auf der Bühne stehen. Doch die pentekostalischen Kirchen sind zwar einflussreich, aber nicht allmächtig. Trotz ihrer Wahlkampfhilfe verlor Bolsonaro. Für Macedo kein Grund, Trübsal zu blasen. Sein bemerkenswerter Opportunismus zeigte sich noch in der ersten Woche nach der Stichwahl, als er den lange verteufelten Lula nun als eine „göttliche Entscheidung" pries.[20]

Im Repräsentantenhaus und in den bundesstaatlichen Parlamenten gibt es mit Beginn des Jahres 2023 eine Rekordzahl von Abgeordneten, die in Wahlkämpfen evangelikale Identifikationsbegriffe wie „Pastor", „Bischof" und „Missionar" verwendet haben. Eine Umfrage von *Globo* auf der Grundlage von Daten, die das Oberste Wahlgericht (TSE) zur Verfügung gestellt hatte, zeigte, dass sich mindestens 28 Abgeordnete auf Bundes-, Landes- und Bezirksebene den Wählern mit evangelischen Berufsbezeichnungen vorgestellt haben, 16 davon als Pfarrer.[21]

Bancada Bíblia – der politische Arm der Pfingstkirchen

Nach dem ersten Wahlgang zur Präsidentschaft Anfang Oktober 2022, bei dem auch das Repräsentantenhaus und ein Drittel der 81 Senatoren neu gewählt wurden, zeichnete sich schnell ab: Egal, welcher Kandidat am Ende Präsident werden würde, er würde sich mit einem sehr konservativen Kongress auseinandersetzen müssen. 132 Abgeordnete des Repräsentantenhauses, 14 Senatoren zählen sich zur sogenannten *bancada evangélica*, auch *bancada biblia* genannt.

Bancadas, das sind zunächst einmal Fraktionen. Neben den politischen Fraktionen, die von den Parteien stammen, gibt es in Brasilien traditionell auch fraktionsübergreifende Interessengemeinschaften. Diese finden sich über konkrete inhaltliche Fragen zusammen. Die bekanntesten sind die *bancadas bbb*. Die drei b stehen für *boi, bala* und *bíblia* – Rinder, Munition und Bibel. Die Begriffe stehen stellvertretend für die Interessen der Agroindustrie, Waffenlobby und religiöser Gruppierungen, hier zuallererst der evangelikalen Glaubensgemeinschaften. Zu den bekanntesten Abgeordneten zählt Deltan Dallagnol. Er war der ermittelnde Staatsanwalt, der maßgeblich die Verurteilung Lulas 2018 vorantrieb – gemeinsam mit dem Richter und späteren Justizminister Sérgio Moro. Dallagnol, Baptist aus dem Bundesstaat Paraná, wurde ebenso gewählt wie Moro, der als Senator Curitiba und den Bundesstaat Paraná repräsentiert.

Nach einer Analyse der Plattform *Religião e Poder*,[22] Religion und Macht, ist der überwiegende Teil der gewählten Kandidaten, die sich zum evangelikalen Glauben bekennen, dem politisch konservativen bis rechtsextremen Spektrum zuzurechnen, wie die nachfolgende Grafik zeigt. 75 Prozent der evangelikalen Abgeordneten gehören demnach rechten Parteien an, 18,4 Prozent rechnen sich den Zentrumsparteien zu, einem Parteienblock, der im Allgemeinen als Mitte-rechts beschrieben werden kann. Nur 6,6 Prozent sind bekennend evangelikal und politisch links zu verorten. Und noch ein bemerkenswerter Aspekt: Der überwiegende Teil der betreffenden Abgeordneten wurde wiedergewählt. Die Basis scheint mit deren Arbeit also zufrieden zu sein. Nicht außer Acht lassen darf man in diesem Zusammenhang auch solche, die sich selbst als „christlich" (*cristão*) bezeichnen und sich damit bewusst von den Katholiken abgrenzen. Diese kann man vielleicht nicht als radikal, aber in vielen Fällen als durchaus fundamentalistisch beschreiben. Besonders hoch ist der Anteil beider Gruppen – evangelikal und christlich – in der Fraktion der Liberalen Partei (PL). Von den 85 Abgeordneten sehen sich 27 als christlich und 22 als evangelikal.

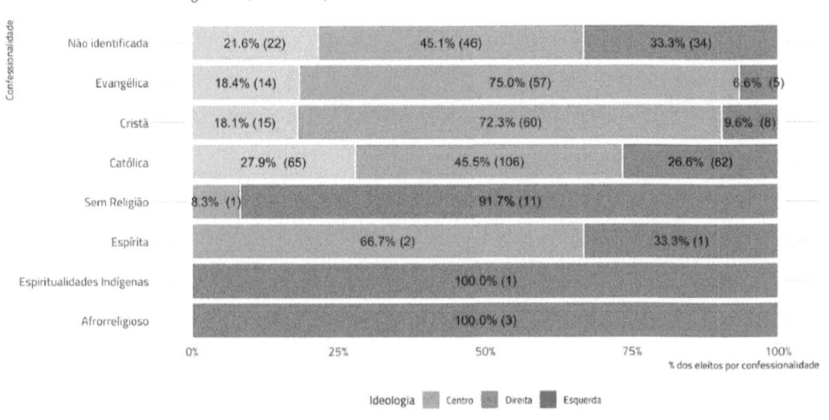

Abb. 4: Konfessioneller Glauben der gewählten Abgeordneten.

Der Rechtsruck des Parlaments ist kein neues Phänomen, er ist vielmehr seit Beginn des Jahrtausends und verstärkt seit der zweiten Amtszeit Rousseffs 2014 zu beobachten.

Das Wort „Religion" tauchte auch im Antrag auf Amtsenthebung von Präsidentin Dilma Rousseff auf, der im März 2016 in der Abgeordnetenkammer gestellt wurde. Eduardo Cunha, der damalige Präsident der Kammer, selbst Pastor der *Asembleia de Deus* und Radioprediger und darüber hinaus derjenige, der die Abstimmung koordinierte, eröffnete die Sitzung mit dem Satz: „Die Sitzung ist eröffnet. Unter dem Schutz Gottes". Die Sitzung, in der alle Abgeordneten ihre Abstimmungsbegründung vortragen durften und die bis in die tiefe Nacht dauerte, wurde in den wichtigsten Sendern live übertragen. Die Beweggründe und Absichten waren zwar nicht nur ausschließlich religiöser Natur. In den Reden der Parlamentarier wurden zudem auch moralische Aspekte betont. Und die Abstimmung hatte die grundlegende Unterstützung der evangelikalen Abgeordneten. *Agência Pública* wies darauf hin, dass 83,85 Prozent der evangelikalen Abgeordneten für die Amtsenthebung Rousseffs gestimmt hatten.[23]

Erste evangelikale Minister ernannte Interimspräsident Michel Temer. Unter ihm haben Evangelikale in wichtigen öffentlichen Ämtern noch mehr an Bedeutung gewonnen, wie der Bischof der Universalkirche, Marcos Pereira, der in das Ministerium für Entwicklung, Industrie und Außenhandel berufen wurde. Für das Arbeitsministerium lud er den Pastor der *Asembleia de Deus* und Bundesabgeordneten für Rio Grande do Sul, Ronaldo Nogueira, ein; außerdem berief er Fátima Pelaes, ebenfalls von der *Asembleia*, in das Sekretariat für die öffentliche Frauenpolitik.

Wochen vor Temers Amtsantritt wurde auf dem 34. Internationalen Kongress der *Gideões Missionários da Última Hora*, einem Treffen im Mai 2016 im Bundesstaat Santa Catarina mit mehreren evangelikalen Kirchen für die Amtseinführung ein Gruß-Video, dezent mit der Nationalhymne unterlegt, ausgestrahlt. Darin sagte Temer: „Wir, die wir religiös sind – und ich erlaube mir zu sagen, dass das Wort Religion von religo, religare, kommt –, wir alle wollen die Brasilianer wieder miteinander verbinden. Mit großem Glauben werden wir alle, mich eingeschlossen, für unser Land beten."[24] Zu jenem Zeitpunkt war zwar die Abstimmung im Kongress zur Amtsenthebung Rousseffs bereits gelaufen. Aber noch bis September lief die 180-tägige Einspruchsfrist. Erst danach, und mit erneuter Zustimmung der Kammern, konnte Rousseff endgültig des Amtes enthoben werden. Temer schien sich wohl schon zu diesem Zeitpunkt sicher zu sein, dass dieses Verfahren keine Überraschungen mehr parat haben würde.

Mit der Wahl Bolsonaros 2018 wurden zwei Ministerien mit bekennend evangelikalen Politikern besetzt. Damares Alves ist Mitglied der Partei *Progressistas* (PP) und der *Igreja Quadrangular*. Inhaltlich ist Alves Abtreibungsgegnerin, Antikommunistin, sie leugnet die Evolutionstheorie und ist Gegnerin des Feminismus. Alves hatte von Bolsonaro das Familienministerium anvertraut bekommen. Milton Ribeiro wurde von Bolsonaro als vierter Bildungsminister seiner Amtszeit installiert. Der presbyterianische Pastor hielt sich aber auch nicht lange im Amt. Er trat am 28. März 2022 zurück, nachdem ein Audioleak bekannt wurde. Dieses legte ein vermeintliches Korruptionssystem offen. Demnach plante er, bei der Übertragung von Mitteln aus dem Bildungsministerium Gemeinden Vorrang einzuräumen, deren Anträge auf Freigabe von zwei Pastoren ausgehandelt wurden, die keine offizielle Position in der Regierung hatten.[25]

Mit Alves und Ribeiro sowie dessen Vorgänger besetzte Bolsonaro zwei Kernressorts für evangelikale Inhalte mit evangelikalen Hardlinern. Denn während es bei den großen Themen wie Wirtschaft oder Umwelt vergleichsweise wenige Reibungspunkte gibt, richten sich die wesentlichen politischen Forderungen des evangelikalen Lagers gegen progressive Politikansätze. Die wesentlichen nekropolitischen Themengebiete sind Kampf gegen Abtreibung, Rücknahme von Rechten historisch subalterner Bevölkerungsgruppen (Frauen, Schwarze, Indigene, Behinderte) oder Zurückdrängung moderner Lebensformen (Homo-Ehe, LGBTQIAP+). Diese Ziele werden gerne von den christlichen Fundamentalisten mit dem Label „Schutz der Familie" versehen. Es ist – weltweit – eines der beliebtesten Mittel, um eine moralische Panik zu schaffen und gegen einen gemeinsamen Feind zu Felde zu ziehen, den es zu bekämpfen gilt: Jeder, der die Möglichkeit einer anderen Familienkonfiguration verteidigt, zielt nach dieser Logik auf die Zerstörung dieser heterosexuellen und christlichen Modellfamilie ab. Diese Vision ist in der Logik der „Theologie der Herrschaft" verwurzelt, die eine Rekonstruktion der Theokratie anstrebt, die mit der Idee der geistlichen Kriegsführung verbunden ist und die Gläubigen dazu ermutigen soll, die Macht im öffentlichen Raum im Namen der christlichen Weltanschauung (wieder) zu erlangen und zu erhalten, bzw. zu verteidigen.

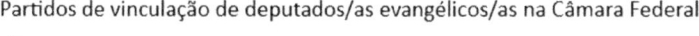
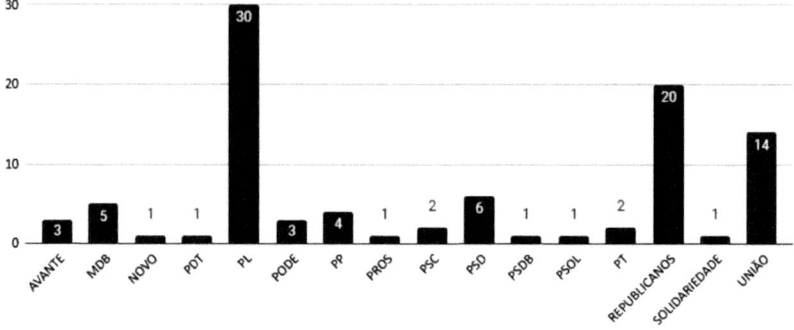

Abb. 5: Abgeordnete evangelikalen Glaubens nach Parteizugehörigkeit.

Bereits seit 2003, also mit dem ersten Amtsantritt des linken Präsidenten Luiz Inácio Lula da Silva, formierte sich im Parlament die *Frente Parlamentar Evangélica* (FPE), die parlamentarische evangelikale Front. Sie ist ein Zusammenschluss mehrerer Politiker unterschiedlicher Parteien, die sich über bestimmte Themen austauschen. Von dieser Seite aus darf sich die Lula-Regierung auf einen konsequenten Oppositionskurs einstellen. Wobei ganz so geschlossen, wie es auf den ersten Blick aussieht, scheint die FPE nicht zu stehen. Erstmals seit deren Gründung hat es durchaus Unstimmigkeiten gegeben, wer diese Gruppierung anführen soll.

In vielen politischen Themen griffen die Bemühungen der Bolsonaro-Regierung durchaus ineinander, weshalb diese Besetzungen aus evangelikaler Sicht sinnvoll erschienen. Bolsonaro als Person war da weniger stringent. Seine aktuelle Frau Michelle ist seine dritte Ehefrau. Mit dem klassischen propagierten Familienbild ist es da also nicht so weit her. Aber der Katholik wusste sich zu inszenieren. Er ließ sich vom evangelikalen Pastor Everaldo öffentlichkeitswirksam im Jordan taufen. Die Verbindung zu Israel ist ein weiteres evangelikales Element, das Bolsonaro zu bedienen wusste. Eine seiner ersten Auslandsreisen führte ihn nach Israel, um den Schulterschluss mit Benjamin Netanjahu zu demonstrieren. Was gerne als Nähe und Unterstützung Israels und des Judentums gedeutet wird, ist jedoch das genaue Gegenteil: Eine neue aktuelle Spielart des Antisemitismus, die für das Verständnis der evangelikalen Gedankenwelt wichtig erscheint.[26]

Das Problem dieser jüngsten Ausprägung des Antisemitismus geht auf eine Gabelung zurück: erstens auf das alte fundamentalistische theologische Argument, dass die Juden Jesus nicht als den Messias „akzeptiert" haben und weiterhin nicht „akzeptieren". Diese Überzeugung – oft verstärkt durch die Vorstellung, dass die Juden direkt für den Mord an Jesus verantwortlich sind – bildet einen Auslöser für antisemitische Haltungen. Der andere Weg der Gabelung hat doktrinären Inhalt. Viele Evangelikale glauben, dass Jesus als Messias auf dem Boden des Staats Israel, in die Welt zurückkehren wird.

Gemäß dieser Doktrin – die als Dispensationalismus bezeichnet werden kann, aber Variationen hat – müssen die Juden, damit ein solches Ereignis eintritt, in Israel versammelt werden, um auf die Rückkehr Jesu zu warten und dann, angesichts der „neuen Chance", „ihn akzeptieren". Auf diese Weise entsteht in den neocharismatischen Sphären eine Art „Philosemitismus", verbunden mit einem „imaginären Israel" (ein Begriff, der von Prof. Dr. Michel Gherman geprägt wurde). Imaginär deshalb, weil diese Vorstellung absolut nicht der Realität entspricht. Es ist eine Heilserzählung über den Staat Israel und über die dort lebenden Juden im Namen einer völlig christlichen Doktrin, die dem Judentum fremd ist. Um christliche Verbündete zu bilden, werden Juden (oder Israel) durch eine externe Sichtweise betrachtet. Es gibt in dieser verengten Sichtweise nur Platz für religiöse Juden, konservative Juden, rechtsgerichtete Juden. Außerdem wird Israel (ein imaginäres Israel) als Repräsentant solcher Werte gesehen. Die politischen Perspektiven der konservativen brasilianischen Christen schaffen sich ihren eigenen echten Juden, indem sie die Identitätsgrenzen des anderen auf der Grundlage einer sehr spezifischen konservativen Agenda konstruieren. Die Grenzen der jüdischen Identität werden also aus der Perspektive der evangelikalen, neopentekostalen oder neurechten Agenda festgelegt.[27]

Literatur

Dip, Andrea, Em nome de quem?, Civilização Brasileira, Rio de Janeiro, 2018.
Nascimento, Gilberto, O Reino – A história de Edir Macedo e uma radiografia da Igreja Universal, Companhia das Letras, São Paulo, 2019.

8. Rassismus und der Mythos von der Rassendemokratie

Soziale Ungleichheit ist kein spezielles Problem der brasilianischen Gesellschaft. Auch in europäischen Ländern geht die Schere auseinander. Jedoch ist Ungleichheit in Brasilien deutlich ausgeprägter als in vielen anderen Ländern auf dem Globus. Und das größte Land Südamerikas weist in diesem Zusammenhang eine Besonderheit auf: Bei vielen Merkmalen verläuft die Trennung zwischen Arm und Reich auch entlang der Linie zwischen dem weißen Teil der Bevölkerung und dem afrobrasilianischen Teil. Eine Situation, die in der Diskussion oft in einem Zusammenhang mit strukturell erscheinendem oder zumindest institutionellem Rassismus gesehen wird, dessen Ursprung bis in die koloniale Vergangenheit zurückreicht.

Zunächst aber ein paar Worte zum Thema „struktureller Rassismus", der leider oft auch als Kampfbegriff in die Diskussion eingebracht wird. Der Begriff geht zurück auf die *Critical Race Theory (CRT)*, die in den 1970er-Jahren in den US-amerikanischen Rechtswissenschaften entwickelt wurde und das Miteinanderverwoben-sein von Rasse, Rassismus und Recht beschreibt. Die Ausgangsthese lautet: Rassismus ist alltäglich und strukturell und zwar als ein historisch gewachsenes gesellschaftliches Phänomen, das ein Machtverhältnis ausdrückt, das auch durch das Recht aufrechterhalten wird. Durch dieses Missverhältnis, so die Theorie, werde eine ungleiche Verteilung von Chancen und Zugang zu den gesellschaftlichen Ressourcen, z. B. Bildung, begründet. Der Begriff wurde vor allem seit der ersten PT-Regierungszeit in den politischen Diskurs eingebracht, während der Regierung Bolsonaros verstärkt diskutiert und drückt damit ein wachsendes Bewusstsein und auch wachsendes Selbstbewusstsein des Teils der Bevölkerung aus, der afrikanische Wurzeln hat.

Eine Schwäche des Ansatzes ist ein Gedanke, der allerdings zentral darin verankert ist, der Gefahr läuft, die Thematik aus dem historischen Kontext zu lösen und so zu enthistorisieren. Er geht von einem „normalisierten Differenzdenken aus, das von zwei angeblich natürlichen, homogenen und unüberbrückbaren Identitäten, Kulturen oder Kategorien mit gegensätzlicher Qualität" ausgeht, also etwa schwarz/weiß.[1] Kritiker wie der konservative US-amerikanische Thinktank *Manhattan Institute*[2] werfen der CRT vor, aus der linken, marxistischen Denktradition zu entspringen und dieses politische Programm auf der Theorie des Klassenkonflikts aufzusetzen. Worauf man sich durchaus aber einigen kann, ist die Grundannahme, dass Rassismus in der politischen, gesellschaftlichen, ökonomischen Ordnung durchaus verankert, somit einen systemischen Charakter trägt und damit Auswirkungen auf die Handlungen eines Individuums haben kann – ob bewusst oder unbewusst. Richten wir im Folgenden einmal den Blick auf einige Aspekte dieser Thematik, die die Diskussion derart befeuern.

8. Rassismus und der Mythos von der Rassendemokratie

Abb. 6: Die Favela Rocinha liegt unmittelbar am wohlhabenden Viertel São Conrado. Arm und Reich liegen oft nah beieinander.

Armut und Reichtum liegen in Brasilien meist nur eine Straßenbreite auseinander. Das Bild zeigt einen Blick über die Favela Rocinha in Rio de Janeiro, sie soll mit rund 100.000 Einwohnern die größte Rio de Janeiros sein, hinunter zum Oberklasse-Stadtteil São Conrado. Die ökonomische Ungleichheit, die der sozialen zugrunde liegt bzw. eine direkte Auswirkung derselben ist, untersuchen neben vielen weiteren Organisationen und Institutionen das *World Inequality Lab (WIL)*[3] und die Weltbank. Die Schere zwischen Arm und Reich geht – weltweit – immer stärker auseinander. Die globalen Vermögensungleichheiten sind noch ausgeprägter als die Einkommensungleichheiten. Die arme Hälfte der Weltbevölkerung besitzt, mit nur 2 Prozent des Gesamtvermögens, kaum Geld. Im Gegensatz dazu besitzen die reichsten 10 Prozent der Weltbevölkerung 76 Prozent des gesamten Vermögens, schrieb das *WIL* in seinem jüngsten Bericht. In Brasilien scheint es fast noch deutlicher zu sein, wie die Organisation *Oxfam* feststellt. Die sechs reichsten Männer Brasiliens verfügen über das gleiche Vermögen wie die ärmsten 50 Prozent der Bevölkerung, also rund 100 Millionen Menschen. Die reichsten 5 Prozent des Landes verfügen über das gleiche Einkommen wie die übrigen 95 Prozent[4] – viel deutlicher geht es nicht.

Zu ganz ähnlichen Ergebnissen kommt die Weltbank bei der Errechnung ihres sogenannten Gini-Koeffizienten: „Der Gini-Koeffizient oder Gini-Index ist ein Maß der relativen Konzentration beziehungsweise Ungleichheit und kann einen Wert zwischen 0 und 1 (Gini-Koeffizient) bzw. skaliert von 0 bis 100 (Gini-Index) annehmen. Im Falle der Gleichverteilung ergibt sich für den Gini-Koeffizienten ein Wert von 0 und im Falle der Konzentration des gesamten Einkommens auf

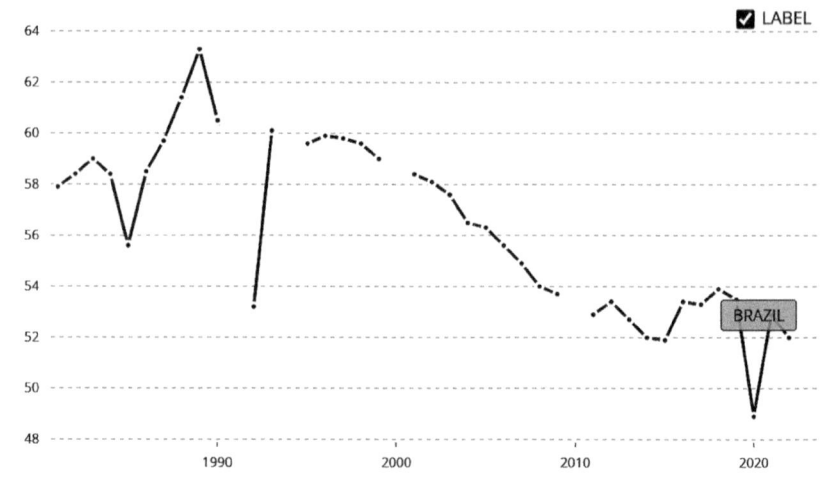

Abb. 7:   Gini-index Brasil 1981–2021.

nur eine Person ein Wert von 1"[5], beim Index 0 bzw. 100. Also: Je höher der Wert an der 100, desto ungleicher die Verteilung.

Für Brasilien lag dieser 2021 bei 48,9, nur eine Handvoll Länder liegen noch darüber. Der Gini-Koeffizient zeigt, dass die Lücke zwischen Arm und Reich sich zwar tendenziell schließt, aber immer noch sehr ausgeprägt ist. Immerhin kann man konstatieren, dass es durchaus Fortschritte zu verzeichnen gab in den vergangenen Jahrzehnten, wie die Grafik zeigt. Seit 1989, dem Jahr der ersten demokratischen Wahlen nach der Diktatur, sank der Gini-Koeffizient stetig von fast 64 auf nun 48,9, wobei es einen Ausreißer nach oben in den Jahren 2016-2019 gab. Die Auswirkungen der Corona-Pandemie scheinen noch nicht berücksichtigt.

Das Magazin *Veja* hat im November 2017, zum Tag des schwarzen Bewusstseins (*Black Awareness Day*), eine Sonderausgabe unter dem Titel „Wie es ist schwarz zu sein in Brasilien" herausgebracht.[6] Darin auch Statistiken, die eindrucksvoll belegen, wie benachteiligt der afro-brasilianische Teil in vielen Dingen des täglichen Lebens ist. Statistisch gesehen bilden sie die Bevölkerungsmehrheit. 56,1 Prozent der Bevölkerung bezeichneten sich bei einer Befragung des Statistischen Bundesamtes als „negros"[7]. In vielen Bereichen sind sie entweder unterrepräsentiert oder -überrepräsentiert.

Nimmt man das Merkmal Vermögen, so fanden sich unter den zehn Prozent der reichsten Brasilianer 2015 nur 30 Prozent Schwarze. 70 Prozent waren weiß. Umgekehrt sieht es aus, wenn man die ärmsten zehn Prozent der Bevölkerung betrachtet. 74 Prozent dieses Teils sind schwarzer Hautfarbe, 26 Prozent weiß.

8. Rassismus und der Mythos von der Rassendemokratie   99

Afrobrasilianer sind häufiger Analphabeten als weiße, sitzen wesentlich häufiger in Gefängnissen (67 Prozent) und werden überwiegend Opfer von Gewalt (82 Prozent).

Auf der anderen Seite sind Schwarze in der Politik unterrepräsentiert. Von den Abgeordneten des Unterhauses waren 2015, zum Zeitpunkt der Erhebung, 79,9 Prozent weiß, 20,1 Prozent schwarz. Bei den Senatoren ist das Verhältnis sogar noch ungleicher, nämlich 81,5 Prozent (weiß) zu 18,5 Prozent schwarz. Echte Fortschritte verzeichneten die Statistiken nur im Bildungssektor. So stieg die Dauer der Schulbildung schwarzer Brasilianer von 4,7 im Jahr 2005 auf 6,2 im Jahr 2015. Aber: Auch bei diesen Merkmalen hinken sie hinter den Weißen hinterher: 6,3 Jahre bzw. 7,5 Jahre. Und auch der Anteil der Schwarzen, die sich an den Hochschulen eingeschrieben haben, konnte in nur sechs Jahren – zwischen 2009 und 2015 erhöht werden – von 8 auf 27 Prozent. Nichtsdestotrotz sind auch die Hochschulen nach wie vor von Weißen dominiert.

Einige kleine Fortschritte können aber nicht darüber hinwegtäuschen, dass in der brasilianischen Gesellschaft alles andere als Chancengleichheit herrscht und es sehr wohl einen großen Unterschied macht, mit welcher Hautfarbe man geboren wurde. Diese Erkenntnis mag nicht überraschen, aber sie beißt sich doch sehr mit dem Bild der „Rassendemokratie", dass lange von der brasilianischen Gesellschaft gezeichnet worden war. Wie kann das sein? Begeben wir uns auf Spurensuche.

Sklaverei, die Schande Brasiliens

Wir glauben nicht einmal, dass es einst Sklaven gab.
Es gab Sklaven in diesem edlen Land
Heute findet der rote Schimmer der Morgendämmerung
Brüder, nicht feindliche Tyrannen
Wir sind alle gleich! In die Zukunft
Wissen wir, vereint, zu tragen
Unser erhabenes Banner tragen, das, rein
Glänzend auf dem Altar des Vaterlandes leuchtet!
Die Freiheit! Die Freiheit!
Breite deine Schwingen über uns aus
Von Kämpfen im Sturm
Lass uns deine Stimme hören

Der Text dieses Ausschnitts ist die zweite Strophe der „Hymne der Proklamation der Republik", die am 21. Januar 1890 erstmals gespielt wurde. Es sollte ein Symbol der neuen Republik sein, nachdem das Militär zuvor den Monarchen, Kaiser Dom Pedro II., zum Abdanken „überredet" hatte. Man könnte dieses Abdanken auch als unfreiwillig bezeichnen und den Übergang zur Republik als Militärputsch. Sobald die Republikaner das monarchische Regime offiziell am 15. November 1889 abgeschafft hatten, wollten sie neue Symbole für den vollzogenen Wandel schaffen. Bereits im Januar 1890 rief die provisorische Regierung von Marschall Deodoro da Fonseca einen Wettbewerb aus, um eine neue Hymne für

Brasilien zu schreiben. Der Wettbewerb fand im *Teatro Lírico* in Rio de Janeiro statt und wurde von José Joaquim de Campos da Costa de Medeiros e Albuquerque (1867–1934) (Text) und Leopoldo Miguez (1850–1902) (Musik) gewonnen.

Betrachtet man die obenstehenden Zeilen, fallen gleich die ersten beiden auf, die sich auf die Sklaverei beziehen. Sie war erst kurz zuvor, am 13. Mai 1888, offiziell abgeschafft worden. Brasilien vollzog diesen Schritt als letztes Land Amerikas mit der Unterschrift von Prinzessin Isabel unter dem so genannten goldenen Gesetz, dem *Lei Áurea*. Kein anderes Land hat – zumindest offiziell – so lange an der Sklaverei festgehalten wie Brasilien. Heute ist Brasilien das Land mit den meisten Menschen afrikanischer Herkunft außerhalb Afrikas.

Seit 1500 machten sich die Portugiesen die Sklaverei zunutze. Auf der Insel São Tomé ließ man die Sklaven auf den Zuckerrohrplantagen arbeiten. Dieses Prinzip wendeten sie auch in Brasilien an. Man kann davon ausgehen, dass bereits in den 1530er-Jahren, also nur drei Jahrzehnte nach der „Entdeckung", die ersten Sklaven von Afrika nach Brasilien gebracht wurden – und damit rund 90 Jahre, bevor die Sklaverei auch in Nordamerika begann. Wie viele Menschen insgesamt in die Sklaverei verschleppt wurden, dazu findet man unterschiedliche Zahlen. Die Angaben schwanken zwischen neun und zwölf Millionen. Allein bis zu fünf Millionen von ihnen sollen auf den Plantagen oder in den Herrenhäusern Brasiliens geschuftet haben. Aber auch hier gibt es keine genauen Zahlen mehr. Schuld daran ist der Finanzminister der damaligen Übergangsregierung, Ruy Barbosa.

Das schnelle Ende ihrer Geschäftsgrundlage durch die Abschaffung der Sklaverei wollten die reichen und einflussreichen Großgrundbesitzer nicht auf sich sitzen lassen. Der Regierung drohte eine riesige Welle von Schadensersatz- und Regressansprüchen. Darum griff Barbosa 1890 zu einem besonderen Kniff. Am 14. Dezember 1890 verfügte er, dass alle Bücher, Unterlagen, Ordner und Dokumente, die irgendetwas mit dem Thema Sklaverei und deren Dokumentation zu tun hatten, umgehend zu vernichten seien. Und es dauerte keine Woche, bis die Bediensteten des Ministeriums dieser Verfügung nachkamen und alle Dokumente des Archivs verbrannten. Für die Regierung war dies gut – alles Beweismaterial war gründlich vernichtet. Für die Millionen Sklaven und deren Nachfahren war die Archivverbrennung natürlich ein herber Verlust. Ihre Geschichte und die ihrer fast fünf Millionen Vorfahren, die seit 1531 gewaltsam aus Afrika nach Brasilien verschleppt worden waren, war unwiederbringlich verloren.

Ein verbranntes Archiv, vernichtete Beweise, ausgelöschte Erinnerungen haben immer beides: Einen, der von der Zerstörung profitiert, weil er mit den Dokumenten andernfalls in Erklärungsnot und Schwierigkeiten geraten wäre. Und einen, dem durch den Verlust seine Argumentation, sein Vorankommen, seine Beweiskette, sein Lebenswerk vernichtet oder verstellt wurde. Die brasilianische Geschichte ist voll solcher Geschichten, weshalb man sie als ein Charakteristikum der brasilianischen Politik und vielleicht auch der Gesellschaft bezeichnen kann. Der Begriff des Feuers im Archiv, ‚*queima de arquivo*', ist im Portugiesischen noch heute für das gründliche Vernichten von Beweismitteln gebräuchlich.

Mitte des 16. Jahrhunderts, 1549, kamen die Jesuiten nach Brasilien, um die Krone bei der Kolonisierung des Riesenreichs zu unterstützen und, natürlich, um die Indigenen zu missionieren, was sie tief im Hinterland in ihren Missionsdörfern, den *reduções*, taten. Anfangs hatten sie nichts dagegen, die Ureinwohner zu versklaven, verteidigten dies sogar als einen „gerechten Krieg".[8] Doch sie gerieten immer mehr in Konflikt mit den Siedlern und Sklavenjägern, die immer wieder die Jesuitendörfer überfielen und die dort lebenden Indigenen versklavten, die sie praktischerweise gleich in größerer Zahl antrafen. Zudem standen die Jesuiten der Landnahme im Weg, die durchaus im Sinne der Krone war, schließlich war es ja das erklärte Ziel, das Hinterland zu erschließen. Doch es gab einen Widerspruch: 1587 hatte der König den Jesuiten das Recht, Missionsstationen zu errichten, exklusiv zugesprochen und die Indigenen zu freien Untertanen der portugiesischen Krone erklärt. Um die Wogen zu glätten, riet der Jesuit António Vieira, die Indigenen durch Afrikaner zu ersetzen.

Die Sklaven, die überwiegend aus der Region um den Golf von Guinea stammten, ab dem 17. Jahrhundert aus dem Kongo und Angola und wieder rund hundert Jahre später von der Goldküste, hielten die Wirtschaft am Laufen. Man kann sogar so weit gehen zu sagen, dass die brasilianische Zuckerproduktion abhängig von der stetigen Zufuhr neuer Sklaven aus Westafrika war.[9] Später, als die Nachfrage immer weiter stieg, wurden in den *feitorias*, den Handelsposten, die die Portugiesen an der afrikanischen Küste errichtet hatten, zunehmend auch Sklaven gehandelt und verschifft. Versklavt und verkauft wurden diese von den Afrikanern selbst. Einige hatten sich mit den Portugiesen verbündet und nutzten die Gelegenheit, so ihre Feinde und die so genannten unerwünschten Stammesangehörigen loswerden zu können. Es herrschte auch viel Hunger und Elend, und viele verkauften sich, um überhaupt eine Chance aufs Überleben zu haben. Die Portugiesen machten sich die Gegebenheiten vor Ort zunutze oder nutzten die Notlage der Menschen aus. Da überwiegend männliche Sklaven nach Brasilien verschleppt wurden und zugleich durch die harten Reise- und Arbeitsbedingungen die Sterblichkeit hoch war, blieb der Bedarf an neuen Kräften konstant und hoch. Später, im 18. Jahrhundert, sorgte der Goldrausch in Minas Gerais für eine gesteigerte Nachfrage an Sklaven. Es entstand ein lukrativer Dreieckshandel: Die Krone bezahlte für die Sklaven mit Waffen, Textilien oder Wein. In Brasilien zahlte man mit Zucker, Tabak, Häuten und anderen Rohstoffen, die per Schiff nach Europa transportiert wurden. Neben den Portugiesen waren auch Franzosen, Briten und Niederländer in den Handel involviert.

Gegen Ende des 18. Jahrhunderts begannen die ersten europäischen Staaten, die Sklaverei abzuschaffen. Die ersten waren 1792 die Dänen, 1807 taten es ihnen die Briten gleich, die fortan Druck auf die portugiesische Krone einsetzten, um auch diese zur Abschaffung der Sklaverei zu drängen. England hatte einen enormen wirtschaftlichen Einfluss auf die portugiesische Krone. Dieser war so groß, dass man von „informeller Kolonie" und „Handels- und Finanzhegemonie"[10] sprechen kann. England war zu dieser Zeit der größte Gläubiger, Staatsanleihen für das Kaiserreich konnten nur über London beschafft werden. Die führenden Im- und Exporteure kamen allesamt aus England, ebenso wie die ersten Eisenbahnlinien und die London and Brazilian-Bank, die wesentlich finanzkräftiger aufgestellt war als die Bank von Brasilien.[11] Weitere Abhängigkeit von England entstand, als das portugiesische Königshaus Ende 1807 vor Napoleon nach Brasilien floh – weil es die Kontinentalsperre gegen die Briten, die Napoleon verhängt hatte, nicht unterstützen wollte. Prinzregent João setzte den britischen Viscount William Carr Beresford als Heereskommandant ein. Er hatte fortan das Sagen. Währenddessen beschloss der Wiener Kongress 1815 unter anderem, dass die Sklaverei nördlich des Äquators fortan verboten sei.

England unternahm weitere Anläufe, die portugiesische Krone zur Abschaffung der Sklaverei zu bewegen. 1822, als Brasilien seine Unabhängigkeit erklärte und nach internationaler diplomatischer Anerkennung suchte, machte England die Abschaffung der Sklaverei in Brasilien zur Bedingung. Die britische Duldung des fortwährenden Sklavenhandels der Brasilianer war teuer erkauft. 1827 unterzeichnete João ein Handelsabkommen, das die Zölle für britische Importe auf 15 Prozent ihres Wertes beschränkte, während die Briten brasilianischen Kaffee mit Zöllen bis zu 300 Prozent belegen durften.[12] Bei einem solchen Deal konnten die Briten schon mal ein Auge zudrücken. Zumal er Spielraum lieferte, zu einem späteren Zeitpunkt noch einmal nachzuverhandeln. Außerdem war man in den britischen Industriemetropolen auf die brasilianische Baumwolle angewiesen, um die Textilfabriken und die beherrschende Weltmachtstellung zu erhalten. England kassierte bei der Anerkennung der Unabhängigkeit Brasiliens sogar doppelt. 1825 boten sie sich als Vermittler zwischen dem Mutterland Portugal und dem Kaiserreich Brasilien an. Die Ex-Kolonie sollte für die Unterzeichnung des *Tratado de Paz e Aliança*, dem Friedens- und Allianzvertrag, eine Entschädigung von 2 Millionen Pfund Sterling zahlen – nach heutigem Wert rund 280 Millionen Pfund. Als neu gegründeter Staat war Brasilien nicht in der Lage, die im Vertrag von 1825 festgelegte hohe Entschädigung zu zahlen. Zu diesem Zeitpunkt stellten die Engländer die Mittel zur Verfügung, um die Zahlung dieser Summe zu gewährleisten. Tatsächlich stammte das Geld nicht einmal aus England selbst, da die Portugiesen eine gleichwertige Schuld an dieselben Gläubiger zu zahlen hatten. Brasilien war damit unabhängig und startete mit einer ordentlichen Hypothek, während das Mutterland zwar seine größte Kolonie verlor, dafür aber auf einen Schlag schuldenfrei war.

Die Debatte zog sich fast über das ganze 19. Jahrhundert hin, auch, weil zwischen 1831[13] und 1845 der Sklavenhandel wieder an Fahrt aufgenommen hatte. Fast eine halbe Millionen Sklaven sollen allein in dieser Spanne nach Brasilien gekommen sein. Um die Daumenschrauben etwas anzuziehen, verabschiedete England das sogenannte Aberdeen Gesetz. Es ermächtigte die britische Royal Navy, streng gegen den Sklavenhandel vorzugehen. Diese drastische Maßnahme wurde von England wegen der fehlenden Initiativen der brasilianischen Regierung zur Beendigung des Sklavenhandels ergriffen. Brasilien brauchte weitere fünf Jahre, bis es dem Druck offiziell nachgab und den Sklavenhandel von außerhalb Brasiliens 1850 verbot. Was jedoch kaum einen Großgrundbesitzer ernsthaft daran hinderte, einfach weiterzumachen wie bisher, auch wenn die Praxis dem Ansehen Brasiliens im Ausland zunehmend schadete.

Es gab zwar danach noch weitere Gesetze, die das Sklaverei-Verbot ausdifferenzierten, aber es fand sich immer wieder ein Weg, diese zu umgehen. Als etwa das *Lei do ventre livre* 1871 alle von Sklavinnen zur Welt gebrachten Kinder bis zum achten Lebensjahr befreite. Doch die Großgrundbesitzer fanden einen Weg, auch dieses Gesetz zu umgehen. Entrichteten sie eine Entschädigungszahlung, durften diese Kinder bis zum 21. Lebensjahr weiterbeschäftigt werden.

Die Bewegung der Abolitionisten, deren bekanntester Vertreter Joaquim Nabuco 1880 die „Gesellschaft gegen die Sklaverei" gründete, erfuhren mehr und mehr Zulauf. 1885 wurden alle Sklaven älter als 60 Jahre durch das *Lei dos Sexagenários* für frei erklärt. Aber auch diese Gesetzesinitiative mutete, wie viele zuvor, halbherzig an. Zugleich gab der Gesetzgeber Zeit, sich nach Alternativen zu den Sklaven umzuschauen, denn ohne deren Arbeitskraft lief in Brasilien zu jener Zeit so gut wie nichts. Eine Idee sollte im Laufe des 19. Jahrhunderts so an Bedeutung gewinnen: Das gezielte Anwerben von Arbeitskräften aus Europa.

Ein viel diskutierter Aspekt ist in diesem Zusammenhang die Frage, weshalb man nicht anstelle der importierten Arbeitskräfte aus Europa die freiwerdenden ehemaligen Sklaven aus dem Nordosten für den ansteigenden Arbeitskräftebedarf rekrutierte, der sich zunehmend im Süden und da vor allem in der Region São Paulo bemerkbar machte. Sicher hatte dies zu einem gewissen Teil mit der Qualifikation der europäischen Immigranten zu tun. Vielfach kamen Fachkräfte wie Landwirte oder Handwerker, deren Knowhow in der neuen Welt höchst willkommen war. Für manchen Autor steckt ein anderer Grund dahinter: eine „positive Eugenik", wie es etwa Mike Davis[14] bezeichnet: „Betrachtete man in den Vereinigten Staaten die massenhafte Einwanderung aus Europa in den 1890er-Jahren [begonnen hat sie in Brasilien freilich schon in den 1820er-Jahren, Anm.] vor allem als Humankapital für die Wirtschaft, sehen die brasilianischen Eliten in der Einwanderung auch ein Mittel, um die rassische Physiognomie der Nation radikal zu verändern. Sie waren regelrecht von der Idee besessen, zu ‚ent-afrikanisieren' und ‚weißer' zu machen." Ein Prozess, der in Brasilien als *embranqueamento* bezeichnet wird.

Mit dem goldenen Gesetz, dem *Lei Áurea*, beendete Brasilien das Kapitel Sklaverei – offiziell. Am 13. Mai 1888 unterschrieb Prinzessin Isabel, die damit im Volksmund den Ehrentitel *A Redentora* (die Erlöserin) erhielt und von Papst Leo XIII. mit einer Goldenen Rose geehrt wurde. Brasilien war das letzte Land Amerikas, das die Sklaverei abschaffte. Die Monarchie verlor ihren Rückhalt bei den Großgrundbesitzern damit vollends. Das Militär half und Brasilien wurde Republik.

Bis heute kritisieren Afrobrasilianer, dass beim Gedenken an das goldene Gesetz stets die Prinzessin im Mittelpunkt steht und diese „Farce der Sklavenbefreiung" nicht hinterfragt werde. Schließlich gab es zahlreiche schwarze Frauen und Männer, die für die Freiheit kämpften.[15]

Der Mythos von der Rassendemokratie

Wie bereits geschildert, hatte Finanzminister Ruy Barbosa kurz darauf alle Hände voll zu tun, die bürokratischen Spuren der Sklaverei gründlich zu beseitigen. Seit der Kolonialzeit war die herrschende Klasse darauf ausgerichtet, Schwarze als minderwertig anzusehen. Sicherlich prägend hierfür dürfte die Lektüre europäischer aufklärerischer Philosophen gewesen sein, die in der brasilianischen Bildungsschicht natürlich rezipiert wurden. Gerade im Zuge der aktuellen Diskussion um eine Entkolonialisierung erscheinen viele Texte der Aufklärung mit Blick auf darin zu findenden Rassismus, Sexismus und Antisemitismus heute in einem neuen kritischen Licht. Dieses Bild der Klassengesellschaft sollte nun aus dem kollektiven Bewusstsein verschwinden – die Geburt der Ideologie der Rassendemokratie. Gilberto Freyre, geboren 1900, war wohl der bedeutendste Vordenker der Idee des Rassendemokratie und der bedeutendste Kulturideologe des Estado Novo[16]. Freyre selbst stammte aus wohlhabenden Verhältnissen eines Großgrundbesitzers, hatte in den USA studiert. Im Alter von 33 Jahren veröffentlichte er Casa-Grande & Senzala (Herrenhaus und Sklavenhütte). Es sollte ein Kultbuch des Vargas-Regimes werden. In dem Buch beschreibt er die Beziehung zwischen Herrn und Sklaven. Besonderes Augenmerk richtete Freyre auf die Bedeutung der Mulattinnen. Sie waren die Geliebten der Plantagenbesitzer. Weil Freyre die Machtbeziehungen beschönigte, weil er mit zum Teil mit idealistischen und sexistischen Bemerkungen nicht sparte, brachte das Buch ihm später herbe Kritik ein.

Zunächst hatte diese Theorie Erfolg. Bis in die 1930er-Jahre – und teilweise darüber hinaus, wie man etwa an Stefan Zweigs romantisiertem Buch „Brasilien – Land der Zukunft" von 1941 sehen kann. „[Denn] seiner ethnologischen Struktur gemäß müsste, sofern es den europäischen Nationalitäten- und Rassenwahn übernommen hätte, Brasilien das gespaltenste, das unfriedlichste und unruhigste Land der Welt sein. [...] Zum größten Erstaunen wird man nun gewahr, dass alle diese schon durch ihre Farbe sichtbar voneinander abgezeichneten Rassen in vollster Eintracht miteinander leben und trotz ihrer individuellen Herkunft einzig in der Ambition wetteifern, die einstigen Sonderheiten abzutun, um möglichst rasch und möglichst vollkommen Brasilianer, eine neue und einheitliche Nation zu werden."[17] Bedenkt man, vor welchen Dingen Zweig damals nach Brasilien geflohen war, mag die Einschätzung der angetroffenen Situation wohlwollend, und nicht ganz verkehrt gewesen sein. Mit der Realität hatte sie freilich nicht viel zu tun.

Aber es waren (Reise-)Berichte wie eben jener von Zweig, die dieses Narrativ nährten, ebenso wie die Abolitionismusbewegung, die aufkommende kommunistische Bewegung, der Mestizierungsprozess, aber auch die entstehenden Eliten, die diese Idee vorantrieben.[18] Domingues beschreibt dieses Gedankenkonstrukt als Ideologie und Mythos, konstruiert von den weißen Eliten, um die Realität der Ungleichheit zu verschleiern. Im Grunde basierte es auf der anscheinenden Abwesenheit eines offenen Konflikts zwischen Herren und Sklaven. Natürlich war das Verhältnis nie konfliktfrei, aber anscheinend weniger gewaltbehaftet als etwa in Nordamerika. Das mag ein Stück weit Verdienst der Jesuiten gewesen sein, die in Texten und Predigten dazu ermahnten, „statt Zynismus Mäßigung walten zu lassen".[19] Und ihr Wort hatte durchaus Gewicht. So soll der Jesuitenpater Antolin Verstümmelungen und brutale Strafen bei Schwangeren kritisiert haben, zudem riet er den Sklavenbesitzern, ihre Sklaven gut zu behandeln. Wenn schon nicht aus humanitären Gründen, dann doch wenigstens vor dem Hintergrund der hohen Wiederbeschaffungskosten.

Die vermeintliche Gleichheit existierte allenfalls auf dem Papier, denn die Sklaven wurden ohne Bildung, eine Chance in der Arbeitswelt und auf dem Wohnungsmarkt, ohne Grundbesitz oder Gesundheitsangebote in die Freiheit überstellt. Sie hatten keine Idee, wie es für sie weitergehen sollte. Einwanderern aus Europa und anderen Ländern erging es freilich zu jener Zeit nicht viel anders. Oft mussten diese sich etwa nach Ankunft zu jahrelanger Fronarbeit verpflichten, um die Schulden für Überfahrt etc. abbezahlen zu können. Frühere Sklaven hatten zunächst weder ein aktives noch ein passives Wahlrecht. Das Strafgesetzbuch von 1890 kriminalisierte den Alltag der Ex-Sklaven pauschal als Herumtreiberei.[20]

Diese Gleichheitsideologie hatte noch einen perfiden und zynischen Nebeneffekt. Schaffte es ein Afrobrasilianer nämlich nicht, innerhalb der Gesellschaft aufzusteigen, obwohl in der Theorie ja die Möglichkeit dazu bestand, konnte es nicht auf ungerechte Rahmenbedingungen zurückgeführt werden. Ein gescheiterter Integrationsversuch wurde damit zum individuellen Versagen. Diese Theorie hatte, wie Domingues ausführt, für die Eliten durchaus Vorteile. Der Drang, Vergeltung zu üben für die widrigen Lebensumstände wurde unterbunden. Ebenso wie die Möglichkeit der Entschädigungsforderung, die eine Unterdrückung öffentlich gemacht hätte. Zudem befreite diese Lesart die früheren Herrscher von jeder Verantwortung für das Schicksal der Freigelassenen. Bei den Weißen konnte sie sogar ein Gefühl der Erleichterung erzeugen. Denn die Gesellschaft schien keine Schranken für den Fortschritt der Schwarzen zu errichten.[21] „Die große Leistung der Rassendemokratie bestand zweifellos darin, erstens den Konflikt zwischen den Rassen und zweitens die abgrundtiefe soziale Ungleichheit zwischen Schwarzen und Weißen [...] zu verbergen."[22] Statt Apartheid mit strikter Trennung zwischen Schwarz und Weiß wie anfangs in den USA oder in Südafrika wurde eine Rassenidylle konstruiert und als ein Vorteil für die nationale Entwicklung Brasiliens interpretiert.

Das Bild des Rassenidylls kann zudem noch dadurch untermauert werden, dass Brasilianer, die aus Mischbeziehungen schwarzer und weißer Menschen stammten – gemeinhin als Mulatten bezeichnet – einen eigenen sozialen Status irgendwo zwischen Schwarz und Weiß zugewiesen bekamen und als eigene Kategorie galten. Anders als etwa in den USA, wo ein Tropfen schwarzen Bluts genügt, eine Person dem afroamerikanischen Bevölkerungsteil zuzurechnen, gab es diese Zählweise in Brasilien nicht. Es gibt zahlreiche Abstufungen zwischen schwarzer und weißer Hautfarbe. Diese Interpretation führt zwar auf den ersten Blick zu einer vermeintlich besseren gesellschaftlichen Integration und sozialer Aufstiegsmöglichkeit. Ex-Präsident Fernando Henrique Cardoso (1994–2002) hatte einmal bei einem Wahlkampfauftritt 1994 gesagt, dass er auch noch einen „Fuß in der Küche" habe.[23] Damit wollte er zum Ausdruck bringen, dass er über keine rein weiße Ahnenreihe verfügt und somit auch der soziale Aufstieg für Mulatten möglich erscheinen soll.

Zufluchtsorte Quilombos – wie sich die Ungleichheit fortsetzt

Bevor gleich der Schritt in die Gegenwart unternommen wird, um zu schauen, wie sich der historisch konservierte Rassismus in der heutigen brasilianischen Gesellschaft manifestiert, sei noch kurz ein Aspekt beleuchtet, der wichtig für das tiefere Verständnis des Themas Rassismus ist: Der Widerstand gegen die Sklaverei.

Natürlich nahmen die Sklaven ihr Schicksal nicht einfach so hin. Viele versuchten, sich gegen ihre Unterdrückung und Ausbeutung zu wehren und flohen. In sogenannten *Quilombos*, versteckten Siedlungen, meist nur eine Ansammlung von Hütten, in denen geflohene Sklaven lebten, fanden sie Zuflucht. Das erste *Quilombo* entstand schon früh: 1575 im heutigen Bundesstaat Bahia. Der wohl bekannteste und einer der größten war der *Quilombo Palmares* (auch *Angola Janga* genannt) in der *Serra da Barriga* im heutigen Bundesstaat Alagoas. Dort sollen bis zu 30.000 Menschen gelebt und sich viele Jahre erfolgreich vor Sklavenjägern und Verwaltungen versteckt haben. Ganga Zumba (auch: Nganga Nzumbi), war im 17. Jahrhundert das Oberhaupt des *Quilombos* und versuchte, mit dem Gouverneur eine Art Friedensvertrag auszuhandeln, in dem er Freiheit, Frieden und freien Handel für die Siedler forderte und im Gegenzug Gefolgschaft anbot. Doch das wollten nicht alle. Zumbi, ein hoher Krieger, war gegen diesen Vorschlag.

Der Gouverneur ließ sich darauf nicht ein. Während einer Dürre machte er mit gekauften Lebensmitteln mobil, versprach Hilfe für jeden, der sich ihm anschloss, um gegen den *Quilombo* zu Felde zu ziehen. Im Januar 1694 erfolgte der Feldzug. Zwar wehrten sich die *Quilombolas*, wie die Bewohner genannt werden, waren aber militärisch unterlegen. Anstatt erneut in die drohende Unfreiheit zu gehen, begingen viele Selbstmord. Andere schlossen sich den kolonialen Truppen an. Dem Anführer Zumbi gelang es zu fliehen, er wurde einige Zeit später festgenommen, getötet und sein Leichnam zur öffentlichen Abschreckung in Recife zur Schau gestellt. Zumbis Todestag ist der 20. November. An diesem Datum ist in Brasilien noch heute der Tag des schwarzen Bewusstseins.

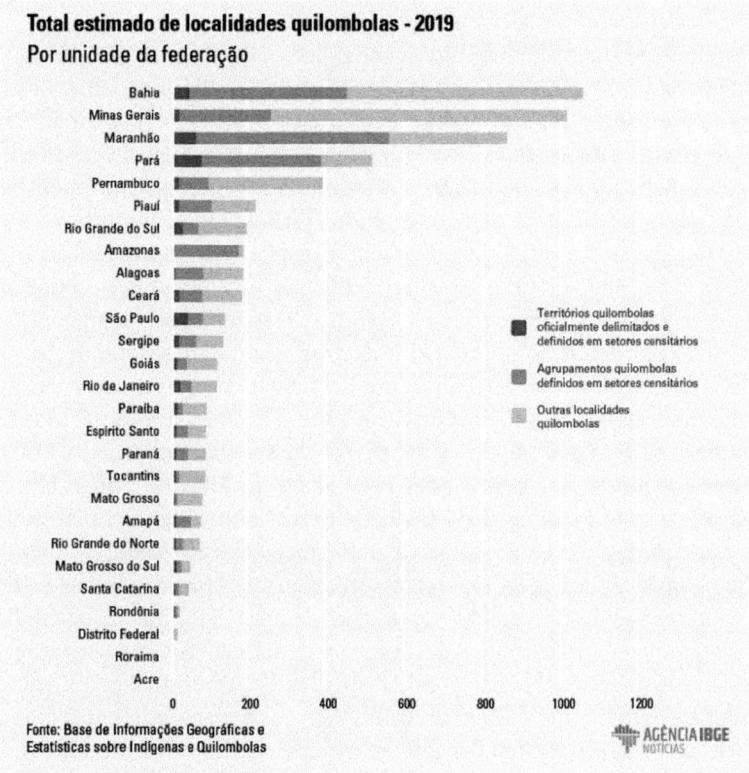

Abb. 8: Geschätzte Anzahl aller Quilombos im Jahr 2019, aufgelistet nach Bundesstaaten.

Gemäß einer Erhebung des Statistischen Bundesamts IBGE aus dem Jahr 2019,[24] die auf dem letzten erfolgten Zensus von 2010 beruht, gibt es in Brasilien noch heute 5972 *Quilombos*. Dabei muss man weiter differenzieren zwischen Quilombo-Orten (3208), Quilombo-Gruppen (2308) und den offiziell anerkannten Territorien, von denen es 404 gibt.

Die meisten Siedlungen finden sich im Bundesstaat Bahia (1046), Minas Gerais (1021) und Maranhão (866). Erst die demokratische Verfassung von 1988 – übrigens genau 100 Jahre nach dem Ende der Sklaverei – erkannte die Existenz und die Rechte der *Quilombos* an. Das bedeutet, dass das Land, das die *Quilombolas* teilweise vor hunderten von Jahren illegalerweise besetzt und sich angeeignet hatten, damit legalisiert werden kann. Man sollte also meinen, dass mit einem relativ einfachen Verwaltungsakt die Eigentumsrechte und Landtitel auf die Menschen übertragen werden könnten, die es schon seit Generationen nutzen.

Aber das ist nur die Theorie. Tatsächlich geschah dies erst bei nur sieben Prozent der Flächen.[25] Viele andere Gebiete befinden sich in einem juristischen Schwebezustand, obwohl der Oberste Gerichtshof STF in dem Dekret 4887 aus dem Jahr 2003 rund 80 Prozent der fraglichen Flächen identifizierte und dieses Dekret 2018 nochmals in seiner Rechtmäßigkeit bekräftigte.[26]

Dass seither praktisch nichts geschehen ist, obwohl der Zugang zu Land für die *Quilombolas* von der Verfassung gedeckt ist, ist ein Beispiel dafür, was Menschenrechtler unter „strukturellem" und „institutionellem" Rassismus verstehen. Dieser ist, so definiert es Silvio Almeida, kein individuelles Verhalten, sondern eine Behandlung, die aus dem Funktionieren der Institutionen heraus erfolgt, wobei Nachteile und Privilegien auf Grundlage der Hautfarbe entstehen.[27] Almeida ist Anwalt, Philosoph, Doktor der Rechtswissenschaften und seit 1. Januar 2023 Minister für Menschenrechte der brasilianischen Bundesregierung unter Präsident Luiz Inácio Lula da Silva. In seinem Buch argumentiert Almeida, dass Rassismus, wenn immer er auszumachen ist, als strukturell anzusehen ist – als Ideologie in der Politik, im Rechtswesen und in der Wirtschaft.[28] „Wir können sagen, dass Rassismus eine systematische Form der Diskriminierung aufgrund der Rasse ist, die sich durch bewusste oder unbewusste Praktiken manifestiert, die zu Nachteilen oder Privilegien für Einzelpersonen führen, je nachdem, welcher Rassengruppe sie angehören."[29] Almeidas Sicht ist weit verbreitet und weitgehend anerkannt. Es gibt jedoch auch Stimmen, die den strukturellen Charakter des Rassismus widersprechen, z. B. Muniz Sodré, emeritierter Professor der Bundesuniversität von Rio de Janeiro (UFRJ). Nach seinem Dafürhalten endete der strukturelle Rassismus mit dem Ende der Sklaverei. „Der Rassismus in Brasilien war bis zur Abschaffung der Sklaverei strukturell, mit einer Sklavengesellschaft, und dieser Rassismus kam aus dem rechtlichen, politischen und wirtschaftlichen System", sagte er in einem Interview mit CNN Brasil.[30] Sodré zufolge endete diese Struktur mit der Abschaffung der Sklaverei: „Der Rassismus ist post-abolitionistisch, er kommt mit den faschistischen Ideen der Eugenik, der ‚Verbesserung' der Bevölkerung durch die Hautfarbe." Im Gegensatz zu etwa Silvio Almeida sieht er Rassismus als institutionell, also als in gewissen gesellschaftlichen Bereichen ausgeprägt. So manifestiere sich der Rassismus durch Institutionen, durch Ärzte, Intellektuelle und Journalisten, die den Rassismus in Brasilien kristallisierten, der durch Institutionen vermittelt werde. Der Kampf gegen Rassismus richte sich also nicht gegen abstrakte Strukturen, sondern gegen konkretes Verhalten in der Schule, in der Familie, in religiösen und staatlichen Einrichtungen.

Vor dem Hintergrund dieser Definition erscheint die Situation der *Quilombos* in einem anderen Licht. Über Jahrzehnte erschien es nicht als Sache der Politik und Justiz, für die Bewohner der *Quilombos* Rechtssicherheit zu schaffen und den Grundstein für ein auskömmliches und selbstbestimmtes Dasein zu legen, obwohl die Rechtslage eindeutig zu sein scheint. So entstehen den Nachfahren der Sklaven immer neue Nachteile. Denn ohne offizielle Anerkennung dreht sich für die Bewohner der *Quilombos* die Spirale immer weiter nach unten. Ohne sie gibt es kein Baurecht, kein Eigentum, keine wirtschaftliche Entwicklung, keine Investitionen. Zudem sorgt die Situation dafür, dass *Quilombos* schlechteren Zugang zum Gesundheits-, Bildung-, Transportsystem sowie zur Versorgung mit Wasser und Energie haben, da auch der Staat wenig in die Infrastruktur zu investieren bereit ist, wenn keine Rechtssicherheit besteht.

Die Herausforderungen stehen auch in direktem Zusammenhang mit dem Druck des Marktes auf das *Quilombola*-Land. Es ist kein Zufall, dass die Agrarindustrie, der Bergbau und die großen Energieunternehmen die Landrechte der *Quilombola*-Gemeinschaften angreifen und dabei auch gewaltsam vorgehen, was das Leben und die Freiheit vieler von ihnen bedroht. Auch außerhalb der *Quilombos* sieht die Situation kaum anders aus. Der überwiegende Teil der Agrarflächen (55,4 Prozent) – zudem in der Regel der fruchtbarste und produktivste Teil, wird von weißen Farmern bewirtschaftet.[31] Diese arbeiten in der Regel exportorientiert, produzieren auf riesigen Fazendas mit tausenden von Hektar Fläche Soja, Mais, Rindfleisch, wohingegen schwarze Farmer in aller Regel kleinere Flächen bewirtschaften und lokal konsumierte Produkte – klassisches Beispiel Maniok – anbauen.

In Gemeinden, in denen die Mehrheit der Bevölkerung keine Eigentumstitel besitzt, herrscht große Unsicherheit. Kleinproduzenten werden unter Druck gesetzt, ihr Land zu verkaufen oder gleich vertrieben. Die Bevölkerungsgruppen, die nur einen sehr prekären Zugang zu Grund, Boden und zum Rechtssystem haben, können sich in diesem Kreislauf der Inwertsetzung und Kommerzialisierung von Grund und Boden kaum zur Wehr setzen und sind entsprechend am stärksten betroffen. Der brasilianische Staat spielt in diesem Prozess, zusätzlich zu der oben beschriebenen Verschleppung verfassungsmäßiger Ansprüche, eine zentrale Rolle, denn er unterstützt extraktivistische Projekte und fördert Geschäfte mit Grund und Boden. Es ist eines der großen Paradoxe, die die brasilianische Politik seit jeher treiben und derartige Widersprüche zutage fördern: Der Drang und Wille zur Entwicklung und die Unfähigkeit, dabei allen Bevölkerungsgruppen ihrem verbrieften Recht gemäß gerecht zu werden. Während der Bolsonaro-Regierung hat sich die Situation noch verschlechtert, da die Regierung, insbesondere Ex-Umweltminister Ricardo Salles, die Covid-Pandemie – mit Ansage[32] – dazu nutzten, rechtlichen Rahmenbedingungen in den Bereichen Naturressourcen, Umwelt, Arbeit und Menschenrechte zu schwächen.

Gerade im Bereich Menschenrechte und Landwirtschaft berichten Organisationen wie die Christliche Initiative Romero in ihrer Studie mit dem Titel „Ausgepresst – Hinter den Kulissen der Saftindustrie"[33] eindrucksvoll von systematischen Verstößen gegen Menschen- und Arbeitsrechte, teilweise von sklavereiähnlichen Arbeitsverhältnissen. Leidtragende sind dabei die Landarbeiter – oftmals aufgekaufte schwarze Kleinbauern oder Tagelöhner. Offenbar kein Einzelfall: Auch auf den Weingütern im Süden Brasiliens kamen im Frühjahr 2023 Zustände ans Licht, die sich nur mit dem Begriff moderne Sklaverei beschreiben lassen.³⁴ Gerade der Landwirtschaftssektor scheint in dieser Hinsicht vielfach in überholten Strukturen sowie Handlungs- und Denkmustern verhaftet. Hinzu kommen unterstützende verbrecherische Strukturen wie illegaler Menschenhandel. An der Ausbeutung und dem Leid der Menschen lässt sich für manchen gut mitverdienen.

Rassismus im TV

Das Fernsehen gehört zu den wichtigsten Massenmedien. Kaum ein Haushalt, kaum ein Friseursalon, Nagelstudio oder Restaurant, wo es nicht von morgens früh bis abends spät nonstop läuft. Das TV war – bis zur Einführung der Smartphones und der sozialen Medien – das wichtigste Informations- und Unterhaltungsmedium und hatte damit einen wesentlichen Einfluss auf die Meinungsbildung der Bevölkerung.

Besonders beliebt sind die so genannten *Telenovelas*. Diese Seifenopern laufen auf den größten Sendern wie *Globo* zur besten Sendezeit am Abend. Bei einer Telenovela handelt es sich um eine Fernsehserie, die eine in sich geschlossene Handlung, meist eine Liebesgeschichte, erzählt. Dabei gibt es eine ganz klare – meist weibliche – Hauptfigur, um die sich die Handlung der gesamten Telenovela entspinnt. Oft werden die Handlungen in einen geschichtlichen Kontext eingebettet. Telenovelas zeigen oftmals ein „schönes, aber falsches Bild der Rassendemokratie"³⁵, bedienen sich alter Rassenstereotype und Vorurteile, die sie damit in der Bevölkerung verfestigen.

Schwarze und Mulatten sind als Darsteller nicht nur meist unterrepräsentiert. Oftmals agieren sie auch nur in Rollen, die dem allgemeinen Stereotyp ihrer Hautfarbe entsprechen: Einfache, flache Charaktere aus unteren sozialen Schichten: der Sklave, die Hausangestellten, der Fahrer – oftmals ohne Sprechanteil oder Bezug zur Handlung, wie die Anthropologin Solange Martins Couceiro de Lima schon Ende der 1990er-Jahre in einer Studie der Universität von São Paulo herausgearbeitet hat.

Im Jahr 1951 ging die erste Telenovela auf Sendung. Es sollte bis 1975 dauern, bis erstmals ein schwarzer Schauspieler mitwirkte, der eine Person verkörperte, die einen Anzug trug. Allerdings konnte dies nicht darüber hinwegtäuschen, dass nach wie vor eine europäische Ästhetik als Maßstab für die Gesellschaft angelegt wird und die afrobrasilianische und indigene kulturelle Identität mindestens marginalisiert, wenn nicht sogar verleugnet wird. Darum wirkte diese Figur unwirklich – in der gesellschaftlichen Realität gab es zu jener Zeit nur sehr wenige schwarze Fachleute. Es schien, als wollte der Autor in einer Art Code an die Zuschauer mit dieser Besetzung zeigen, dass man keine Vorurteile haben dürfe. Es sind die Normen der Weißen, die in den Telenovelas in aller Regel geschätzt und hochgehalten werden und die mitunter dazu führen, dass schwarze Figuren nach weißen Maßstäben dargestellt werden. Die so in den Novelas gezeigten ästhetischen Werte werden als Idealbild wahrgenommen, das jedoch für den überwiegenden Teil der Bevölkerung unerreichbar ist bzw. der Realität entgegensteht. Der bereits erwähnte Soziologe Muniz Sodré prägte hierfür den Begriff Medienrassismus. Das mache Medien, die an sich ein Spiegelbild der Gesellschaft sein sollten, zur zentralen Struktur für die Unsichtbarkeit von Schwarzen, indem sie die Verbreitung von Bildern des Afrobrasilianers und seiner positiven Werte ausklammern und stattdessen Bilder kreieren, die rassistische Ideen widerspiegeln.

Es sollte bis in das 21. Jahrhundert dauern, bis für eine Telenovela die erste schwarze Hauptfigur konzipiert wurde: Die Rolle der „*Preta de Sousa*" in der Novela „*Da Cor do Pecado*", gespielt von der Schauspielerin Taís Araújo. Die Novela wurde in 185 Folgen ausgestrahlt, unumstritten war sie aber nicht, was vor allem an ihrem Titel lag. Der Ausdruck „*da cor do pecado*" (übersetzt: die Farbe der Sünde) gilt als rassistisch, weil er mit der Sexualisierung schwarzer Frauen in Verbindung gebracht wird und auf die Zeit der Sklaverei in Brasilien verweist, als schwarz zu sein als eine Art göttlicher Strafe dargestellt und interpretiert wurde. Zum Zeitpunkt der Ausstrahlung der Telenovela wurden die Verwendung des Ausdrucks als Titel des Werks sowie die Assoziation der Adaption des gleichnamigen Sambas von Bororó aus dem Jahr 1939 als Eröffnungsthema negativ bewertet.[36]

Den verkrampften Umgang von Medienschaffenden bzw. Produktionsfirmen mit dem Thema Rassismus sieht der Regisseur Joel Zito Araújo als einen Ausdruck von „Scham, die eigenen Vorurteile zu zeigen". So sei mit der Zeit ein Tabu entstanden, dass die offene Äußerung von Rassismus verhindert und den Mythos der brasilianischen Rassendemokratie verstärkt.[37] Dazu passend sieht Araújo auch die Rollen, die Mulatten zugewiesen werden. Gemäß der historischen Auffassung werden sie als sozial zwischen Weißen und Schwarzen stehend dargestellt, etwa als kleinere Händler oder Delegierte, also Personen, die um jeden Preis gesellschaftlich aufsteigen wollen. „Das Spektakel der Rassenmischung der Bilder, die vom Karneval im Sambodrom von Rio de Janeiro in die Welt getragen werden, findet in der Telenovela kein Echo", sagt Araújo.[38] Es dürfte auch in den Medien und der Medienproduktion noch einige Zeit vergehen, bis diese ein realistisches und paritätisches Abbild der brasilianischen Gesellschaft liefern.

Polizeigewalt – Alte Denkmuster, neues Handeln

Alle vier Stunden stirbt in den Bundesstaaten Rio de Janeiro, São Paulo, Bahia, Pernambuco, Ceará, Piauí und Maranhão ein Brasilianer schwarzer Hautfarbe durch eine Polizeikugel. Rund 2600 waren es allein im Jahr 2020. Zu diesem Ergebnis kommt die Studie „Haut: die Farbe der Polizeigewalt" (Originaltitel: *Pele-alvo: A cor da violencia policial*), erstellt vom Netzwerk der Beobachtungsstellen für Sicherheit, ein Projekt des Zentrums für Studien zur Sicherheit und Staatsbürgerschaft (Centro de Estudos de Segurança e Cidadania, CESeC).[39]

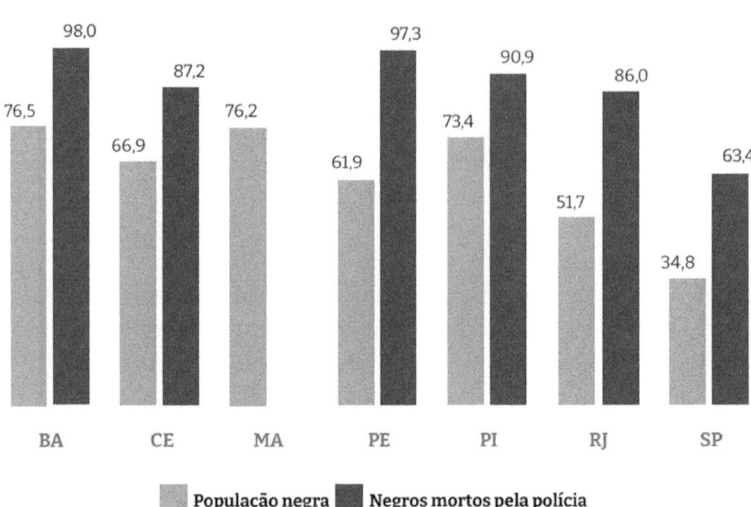

Abb. 9: Schwarzer Bevölkerungsanteil und Anteil von Schwarzen, die 2020 von der Polizei getötet wurden.

Die obenstehende Grafik zeigt die getöteten Schwarzen im Verhältnis zur Gesamtbevölkerung des jeweiligen Bundesstaats. Und sie zeigt: Überall in den untersuchten Bundesstaaten sind Schwarze deutlich überrepräsentiert.

Die Studie offenbart einige Besonderheiten: Zum einen sterben nirgendwo so viele Schwarze durch Polizeikugeln wie im Bundesstaat Rio de Janeiro: 1245 waren dies im Untersuchungszeitraum 2020. Das entspricht einem Anteil schwarzer Personen von 86 Prozent, bei einem Bevölkerungsanteil von 51,7 Prozent. Die Autoren sehen darin ein „Muster polizeilichen Handelns, unabhängig von Region oder Demografie". Ohne sich weiter in die Daten der Studie vertiefen zu müssen, wird doch eines deutlich: Es scheint einen Zusammenhang zu geben zwischen der Hautfarbe und der Wahrscheinlichkeit, bei Polizeieinsätzen verletzt oder gar getötet zu werden.

Deutungsversuche unternehmen die Autoren der Studie selbst. „Brasilien ist ein Land, in dem das Problem des Rassismus nur widerwillig diskutiert und angegangen wird."[40] Sie sehen in den Drogenkriegen zunächst einen Aspekt des chronischen Themas innere Sicherheit, aber zugleich eine „Fortsetzung alter Spuren, die seit der Kolonialzeit gelegt worden sind".[41] Wobei das gerne von offizieller Seite verwendete Narrativ vom Drogenkrieg, das diese Todesfälle legitimiert, den Tod in den Favelas und den Peripherien verharmlost.[42]

„Der Modus Operandi der Polizei von Rio de Janeiro ist eine auf Rassismus basierende Konfrontation: der wahllose Einsatz von tödlicher Gewalt, der Einsatz von Gewehren, Hubschraubern und gepanzerten Fahrzeugen durch die Polizei. Die wahllose Anwendung tödlicher Gewalt durch die Polizeikräfte in Gebieten, die überwiegend von Schwarzen bewohnt werden – dem Feindesland", heißt es in der Studie weiter.[43] Ein Ergebnis dieser Logik war einer der blutigsten Einsätze in der Stadt Rio de Janeiro. Im Vorort Jacarezinho töteten Polizisten im Mai 2021 28 Zivilisten. Ein Jahr danach wurde die Mehrzahl der Ermittlungen gegen beteiligte Polizisten eingestellt.[44]

Mit dem verwendeten Begriff des Feindeslandes implizieren die Autoren der Studie recht deutlich die Art und Weise, wie Behörden Afrobrasilianer zu sehen scheinen: Als Feinde in einem Krieg, die nur gewaltsam zu unterwerfen und zu kontrollieren sind. Gewalt, in diesem Falle tödliche Waffengewalt, scheint in diesem Zusammenhang ein legitimes Mittel. Sie sehen dies als Symptome einer Krise der öffentlichen Sicherheit in Brasilien, deren treibende Kraft der Rassismus ist. Und die Polizeigewalt ist eine zentrale Voraussetzung für die Aufrechterhaltung dieses Modells.[45]

Es gibt eine ganze Reihe von weiteren Studien, die sich mit der Thematik auseinandersetzen. Weite Teile der Literatur rücken Polizeigewalt häufig in einen Kontext mit sozialen Aspekten oder der Rassenfrage. In vielen Studien wird Polizeigewalt mit Rassismus gleichgesetzt. Den systematischen Mord als Teil einer Politik verstehen – diesen Gedanken beschreibt der Begriff Nekropolitik, den bislang eher in mexikanischem Kontext Erwähnung findet und unter anderem vom kamerunischen Historiker Achille Mbembe[46] geprägt wurde.[47] Für Mbembe besteht – zusammengefasst – „der höchste Ausdruck der Souveränität in hohem Maße in der Macht und der Fähigkeit zu diktieren, wer leben darf und wer sterben muss", weshalb „Töten oder Leben lassen die Grenzen der Souveränität, ihre grundlegenden Attribute darstellen". Souverän zu sein bedeute also letztlich, die Kontrolle über die Sterblichkeit auszuüben und das Leben als Entfaltung und Manifestation von Macht zu definieren. In diesem Sinne ist Souveränität die Fähigkeit zu definieren, wer in einer Gesellschaft wichtig ist und wer nicht, wer als ‚entbehrlich' gilt und wer nicht

Nimmt man einen zweiten Parameter hinzu, dann lässt sich das Erleben von Polizeigewalt auch durchaus an ökonomischen Faktoren festmachen, wie der Soziologe Ignacio Cano in zahlreichen Arbeiten herausgestellt hat. Abgesehen von durchaus anderen Faktoren für tödliche Gewalt wie interne Konflikte innerhalb von Banden, häusliche Gewalt oder persönliche Konflikte, sieht er eine deutliche Korrelation zwischen Armut und der Gefahr, Opfer tödlicher Gewalt zu werden.[48] Und wie bereits zu Beginn des Kapitels erwähnt, verlaufen vielfach die Grenzen parallel, die vor allem den afrobrasilianischen Teil der Bevölkerung nicht nur besonders anfällig gegen Polizeigewalt macht, sondern auch ökonomisch in weiten Teilen schlechter stellt. Kurzum: Armut und Schwarzsein sind wesentliche Risiken, Gewalt zu erleiden – und beidem kann man sich als Betroffener kaum entziehen. Hinzu kommt: Die Gefahr, als Täter eines Gewaltverbrechens ermittelt zu werden, ist relativ gering. Die Aufklärungsrate von Morden in Rio de Janeiro ist niedrig. Sie liegt bei nur etwa 15 Prozent der Tötungsdelikte, berichtet das Portal *Onde Mora a Impunidade*,[49] übersetzt: Wo die Straffreiheit wohnt. Andernorts liegt sie deutlich höher, wie der Vergleich zeigt. Im Jahr 2018, dem Jahr von Marielle Francos Tod, lag diese Rate: in Deutschland bei 94 Prozent, in Japan sogar bei 95 Prozent und in den USA noch bei 59 Prozent.

Zugehörigkeit zu einer sozialen Bevölkerungsgruppe, sozioökonomische Gesichtspunkte – seit der Jahrtausendwende gibt es gerade zum Thema Rassismus und Gewalt eine stetig wachsende Zahl an Untersuchungen, deren schiere Zahl dazu verleiten könnte, in ihnen einen dominanten Faktor in der Diskussion erkennen zu wollen. Immer leichter zu erhebende Daten, aber vor allem ein wachsendes gesellschaftliches Bewusstsein für die Problematik, tragen sicher ihren Teil dazu bei. Während der Präsidentschaften von Lula und Dilma Rousseffs fanden die Themen auch Eingang in die politischen Prozesse. Doch was ist mit den Widersprüchen, die sich nach wie vor aus der Diskussion ergeben? Etwa die Frage, wie es sein kann, dass die Militärpolizei einerseits immer wieder rassistischer Gewalt bezichtigt wird, andererseits sich überwiegend aus dem schwarzen Bevölkerungsteil rekrutiert? Kann ein Rassismusvorwurf da aufrechterhalten werden?

In dem Aufsatz *Rethinking Police Violence in Brazil*[50] wirft die Anthropologin Jan Hofmann French diese Frage auf. Zudem, wie es zu erklären sein könnte, dass überwiegend schwarze Polizisten gegen überwiegend schwarze Verbrecher zum Einsatz kommen. Zunächst identifiziert die Autorin in diesem Zusammenhang drei Paraxoda, die sich überlappend über das Phänomen legen: Ein Konsens, auf den sich alle Brasilianer einigen können ist die Angst vor Kriminalität und der Polizei. Dennoch befürworten sowohl reiche als auch arme Menschen eine Verbrechensbekämpfung, die auch auf harte Konfrontation krimineller Verdächtiger setzt. Gewalt wird generell als akzeptierte Lösung gegen Kriminalität gesehen.

Als zweites Paradoxon beschreibt die Autorin, dass es oft schwarze Polizisten selbst sind, die ungerecht, brutal oder rassistisch im Einsatz gegen Schwarze agieren.[51] Das dritte Paradox ist die öffentliche Distanzierung und Kritik der Militärpolizei durch Abgeordnete, wenn die Sicherheitskräfte einmal mehr in Einsätzen über die Stränge schlugen. Dies, so Hofmann French, erzeuge eine rassische Stigmatisierung der Polizei, die wiederum schwarze Bürger stigmatisiere. Dies alles deute auf ein grundlegendes Muster hin, nämlich, dass Ordnung und Autorität im Wesentlichen durch Gewaltanwendung hergestellt und ausgeübt wird, bzw. werden soll – und zwar zunächst unabhängig von Hautfarbe oder sozialem Status.

In Brasilien gibt es eine Redewendung: Ein Polizist hat keine Hautfarbe, er hat eine Uniform. Diese ist ein Symbol für den Staat, für die Gesellschaft oder das System, dessen Wurzeln zurückreichen bis in die Kolonialzeit. Ein System also, das auf weißer Überlegenheit errichtet wurde. Ein Polizist ist ein Repräsentant dieses Systems. Hofmann French beschreibt das Dilemma als ein Zwischen-den-Stühlen-sitzen in unterschiedlich „gecodeten" Räumen. So beschreibt sie das Polizeiwesen als einen durch und durch weiß gecodeten Mikrokosmos. Die

Militärpolizei hingegen bildet in diesem System eine Ausnahme. Weil in ihr vor allem die unteren Dienstgrade von Schwarzen eingenommen werden, ist diese ein eher schwarz gecodeter Raum, ebenso wie die Favelas, in denen die Militärpolizei oftmals in Einsätzen aktiv ist.

Die Kommando- und Entscheidungsebene ist jedoch überwiegend weiß. Das soziale Aufstiegsversprechen, das bis heute noch den Eintritt in die Militärpolizei für viele Bewohner der Favelas erstrebenswert zu machen scheint, erweist sich in der Realität als relativ begrenzt. Für schwarze Polizisten bedeutet das einen inneren Konflikt – sie stehen zugleich innerhalb und außerhalb des Staats, weil sie im Dienst diesen repräsentieren, aber außerhalb des Dienstes marginalisiert bleiben.

Doch auch wenn noch vieles im Argen liegt, sind die Voraussetzungen für Verbesserungen durchaus gegeben. Rassismus wird in Brasilien seit einigen Jahren stärker verfolgt. Auch die mediale Aufmerksamkeit ist gegeben – extreme Fälle werden von nationalen Medien aufgegriffen und öffentlich diskutiert. Einen weiteren Schritt, sich des Themas politisch bewusster zu widmen, hat die aktuelle Regierung von Luiz Inácio Lula da Silva unternommen. Seit Januar 2023 gibt es erstmals in der Geschichte Brasiliens ein sogenanntes Antirassismus-Ministerium. Wörtlich heißt es „Ministerium für ethnische Gleichstellung". Ministerin ist Anielle Franco, Schwester der im März 2018 ermordeten Politikerin Marielle Franco. Das Budget des Ministeriums ist jedoch sehr überschaubar und die inhaltliche Ausgestaltung der Aufgaben des Ministeriums sicher noch in der Entstehung. Aber die Einrichtung eines solchen Ministeriums zeigt, gerade nach vier Jahren Bolsonaro zuvor, wohin die Reise nun gehen soll. Von daher ist der Nutzen zunächst ein symbolischer wenngleich deshalb nicht weniger wichtig: Der Kampf gegen Rassismus bekommt so in der Regierung Sichtbarkeit.

Literatur

Almeida, Silvio, Racismo Estrutural, Editora Jandaira, São Paulo, 2019.
Cano, Ignacio und Santos, Nilton, Violencia letal, renda e disigualidade no Brasil, 2. Auflage, 7 Letras, Rio de Janeiro, 2007.
Davis, Mike, Die Geburt der Dritten Welt – Hungerkatastrophen und Massenvernichtung im imperialistischen Zeitalter, Assoziation A, Berlin, 2001.
Eckert, Andreas, Geschichte der Sklaverei – Von der Antike bis ins 21. Jahrhundert, Schriftenreihe der Bundeszentrale für politische Bildung, Bonn, 2022.
Lemke, Thomas, Biopolitik zur Einführung, Junis, Hamburg, 2007.
Prutsch, Ursula und Rodrigues-Moura, Enrique, Brasilien – Eine Kulturgeschichte, Bundeszentrale für politische Bildung, Bonn, 2014.
Sodré, Muniz, O fascismo da cor: uma radiografia do racismo nacional, Editora Vozes, São Paulo, 2019.
Zweig, Stefan, Brasilien – Land der Zukunft, Insel Verlag Berlin, 2. Auflage, 2013. Erstmals erschienen 1941 im Bermann-Fischer Verlag AB, Stockholm.

9. Rechtsfreie Räume – Milizen, Drogenbanden und Rechtsstaatlichkeit

Brasiliens Demokratie ist nach den USA die zweitgrößte Amerikas und dabei noch relativ jung. Am 5. Oktober 1988 trat die aktuelle gültige Verfassung, die siebte in der Geschichte Brasiliens, in Kraft.[1] Die Konrad Adenauer Stiftung attestiert „gefestigte staatliche Strukturen und relativ robuste Wirtschaft", weist aber darauf hin, dass die noch relativ junge Demokratie mit zahlreichen Herausforderungen konfrontiert sei. „Für die weiteren Entwicklungsschritte Brasiliens ist die Garantie der Grundrechte, der Rechtsstaatlichkeit, der Menschenrechte sowie zukunftsorientierter Ordnungspolitik von grundlegender Bedeutung".[2]

Rechtsstaatlichkeit sei zwar grundlegend gegeben, doch zwischen Norm und Wirklichkeit offenbare sich eine Disparität, die der Rechtswissenschaftler Wolf Paul das „Dilemma Brasiliens" nannte. Denn diese nominelle Rechtsstaatlichkeit offenbare durch einige informelle Praktiken die autokratischen Züge von polizeistaatlichem Sicherheitsrecht und unverhohlener Klassenjustiz.[3] Besonders augenfällig wird diese in den Themenkomplexen Korruption und Polizeigewalt. Nachdem Letztgenannte bereits im vorangegangenen Kapitel beleuchtet wurde, möchte ich der Betrachtung des Themas eine weitere Perspektive hinzufügen, die rechtliche.

40.800 gewaltsame Tode verzeichnete die brasilianische Kriminalstatistik 2022 – eine Art „Kriegszustand".[4] Obwohl die Zahl schwindelerregend hoch ist, gab es sogar einen leichten Rückgang um ein Prozent.[5] Grundsätzlich verbietet die Verfassung Folter, Rassismus, Drogenhandel, Terrorismus und erniedrigende Behandlung und erklärt diese zu „schwersten nicht gnade- oder amnestiefähigen Verbrechen".[6] Mehr noch: Sie, die Verfassung, garantiert jedem Brasilianer das Recht auf Ausbildung, Gesundheit und Arbeit, Streik, Gewerkschaftszugehörigkeit oder einen Mindestlohn – zumindest auf dem Papier. Dennoch sterben so viele Brasilianer gewaltsam und oft ist die Polizei involviert. Hinzu kommt, dass die Aufklärungsquote mit 10 bis 20 Prozent ausgesprochen gering ist. Die Zahlen zeigen deutlich: Die Staatsmacht ist anscheinend ohnmächtig und chronisch nicht in der Lage, die Bürger zu schützen und die Täter zu bestrafen. Auch der Kampf gegen mafiöse Netzwerke erweist sich als chancenlos – viele Täter gehen straffrei aus. Wolf Paul schreibt daher, das Verbrechen sei eine „gesellschaftliche Großmacht" und der „strategische Gegenspieler der Staatsmacht".[7]

In Brasilien gibt es mehrere Polizeien mit unterschiedlichen Kompetenzen und Zuständigkeiten, die selbst für den normalen Bürger schlecht auseinanderzuhalten sind. Neben der Bundespolizei, der *Polícia Federal*, gibt es die Kriminalpolizei *Polícia Civil* und die *Militärpolizei, Polícia Militar*. Gerade letztgenannte, die keine Militärpolizei im eigentlichen Sinne ist, sondern eher die Polizei der Bundesstaaten mit besonderen Befugnissen, ist notorisch bekannt für ihre Gewaltbereitschaft.

Die Militärpolizei hatte schon König Dom João VI. 1808 kurz nach der Ankunft der königlichen Familien in Rio gegründet, um die öffentliche Sicherheit zu erhöhen und Sklavenaufständen vorzubeugen. Zur Zeit des Kalten Kriegs (*guerra fria*) erhielt sie durch die 1952 in Kraft gesetzte Nationale Sicherheitsdoktrin neue Befugnisse. 1946 folgte zunächst Eurico Gaspar Dutra als Präsident auf Getúlio Vargas. Während dessen Amtszeit kam es zum Versuch, die vermeintlich wachsende Popularität der kommunistischen Partei einzudämmen zu wollen. Das wiederum hatte mit der sich rasch verändernden globalen politischen Nachkriegsordnung zu tun. Die Sowjetunion erweiterte ihren Einflussbereich auf die Länder Ost- und Mitteleuropas, der Warschauer Pakt entstand. Diese Ausbreitung der kommunistischen Idee beunruhigte nicht nur die Vereinigten Staaten, sondern trieb auch die brasilianische Regierung um, die unter Vargas an der Seite der Amerikaner gekämpft hatten. In Brasilien gewannen zu dieser Zeit gewerkschaftliche Bewegungen an Bedeutung, die ihrerseits der aufstrebenden kommunistischen Partei Brasiliens, der PTB, in vielen Punkten nahestanden. Mit der Nationalen Sicherheitsdoktrin kam Brasilien der immer strammer ausgerichteten anti-kommunistischen Linie der USA entgegen, wenn auch nicht ganz freiwillig. Schließlich war Brasilien auf Kredite der Amerikaner angewiesen.[8] Sie legte die Bedrohung eines Revolutionskriegs zugrunde und ermächtigte unter dieser Voraussetzung die *Polícia Militar* zu allerhand präventiven Maßnahmen, auch was die Rechtfertigung ihres robusten repressiven Vorgehens betraf.[9]

Das aktuell gültige brasilianische Strafgesetzbuch, *codigo penal*, wurde 1940 während des Estado-Novo-Regimes in der ersten Amtszeit von Getúlio Vargas verkündet und ist seit dem 1. Januar 1942 – mit inzwischen erfolgten Ausführungen und Ergänzungen – in Kraft. Noch spürbar ist der autoritäre Geist der Zeit, der sich noch heute in dem Strafgesetzbuch wiederfindet, etwa, wenn es um das Thema innere Sicherheit geht. Diese „ist nicht existent" und daher besteht „die unmittelbare Bedrohung jedes einzelnen durch die Allgegenwart des Verbrechens".[10] Das Strafrecht gilt als insgesamt veraltet. Es führt nicht nur immer wieder zum Kompetenzgerangel der verschiedenen Polizeien auf Bundes- und Landesebene. Nach normativen Kriterien mag das Strafrecht in Wortlaut und Interpretation als hochmodernes rechtsstaatliches Instrument erscheinen. Paul sieht es dennoch als reformbedürftig, da alle bisherigen Bemühungen es zu reformieren, die sozialen Ursachen der Kriminalität – Armut und Ungleichheit – außer Acht ließen.[11] Meyer sieht das endemische Problem der Kriminalität in der nach wie vor vorhandenen wirtschaftlichen und sozialen Ungleichheit in der Bevölkerung.[12]

Geschichtlich betrachtet galten in Brasilien während der gesamten Kolonialzeit die portugiesischen Gesetze, die dazu dienten, die kolonialen Machtansprüche und die Sklavenwirtschaft durchzusetzen. Und das, obwohl die Strafgesetzbücher bzw. deren Novellen des 19. Jahrhunderts sich an den fortschrittlichsten europäischen Strafgesetzbüchern orientierten und von der Aufklärung in Frankreich, der Toskana und einigen deutschen Staaten inspiriert waren. Der Einfluss von Cesare Beccaria, einem italienischen Aufklärungsjuristen, ist berüchtigt. So nahm zwar Beccaria beispielsweise in weiser Voraussicht die Generalprävention im Strafrecht vorweg. An seinem weiterhin obrigkeitsstaatlichen einseitig gegen das Volk ausgerichteten Charakter änderte sich auch nicht viel nach Ende der Monarchie und im Übergang zur Republik. Denn auch die bestimmenden Personenkreise blieben weitestgehend dieselben.

Die repressiven Tendenzen blieben bestehen und wurden während der Militärdiktatur (1964–1985) sogar noch im neuen Strafgesetzbuch von 1969 verstärkt, man könnte auch sagen instrumentalisiert. Kurz vor Jahresende 1968 setzte Präsident Costa e Silva, sicherlich auch als Reaktion auf den Bombenanschlag von Guararapas, dem er nur knapp entgangen war, eines der gefürchtetsten Gesetze in Kraft, das Brasilien bislang erlebt hat. AI 5 ist die Abkürzung für den *Ato Institucional Número Cinco*, den institutionellen Akt Nr. 5. Die Atos waren die Form der Legislative, die die schärfsten und weitreichendsten Befugnisse den Regierenden einräumten, wie selbst der US-amerikanische Geheimdienst CIA wenige Woche nach dessen Implementierung befand.[13] Grundsätzlich setzten die Atos sogar die Verfassung außer Kraft und wurden erlassen, ohne dass die Judikative in dem Gesetzgebungsprozess involviert werden musste. Sie wurden vom Obersten Revolutionskommando erlassen und waren praktisch ein Freifahrtschein ohne weitere Kontrolle. 17 solcher *Atos Institucionais* erließ die Militärregierung während ihrer Herrschaft. Der Akt Nr. 5 ist der wohl bekannteste und weitreichendste.

So erlaubte das Gesetz der Regierung, Parlamente auf allen Ebenen – bundes-, landesweit und kommunal – ohne Angabe von Gründen zu schließen. Ferner wurde der Bundesregierung das Recht eingeräumt, unter dem Vorwand der „Nationalen Sicherheit" in Bundesstaaten und Kreisen zu intervenieren, die lokalen Verwaltungen abzusetzen und Statthalter zu benennen. Darüber hinaus gestattete der AI-5 die Vorab-Zensur von Musik, Filmen, Theater, TV-Programmen und die Zensur der Presse. Des Weiteren durfte die Polizei politische Zusammenkünfte untersagen. Der AI-5 richtete sich praktisch gegen alle „Feinde und Störer der öffentlichen Ordnung".[14] Das waren, wie gesagt, nur ein paar der sehr weitreichenden Einschnitte, die der *Ato Institucional Numero 5* für die Bevölkerung Brasiliens bereithielt – als Reaktion auf eine ganze Reihe von Bombenangriffen und Überfällen.

Mit dem AI-5 wurden der Demokratie sprichwörtlich die Daumenschrauben angelegt. Denn mit einer Wahlrechtsreform versuchte das Militärregime seine Macht auch gegenüber aufkeimenden Oppositionsbestrebungen aufrechtzuerhalten – und deren Auswirkungen sind bis heute zu spüren. Die Ursprünge des großen politisch prägenden Zentrumsblocks, *Centrão* genannt, liegen in dieser

9. Rechtsfreie Räume – Milizen, Drogenbanden und Rechtsstaatlichkeit

Wahlreform, die auf undemokratische Weise durchgeführt wurde. Sie änderte die Anzahl der Abgeordneten aus den Bundesstaaten São Paulo, Rio Grande do Sul und Minas Gerais, die am stärksten gegen die Diktatur eingestellt waren, und reduzierte diese Vertretung. Die Bundesstaaten des Nord-Nordostens unterstützten die Diktatur und erhielten daher eine größere Anzahl von Abgeordneten, obwohl sie eine geringere Bevölkerung als der Südosten haben. Und selbst mit der Redemokratisierung wurde dies nicht rückgängig gemacht. Deshalb infiziert dieser Zentrismus die nationale Politik, dominiert den Kongress bis heute und macht das Regieren für die Präsidenten – ob von links oder rechts – kompliziert bis nahezu unmöglich.

Der AI-5 hatte weitere Folgen: Foltern gehörte fortan zu den bevorzugten Mitteln, um den Widerstand der Aufständischen zu brechen. Acht Jahre, von 1966 bis 1974 dauerte der bewaffnete Guerillakampf an. 40 Bomben explodierten in dieser Zeit, gut 150 Überfälle auf Banken und Geldtransporter sollen auf das Konto der *Guerrilheiros* gegangen sein. Im Gegenzug verzeichnete die Nationale Wahrheitsfindungskommission bei ihrer Bestandsaufnahme 434 Personen, die durch die Diktatur ums Leben kamen oder seither als vermisst gelten.[15]

Einhergehend mit den Eingriffen des Militärregimes gab es 1969 auch eine Verschärfung des Militärgesetzbuchs und der Militärstrafprozessordnung sowie eine Neuordnung der Militärpolizei. Mit den militärpolizeilichen Ermittlungen, *Inquerito Policial Militar (IPM)*, entstand eine parallele Spur der Rechtsprechung, die im Grunde bis heute zwar nicht mehr fortbesteht, weil mit der Verfassung von 1988 nur noch die *Polícia Civil* zuständig ist, aber spürbar bleibt. Die militärpolizeiliche Untersuchung als vorprozessuales Verfahren ist die Untersuchung eines Sachverhalts, der ein militärisches Verbrechen darstellen könnte. Ein recht weitreichender Begriff, der im Grunde auf einen Zweck abzielte: Die Opposition sollte zum Schweigen gebracht werden. Eine Praxis, die im Übrigen nicht nur in Brasilien, sondern auch in anderen Diktaturen Südamerikas Anwendung fand.

Sie hatte den Charakter einer vorläufigen Untersuchung und ihr Hauptzweck bestand darin, die Urheberschaft eines militärischen Verbrechens festzustellen und die notwendigen Beweise zu sammeln, damit die Militärstaatsanwaltschaft Anklage erheben konnte oder nicht. Eine Tradition aus der Diktatur existiert bis heute: Kriminelle werden – wie die *Guerrilhas* – als Feinde gesehen, die es zu bekämpfen gilt. Heute erwächst die Kriminalität der Armut. Auf die Kriminalität reagiert die Polizei mit Gewalt, teilweise wahlloser Gewalt. Das brasilianische Rechtswesen weist eine eindeutige Tendenz auf, Armut zu kriminalisieren und den Schutz einer „Politik der harten Hand" zu bieten, die tatkräftige Verbrechensbekämpfung vortäuschen soll. Dabei scheint es so, als gebe es eine Neigung des Rechtswesens, „das Recht zu verformen".[16]

Praktisch bei jedem Tod, der nach einem Polizeieinsatz zu beklagen ist, erscheint im Polizeibericht die Beschreibung „Widerstand mit Todesfolge". Dabei handelt es sich um ein weiteres Relikt aus der Diktatur, in der auf diese Art versucht wurde, Fälle des Widerstands gegen die Polizei zu registrieren. In der Praxis scheint diese Formulierung standardmäßig bei jedem von Polizisten verursachten Tod verwendet zu werden – unabhängig von tatsächlich geleistetem Widerstand. Damit, so argumentiert Meyer, würden die Todesfälle nicht als Verbrechen aufgeführt, sondern als „Resultate legaler Sicherheitsoperationen".[17] Militärpolizisten gingen so meist straffrei aus, da nach Mordfällen oftmals keine Ermittlungen eingeleitet würden. Und kam es doch einmal zu einem Prozess, fielen diese zunächst unter das Militärgesetz. Das bedeutete: einem Zivilrichter sind zwei Militärs zugeordnet. Hinzu kommt, dass das strafprozessuale Ermittlungsverfahren nicht von der Justiz, sondern der Polizei geleitet wird. Die Kriminalpolizei (*polícia civil*) erstellte das Belastungsmaterial und übergab es an den Richter, ohne dass eine Staatsanwaltschaft involviert gewesen sein musste. Zahlreiche auf dem Ermittlungsweg begangene Rechtsverstöße – das Erpressen von Geständnissen unter Folter, Inhaftierung ohne Beweise nur auf Verdacht oder Vorenthalten eines anwaltlichen Beistands wurden so früher kaum Gegenstand der kritischen juristischen Betrachtung. Inzwischen werden sie nicht mehr als verwertbare Beweise angesehen.

Sir Nigel Rodley in seiner Eigenschaft als Sonderberichterstatter für Folter der UN-Menschenrechtskommission kam schon 2001 nach seinem Besuch in Brasilien zu dem Ergebnis, dass in der Anwendung des brasilianischen Strafrechts Folter „häufig" und „systematisch" als Mittel eingesetzt werde. Er stellte den Behörden ein verheerendes Zeugnis aus: „Obwohl verschiedene Behörden wiederholt erklärt haben, dass die Regierung Folter und ähnliche Misshandlungen ablehnt, hält die Polizeipraxis der Verhaftung von Personen ohne richterlichen Beschluss an und die Haftbedingungen haben sich trotz einiger punktueller Initiativen auf Landes- und Bundesebene insgesamt nicht verbessert", schrieb Rodley in seinem Abschlussbericht und mahnte eine ganze Reihe notwendiger Reformen, insbesondere des Polizeiapparats an.[18] Und der Bericht kommt noch zu einem weiteren Schluss: Oft ist es die arme, farbige Bevölkerung in den Favelas, die sich überproportional häufig der Polizeigewalt ausgesetzt sieht. Viele der Feststellungen dürften noch heute Gültigkeit haben, wenngleich zu berücksichtigen ist, dass es ein Nord-Süd-Gefälle zu geben scheint, so dass eine Verallgemeinerung zumindest ungenau wäre.

Es scheinen also tatsächlich so etwas wie rechtsfreie Räume innerhalb Brasiliens zu existieren, so genannte Brown-Areas.[19] Als solche bezeichnet Klumpp Orte, wo sich im Laufe der Zeit alternative Normen und Normensysteme entwickelt haben, die in Konkurrenz zu den rechtsstaatlichen Normen und Normensystemen des Staates entstanden. Also Räume, in denen sich alternative, informelle Strukturen herausbilden, die beginnen, die Funktionen des Staats – etwa das Gewähren von Sicherheit, Anerkennung von Wohneigentum etc. – übernehmen. Das können Drogenbanden sein, die es in ganz Brasilien gibt. In Rio de Janeiro beherrscht das Rote Kommando, *Comando Vermelho* (CV) weite Teile der Peripherie der Stadt, vor allem in der Nord- und Ostzone sowie viele der rund

1000 Favelas. Weiterhin gibt es die *Amigos dos Amigos* (ADA) und das *Terceiro Comando*, drittes Kommando, die untereinander um Einfluss kämpfen. In São Paulo, aber auch in weiteren Teilen Brasiliens ist das *Primeiro Comando do Capital*, PCC aktiv. Neben diesen rivalisierenden Drogenkartellen tummeln sich vor allem in Rio de Janeiro noch Milizen. Milizen sind paramilitärische Einheiten, die sich zu großen Teilen aus den Reihen aktiver und ehemaliger Polizisten rekrutieren. Doch es ist nicht nur die Abwesenheit wesentlicher Elemente des Staats, die die Entstehung solcher Parallelstrukturen ermöglicht und begünstigt. Teilweise sind Organe wie die Polizei selbst beteiligt, wenn Drogenbanden stärker werden, wenn die örtlichen Polizeieinheiten beispielsweise korrupt sind. „Nicht vergessen werden darf, dass die lokale Polizei am Drogenhandel mitverdient, wenn sie diesen deckt und dafür Ausgleichszahlungen erhält."[20] Der Polizeiapparat ist also durchaus ein veritabler Teil des Problems, wenn es um die mangelnde innere Sicherheit Brasiliens und die nach wie vor sehr hohe Zahl gewaltsam herbeigeführter Tode geht.

Informelle Strukturen – die Drogenbanden

Die Entstehung der kriminellen Vereinigungen, die allgemein als Drogenbanden (*facções*) firmieren, kann in einem direkten Zusammenhang mit dem staatlichen Versagen und dem repressiven Strafrecht gesehen werden. Aber auch traditionell miserable Bedingungen in chronisch überfüllten Knästen bildeten während der Militärdiktatur ein fruchtbares Biotop für die beiden größten kriminellen Vereinigungen, die es aktuell in Brasilien gibt: das *Comando Vermelho* und das *Primeiro Comando do Capital* (PCC). Erstgenanntes darf man getrost als „Kind der Diktatur"[21] bezeichnen.

Alles begann in den 1970er-Jahren in dem Gefängnis Candido Mendes auf der hübschen Ferieninsel Ilha Grande. Dort saßen normale Kriminelle eingepfercht mit politischen Gefangenen ihre Strafen ab. Programme zur Resozialisierung oder klare Strukturen, an denen sich die Gefangenen orientieren konnten, gab es nicht. Jede Menge Zeit und üble Umstände ließen sie sich zusammenrotten, um sich gemeinsam zunächst für bessere Haftbedingungen zu kämpfen. Man könnte diese ersten Strukturen mit einer Art Selbsthilfegruppe vergleichen. So entstand eine Gruppierung, die sich Rote Phalanx nannte, *falange vermelho*. Sie sah sich zunächst als eine linke politische Untergrundorganisation, die ein Ende von Folter und Misshandlungen der Gefangenen forderte. Viele Häftlinge traten der Gruppierung bei, weil sie sich Schutz vor Willkür und Gewalt erhofften. Jedoch ging der politische Aspekt Anfang der 1980er-Jahre schnell verloren. Erst als die Häftlingsorganisation Kontakt zu kriminellen Netzwerken außerhalb knüpfte, entstand das heutige *Comando Vermelho*. Die Organisation begann zunächst damit, Geld in einem Fonds, der „*caixa comum*" zu sammeln, der aus den Erträgen einzelner krimineller Aktivitäten der Freigelassenen, dem Zehnten,[22] gespeist wurde. Mit dem Geld wurden Fluchten organisiert oder die Familien von Mitinsassen unterstützt. Ende der 1970er-Jahre verließ das CV das Gefängnis und siedelte sich dort an, wo es die Verhältnisse am prekärsten und den Staat am weitesten entfernt wähnte: in den Favelas von Rio de Janeiro. Um Geld für die Organisation zu sammeln, verlegte sie sich auf Raubüberfälle und Bankraub. Als wesentlich lukrativer erwies sich jedoch der Einstieg in das Kokaingeschäft in den 1980er-Jahren. Offenbar verfügte das CV für die kolumbianischen Kartelle schon damals über die Organisations- und Verkaufsinfrastruktur, um verlässlich große Mengen Kokain unter das Volk zu bringen. Außerdem übernahmen sie die Rolle des *social leader* in den Favelas – sie ersetzten praktisch den nicht vorhandenen Staat und fungieren als Normen- und Institutionenstifter.[23] Im Wesentlichen aber gründen Drogenbanden ihre Macht auf Anwendung und Androhung von Gewalt und das Schaffen von Abhängigkeiten. Das können kleine Kredite sein, die Bewohnern der Favelas gewährt werden, das kann ein Monopol auf gewisse Dienstleistungen sein, etwa der Verkauf von Gasflaschen. Auch Politiker begeben sich in Abhängigkeit der Banden. Denn Auftritte im Wahlkampf sind nur mit Erlaubnis möglich, dafür werden mitunter Gegenleistungen erwartet. Im Gegenzug können die Banden aber auch zur Wahl bestimmter Kandidaten aufrufen.

Obwohl nicht so straff organisiert wie beispielsweise die Mafia, existiert im CV, wie auch in anderen Organisationen, eine vertikale hierarchische Struktur. Der Kopf oder „Besitzer" der Favela wird als ‚*Dono*' oder ‚*Patrão*' bezeichnet. Einer der bekanntesten früheren Chefs des CV ist Luiz Fernando da Costa, genannt: Fernandinho Beira-Mar, von der Wochenzeitung *Zeit* einst übersetzt als „der kleine Ferdinand von der Waterkant". Der Name beschreibt aber eher seine Herkunft aus der Favela Beira-Mar in *Duque de Caxias* in der *Baixada Fluminense* in der Nordzone von Rio de Janeiro. Festgenommen wurde er in Kolumbien. Angeblich soll er dort gewesen sein, um mit den Rebellen der FARC über Waffenkäufe zu verhandeln. Dieser Kontakt zu politisch aktiven Guerillatruppen wirft natürlich die Frage auf, ob auch das CV eine politische Organisation ist.

Eine Frage, die in der Literatur jedoch allgemein verneint wird. Der Soziologe Ignacio Cano sieht den Fokus der Drogenbanden auf dem Geschäft, nicht auf einem politischen Projekt. „Sie sind Parasiten des Staats, korrumpieren ihn, aber stürzen ihn nicht."[24] Beira-Mar wurde 2001 zu insgesamt mehr als 600 Jahren Haft verurteilt und sitzt seither im Hochsicherheitsgefängnis in Porto Velho im Bundesstaat Rondonia. Beira-Mars Haft führte zu wütenden und aggressiven Angriffen des CV – innerhalb und außerhalb der Knäste. Zwischen Mai 2002 und April 2003 explodierten überall in Rio Bomben, brannten Omnibusse und Gebäude in der reichen Südzone Rios wurden beschossen. Im September 2002 führte Beira-Mar einen Aufstand im Gefängniskomplex in Bangu an.

Das Ziel dieser Attacken war klar: einen für alle sichtbaren Beleg für die inzwischen erlangte Macht des CV zu liefern – sowohl in Richtung des Staates als auch in Richtung etwaiger Konkurrenzbanden. Die Unruhen zwangen die Politik tätig zu werden und etwas am Justizvollzug zu verändern. Offenbar schienen die Bundesstaaten überfordert, die überfüllten Knäste weiterhin allein zu betreiben. Um diese nicht weiter zu tickenden Zeitbomben für die innere Sicherheit werden zu lassen, musste sich die Politik etwas einfallen lassen. 2006 wurde das *Sistema Penitenciário Federal* (SPF) eingeführt.[25] Es sah den Bau einzelner kleiner Hochsicherheitsgefängnisse vor, in denen notorische Anführer und potenzielle Rädelsführer fernab ihrer Verbündeten isoliert ihre Haftstrafen absitzen sollten. Am 19. Juni 2009 wurde das Bundesgefängnis in Porto Velho als drittes von bislang fünf eröffnet. Bis Beira-Mar dort einsitzen konnte, musste er jedoch so gut es geht isoliert und kontrolliert werden. Beira-Mar wurde herumgereicht, doch nirgendwo wollte man den Anführer des CV länger als wenige Monate beherbergen. Beira-Mar wurde nach São Paulo verbracht, danach nach Maceió (Alagoas), nach Brasília, Florianópolis, wieder Maceió und Brasília, bis endlich im Bundesstaat Paraná das erste Bundesgefängnis in Betrieb genommen wurde.

Anführer des CV, die, wie er, einen gewissen Bekanntheitsgrad entwickeln, sind allerdings eher selten.[26] Beobachter sehen die Drogenbande eher als ein loseres Netzwerk vieler unabhängig voneinander agierender lokaler Köpfe. Nichtsdestotrotz weist die Hierarchie nach unten hin anderen Personen klare Funktionen zu. In der nächstunteren Stufe kommen die Verwalter, '*Gerentes*', die die Verkaufsstellen, die '*Bocas de Fumo*', organisieren und die Drogen abpacken lassen. Weiter darunter kommen die Späher (*Olheiros*), die die Augen an den Eingängen der Favela darstellen, um Eindringlinge frühzeitig ausmachen zu können. Dazu kommen Transporteure oder Boten (*Aviões*) und Soldaten (*Soldados*). Sorgen, einmal nicht genügend Späher, Boten oder Soldaten zu haben, brauchen sich die Donos kaum zu machen. Die Verdienstmöglichkeiten sind im Vergleich zu anderen Tätigkeiten ziemlich gut und Alternativen rar. „Willige und billige Arbeitskräfte, die ihr Leben für den Drogenhandel opfern."[27] Und: Einmal mit der Organisation verwoben, ist die Bindung eng. Davon wieder lebend loszukommen ist praktisch unmöglich, das Abhängigkeitsverhältnis zu stark.

Das *Comando Vermelho* galt lange als die größte Verbrecherorganisation des Landes. Ihr Schwerpunkt lag zu Beginn in Rio de Janeiro, wo sie, laut der Organisation *Insight Crime*, 2005 zeitweise bis zu 50 Prozent der Stadtfläche kontrollierte. Sie soll demnach geschätzt rund 30.000 aktive Mitglieder zählen. Anfangs hatte das CV das Monopol, doch noch in den 1980er-Jahren spaltete sich das *Terceiro Comando* (TC) ab. Auch die seit 1994 aktive Drogenbande *Amigos dos Amigos* (ADA) ist eine Abspaltung des CV, die in den 1990er-Jahren praktisch den kompletten Drogenhandel von Rio de Janeiro kontrollierte. Die große territoriale Ausdehnung war auch begünstigt durch den schwindenden Einfluss der *bicheiros*, die das Glücksspiel in der Stadt kontrollierten und so auch Einfluss auf gewisse Regionen der Stadt ausübten, der ein gutes Stück über das Glücksspiel hinaus ging. Als er schwand, entstand ein Vakuum, das das CV gerne füllte.

Doch das Wachstum ging nicht ewig weiter. Es begannen territoriale Auseinandersetzungen mit den abgespaltenen Banden, die ihrerseits versuchen mussten, sich räumlich zu etablieren. Dafür expandierte das CV in anderen Teilen Brasiliens. In Manaus gewannen sie 2015 einen Krieg gegen die *Familia do Norte* (FDN) und sicherten sich ein wichtiges Territorium und die dazugehörige Infrastruktur, um den Nachschub an Drogen aus den Nachbarländern zu sichern. Denn viele Schmuggelrouten laufen über die grüne Grenze im Regenwald. Auch im Bundesstaat Mato Grosso, ebenfalls ein wichtiges Transitgebiet, ist das CV stark vertreten. Mit dem *Primeiro Comando do Capital*, PCC, mit dem das CV lange Zeit ein kollegiales Verhältnis gepflegt haben soll, kam es 2016 zum Bruch. Grund waren Gewaltausbrüche in Gefängnissen, die viele Menschenleben kosteten. Auch der wachsende Einfluss der Milizen, der im weiteren Verlauf des Kapitels ins Zentrum der Betrachtung rückt, setzt dem CV durchaus zu.

Das CV rückt zudem immer weiter in den Fokus von Polizeioperationen. Manche Favelas, in denen die Drogenbande aktiv ist, verzeichnen bis zu vier Mal so viele Polizeioperationen wie andere Regionen Rios.[28] Vergleichsweise erfolgreich war auch die vorübergehende Errichtung von Polizeistationen in notorischen Favelas vor allem in der Südzone von Rio de Janeiro. Das Programm der *Unidade de Polícia Pacificadora (UPP)* war eine Polizeieinheit des Bundesstaates Rio de Janeiro und Teil der Militärpolizei. Die Idee dazu stammte aus dem kolumbianischen Medellín, einer Stadt, die mit Drogenkriminalität viel praktische Erfahrung sammeln musste. Gegründet wurde die UPP am 19. Dezember 2008. Bis zur Fußball-Weltmeisterschaft 2014 sollte die Gesamtstärke der Einheiten rund 12.500 Frauen und Männer erreichen. Die Einheiten der UPP sollten nach dem gewaltsamen Sturm der Favelas durch die berüchtigten Einheiten des *Batalhão de Operações Policiais Especiais* (BOPE) sowie Sondereinheiten der konventionellen Armee dauerhaft stationiert werden, nachdem zuvor die örtlichen Drogenbanden gewaltsam vertrieben wurden. Ihre Aufgabe war es, Wiederansiedlungen von Drogenkartellen vorzubeugen und eine Dauerpräsenz des Rechtsstaats zu verkörpern. Allein im *Complexo do Alemão*, einem Komplex aus 25 Favelas, waren mehr als 2000 Beamte stationiert. Auch die Favelas Dona Marta in Botafogo und in der Rocinha nahe den Touristenorten der Südzone wurden von der UPP besetzt.

In der Theorie klang das alles gut und zunächst sah es tatsächlich so aus, als würden einzelne Gebiete friedlicher werden. Das war auch nötig, schließlich standen mit den Panamerica Games, dem Weltjugendtag, der Fußball-WM und den Olympischen Spiele vier Großereignisse ins Haus, die den Blick der Weltöffentlichkeit auf Brasilien und besonders Rio de Janeiro richteten. 38 Favelas kamen in den Genuss der UPP. In einigen Gegenden, wie der Santa Marta waren die Effekte zunächst positiv. Das Programm wurde von den Bewohnern überwiegend gut angenommen, die Revierkämpfe hörten auf, Holzhütten wurden durch Steinhäuser ersetzt, der überwiegende Teil der Häuser wurde an das Kanalnetz angeschlossen. In Santa Marta gab es sechs Jahre und fünf Monate lang keine Schießereien.[29] Dennoch sprachen die Bewohner von einer „Besetzung." Auch der Drogenhandel hat wohl nie aufgehört zu existieren. Mit dem Regierungswechsel 2016, dem Amtsenthebungsverfahren Dilma Rousseffs und der Übernahme durch Interimspräsident Michel Temer war dann Schluss, das Programm lief aus.

Eigentlich hatte es schon viel früher Federn gelassen. Zur Polizeipräsenz hatte es ein flankierendes Sozialprogramm geben sollen: *UPP Social*, gedacht „als natürliches Gegenstück zur UPP".[30] Schon nach der Wahl 2010 – Rousseff folgte auf Lula, wurde *UPP Social* eingestampft. Er blieb das reine Sicherheitsprogramm. Das bedeutete: Keine großen Investitionen in Infrastruktur mehr. Der *Complexo do Alemão*, ebenfalls UPP-Gebiet, hatte noch Glück, erhielt eine Seilbahn, die einige Hügel miteinander verband, als Nahverkehrsmittel. Doch schon seit einigen Jahren fehlt das Geld, die Bahn steht still. Immerhin durfte die damalige Präsidentin des Internationalen Währungsfonds Christine Lagarde 2015 noch eine Runde damit drehen.

Das frühe Streichen der flankierenden sozialen Programme war einer der Gründe, weshalb das Projekt letztlich wohl als gescheitert zu betrachten ist. Ohnedies war es schwierig, nachhaltig Vertrauen zur lokalen Bevölkerung der Favelas aufzubauen, auch weil Polizisten in einigen Gegenden martialisch wie eh und je auftraten. Zudem fehlte es an Investitionen und Verbesserungen wie funktionierendem Abwassermanagement, Versorgung mit Elektrizität, Wasser aber auch Bildung und Zugang zu medizinischer Versorgung. In einigen Vorzeigegebieten wie Santa Marta funktionierte das noch – im Vorfeld der WM 2014 engagierte sich die niederländische Fußballnationalmannschaft dort in sozialen Projekten, einige Jahre zuvor machte Michael Jackson sie im Video zu „They don't really care about us" berühmt. Allerdings hätte es viele weniger zentrale Gegenden gegeben, die von vornherein ärmer und gewalttätiger waren und somit den Einsatz nötiger gehabt hätten. Es war kein soziales Projekt, sondern ein politisches und touristisches. Für den Soziologen Ignacio Cano, der das Projekt der Stadt Rio de Janeiro wissenschaftlich begleitet hat, hat das Programm die vorhandene Ungleichheit sogar noch ein Stück weit verschärft.[31]

Das Primeiro Comando do Capital – der mächtige Konkurrent

Der größte Konkurrent des CV ist das PCC aus São Paulo. Schaut man sich die Entstehung dieser kriminellen Organisation an, erkennt man schnell einige Parallelen zum CV. Auch das PCC entstand aus dem Elend brasilianischer Knäste. Die Spur führt zurück ins Jahr 1992 zum *Massaker von Carandiru*.

Im Oktober 1992 waren 7000 Menschen in der Haftanstalt Carandiru in São Paulo inhaftiert, das nach seinem Bau in den 1950er-Jahren lange als das modernste und größte Gefängnis Südamerikas galt – mehr als das Doppelte der offiziellen Kapazität von 3250 Häftlingen. Von diesen waren 2000 Gefangene allein im Block für Ersttäter und Untersuchungshäftlinge, dem sogenannten Pavillon 9, untergebracht. Dort kam es wegen der Enge, aber auch wegen der generell miserablen Bedingungen mit Gewalt, Drogenhandel etc. am 2. Oktober zur Revolte. Eigentlich wollten die Aufständischen zunächst nur Verbesserungen im Haftalltag erwirken: Besseres Essen, bessere hygienische Bedingungen. Eigentlich sollte das Strafvollzugsgesetz diese Rechte garantieren, tat es wohl aber nur auf dem Papier, obwohl Brasilien alle Menschenrechtsverträge und -konventionen unterzeichnet hat. Früher konnte man behaupten, dass die Verstöße auf die Diktatur und das Militär zurückzuführen seien. Dieser Erklärungsansatz dürfte, da das Land seit 1985 in einer Demokratie lebt, überholt sein.

Zwei Prozent der Einnahmen aus den nationalen Lotterien sollten seit 1962 generell und seit 1994 über den Topf des *Fundo Penitenciário Nacional* (Funpen) in das Gefängnissystem fließen. Wohin wieviel Geld daraus fließt, ist auch dem brasilianischen Bundesrechnungshof TCU nicht klar ersichtlich.[32] So heißt es in dem Bericht von 2017 etwa: „Auch bei den Daten der letzten drei Jahre übermittelte kein untersuchter Staat seine monatliche Kostenaufstellung für Insassen an die Nationale Strafvollzugsbehörde (Depen). Obwohl der Nationale Rat für Straf- und Strafvollzugspolitik (CNPCP) Parameter für die Berechnung dieser Kosten aufgestellt hat, halten sich 83 Prozent der befragten Staaten nicht an diese Kriterien." Währenddessen hat Brasilien nach China und den USA die drittgrößte Gefängnispopulation der Welt.

Der Bundesstaat São Paulo schickte die Militärpolizei, um den Aufstand niederzuschlagen. Mehrere hundert Polizisten stürmten daraufhin das Gefängnis. Obwohl die Häftlinge offenbar weiße Fahnen gehisst hatten und ihre Messer in den Hof warfen, gingen die Polizisten mit Grausamkeit und aller Härte gegen die Aufständischen vor. Der kommandierende Colonel Ubiratan Guimarães gab den Befehl, das Feuer zu eröffnen. Die Militärpolizisten erschossen 102 Häftlinge. Die meisten der Opfer wiesen Einschüsse in Kopf und Brust auf – klare Indizien für ein gezieltes, hinrichtungsartiges Massaker. Weitere neun Häftlinge starben an Stichwunden. 87 Gefangene und 22 Polizisten wurden verletzt.[33] Das Massaker bildete nicht nur den Grundstein für die Entstehung der größten kriminellen Organisation Südamerikas, des *Primeiro Comando do Capital*, kurz PCC. Es fand sogar Eingang in die Popkultur. Im Jahr nach dem Vorfall veröffentlicht die brasilianische Heavy Metal Band Sepultura ein Album mit dem Titel „Chaos A.D." Das darauf veröffentlichte Stück mit dem Titel „Manifest" thematisiert das Massaker und die endemische Polizeigewalt.

Im August 1993 gründete eine Gruppe von acht Gefangenen – eigentlich eine Fußballmannschaft – die alle als Unruhestifter aus anderen Anstalten in das Gefängnis von Taubaté (Spitzname: *Piranhão*, der große Piranha) verlegt worden waren, das PCC. Die Gruppe traf sich zunächst während eines Fußballspiels. Die Gefangenen waren zur Strafe für schlechtes Benehmen aus der Stadt São Paulo in den Piranhão verlegt worden und beschlossen, ihre Mannschaft „Hauptstadtkommando" zu nennen – ein Name, der sich durchsetzte. Die „Capitals" gründeten eine Fußballmannschaft, die gegen andere Mannschaften des Gefängnisses antrat. Am 31. August 1993 veranstalteten die Gefangenen ein selbstorganisiertes Fußballturnier und erschienen zum ersten Spiel in weißen Standard-T-Shirts, auf deren linker Brust mit blauem Kugelschreiber die drei Buchstaben PCC (*Primeiro Comando do Capital* – Erstes Hauptstadtkommando) aufgekritzelt waren. Anschließend töteten sie die meistgefürchteten Insassen des Gefängnisses und verschafften sich so Respekt.[34]

Die juristische Aufarbeitung des Massakers ließ ewig auf sich warten. Der Einsatzleiter, Polizeikommandant Ubiratan Guimarães, musste sich vor Gericht dafür verantworten, den Schießbefehl gegeben zu haben. Er wurde zwar 2001 in erster Instanz zu 631 Jahren Haft verurteilt, ging aber in Berufung und ließ sich in der Zwischenzeit zum Abgeordneten im Parlament des Staats São Paulo wählen. 2006 wurde er im Berufungsverfahren freigesprochen, da das ursprüngliche Verfahren gegen ihn fehlerhaft gewesen sein soll. Am 10. September 2006 fand man ihn ermordet in seinem Wohnhaus. An seiner Hauswand stand: Hier wird es getan, hier wird es bezahlt (*aqui se faz, aqui se paga*). In einem Indizienprozess verurteilte ein Gericht später die frühere Lebensgefährtin und Anwältin Carla Cepollina.[35]

Noch länger dauerte es, bis beteiligte Polizisten zur Rechenschaft gezogen wurden. In vier getrennten Verfahren wurden im April 2013 23 Polizisten zu einer Haftstrafe von jeweils 156 Jahren, im August 2013 25 Polizisten zu jeweils 624 Jahren, im März 2014 9 Polizisten zu jeweils 96 Jahren verurteilt, ein weiterer Polizist zu 104 Jahren und schließlich im April 2014 15 Polizisten zu jeweils 48 Jahren Gefängnis. Nach brasilianischem Recht, das 2019 verschärft wurde,[36] dürfen verurteilte Häftlinge maximal 40 Jahre inhaftiert bleiben.

Die operative Grundlage des PCC basierte im Wesentlichen auf zwei Säulen. Intern würden sich die PCC-Insassen einer neuen Regel unterwerfen, die ein koordinierteres, aber weniger konfrontatives Verhalten vorsah, um die eigenen Leute zu schützen, aber dennoch ihre Rivalen zu liquidieren. Das PCC zeigte neben der aufkeimenden Gewaltbereitschaft als Ausdruck eines wachsenden Machtanspruchs ein weiteres, sozialeres Gesicht. Denn neben den Versuchen, Einfluss in den Gefängnissen auszubauen, pflegte es eine Art soziale Lobbyarbeit und etablierte eine Strategie zur Unterstützung der Ehegatten, Partner und Kinder von Gruppenmitgliedern, indem es etwa deren Miete bezahlte, sie mit Lebensmitteln versorgte oder einen kostenlosen Transport für die wöchentlichen Besuche in den Gefängnissen organisierte, um so Sympathie und Unterstützung für die Gruppe zu wecken.[37] Extern bot das PCC bald einen einheitlichen Rechtsbeistand an, der durch die monatlichen Beiträge aller inhaftierten Mitglieder unterstützt wurde, die über ihre Familienangehörigen Zahlungen an die Organisation zu leisten hatten. Das PCC, das sich in Aufbau und Struktur an Gewerkschaften orientierte und sich nach diesem Vorbild organisierte, zog immer mehr Mitglieder an. Und ihre modernisierte Botschaft, die über die einer herkömmlichen Bande hinausging, wurde von verlegten PCC-Mitgliedern in andere Gefängnisse exportiert.

Anders als das CV hat das PCC eine arbeitsteilige Struktur aufgebaut, die wie in einer klassischen Verwaltung in inhaltlichen Ressorts organisiert ist. Diese Ressorts nennt das PCC selbst Zellen, *sintonias*.[38] Diese Zellen sind thematisch aufgestellt und haben unterschiedliche Wirksamkeit – regional, auf Bundesstaatsebene, national, international. Jedes Gefängnis und jeder Stadtteil, in denen das PCC aktiv ist, hat einen Repräsentanten, der einerseits die Geschäfte kontrolliert, andererseits bei der Lösung von auftretenden Konflikten vermittelt.

In São Paulo sitzen die höchsten Instanzen, gewissermaßen das Machtzentrum, die ‚*Sintonias Geral Final*' (SGF) und ‚*Resumo Disciplinar*'. Das SGF ist so etwas wie die oberste Binneninstanz in allen rechtlichen Angelegenheiten, eine Art oberstes Gericht, während sich das *Resumo Disciplinar* um grundlegende Themen und das Disziplinarrecht kümmert. Das *Sintonia dos Estados e Paises* und der *Resumo Disciplinar dor Estados e Paises* sind die höchsten Instanzen außerhalb São Paulos. Ihre Funktion ist es, die Verbindung zwischen der Zentrale und den Außenstellen zu halten. Außerdem gibt es Sintonias, die inhaltliche Arbeitsschwerpunkte haben. Das *Sintonia das ‚Gravatas*' (Krawatte) ist Zahlstelle für die Anwälte, die für das PCC tätig sind. Zum Teil bezahlt das PCC die Ausbildung von Anwälten, die anschließend für das Kartell tätig werden. Das ‚*Sintonia de Ajuda*' (Hilfe) verteilt Lebensmittelpakete an Angehörige der Organisation, das ‚*Sintonia do Cadastro*' regelt die Angliederung anderer Organisationen. Acht weitere Sintonias gibt es: Für Marihuana-Handel, für Kokain, die Drogenküchen, zum Eintreiben der Beiträge außerhalb der Gefängnisse und die für Glücksspiele und Schwarzhandel.

Bis 1995 gewann die PCC die Kontrolle über das Carandiru-Gefängnis. Auch wenn das PCC bereits in den 1990er-Jahren in São Paulo aktiv war, wurde es von der Politik und den Sicherheitsbehörden anfangs ignoriert oder versucht totzuschweigen. Mit dem Bolivianer Marcos Williams Herbas Camacho, genannt Marcola, gewannen die Aktionen eine neue, gewalttätige Dimension – sie verlagerten sich fortan auf den Drogenhandel und Banküberfälle, auf die vor allem Camacho spezialisiert war.

Das PCC wuchs und mit ihm seine Gewalttätigkeit und Brutalität. 2001 erregte es große Aufmerksamkeit, als mehrere Tausend Inhaftierte in 29 Knästen in São Paulo 10.000 Geiseln nahmen. In Carandiru hingen PCC-Transparente aus den Fenstern. Der Aufstand wurde zwar niedergeschlagen, aber die Marke PCC etablierte sich immer mehr. Obwohl er inhaftiert war, wird Marcola als einer der Drahtzieher der „*ataques de maio*", der Maiattacken im Jahr 2006 gesehen, die eine neue Dimension der Gewalt darstellten. Am 12. Mai kam es zunächst zu Aufständen in 83 Gefängnissen, Angriffen gegen öffentliche Einrichtungen wie Krankenhäuser, Feuerwachen, Privatschulen und Polizeistationen, allein 274 in São Paulo in nur neun Tagen. Zwei Tage später schwappte die Gewaltwelle in andere Staaten wie Espirito Santo, Paraná, Mato Grosso, Minas Gerais und Bahia über. Bei den Ausschreitungen starben mehr als 560 Menschen. Diese Attacken sollen einen entscheidenden Betrag dazu geleistet haben, die Vormachtstellung des PCC in São Paulo zu etablieren, aber auch die Organisation im ganzen Land bekannter zu machen.[39] Inzwischen hatte sich das PCC zu einer Terrororganisation radikalisiert. Einen nicht unwesentlichen Beitrag dazu leistete der technische Fortschritt in Form von Mobiltelefonen. Von da an war es für das PCC wesentlich einfacher, Aktionen zu koordinieren und Kontakte zwischen Knast und Außenwelt zu halten. Auch international ist das PCC mit anderen Organisationen vernetzt. Die Verbindungen reichen bis zur Hisbollah im Libanon und damit auch bis zur Terrororganisation Hamas.[40]

Überdies half der Staat, wenn auch unbewusst und unfreiwillig, die Machtposition in Brasilien auszubauen, indem immer wieder Häftlinge von einer in die andere Anstalt verlegt wurden. So wurden Gefangene zu „Botschaftern",[41] die, meist aus den wohlhabenden Bundesstaaten stammend, in anderen Teilen Anhänger rekrutierten und halfen, das PCC auf heute, laut Minsterium für öffentliche Angelegenheiten, *ministério publico*, rund 112.000 Aktive[42] anwachsen zu lassen.

Inzwischen wurde der Organisation eines immer klarer: Nachdem das PCC mehrfach eindrucksvoll seine Fähigkeit zur Mobilisierung bewiesen hatte, sah man sich jetzt zu Höherem berufen. Die PCC-Führer waren von ihrer Fähigkeit überzeugt, den Staat herauszufordern, in Verlegenheit zu bringen und zu erpressen. Man nannte sich fortan „Partei des Verbrechens".[43] Inzwischen ist das PCC – und sicher auch mit Abstrichen das CV – zu einer „Third Generation Gang" gereift. Der Begriff wird beschrieben unter anderem von Sullivan und Bunker[44] als „komplexe Banden, die mit großer Reichweite – oft grenzüberschreitend – operieren, Söldnerhandel betreiben und zuweilen politische und potenziell terroristische Ziele verfolgen."

2002 versuchte das PCC erstmals politisch aktiv Einfluss zu nehmen. Bei den Wahlen im Bundesstaat São Paulo versuchte das Kartell, den Kandidaten José Genoíno der Arbeiterpartei PT zu unterstützen. Am Vorabend der Wahl riefen sie alle Familien der Mitglieder dazu auf, nicht zu den üblichen Besuchen in die Gefängnisse zu gehen, sondern für eine hohe Wahlbeteiligung zu sorgen und Genoíno wählen zu gehen. Gouverneur wurde jedoch ein anderer, nämlich der heutige Vize-Präsident Geraldo Alckmin. Die vermeintliche Unterstützung durch das PCC wärmte Jair Bolsonaro im Wahlkampf 2022 genüsslich gegen seinen Widersacher Lula auf. Aber auch bei späteren Wahlen war das PCC aktiv, wenn auch mit geänderter Taktik: man unterstützte mit Geld gezielt den Wahlkampf bestimmter Kandidaten.

2016 zündete das PCC die nächste Eskalationsstufe: es brach mit dem CV, mit dem es bis dahin eine partnerschaftliche Koexistenz geführt hatte, und führt seither einen erbitterten Krieg um die Vorherrschaft, vor allem in den Gebieten, die entlang der Grenzen von Paraguay über Bolivien bis hinauf nach Kolumbien liegen und durch die der Drogenschmuggel verläuft. Wieder nahm diese Auseinandersetzung ihren Anfang in Gefängnisrevolten.

Nachdem er anfangs die Existenz des PCC negierte und herunterspielte, blieb dem Staat angesichts der immer schneller eskalierenden Gewaltspirale gar nichts anderes übrig, als in Verhandlungen mit der Organisation zu treten. Alle bisherigen Rezepte der Verbrechensbekämpfung, im Wesentlichen noch mehr Repression, Verschärfung der Haftbedingungen und Gewalt waren offensichtlich gescheitert. „Das PCC ist immun gegen Gefängnisse" fasst es Coutinho passend zusammen. Es wurde im Gefängnis gegründet und die großen Anführer sitzen alle hinter Gittern. Noch mehr Gefängnisse führten immer nur zu noch mehr Gefangenen und gleichbleibend schlechten Haftbedingungen und der Staat kommt mit dem Bau von Gefängnissen gar nicht hinterher. Nur in China und den USA gibt es mehr Gefängnisinsassen als in Brasilien.[45]

Notwendig erscheinen deshalb Reformen, die das Strafrecht und die Polizeien betreffen. Ein rein repressiver Ansatz wie bisher mit immer schärferen Gesetzen und immer brutaleren Polizeiaktionen dürfte die Gewaltspirale weiter eskalieren lassen. Die Bekämpfung der organisierten Kriminalität kann nicht einfach im Polizeialltag mit erledigt werden. Es erfordert konzentrierte Bemühungen einer Ermittlungsbehörde, die auch technisch auf Augenhöhe mit Organisationen wie dem PCC konkurrieren kann, das die längst globalen Geldströme und Geldwäscheaktivitäten, die das System finanzieren und immer mächtiger werden lassen, in den Blick nimmt und unterbindet.[46]

Milizen

Was Nachrichten über Gewalt betrifft, sind die Cariocas, so nennt man die Bewohner Rio de Janeiros, wahrlich einiges gewohnt. Doch immer wieder sind es besonders grausame Verbrechen, die deshalb eine ungleich höhere Aufmerksamkeit generieren als andere Schreckensmeldungen, weil sie einen Blick auf eine Problematik freilegen, die Fachleute möglicherweise bereits geahnt und vereinzelt auch angesprochen hatten, die bis dahin aber sowohl bei der Bevölkerung als auch bei den zuständigen Strafverfolgungsbehörden weitgehend unter dem Wahrnehmungsradar geflogen war. Dies gilt vor allem für das Thema Milizen.

2021 veröffentlichte die Forschungsgemeinschaft *Grupo de Estudos dos Novos Ilegalismos (GENI/UFF)* die untenstehende Landkarte, die das bis dahin zwar grundsätzlich bekannte, aber in seiner politischen und gesellschaftlichen Dimension unterschätzte Phänomen der Milizen eindrucksvoll illustrierte. Sie zeigt die Verteilung der Einflussgebiete bewaffneter Gruppierungen im Bundesstaat Rio de Janeiro. Dabei fällt eine Sache besonders auf: Der Süden und Westen, vor allem in den Randgebieten, ist überwiegend dunkel eingefärbt. Als solche sind die Bezirke gekennzeichnet, die von Milizen beherrscht werden, während die Nordzone, das Zentrum, Duque de Caxias und São Gonçalo auf der São Gonçalo auf der gegenüberliegenden Seite der Guanabara-Bucht hell eingefärbt sind –

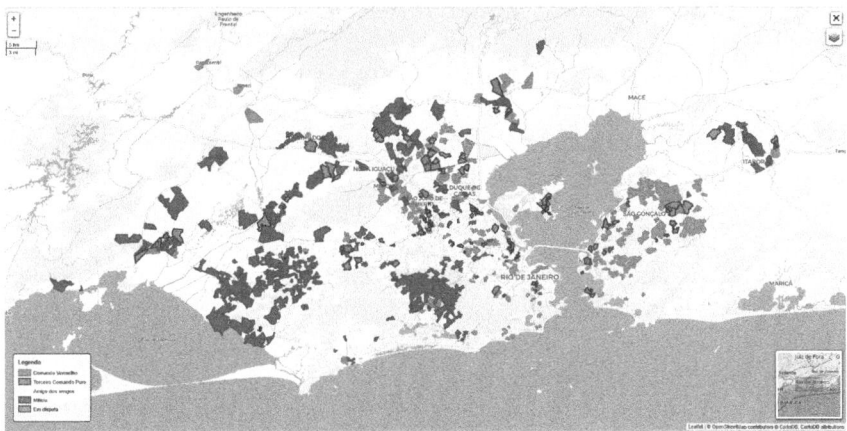

Abb. 10: Karte der bewaffneten Gruppen in Rio de Janeiro.

die Farbe des Drogenkartells *Comando Vermelho*. War Rio de Janeiro lange Zeit durch Konflikte rivalisierender Drogenbanden gekennzeichnet, haben sich die Milizen insbesondere seit der Jahrtausendwende zu einem enormen illegalen Machtfaktor entwickelt.

Die ersten Milizen bildeten sich in den 1970er-Jahren im Bezirk Jacarepaguá in Rio de Janeiro. Damals verdienten sich Polizisten Geld hinzu, indem sie sich von Händlern anheuern ließen, um Geschäfte und Wohngegenden vor der Ausbreitung der Drogenbanden zu schützen. Um sich Respekt zu verschaffen, agierten die Milizionäre ebenso wie die Drogenbanden. Das heißt konkret: Sie beantworteten deren Gewalt mit Gegengewalt. Ihr Credo: Um die Gewalt der Kriminellen zu neutralisieren, muss man im Zweifelsfall noch gewalttätiger sein als die Kriminellen. Statt zu diskutieren, wurde kurzerhand geschossen und gemordet. „Die Morde", so beschreibt es ein ehemaliger Milizionär in dem Buch *Republica das Milicias*, „dienten als Mittel zur Kontrolle abweichenden Verhaltens in der Nachbarschaft."[47] In diesem Zusammenhang ist es wichtig zu erwähnen, dass dies die Zeit der Militärdiktatur war. Eine Zeit, in der es keinen Rechtsstaat gab, in der die Staatsgewalt ihre Macht durch Unterdrückung, Folter und die Ermordung von politischen Gegnern sicherte.

Zwar begannen auch die Milizen irgendwann damit, von den Bewohnern Schutzgeld für ihre Arbeit zu verlangen, aber beispielsweise mit öffentlichen Grillfesten versuchten sie zugleich die Akzeptanz der Bewohner der Gebiete zu gewinnen, die sich letztlich mit ihnen zu arrangieren hatten. Tatsächlich bieten sich auf den ersten Blick einige vermeintliche Vorteile für die Milizen im Vergleich zu den Drogenbanden. Letztere versorgen zwar in den armen Stadtteilen Menschen mit Jobs und die Geschäfte sorgen auch für eine gewisse Wertschöpfung oder zumindest Umsatz, die Nebenwirkungen sind jedoch beachtlich: Viele Polizeieinsätze, bei denen auch oft Unschuldige durch Querschläger getötet werden, das Risiko eindringender anderer Banden und damit verbunden: noch mehr Tote.

Im Gegensatz dazu gelang es Milizen zunächst, ein gewisses Gefühl von Stabilität zu vermitteln – zumal sie oft im Zusammenspiel und mit Duldung der örtlichen Polizei- und Verwaltungseinheiten zunächst wie Bürgervereine agierten. Durch die Verdrängung bzw. Abschreckung der Drogenbanden kam es in von Milizen dominierten Gebieten zu weniger Polizeieinsätzen, was das subjektive Sicherheitsgefühl der Bewohner erhöhte. Dieses wiederum kann für ein positives Investitionsklima sorgen, was dem Stadtteil, der meist zu den wenig privilegierten Gebieten zählt, weiterhelfen kann. Auch für Politiker kann die Anwesenheit von Milizen positive Effekte haben, etwa wenn diese aktiv für die Wahl bestimmter ihnen wohlgesonnener Kandidaten werben.[48] Jedoch dürfen alle diese genannten vermeintlich positiven Effekte nicht darüber hinwegtäuschen, dass auch die Dominanz von Milizen im Wesentlichen auf Gewalt und Willkür beruht und kaum einen echten Zugang zur Rechtsstaatlichkeit für die Bürger bedeutet. Milizen, so formuliert es Paes Manso, „ersetzen einen Staat, der schwach und unfähig ist".

Historisch bildeten sich zwei Gebiete aus, die den Milizen als Biotop dienten. Die bereits erwähnte Region Jacarepaguá und dort vor allem die Favela Rio das Pedras im Osten Rios und im Süden die Munizipalitäten Santa Cruz und Campo Grande. Beide Regionen sind auch auf der eingangs erwähnten Karte praktisch flächendeckend dunkel eingefärbt. Verweilen wir einen Augenblick an der Peripherie Rio de Janeiros. *Rio das Pedras* ist so etwas wie eine Referenzfavela, will man Erfolge eines sogenannten Komplementärnormensystems[49] illustrieren, also einer alternativen Organisationsform, um das Miteinander zu regeln, wo es keine oder kaum staatliche Vertreter oder Verwaltungseinheiten gibt. Die wesentliche Kohäsionsgruppe dort ist der 1979 gegründete Bürgerverein *associação dos moradores*. Dabei handelt es sich um eine Art Selbstverwaltungszusammenschluss, um Bewohnern der Favela Alltagshilfe zu geben und Probleme zu lösen, für die eigentlich die öffentliche Hand zuständig wäre. Seine Legitimität zieht der Bürgerverein aus seinen Kompetenzen: er regelt Besitzrechte und regelt das Zusammenleben. Grundstücksangelegenheiten lassen sich dort ebenso regeln, wie Testamentsangelegenheiten, Ehestreitigkeiten oder kleinere juristische Rechtshilfen oder er vermittelt bei Streit zwischen Nachbarn.[50] Kopf des Bürgervereins ist der Präsident. Er vertritt die Interessen der Bewohner gegenüber der Stadtverwaltung, ist Mediator, Schlichter, Richter.

Einer der Gründer des Bürgervereins war Otacílio Bianchi, der mit seiner Frau Dinda über Jahre den Bürgerverein prägte. Zwar führte auch er in den 1980er-Jahren als Akt der kommunalen Selbstverwaltung eine Art Schutzgeld für Gewerbetreibende ein. Ein Import aus São Paulo, der den Milizen in der Bevölkerung den Spitznamen „Mineiros" einbrachte. Wie Bergarbeiter waren sie auf der Suche nach lohnenden Abbaumöglichkeiten oder, in diesem Fall, Einnahmequellen. Nach außen hin wurde diese *Polícia Mineira* und die von ihr ausgeübte

Gewalt als Garant der Ordnung verkauft – vermeintliche Verbrecher durften getötet werden, um die redliche arbeitende Bevölkerung zu schützen. Doch trotz dieser Entwicklungen und wegen seiner günstigen Lage zum Oberklasse-Stadtteil Barra da Tijuca und seines weitgehend sachorientierten Bürgervereins schien Rio das Pedras durchaus eine positive Entwicklung zu nehmen. Doch, wie so oft in verschiedenen Aspekten der Geschichte Brasiliens, hatte das Schicksal irgendwann die falsche Abzweigung genommen.

Milizen werden zum öffentlichen Diskussionsthema

Milizen waren geduldet, wurden über Jahrzehnte als kleineres Übel in einem Umfeld gesehen, in dem der Staat keine Rechtsstaatlichkeit zu garantieren vermag. Sie vermittelten den Anwohnern ein trügerisches Gefühl von Ruhe, das sich aber nur einstellte, weil sich die Gewalt der Milizen gegen die Drogenbanden richtete und diese aus milizdominierten Stadtteilen fernzuhalten vermochte. Ein Thema, über das man nicht gerne öffentlich redete. Doch das sollte sich ändern. Es dauerte bis März 2005, bis das Problemfeld Milizen von der Öffentlichkeit wahrgenommen werden sollte. Die Journalistin Vera Araújo veröffentlichte in der Zeitung *O Globo* einen Text mit dem Titel „*Milicias de PMs expulsam trafico*" (Milizen der Militärpolizei vertreiben Drogenhandel). Dieser Text beförderte nicht nur das Thema Milizen in die breite Wahrnehmung der Bevölkerung, er – wie auch andere Artikel, die daraufhin das Thema aufgriffen – veränderten auch die Wahrnehmung der Milizen: von der geduldeten Ordnungskraft hin zur machtgierigen organisierten Kriminalität. Plötzlich lagen die Themen wie Gasflaschenmonopole, illegale Transportunternehmen oder der wachsende Einfluss der Milizen auf dem Immobilienmarkt auf dem Präsentierteller.

Es folgte eine Phase entfesselter Gewalt und einer praktisch offenen Konfrontation zwischen Milizen und Drogenbanden, allen voran dem *Comando Vermelho*. Zwischen dem 27. und 31. Dezember 2006 verübten Drogenbanden als Vergeltung für den Vormarsch der Milizen eine Reihe von Angriffen auf Polizei-, Zivil- und sogar Regierungsziele in der ganzen Stadt. Die Drogenhändler steckten Busse in Brand und warfen Bomben auf öffentliche Gebäude. Neunzehn Menschen wurden getötet, darunter zehn Zivilisten, zwei Polizisten und sieben Kriminelle. Bei einem Vorfall töteten die Menschenhändler sieben Menschen, als sie den Bus, in dem sie reisten, in Brand setzten. Zwei Fahrgäste starben, 14 weitere wurden schwer verletzt. Die Polizei antwortete, wie so oft, mit Härte und Brutalität: Hundert Verdächtige für die Anschläge wurden getötet.

Mit welcher Brutalität Milizen vorzugehen in der Lage sein können, bewies auch der Fall eines entführten Reporterteams der Boulevard-Zeitung *O Dia*, der im Mai 2008 hohe Wellen schlug. Drei Mitarbeiter des Blatts hatten sich zur Recherchezwecken mehrere Tage in einer von Milizen beherrschten Gegend der Nordzone von Rio de Janeiro eingemietet und waren enttarnt worden. Anschließend wurden sie mehrere Stunden lang mit Schlägen, Elektroschocks und erzwungenem „russischem Roulette" gefoltert.[51] Außerdem zwangen die Verbrecher die Journalisten, ihnen die Passwörter zu ihren E-Mail Accounts zu nennen. Mitten in der Nacht wurden sie an der Avenida Brasil auf Höhe der Favela Batan von ihren Folterern freigelassen. Der Vorfall sorgte für großes Aufsehen und wurde zum Auslöser für die Einsetzung eines Untersuchungsausschusses (CPI) in Rio de Janeiro. Den Vorsitz des Untersuchungsausschusses hatte der Abgeordnete und heutige Tourismusminister Marcelo Freixo. Dieser Posten machte Freixo über die Grenzen Rios hinaus bekannt – zwei Mal, 2012 und 2016, schaffte er es bei der Bürgermeisterwahl in Rio de Janeiro bis in die Stichwahl. Allerdings hatte die Popularität einen hohen Preis: Er verbrachte 15 Tage im Exil in Europa, weil er mit dem Tod bedroht wurde und stand auch noch lange nach dem Ende des Ausschusses unter Personenschutz. Eine Mitarbeiterin Freixos, die junge Kommunalpolitikerin Marielle Franco von der Partei PSOL wurde am 14. März 2018 mutmaßlich von Milizen auf offener Straße hingerichtet. Der Hauptverdienst des Untersuchungsausschusses bestand darin, dass er die Strukturen innerhalb der Milizen deutlich zu Tage förderte. 225 involvierte Personen wurden identifiziert, darunter allein sieben Politiker, Polizisten, Feuerwehrleute, Stadträte und Verwaltungsangestellte. Der fast 300-seitige Abschlussbericht[52] benannte nicht nur Akteure, er gab auch Handlungsempfehlungen, von denen aber – wie so oft - praktisch keine in die Praxis umgesetzt wurden.[53]

Nach so viel öffentlicher Wahrnehmung wendeten sich die Milizen einem ruhigeren Geschäftsfeld zu. Die Garantie von Schutz gegen Bezahlung war nur das Einstiegsgeschäft für die Milizen. Als wesentlich lukrativer erwies sich ihr Einstieg in das Immobiliengeschäft, der etwa zu der Zeit des Untersuchungsausschusses erfolgte. Wie sich die Milizen gerade in diesem Sektor zunehmend breit gemacht haben, untersuchte das *Journal of Illicit Economies and Development* (JIED) 2022.[54] Dabei machen sich die Milizen einmal mehr die Unfähigkeit staatlicher Strukturen zunutze.

Weil Stadtverwaltungen insbesondere in den Ballungsräumen nicht in der Lage sind – oder kein Interesse daran haben – Armen und Zugezogenen aus anderen Landesteilen günstigen Wohnraum zur Verfügung zu stellen, stellt dieser informelle Sektor oftmals für diese die einzige Chance dar, irgendwie an ein Dach über dem Kopf zu kommen. Viele Favelas in den Randgebieten der Städte entstehen durch illegale Siedlungen auf illegal angeeignetem Land. Da dies meist in Gegenden stattfindet, die für den lukrativen offiziellen Immobilienmarkt wenig attraktiv erscheinen, oft mangelt es ohnehin an öffentlicher Infrastruktur, werden viele dieser Siedlungen geduldet und zu einem späteren Zeitpunkt legalisiert. Eine Praxis, die man in Brasilien *grilagem* nennt und die in ähnlicher Form bei Regenwaldrodungen angewendet wird. Dabei begnügen sich die Behörden damit, dass ein Beweis für die Nutzung der Fläche erbracht wird. Dabei reicht es schon, einen Bagger dort abzustellen oder in aller Seelenruhe mit dem Bau eines Hauses zu beginnen. Natürlich streben die Milizen nach Profitmaximierung, auch wenn das auf Kosten der Sicherheit gehen kann, weil Gebäude ohne statische Berechnungen gebaut werden. Das kann auch schon einmal Leben kosten, wie 2019 der Einsturz eines fünfgeschossigen Wohnhauses in der Favela Muzemba verdeutlichte.[55] Für das Gebäude hatte es offenbar offiziell keine Baugenehmigung gegeben.

Meist geschieht diese Landaneignung durch die Milizen selbst. Brachen oder verlassene Grundstücke werden kurzerhand besetzt und bebaut – natürlich ohne offizielle Genehmigung. Diese Gebäude können in Rio de Janeiro dann später relativ einfach durch die Zahlung einer Gebühr, einem Überschusswert (surplus value) bei der Stadtverwaltung freigekauft werden.[56] Bei dieser Praxis erweist sich die Nähe der Milizen zu Lokalpolitikern und Behörden als besonders praktisch.

2009 führte die damalige Regierung unter Präsident Luiz Inácio Lula da Silva ein bundesweites Wohnungsbauprogramm mit dem Titel *minha casa minha vida* (MCMV), mein Haus, mein Leben, ein – das größte soziale Wohnprogramm in der Geschichte Brasiliens. Mit diesem sollten gerade Geringverdiener eine Chance erhalten, Wohneigentum zu erwerben. Wie jedoch die Studie aufzeigt, waren genau diese Wohnanlagen ein willkommenes Einfallstor für die feindliche Übernahme durch die Milizen. Und zwar vor allem in den Gegenden von Jacarepaguá und Campo Grande, den Keimzellen der Milizen in Rio de Janeiro.

Die Wohnanlagen funktionieren im Grunde wie ein ganz normales *condominio*: Es gibt die privaten Bereiche, sprich Wohnung, und es gibt Gemeinschaftsbereiche, die von allen Bewohnern der Anlagen genutzt werden können. Die Kosten für die Gemeinschaftsflächen (Reinigung, Instandhaltung, Beleuchtung etc.) werden dann auf alle Bewohner anteilig umgelegt. Gerade für Bewohner mit niedrigen Einkommen kann es schwierig sein, diese Kosten aufzubringen. Folge: Entweder vergammeln diese Flächen, was den Wegzug von etwas wohlhabenderen Personen nach sich zieht, oder die, die sich den Unterhalt nicht leisten können, müssen ausziehen – eine ideale Voraussetzung für den *urbanismo miliciano*.[57]

Zunächst ergibt sich die Chance, die Gebiete zum Eintreiben der Schutzgelder um die Wohnanlagen zu vergrößern. Können Bewohner nicht bezahlen, werden sie teils gewaltsam zum Auszug gedrängt. Die freiwerdenden Wohnungen kaufen dann Mittelsmänner der Milizen. Da die Milizen auch inzwischen auf fast alle Versorgungsdienstleistungen (Gas, Wasser, Kabelfernsehen, Telefon) ein Monopol aufbauen konnten, diktieren sie auch auf diesem Markt die Preise. In einigen Anlagen bauen Milizen auch Ladenflächen oder kleine Häuser, die sie ebenfalls vermieten. Mit immer mehr Zugriff auf einzelne Anlagen wird es zudem einfach, Hausverwalter zu bestimmen. Zwar werden diese von den Eigentümern gewählt, doch mit fortschreitender Übernahme von Wohnungen stellt eine Mehrheitsfindung kein Problem mehr dar. Diesen wiederum bieten die Milizen ihre Dienste zur Beilegung von Konflikten an, oder wenn es darum geht, ausstehende Mieten einzutreiben. Nach uns nach erlangen Milizen so die Kontrolle über die ganze Wohnanlage – ein äußerst gewinnträchtiges Geschäft.

Bolsonaro und die Milizen

Die eingangs des Kapitels zur Verbreitung der Milizen in Rio de Janeiro erwähnte Studie zeigt deutlich die Zunahme ihres Einflussgebiets. Zwischen 2006 und 2021 wuchs die Fläche der Gegenden, die von Milizen kontrolliert werden, um 387 Prozent.[58] Anders ausgedrückt: 4,4 Millionen Einwohner[59] von Rio leben in Stadtteilen, die unter der Kontrolle der organisierten Kriminalität stehen. Etwa die Hälfte der Fläche gehört den Milizen. Auch der Einfluss, den sie politisch auszuüben in der Lage sind – in Form von Stimmenbeschaffung – fand bereits Erwähnung. Einer, der von dieser Entwicklung profitierte wie kein zweiter, war Ex-Präsident Jair Bolsonaro.

Vor allem der Süden und Westen von Rio de Janeiro erwies sich 2018 als eine besondere Hochburg Bolsonaros.[60] Vergleich man dies mit der Karte zu Beginn, stellt man deutlich fest: Die Gegenden, in denen Bolsonaro besonders viele Stimmen im Präsidentschaftswahlkampf 2018 erhielt, ist in weiten Teilen deckungsgleich mit den Gebieten, in denen die Milizen im Laufe der Zeit das Kommando übernommen haben. Und das ist kein Zufall.

Vielmehr handelt es sich um das Ergebnis einer systematischen inhaltlichen Ausrichtung der politischen Karrieren Bolsonaros und seiner Söhne und das Ergebnis von strategischen Kontakten, die – teilweise schon in den 1980er-Jahren geknüpft – bis heute Bestand haben. Als am 14. März 2018 die Stadträtin Marielle Franco auf offener Straße hingerichtet und ermordet wurde, führten die Spuren die Ermittler schnell in Richtung der Milizen. Zwei Namen tauchten in diesem Zusammenhang immer wieder auf: Fabrício Queiroz und Adriano Magalhaes de Nóbregas. Und auch diese beiden kannten sich schon länger. Nóbregas und Queiroz lernten sich Anfang der 2000er Jahre beim 18. Bataillon der Militärpolizei im Bezirk Jacarepaguá in Rio de Janeiro kennen, wo sie beide Dienst verrichteten. Queiroz, seit 2002 dort aktiv, hatte eine Mission: Die Gegend von den Drogenbanden befreien. Dabei erwies er sich als wenig zimperlich. 1998 soll Queiroz an der zweifelhaften Verhaftung von Jorge Marcelo da Paixão, bekannt unter dem Spitznamen *Gim Macaco*, beteiligt gewesen sein. Der Mann, bereits vorbestraft und nur auf Bewährung draußen, war laut Aussagen der Militärpolizisten von Queiroz und seinen Kollegen bei einer Kontrolle mit einer Waffe und 73 Kokain-Säckchen angetroffen worden und wurde daraufhin festgenommen. Der junge Mann schilderte den Vorfall der Richterin Andrea Fortuna Teixeira anders. Demnach hatte er in der Werkstatt einer Nachbarin geholfen, als die Polizisten vorfuhren und von ihm 20.000 Reais dafür forderten, dass sie ihn nicht festnehmen würden. Der Fall wurde eingestellt, nachdem sich die Polizisten bei

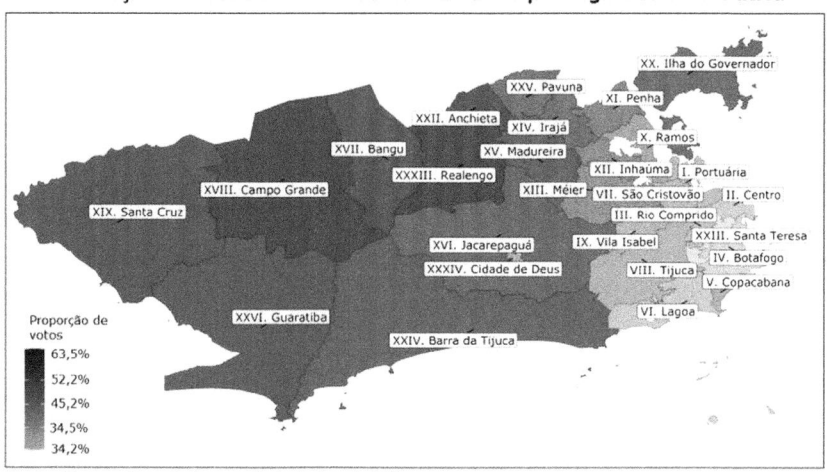

Abb. 11: Stimmverteilung für Jair Bolsonaro 2018 aufgeschlüsselt nach Verwaltungsbezirken.

ihren Aussagen widersprochen hatten. Der damalige Generalinspekteur der Militärpolizei (*corregedor-geral da PM*), Francisco de Paula Araújo, leitete eine Untersuchung ein und kam zu dem Schluss, dass es „Hinweise auf militärische Verbrechen" gab, was ihn dazu veranlasste, eine interne Untersuchung (IPM) aufzunehmen. Zum Verfahren gegen die Polizisten kam es aber auch nicht. 2001 wurde der Fall zu den Akten gelegt.[61]

2002 kandidierte Bolsonaros ältester Sohn Flávio für die gesetzgebende Versammlung von Rio (*Asembleia Legislativa, Alerj*). Der damals 22-jährige Neuling, der Fabrício Queiroz schon als Kind als Nenn-Onkel kennengelernt hatte, warf sich fortan mächtig zugunsten der Milizen ins Zeug, wurde zum politischen und ideologischen Repräsentanten der „*guerreiros fardados*",[62] der Krieger in Uniform, die in Rio um Raum und Einfluss kämpften. Mit der Wahl Flávios in das Stadtparlament ergab sich für die Familie Bolsonaro die Gelegenheit, die Diskussion über das Thema Öffentliche Sicherheit in Rio de Janeiro voranzutreiben und im Gespräch zu halten – was den Milizen bestens in die Karten spielte. Der Ausdruck „Krieg gegen das Verbrechen" (*guerra contra o crime*) wurde fester Bestandteil des politischen Vokabulars der Bolsonaros. Queiroz erwies sich dabei als wertvoller Wahlkampfhelfer der Bolsonaros in den Bataillonen der Militärpolizei. Flávio Bolsonaro wiederum wusste sich zu revanchieren. Nach Queiroz' Ausscheiden aus dem Polizeidienst beschäftigte er ihn als Fahrer und Leibwächter. Dort dürfte er auch auf die Mutter von Adriano Nóbregas gestoßen sein, die ebenfalls von Bolsonaros Sohn Flávio[63] beschäftigt wurde und für ihn beispielsweise Geldüberweisungen tätigen durfte. Genau von diesem Konto war immer wieder Geld an Fabricio Queiroz überwiesen worden. Von Januar 2016 bis Januar

2017 insgesamt rund 1,2 Millionen Reais in kleinen Tranchen à 2000 Reais, wie das Magazin *Istoé* im Januar 2019 enthüllte.

Flávio – inzwischen ist er Senator für den Bundesstaat Rio de Janeiro – stellte sich mit einer „bedingungslosen Loyalität"[64] an die Seite der Polizeikräfte und war obendrein außerordentlich emsig darin, Tapferkeitsmedaillen an Polizisten zu verleihen. Und zwar besonders an solche, die an fragwürdigen Aktionen beteiligt waren. Mit diesem „Dank an die Wählerbasis"[65] knüpfte er den Kontakt zu den gefährlichsten und gewalttätigsten Milizen. Auch Queiroz und Nóbregas gehörten zu den dekorierten Polizisten. 2003 forderte der damalige Bundesabgeordnete Jair Bolsonaro die Erschießung von Verdächtigen. Sohn Flávio brachte den Vorschlag auf lokaler Ebene ein. Als 2008 der Untersuchungsausschuss eingeführt wurde, mahnte Flávio, dass dieser nicht zu einer Stigmatisierung der Milizen führen dürfe. Manso Paes fasst das Verhältnis der Bolsonaros zu den Milizen so zusammen: „Sie waren nicht nur einfach Opportunisten, sondern überzeugte Verteidiger krimineller und gewalttätiger Aktionen."[66] Nóbregas flog 2013 wegen seiner Nähe zu den Milizen aus der Militärpolizei, wurde Chef der berüchtigten Miliz *Escritório do Crime* (übersetzt: Büro des Verbrechens), was die Bolsonaros nicht zu stören schien. Nóbregas war bei der gefürchteten Sondereinheit BOPE ausgebildet worden, hatte eine Ausbildung zum Scharfschützen erhalten und trug im Kollegenkreis den Spitznamen Eisbär.

Welche Rolle Nóbregas beim Mord an Marielle Franco gespielt hat, wird kaum noch zu ermitteln sein. Im Februar 2020 stürmten Spezialkräfte der Militärpolizei ein Landhaus in der Gemeinde Esplanada im Bundesstaat Bahia, in dem er sich versteckt hatte. Es habe ein Feuergefecht gegeben, hieß es in Medienberichten. Nóbregas wurde erschossen. Das Haus soll dem Lokalpolitiker Gilson Lima von der PSL gehört haben. Einem Mitglied jener Partei, als deren Kandidat Jair Bolsonaro 2018 in den Wahlkampf gezogen war. Die Verbindung der Milizen zum Mord an Marielle Franco ist sehr offensichtlich und weitestgehend belegt, auch wenn bislang nicht geklärt ist, wer die Hintermänner hinter dem Verbrechen waren. Ein Charakteristikum dieses Falls ist es, dass fast alle Personen, die als in die Planung und Ausführung des Mordes involviert bislang von den Ermittlungsbehörden identifiziert worden waren, aus dem direkten Umfeld der Familie Bolsonaro stammen. Neben den bereits erwähnten Fabrício Queiroz und Adriano Nóbregas auch die beiden direkt Tatverdächtigen: die früheren Polizisten Elcio Queiroz (nicht verwandt oder verschwägert mit Fabricio) und Ronnie Lessa. Die beiden gehörten zur Miliz *Escritório de Crime* (Büro des Verbrechens), dessen Kopf Nóbregas war.[67] E. Queiroz soll das Fahrzeug, mit dem der Dienstwagen Francos ausgebremst wurde, gesteuert haben, Lessa soll der oder einer der Todesschützen gewesen sein. Er soll zudem am Tatabend vor dem Mord an der Wohnanlage Bolsonaros in Barra da Tijuca gewesen sein und über die Gegensprechanlage mit einer Person im Hause des Ex-Präsidenten gesprochen haben.[68]

Die Milizen, die bis Anfang des Jahrtausends etwa unter dem Wahrnehmungsradar flogen, haben sich vor allem im Bundesstaat Rio de Janeiro als eine feste Größe neben den Drogenbanden im Bereich der organisierten Kriminalität etabliert und stellen eine ernstzunehmende Gegenmacht zur staatlichen Ordnung in Gebieten dar, in denen der Staat nicht oder nur sehr unzureichend präsent ist. Das Geschäftsfeld hat sich vom einfachen Schutzgeld zu einer breit diversifizierten und hochprofitablen Schattenwirtschaft aufgefächert, die ganz wesentlich zum Macht- und Bedeutungszuwachs der Milizen beigetragen hat. Zudem sind sie mit ihrer Nähe zu einzelnen Politikern zu einem ernst zu nehmenden politischen Faktor gereift.

Literatur

De la Fontaine, Dana und Stehnken, Thomas (Hg.), Das politische System Brasiliens, VS Verlag/Springer, Wiesbaden, 2012.

Glenny, Misha, O Dono do Morro – Um Homem a a Batalha pelo Rio, Companhia das Lettras, São Paulo, 2015.

Klumpp, Dietmar (Hg.), Transformation von Rechtssystemen in Brasilien, Springer, Wiesbaden, 2014.

Paes Manso, Bruno, Nunes Dias, Camila, A Guerra – A Ascensão do PCC e o Mundo do Crime no Brasil, 6. Auflage, Todavia, São Paulo, 2021.

Paes Manso, Bruno, A República das Milícias, São Paulo, 2020.

Ramalho, Sergio, Decaído: A história do capitão do Bope Adriano da Nóbrega e suas ligações com a máfia do jogo, a milícia e o clã Bolsonaro, Matrix, São Paulo, 2024.

10. WhatsApp und Co. entscheiden die Wahl

Wahlkampf erstmals verstärkt im Internet

Wahlen werden an der Wahlurne entschieden, sollte man meinen. Zunehmend verlagert sich die Wahlentscheidung jedoch ins Internet. Gezielte und systematische Manipulationsversuche von Wählern durch Desinformation und Fake News gehören inzwischen in vielen Ländern zu den Werkzeugen der politischen Kommunikation. Sie haben, so sind Beobachter überzeugt, vor allem auch die Präsidentschaftswahl in Brasilien 2018 maßgeblich beeinflusst, wenn nicht entschieden. Bis heute wird versucht, die Mechanismen zu erkennen, zu beschreiben und zu verstehen. Der italienische Politologe und Autor des Buchs „Ingenieure des Chaos", Giuliano da Empoli, beschrieb das, was sich ab Mitte des zweiten Jahrzehnts da im Internet zusammenbraute, so: „Der traditionelle Populismus heiratet den Algorithmus und gemeinsam gebären sie eine gefährliche politische Strategie."[1]

Den ersten Wahlkampf, der Diskussion und Verbreitung von Informationen deutlich ins Internet verlagerte, erlebte Brasilien im Jahr 2014. Es war der Wiederwahl-Wahlkampf der PT-Kandidatin Dilma Rousseff gegen den Herausforderer Aécio Neves von der PSDB. Zwar waren die TV-Spots, die den Kandidaten bemessen an vorherigen Wahlergebnissen zustanden, weiterhin durchaus wichtig, ebenso wie die großen Zeitungen. Aber die Bedeutung des Internets wuchs deutlich.

Auf Facebook mit seinen fast 89 Millionen brasilianischen Nutzern im Jahr 2014 gab es in der heißen Phase des Wahlkampfs zwischen August und Oktober rund 674,4 Millionen Interaktionen im Zusammenhang mit der Wahl. Das sind durchschnittlich 5,96 Millionen Interaktionen pro Tag und 7,6 Interaktionen pro Nutzer. Bei Twitter, heute X, traditionell eher von Politikern und Journalisten genutzt, gingen in derselben Zeit fast vierzig Millionen Nachrichten über die Wahlen ein. Dabei standen die Hashtags „#Aecio45PeloBrasil" und „#DilmaMudaMais" in Anlehnung an die beiden Spitzenkandidaten in der Liste der meistkommentierten Themen in der Welt ganz oben.

Die zunehmende Bedeutung des Internets wurde von den Kandidaten reichlich genutzt, um ihre Ideen zu verbreiten und eine größere Nähe zu den Nutzern im Vergleich zu den alten Kommunikationsmethoden zu erreichen. Außerdem können Informationen, aber vor allem Botschaften der Mobilisierung schnell und unmittelbar ohne dazwischengeschaltete Filter – etwa eine journalistische Redaktion – direkt an die Gefolgschaft in den sozialen Netzwerken verbreitet werden. Was im Positiven gut funktioniert, klappt im Negativen oft noch besser. Das Thema Fake News beschäftigte die Beobachter und Nutzer schon lange bevor

US-Präsident Donald Trump den Begriff prägte und dieser praktisch zum Synonym für ihn und seine Politik wurde.

Schon in diesem Wahlkampf wurde das Netz gezielt mit Fake News geflutet. Unter ihnen etwa Nachrichten über den Kokainkonsum des Kandidaten Aécio Neves,[2] die Offenlegung eines Strafregisters, das Dilma Rousseff als Terroristin und Bankräuberin in der Zeit der Diktatur belegen soll, eine Spende von 2,5 Millionen Reais an die Kampagne von Marina Silva von Eduardo Campos, nachdem er Opfer eines Flugzeugabsturzes geworden war. Eine Untersuchung[3] der Getúlio-Vargas-Stiftung (FGV) im Jahr 2018 ergab, dass Tausende von Bots und gefälschten Profilen in sozialen Netzwerken mit der Absicht eingesetzt wurden, drei Kandidaten zu begünstigen: Aécio Neves, Dilma Rousseff und Marina Silva.

Die Aggressivität und die Verbissenheit rührten auch daher, dass Rousseff und Neves nicht die einzigen aussichtsreichen Kandidaten waren. Auch Eduardo Campos hatte seinen Hut in den Ring geworfen. Nach den Unruhen im Jahre 2013 während des FIFA-Konföderationen-Pokals verließ die *Partido Socialista Brasileira* (PSB) unter der Führung von Campos das Regierungsbündnis mit der Präsidentin Dilma Rousseff. Sämtliche Vertrauensämter wurden zurückgegeben. Ein Hauptargument für den Bruch war die aus Sicht der PSB eine zu enge Bindung von Regierung und traditionellen Zentrumsparteien, allen voran zur PMDB. Daraufhin lud die Partei Marina Silva und ihre alliierten Parteien ein, gemeinsam mit Campos als Präsident unter dem Label „Neue Politik" die neue Regierung ab 2015 zu bilden. Campos, der von 2007 bis 2014 Gouverneur des Bundesstaats Pernambuco war, kritisierte unter anderem, dass Infrastruktur-Großprojekte wie die Umleitung des Rio São Francisco oder der Ausbau der Eisenbahn des Nordostens durch Präsidentin Dilma wieder in Vergessenheit zu geraten drohten. Diese waren im Rahmen des Konjunkturpakets PAC zwar aufgenommen bzw. begonnen worden, im Zuge der wirtschaftlichen Flaute schien bei vielen Projekten die Fortführung jedoch fraglich.

Den Ausgang der Wahl erlebte Campos nicht mehr. Am 13. August 2014, drei Tage nach seinem 49. Geburtstag, wollte er im Wahlkampf von Rio nach São Paulo fliegen, als sein Flugzeug, eine Cessna 560XL, aus bisher ungeklärten Gründen abstürzte.

Das Unglück ereignete sich während schlechter Wetter- und Sichtbedingungen nach einem abgebrochenen Landeanflug auf den Militärflughafen von Santos. Während der Vorbereitungen zum zweiten Landeversuch stürzte das Flugzeug in eine Wohnsiedlung. Alle sieben Insassen starben. Als Ersatz nominierte die Partei die frühere Umweltministerin Marina Silva. Ob es noch der Schock über den plötzlichen Tod oder eine Trotzreaktion war – nach Bekanntwerden der Nachricht schnellten die Umfragewerte der Partei von acht auf 21 Prozentpunkte, womit Silva, zumindest vorübergehend, Neves überholte.

Im Präsidentschaftswahlkampf 2018 rückten die sozialen Netzwerke, insbesondere der Kurznachrichtendienst WhatsApp in das Zentrum der Kampagnen. Nie zuvor hatte sich ein Wahlkampf so sehr auf die virtuelle Ebene verlagert wie diesmal. Was Bolsonaro betrifft, blieb ihm im Grunde genommen auch gar keine andere Wahl, als auf die neuen Medien zu setzen. Im klassischen Medium Fernsehen kam er lange nur ganz am Rande vor, weil die Sendezeit, die den Kandidaten für ihre Werbespots zugestanden wird, sich an den Ergebnissen ihrer Parteien bei den vorangegangenen Wahlen bemisst. Bolsonaro standen pro Tag gerade einmal acht Sekunden Gratis-Sendezeit zu, während beispielsweise Geraldo Alckmin von der PSDB, der von einer breiten Koalition unterstützt wurde, gleich mehrere Minuten senden durfte.

Bolsonaro machte aus der Not eine Tugend und richtete seine gesamte Kommunikationsstrategie auf den Messenger-Dienst WhatsApp aus. Es ist sicher nicht vermessen zu behaupten, dass das WhatsApp-Netzwerk den Präsidentschaftswahlkampf 2018 in Brasilien entschieden hat. Auch die PT-Vorsitzende Gleisi Hoffmann räumte nach der Niederlage ihrer Partei kleinlaut ein, WhatsApp als Meinungsmacht weit unterschätzt zu haben. Tatsächlich war WhatsApp in Brasilien zu jenem Zeitpunkt das Medium schlechthin. Der Messenger-Dienst wird von 90 Prozent der Brasilianer genutzt, auch weil anders als beispielsweise in Deutschland das Datenvolumen bei den Kosten keine Rolle spielt. Telefonunternehmen bieten unlimitiertes Datenvolumen für WhatsApp, Twitter, Facebook oder Instagram an. Brasilianer telefonieren kaum, sie schicken einander Sprachnachrichten. Bestenfalls das Fernsehen erreicht so viele Menschen wie WhatsApp, aber nur in der Summe aller Kanäle. Sieht man sich die einzelnen Sender an, bietet kein einziger eine solche Marktabdeckung.[4]

Im Gefolge von *Lava Jato* waren für die Präsidentschaftswahlen neue Regeln erlassen worden. Das Gesetz 13.488 aus dem Jahr 2017 sollte eine gesetzliche Grundlage hierfür schaffen. So verbot es Personen oder Mechanismen zu nutzen, um Nachrichten oder Kommentare über das Internet abzusetzen, die die Ehre eines Kandidaten oder einer Partei angriffen oder ihr Image beschädigen sollten. Schon seit 2015 durften die Parteien erstmals keine Spenden von Unternehmen für die Finanzierung ihrer Kampagnen mehr annehmen, sondern nur noch von Einzelpersonen. Diese Spenden mussten zudem bei Wahlgerichtshof (STE) angezeigt werden.

Bolsonaro jedoch fand bereitwillige Unterstützer, die den Verboten trotzten oder sie zumindest umgingen. Sein Sohn Carlos erwies sich dabei als Visionär und später als Mastermind hinter der Wahlkampfkampagne seines Vaters. Er hatte gleich erkannt, wie sich die sozialen Netzwerke dazu nutzen lassen, Meinung zu manipulieren und aufzublasen, um den Eindruck einer großen Anhängerschaft zu vermitteln. Außerdem erkannte er, dass der Wahlkampf ein sehr polarisierter werden würde. Schon früh, als noch Ex-Präsident Lula als Kandidat der PT aussichtsreich im Rennen war, machten viele Wähler deutlich, dass sie ihn auf gar keinen Fall mehr wählen würden. Wer sich so kategorisch gegen einen Kandidaten stellt, bietet beste Voraussetzungen, um sich aktiv an der Verbreitung von Nachrichten und Meldungen zu beteiligen, die dazu beitragen könnten, die Wahlniederlage eben jenes so abgelehnten Kandidaten zu erreichen – perfekte Voraussetzungen für einen Desinformationswahlkampf.

Firehosing nennt sich dieser Vorgang, den Wladimir Putin erstmals im Zuge der Annexion der Krim 2014 anwendete, um abweichende Meinungen zum Schweigen zu bringen und die Öffentlichkeit in die Irre zu führen. Das *Firehosing*, das sich vom englischen Begriff für einen Wasserschlauch ableitet, ist eine Propagandataktik, bei der große Mengen an falschen und irreführenden Informationen auf einmal verbreitet werden – durch reale Personen, eingekaufte Trolle oder programmierte Bots. Abgesehen von seiner wörtlichen Verwendung bei der Brandbekämpfung wird der Begriff Feuerwehrschlauch auch als Metapher für einen großen Datenstrom in Echtzeit verwendet. Ein weiterer Vorteil von WhatsApp: So ist hinterher praktisch nicht nachvollziehbar, wer der Urheber einer Nachricht gewesen ist.

Luciano Hang von der Warenhauskette *Havan* spendete viel Geld für WhatsApp-Kampagnen, die sich gezielt gegen die Arbeiterpartei PT richteten und für Bolsonaro warben, und er war nicht der einzige. Wurde Jair Bolsonaro daraufhin mit Vorwürfen der illegalen Wahlkampffinanzierung konfrontiert, konnte er leicht alles abstreiten. Er habe nun mal keine Kontrolle über seine Unterstützer, ließ er dann verlauten. Doch das Abwiegeln half nicht viel. Der Wahlkampf-Erfolg Bolsonaros auf diesem Wege rief öffentliches Interesse hervor, Medien, wie die Tageszeitung *Folha de São Paulo* begannen darüber zu berichten.

Nicht allein die enorme Reichweite machte WhatsApp für Bolsonaro so interessant und so nützlich. Es war auch die Art und die Auswahl von Informationen, die dort verbreitet wird. Persönliche Präferenzen der einzelnen Nutzer spielen eine viel größere Rolle als in den klassischen Medien. 79 Prozent der Brasilianer nutzen WhatsApp als ihre wichtigste Informationsquelle,[5] zwei Drittel beziehen ihre Nachrichten generell überwiegend über Social Media.[6] Man spricht in diesem Zusammenhang von einer „Filterblase", die nur bestimmte Nachrichten hereinlässt und alles, was die eigene Position in Frage stellen könnte, draußen lässt. In diesen Kommunikationsstrukturen verschwimmen die Grenzen von Wahrheit und *Fake News* nur allzu leicht.

Wie man an massenweise Nutzerdaten kommt, ohne dass die davon erfahren und etwas dagegen tun können, hatte Stephen Bannon vor dem Wahlkampf Donald Trumps bewiesen. Das von ihm und dem Milliardär Paul Mercer gegründete Unternehmen *Cambridge Analytica* hatte Datensätze von einem Unternehmen namens Global Science Research (GSR) gekauft. GSR wurde von Aleksandr Kogan betrieben, einem Psychologen an der Universität Cambridge. Kogan hatte mittels einer App – angeblich zu wissenschaftlichen Zwecken – und mit einem kleinen finanziellen Anreiz Persönlichkeitstests mit amerikanischen Facebook-Nutzern durchgeführt, deren Teilnehmer am Ende jedes Tests einem Zugriff auf ihre Profile und die ihrer Kontakte zustimmten. So erlangte Kogan mit 320.000 solcher Tests im Schnitt jeweils etwa 160 weitere Datensätze von Facebookprofilen, deren Inhaber davon keine Kenntnis hatten. Von dem Datenmissbrauch sollten nach bisherigen Schätzungen bis zu 87 Millionen Facebook-Nutzer betroffen sein. Darunter wohlmöglich auch bis zu 310.000 Betroffene aus Deutschland und mehrere Millionen aus Europa.[7] Aus diesen Datensätzen konnten nun Themen, Vorlieben, Einstellungen der Nutzer herausgefiltert werden, mithilfe derer wiederum ganz gezielt Inhalte für Wahlkampagnen erstellt und verteilt werden konnten. Der einzelne User erhielt also eine Wahlwerbebotschaft in der für ihn am besten aufbereiteten und ansprechenden Form. Bei den US-Wahlen 2016 trug dieses Vorgehen dazu bei, dass Donald Trump seine Widersacherin Hillary Clinton in gleich mehreren so genannten Swing-States besiegte.

Im Wahlkampf der brasilianischen Präsidentschaftswahl 2018 wurden persönliche Nutzerdaten auf eine ganz ähnliche Art und Weise in sozialen Netzwerken abgegriffen und von Dienstleisterunternehmen gesammelt, gebündelt und zu Marketingzwecken wiederum zum Verkauf angeboten. Man muss dazusagen, dass der Datenschutz in Brasilien sehr viel laxer gehandhabt wird und die Menschen durchaus sehr freigiebig mit Daten sind. Aus diesen Daten, etwa den Mobilfunknummern, wurden bei WhatsApp Gruppen zusammengestellt – viele Gruppen, denn der Kurznachrichtendienst erlaubte zu jenem Zeitpunkt nur Gruppen von maximal 256 Mitgliedern.[8] Unternehmen kauften Nachrichten, die gegen die Arbeiterpartei PT gerichtet waren und ließen sie über diese Gruppen verbreiten. Das war nicht nur ein Verstoß gegen die Wahlfinanzierung, sondern zugleich ein Verstoß gegen die gesetzliche Regelung, wonach nur Parteien selbst über soziale Netzwerke Wahlwerbung verschicken dürfen und auch nur über Firmen, deren Hauptsitz sich in Brasilien befindet.

Die Reporterin der *Folha de São Paulo*, Patricia Campos Mello, recherchierte zum Thema, kontaktierte einige Internet-Marketing-Firmen und fragte nach, ob sie im Wahlkampf zugunsten Bolsonaros Massenmailings per WhatsApp angeboten und durchgeführt hätten – die Antwort lieferte jedoch erst ein parlamentarischer Untersuchungsausschuss nach der Wahl. Doch dazu später mehr.

Fake News und Desinformation

Autoritäre Regenten, Diktatoren und solche, die es vielleicht einmal werden wollen, haben es heutzutage nicht so leicht, den Informationsfluss zu kontrollieren, zu umfangreich ist die Zahl der potenziellen Kanäle. Aber es ist auch gar nicht mehr nötig, das Internet zu zensieren. Erfolgversprechender ist es da schon zu versuchen, das Netz und Chatgruppen mit einer eigenen Version der Fakten zu fluten und so die Meinungshoheit zu gewinnen. Sean Spicer, einer der vielen Pressesprecher, die Donald Trump während seiner Amtszeit verschliss, sprach da gerne von „alternativen Fakten". Bolsonaro hat bei Trump gut aufgepasst und Fake News zu einem wesentlichen strategischen Mittel seiner politischen Kommunikation gemacht. Während der 1459 Tage seiner vierjährigen Amtszeit setzte er 6685[9] falsche oder verzerrende Nachrichten in die Welt, haben die Faktenchecker von *Aos Fatos* nachgezählt – mehr als vier pro Tag.

Das Neue an *Fake News*, so erklärt es die Medienforscherin Amélie P. Heldt vom Hans-Bredow-Institut in Hamburg, ist oder vielmehr war mit Aufkommen des Phänomens „die massenhafte und zum Teil automatisierte Verbreitung von erfundenen Nachrichten oder von Tatsachen, die zumindest nicht vollkommen der Wahrheit entsprechen oder in irreführenden Kontexten dargestellt werden. Gerade was das Phänomen Desinformation im Netz betrifft, gab es in den vergangenen Jahren viel Forschung – unter anderem zu verschiedenen Arten der Desinformation, die von journalistischen Ungenauigkeiten (Misinformation) bis zur knallharten Propaganda und damit gezielten Desinformation reichen, wie derzeit etwa im Ukraine-Krieg zu beobachten ist.

Dabei wirkt der Netzwerkeffekt des Internets: wenn Menschen Inhalte mit ihren jeweiligen Kontakten und womöglich plattformübergreifend teilen, geben sie ihnen ein hohes Verbreitungspotenzial. Hier wird also die Infrastruktur des Internets und der Informationsintermediäre genutzt, um möglichst schnell viral zu wirken. Desinformationskampagnen und Falschinformationen können anhand technischer Mittel vereinfacht oder weiter gestreut werden, aber dies ist keine sine qua non Voraussetzung für die Arbeit derjenigen, die versuchen auf intransparente Art und Weise den politischen Diskurs zu beeinflussen."[10]

In Brasilien zeigten sich vor allem Menschen aus den unteren sozialen Schichten besonders empfänglich für das, was an Informationen – oder eben Falschinformationen – in WhatsApp-Gruppen verbreitet wurde. Sie erhielten das volle klassische Programm: gefälschte Fotos, Verschwörungstheorien, manipulierte Umfragen, Attacken auf traditionelle Medien wie etwa gefälschte Internetseiten, die bekannten Portalen zum Teil täuschend echt nachgebaut worden waren. Die Angriffe richteten sich gegen Vertreter der LGBT-Szene oder gegen Kulturschaffende, die sich politisch für die Gegenseite positionierten. Manche Botschaften waren ganz simple, unverhohlene Wahlempfehlungen – in der Regel anonym.

Auch Jair Bolsonaro selbst wurde gelegentlich Opfer von *Fake News*. So kursierten nach dem Attentat auf ihn Gerüchte, er sei gar nicht mit einem Messer angegriffen worden. In Wirklichkeit liege er in einem Krankenhaus, weil er an Krebs erkrankt sei. Die meisten Falschnachrichten aber richteten sich gegen die Linke im Lande. Besonders tat sich dabei die 2014 von dem früheren Englischlehrer Allan dos Santos gegründete rechtskonservative Plattform *Terça Livre* hervor, die als Flaggschiff der mit Bolsonaro verbundenen alternativen Medien fungierte. Sie verbreitete im Wahlkampf, der PT-Präsidentschaftskandidat Fernando Haddad pflege Kontakte zu einer Gang aus Bahia. Natürlich war das frei erfunden und erlogen, aber die Story erreichte eine breite Öffentlichkeit.

Als Urheber der letztgenannten *Fake News* wird Olavo de Carvalho verdächtigt, einer der geistigen Väter der neuen Rechten in Brasilien. Er selbst bezeichnet sich als Philosoph, obwohl er nie ein solches Studium an einer Universität absolviert hat. Carvalho bildete sich autodidaktisch in komparativer Religionswissenschaft, Philosophie, Logik, Symbolik und Astrologie aus. Mehrere Jahrzehnte lebte er in den Südstaaten der USA. Er stellte sich mit an die Spitze der brasilianischen Anti-Coronabewegung, leugnete immer wieder die Gefährlichkeit des Virus. Ironie des Schicksals: de Carvalho starb am 24. Januar 2022 im Alter von 74 Jahren in Richmond/Virginia an den Folgen einer Covid-Erkrankung.

Von dort aus verbreitet er seine kruden Thesen, etwa, dass Pepsi-Cola seinen Süßstoff aus abgetriebenen Föten herstellt, dass die Inquisition von den Protestanten erfunden wurde und dass der Klimawandel nicht etwa vom Menschen verursacht wurde, sondern in Wirklichkeit eine marxistische Verschwörungstheorie sei. Als Journalist und Essayist wirkt er in einer weitverzweigten Szene und verbreitet Homophobie, Rechtsradikalismus, christlichen Fundamentalismus und Diktaturverherrlichung. Halbwegs klardenkende Menschen würden Carvalho und seine Szene keines ernsthaften Gedankens würdigen, sollte man meinen.

Bei Jair Bolsonaro und dessen Familie genoss Carvalho indes höchstes Ansehen, er galt sogar als eine Art ideologischer Guru des Präsidenten. Als einer der ersten verpasste er Bolsonaro das Etikett eines Präsidentschaftskandidaten, der nicht einfach mit anderen Bewerbern im Wettstreit steht, sondern „gegen das System" antritt. Carvalho gehörte dann sogar zum engeren Zirkel der Regierungsdelegation, die Bolsonaro Anfang März 2019 zu seinem Antrittsbesuch bei US-Präsident Trump begleiten durfte. Mit am Tisch saß dort übrigens ein gewisser Steve Bannon, früherer Chefstratege im Trump-Wahlkampf, Chef des rechtsextremen Internet-Portals Breitbart und so etwas wie der selbsternannte Anführer der globalen rechtsradikalen Bewegung „*The Movement*". Bannon wiederum hat Bolsonaros Sohn Eduardo zum Anführer dieser Bewegung für Südamerika erklärt. So schließen sich die Kreise.

Jair Bolsonaros eigener Beitrag zu diesem Wahlkampf der neuen Art in Brasilien war seine einfache, verständliche und sehr unakademische Sprache. Die Politologen Moura und Cabellini sprechen von einer „Memefizierung der Politik", die spanische Soziologin Esther Solano benutzt den Begriff „*Direita Pop*", übersetzt „Rechter Pop". Damit beschreibt sie einen, wie sie sagt, „perversen Effekt" der Sprache: Die Menschen seien nicht mehr in der Lage, Hassbotschaften als solche klar zu identifizieren. Stattdessen nähmen sie die antidemokratischen Botschaften auf, als wären sie etwas Cooles, Unterhaltendes.[11] Damit zielte Bolsonaros Wahlkampf dann durchaus auch auf die Mittel- und Oberschicht und verfestigte die dort ohnehin weit verbreitete Anti-PT-Haltung.

Moura und Corbellini[12] haben Wirkung und Funktion von WhatsApp analysiert und sehen in dem Netzwerk eine „mediale B-Ebene", auf die Außenstehende wenig Zugriff haben, während sie denen, die diese Gruppen lenken, ein hohes Mobilisierungspotenzial bietet. WhatsApp werde zu einem emotionalen Ort und „Kristallisationspunkt von Vorurteilen und Vorlieben. Ein Universum, in dem man schnell das Gefühl dafür verlieren kann, was wahr und was falsch ist und wo echte Argumente an Bedeutung verlieren."

Das Problem verschärft sich noch, wenn automatische Programme in Anwendung gebracht werden. Die passenden „Nachrichten" für diese Art von Kampagne sind schnell erstellt, und sie kosten kaum Geld. Für ein paar hundert Euro lassen sich recht professionelle Youtube-Videos produzieren. Kostenlose Apps wie beispielsweise „Fake Reporter" verlangen nur ein paar Handgriffe und rudimentärste HTML-Kenntnisse, und schon ist eine echt erscheinende Nachrichtenseite fertig.

Die Posts in den sozialen Netzwerken waren immerhin noch eher eindeutig und plakativ. Die brasilianische Rechte arbeitete und arbeitet aber auch mit sehr viel perfideren Mitteln. Die Produktionsfirma *Brasil Paralelo* hat einen Streamingdienst für vermeintliche Dokumentationen etabliert – eine Art Netflix-Kanal für eine alternative Wirklichkeitswahrnehmung, um es vorsichtig zu formulieren. Man könnte auch von einem verschwörungstheoretischen Propagandakanal erster Kategorie sprechen. Beiträge über das Werk Olavo de Carvalhos erzielen dort besonders gute Einschaltquoten. Gleiches gilt für einen als Dokumentation bezeichneten Film „1964", der den damaligen Militärputsch in einen Akt der Befreiung umdeutet. *Fake News*, Geschichtsrevisionismus, Geschichtsklitterung.

Auch wenn das Urteil vielleicht hart klingt: Vielen Brasilianern ist der kritische Umgang mit den auf sie einwirkenden Informationen fremd. Weite Teile der Bevölkerung muss man als digital unmündig bezeichnen. Diesen medialen Analphabetismus nutzte Bolsonaro geschickt für sich aus. Früher als alle anderen erkannte er die Reichweite und die manipulativen Besonderheiten von WhatsApp. Auch in den anderen sozialen Netzwerken wie Facebook oder Twitter war er seinen Konkurrenten meilenweit voraus.

Stunde der alternativen Medien – Strukturen werden sichtbar

Bolsonaro wusste die propagandistische Hilfe zu schätzen, die *Terça Livre* ihm bot. Er belohnte dos Santos mit exklusivem Material wie zum Beispiel einer Homestory aus seinem Wohnsitz in Barra da Tijuca in Rio de Janeiro. Bei Bolsonaros Amtseinführung am 1. Januar 2019 gehörte dos Santos zu einer Handvoll auserwählter Medienvertreter, die sich während der Feierlichkeiten völlig frei im Präsidentenpalast bewegen durften.

Terça Livre ist nur eines von unzähligen neurechten Portalen,[13] die verschiedene Kanäle mit großen Reichweiten befeuern. Eine Frage die sich immer wieder stellt: Wie sieht die Finanzierung solcher Portale aus? Ein relativ verbreiteter Weg ist der über das Crowdfunding. Entsprechende Plattformen wie Apoia-se, oder die Bezahl-App *Pix* bieten Möglichkeiten, Geldbeträge in beliebiger Höhe zielgerichtet zu platzieren. Aber floss auch öffentliches Geld?

Bolsonaro hatte schon sehr früh zu Beginn seiner Amtszeit, im April 2019, angekündigt, aus Zeitungen, die nicht seiner politischen Linie folgen, öffentliche Anzeigen der Bundesregierung zurückziehen zu wollen.[14] Ein versuchter Akt der Zensur gegen Medien, „die nicht als bedingungslose Verteidiger der bolsonaristischen Politik agieren wollten", wie es die Journalistin Patricia Campos Mello beschreibt.[15] Teile dieses gesparten Geldes flossen nun zu genau den alternativen Medien, die Bolsonaros Kurs bedingungslos unterstützten – wie beispielsweise Allan dos Santos' *Terça Livre*. Zwar bestritt er dies stets und verwies auf seine großen Followerzahlen, die ordentlich Werbeeinnahmen generierten. Wie sich aber später herausstellte, hatte die brasilianische Bundesregierung auf dem Youtube-Kanal von dos Santos über mehrere Tage auffällig viele Anzeigen veröffentlicht, die für die bald anstehende Rentenreform der Regierung warben, wie eine Anfrage an den Bürgerinformationsdienst *Serviço de Informação ao Cidadão* ergab. 1447 Anzeigen seien dort in einem Zeitraum von etwas mehr als einem Monat, von Anfang Juni bis Mitte Juli 2019, geschaltet worden.[16]

Daneben gab es aber auch eine ganze Armee, eine digitale Miliz von freiwilligen Unterstützern derselben ideologischen und politischen Richtung und gekauften Trollen, die die Social Media-Aktivitäten unterstützten. Interessierte Bewerber durchliefen hierfür ein mehrstufiges Filtersystem, eine Art Gesinnungstest – fast wie bei einem Drogenkartell. Erst wenn sie sich als sauber erwiesen, wurden sie diversen Netzwerken, etwa Facebook oder Twitter zugewiesen, um Argumente der Opposition zu widerlegen. Dabei war es wichtig, dass diese orchestrierten Aktionen nicht als solche erkennbar sind. Das sollte erreicht werden, indem andere Formulierungen und Texte benutzt wurden, um so eine große Nutzermasse vorzutäuschen. Ein Vorgang, den man *Astroturfing* nennt. Der Begriff *Astroturfing* (englisch abgeleitet von dem Begriff AstroTurf, übersetzt: Kunstrasen), auf Deutsch sinngemäß künstliche Graswurzelbewegung, bezeichnet – insbesondere in den USA – politische Public-Relations- und kommerzielle Werbeprojekte, die darauf abzielen, den Eindruck einer spontanen Graswurzelbewegung vorzutäuschen. Ziel ist es dabei, den Anschein einer unabhängigen öffentlichen Meinungsäußerung über Politiker, politische Gruppen, Produkte, Dienstleistungen, Ereignisse und Ähnliches zu erwecken, indem das Verhalten vieler verschiedener und geographisch getrennter Einzelpersonen zentral gesteuert wird.[17]

Bolsonaro und seine Söhne unterstützten und ermutigten nicht nur ideologisch Gleichgesinnte, die Politik der Regierung zu unterstützen. Sie wurden kurzerhand selbst zu digitalen Influencern. Als Bolsonaro am 7. September 2018 in Juiz de Fora Opfer eines Messerattentats wurde, nutzte er dieses als Steilvorlage in Sachen *digitales Storytelling*. Täglich postete seine Social Media-Mannschaft Fotos – vom Krankenbett, im Krankenhausflur mit Krücken etc. – so machte Bolsonaro aus der Not eine Tugend und schuf praktisch seine eigene Social Media-Novela.

Sowohl Jair Bolsonaro, als auch die Söhne Flávio, Carlos und Eduardo verfügen über Profile in den gängigsten Netzwerken mit jeweils enormen Reichweiten, Längen vor den anderen Mitbewerbern. Carlos hatte einen Sonderstatus. Er orchestrierte den Wahlkampf in den Netzwerken und baute später nach dem Wahlsieg eine Struktur auf, die allgemein als das „Kabinett des Hasses", *gabinete de odio*, bekannt wurde. Diese digitale Schaltzentrale soll sich im dritten Stock innerhalb des Präsidentenpalastes befunden haben – das Zentrum der digitalen Kriegsführung im Zentrum der Macht. Die Strukturen wurden öffentlich, als es der Opposition gelang, 2019 einen parlamentarischen Untersuchungsausschuss ins Leben zu rufen. Dieser Untersuchungsausschuss, *CPMI Fake News*, setzte sich aus Abgeordneten und Senatoren, also Mitgliedern beider Kongresskammern zusammen. Das unterscheidet ihn von den normalen parlamentarischen Untersuchungsausschüssen, CPI, die sich entweder aus der Abgeordnetenkammer oder dem Senat rekrutieren. Das Ziel des Ausschusses sollte sein zu klären, ob und inwiefern Cyberattacken und Desinformationskampagnen sowie die Nutzung falscher Nutzerprofile geholfen haben könnten, den Wahlausgang 2018 zugunsten von Jair Bolsonaro zu beeinflussen. Als Kronzeugen standen dem Ausschuss Politiker zur Verfügung, die zuvor eng politisch und ideologisch mit Bolsonaro zusammengearbeitet haben, die frühere Journalistin Joice Hasselmann und Alexandre Frota.

Der Untersuchungsausschuss brachte brisante Informationen ans Licht. Die Aussage von Alexandre Frota führte dazu, dass sich der Oberste Gerichtshof (STF) dazu veranlasst sah, ein mehr als 120-seitiges „Manifest" zu veröffentlichen, in dem haarklein aufgedröselt wurde, wie das „Gabinete de Odio" funktionierte, welche Unternehmer – so sie denn nicht längst bekannt waren wie Luciano Hangs Einzelhandelskette Havan – zu den Financiers der Kampagnen gehörten und welche Rolle auch der Präsidenten-Sohn Eduardo Bolsonaro mit seinen digitalen Milizen auf Facebook spielte.[18] Über sein *Digital Forensic Research Lab*, kurz *DRFLab*, hatte der *Atlantic Council* bei Facebook etliche Gruppen betrieben, die konzertiert Aktivitäten steuerten, teils mit gefälschten Konten, um die Nutzungsrichtlinien bei Facebook umgehen zu können. So gaben sich fiktive Personen als Reporter aus, die Seiten verwalteten, die sich als Nachrichtenagentur ausgaben. Wie man herausfand, wurden viele Konten aus Brasília, Rio de Janeiro und São Bernardo do Campo (São Paulo) betrieben. Dort saß unter anderem Tércio Arnand Tomaz vor dem Rechner, ein Mitarbeiter in Bolsonaros Abgeordnetenbüro. Außerdem weitere Abgeordnete auf der Ebene der Bundesstaaten.

Das *DRFLab* gibt auf seiner Homepage übrigens als eine seiner Aufgabe an, „Desinformation zu erkennen, aufzudecken und zu erklären, wo und wann sie auftritt, unter Verwendung von Open-Source-Forschung; objektive Wahrheit als Grundlage einer Regierung für und durch Menschen zu fördern; demokratische Institutionen und Normen vor denen zu schützen, die versuchen, sie im Bereich des digitalen Engagements zu untergraben".[19] Vorsitzender der Denkfabrik *At-*

lantic Council ist seit 2014 Jon Huntsman junior. Der Politiker und Diplomat war unter anderem Botschafter der USA in Russland und China.

Zudem offenbarte der Ausschuss, dass tatsächlich Firmen wie *Enviawhatsapps* oder *Yacows* in erheblichem Maße Massennachrichten mit Fake News über Messengerdienste verschickten, auch wenn der Chef von *Yacows*, Hans River do Rio Nascimento, das zunächst abstritt – obwohl er zuvor der Journalistin Patricia Campos Mello dies genauso in einem Interview berichtet hatte. Er versuchte er einen anderen üblen Trick aus der Werkzeugkiste der Desinformation: die Diskreditierung und digitale Vernichtung der Kronzeugin Campos Mello. Vor dem Untersuchungsausschuss schlug er plötzlich ganz andere Töne an. Er gab an, die Journalistin habe ihm sexuelle Handlungen anbieten wollen, um an die gewünschten Informationen zu kommen. Diese Aussage verbreitete sich in Windeseile in den sozialen Netzwerken. Auch die Bolsonaro-Söhne teilten sie mit ihrer großen Followerschaft oder legten sogar noch nach. Nur kurze Zeit verging, da war der Kopf der Journalistin als Deep-Fake in ein Porno-Video eingearbeitet worden. Solche Posts sind schnell produziert und nur schwer bis gar nicht wieder aus dem Internet wegzubekommen. Auch wenn Campos Mello alle Gespräche mitgeschnitten und dokumentiert hatte und ihre Unschuld lückenlos belegen konnte – mit einem Mal war sie die Getriebene, war vom eigentlichen Thema abgelenkt. Immerhin eine kleine Genugtuung: nach wochenlanger Hetze verurteilte ein Gericht Eduardo Bolsonaro zu einer Geldstrafe von 30.000 Reais.[20] Das Video mit der Aussage wurde übrigens am 27. Mai 2010 auf dem Kanal des Portals *Terça Livre* ausgestrahlt, just demselben Tag, an dem der Blogger Allan dos Santos, Inhaber der Website, Ziel einer Operation der Bundespolizei im Rahmen einer Untersuchung des STF war, die die Verbreitung von Fake News untersuchte. In seinem Urteil vertrat der Richter die Auffassung, dass die von Eduardo erhobenen Anschuldigungen die Ehre von Campos Mello verletzen.

Campos Mello ist bei weitem nicht die einzige Journalistin, auf die sich die digitalen Milizen rund um das *Gabinete de Odio* einschossen, sobald es für den Präsidenten eng zu werden schien oder die öffentliche Wahrnehmung dringend eine Ablenkung brauchte. Auch die TV-Moderatorinnen Vera Magalhães, Talita Fernandes, Marina Dias, Juliana dal Pira oder Miriam Leitão mussten sich ähnlicher Hassangriffe erwehren. „Während der Diktatur wurden Journalisten gefoltert und getötet [...] unter Bolsonaro einem demokratisch gewählten Präsidenten, kehrte die Verfolgung zurück, durch die sozialen Netzwerke und die virtuellen Milizen. Es handelt sich um eine neue Form der Zensur, angeführt von Armeen patriotischer Trolle, reproduziert durch Roboter auf Twitter, Facebook, Instagram, WhatsApp. Und weibliche Journalisten sind das Lieblingsopfer", schreibt Campos Mello in ihrem Buch[21] und bezeichnet diese geplanten Hetzjagden als „virtuelles Lynchen".

Obwohl der Untersuchungsausschuss allerhand Interessantes ans Licht beförderte – zu Ende arbeiten und alles aufklären konnte er nicht. Die Corona-Pandemie sorgte im März 2020 für eine Unterbrechung. Und als es im Frühjahr 2022 hätte weitergehen sollen, entschied man sich, mit Blick auf die bevorstehenden Wahlen die Arbeit einzustellen.

Neuere Trends und Wege der Kommunikation

Mit der Wahl 2018 hatte WhatsApp seine Schuldigkeit getan – um nun direkten Kontakt zur angewachsenen Gefolgschaft halten zu können und politische Botschaften zu verbreiten, war der Kurznachrichtendienst wegen seiner begrenzten Gruppengrößen nicht mehr geeignet. Zudem war der Trick mit den in Reihe geschalteten Smartphones nun bekannt und kein Überraschungseffekt mehr möglich. Bolsonaro brauchte, einmal an der Macht, ein neues direktes Kommunikationsvehikel. Mit den Enthüllungen von US-Journalist Glenn Greenwald, der im Zuge der *Lava Jato*-Ermittlungen illegale Nachrichtenaustausche zwischen Staatsanwälten und Richter Sergio Moro offenlegte, rückte ein relativ neues Messenger-System in den Fokus: Telegram. Über diesen sollen sich Moro und Deltan Dallagnol ausgetauscht haben.

Telegram wurde 2013 in Russland von Nikolai und Pawel Durow gegründet. In Brasilien war Telegram 2019 auf 13 Prozent aller Smartphones installiert, 2022 waren es schon 60 Prozent.[22] Laut eigenen Angaben hat Telegram 900 Millionen aktive Nutzer weltweit und ist eine der fünf am häufigsten benutzten Apps. Tatsächlich verfügt das Programm über einige Eigenschaften, die es zu einem beliebten und wahrscheinlich auch sehr wirkungsstarken Werkzeug machen, um Gesellschaften und Regierungen zu zerstören oder ihnen zumindest nachhaltigen Schaden zuzufügen.

Telegram ist unbegrenzt – Gruppen können viele Tausend Mitglieder haben, Profile entsprechend Follower. Zudem lassen sich – gut für den Versender von Informationen, weniger gut für die Nutzer – computergesteuerte Bots miteinbeziehen, was die Reichweite, Taktzahl und Steuerung deutlich erhöht. Waren früher mehrere Personen nötig, die koordiniert werden mussten, geht vieles dort automatisiert. Ein weiterer Vorteil: Die Privatsphäre ist geschützt, Profile können verschlüsselt werden. Das erschwert die Strafverfolgung. Seit der Erfindung von Telegram ist das Darknet praktisch obsolet geworden. Nazi-Propaganda, Pädophilie, Drogen- oder Waffenhandel, Handel mit Datensätzen oder Anleitungen zum Fälschen von Datensätzen – all das findet sich problemlos bei Telegram, das als eine von mehreren Plattformen als „libertär"[23] gilt, also vorgibt, die Meinungsfreiheit zu fördern, während es zugleich knallharte zumindest wirtschaftliche, wenn nicht gar politische Interessen verfolgt. Und es hat das Potenzial, politisch zu manipulieren und Gesellschaften zu zerstören. Für Strafermittlungsbehörden kommt erschwerend hinzu, dass die Plattform juristisch praktisch nicht greifbar ist. Es gibt keine physische oder juristische Repräsentanz von Telegram in Brasilien oder anderen Ländern, in denen die Plattform genutzt wird. Darum biss sich auch Alexandre de Moraes, Präsident des Obersten Wahlgerichts und Richter am Obersten Bundesgericht, im März 2022 die Zähne beim Versuch aus, die Plattform wegen der Verbreitung von Fake News mangels Kooperation vorübergehend zu sperren, was zuvor bei WhatsApp und anderen durchaus funktioniert hatte.

Ständig wechselt Telegram den Standort, die Entwicklung soll sich aktuell in Dubai befinden. Die Spuren verwischen sich, ein Impressum, nach deutschem Recht für jede Website Pflicht, existiert nicht. All das macht Telegram attraktiv für Anhänger und Verbreiter von Verschwörungskampagnen, Umsturzfantasien und Hetze aller Art. Versucht die Justiz, einzelne Kanäle oder Gruppen zu sperren oder zu beobachten, wechseln die Profil- und Gruppennamen in Windeseile und die Jagd beginnt aufs Neue. In der rechtsextremen Szene Brasiliens ist Telegram daher Standard. In der Studie „*Democracia Digital*"[24] wird Telegram als „eine strategische Plattform innerhalb eines breiteren Ökosystems von Desinformation" analysiert. Die Studie wird halbjährlich aktualisiert. Dabei werden regelmäßig 479 Kanäle und 156 Chatgruppen beobachtet und untersucht.

Die Vorteile zeigten sich etwa, als der rechtsextreme Blogger Alan dos Santos im März 2022 vor Ermittlungen fliehen musste. Per Gerichtsbeschluss konnten seine Profile auf Twitter, TikTok, Facebook, WhatsApp, Google, Instagram, Youtube oder Kwai gesperrt werden. Bei Telegram ging das nicht. Dos Santos setzte sich in die USA ab und postete von dort weiter. Auch Ex-Präsident Jair Bolsonaro war schon während seiner Präsidentschaft zu Telegram gewechselt. Seinen Kanälen sollen rund 1,3 Millionen Menschen folgen. Und auch die Söhne Flávio, Carlos und Eduardo sowie die radikale Bolsonaro-Unterstützerin und Abgeordnete Carla Zambelli nutzen Telegram intensiv. Hier kommunizieren sie nicht nur ungefiltert mit ihren Anhängern, sondern auch untereinander. Der Nachrichtendienst ist auch bei anderen internationalen Rechtsextremen beliebt. Vernetzt ist man auch hier. Auch die Corona-Pandemie gab einen Popularitätsschub. Analog zur Pandemie kam es zur „Infodemie".[25] Am 6. Januar 2021 kreuzten sich diese beiden Strömungen auf dramatische Art und Weise im Sturm auf das Capitol in Washington D.C. durch Unterstützer des abgewählten Präsidenten Donald Trump."[26] Die Bilder des Capitol-Sturms reproduzierten sich in Brasilien am 8. Januar 2023, als wiederum Unterstützer des abgewählten Präsidenten Bolsonaro in den Kongress, den Obersten Gerichtshof und den Präsidentenpalast in Brasília eindrangen und diese verwüsteten. In den USA waberte der Aufruf Tage zuvor durch die Messengerdienste und half, die Massen zu mobilisieren. Über mindestens vier Kanäle mit zusammen rund 190.000 Followern sollen Absprachen und Instruktionen zum Kongresssturm ausgetauscht worden sein, ermittelten die Behörden später. Dasselbe Muster zeigte sich auch im Vorfeld des 8. Januar, des Sturms auf den Kongress in Brasília. Auch hierfür wurde über Telegram-Gruppen mobil gemacht, wurden die Busse und Gruppen koordiniert, die aus dem ganzen Land in die Hauptstadt gekarrt wurden.

Bei der Struktur ist zu unterscheiden zwischen Gruppen und Kanälen. Mitglieder in Kanälen können Posts liken, kommentieren und an Umfragen teilnehmen, jedoch keine eigenen Inhalte posten. Sie funktionieren daher praktisch nur in eine Richtung und dienen der Person, die den Kanal betreibt, zur möglichst störungs- und widerspruchsfreien Verbreitung von Inhalten. Vielposter, also User, oder Profile, die eine hohe Taktung bei ihren Veröffentlichungen haben, werden als „talkatives", deutsch: „Geschwätzige" bezeichnet. Sie versuchen den Takt und den Erregungslevel der User und Anhänger hochzuhalten. Besondere Aktivitätsausschläge beobachteten Forscher an Tagen mit – für die Szene – wichtigen Ereignissen: am 24. Februar 2022, dem Tag des Ausbruchs des Ukraine-Kriegs, am 18. März 2022, als Richter Alexandre de Moraes versuchte, Telegram sperren zu lassen, oder am 21. April 2022, der Tag, an dem Präsident Jair Bolsonaro den rechtsradikalen Politiker Daniel Silveira begnadigte.[27]

In Gruppen hingegen tauschen sich Nutzer im direkten Kontakt aus, sowohl mit anderen Mitgliedern wie auch mit den Admins. Aber auch mit anderen Plattformen finden Vernetzungen statt – über Profile derselben Akteure, über Hashtags oder Memes. wegen seiner geringen Kontrolle ist Telegram ein ideales Versuchslabor für andere Plattformen – Schlüsselbegriffe oder Memes erreichen schnell besonders viel Aufmerksamkeit. Diese werden dann weiterverbreitet. Das funktioniert vor allem gut bei Themenkomplexen, bei denen bei den Nutzern grundsätzlich hohe Meinungsübereinstimmung bestand oder besteht, etwa dem Leugnen der Coronakrise oder der Impfwirkung oder beim Thema Abtreibung.

Im Wahlkampf haben eine ganze Reihe Kandidaten – vornehmlich der PL Bolsonaros, aber auch anderer verbündeter Gruppierungen – Telegram benutzt. Ein gerne und immer wieder von Jair Bolsonaro benutztes Narrativ war das des möglichen bzw. aus seiner Sicht wahrscheinlichen Wahlbetrugs an den elektronischen Wahlurnen. Anhänger Bolsonaros riefen ihre Follower auf, als „freiwillige" Wahlbeobachter in die Wahllokale zu gehen. In erster Linie sollte dies zur Einschüchterung der echten Wahlhelfer und -beobachter aber auch der Wähler dienen.[28] Finden losgetretene Aktionen aus dem Netz plötzlich im realen Leben Niederschlag, garantiert dies Aufmerksamkeit und Wahrnehmung.

Auffällig ist die Explizität vieler Chats und Posts. Viele User begreifen das Internet als Aktionsfeld, in dem sie durch konzertierte Kampagnen, organisierte Shitstorms oder kollektive Themen(be)setzung öffentliche Diskurse gezielt zu verschieben suchen, möglichst mit dem Ziel, dass die Diskussion bis in die klassischen Medien – um den Begriff der Mainstream-Medien zu vermeiden – hinein reflektiert und dort auf einem breiteren Forum diskutiert wird. Die verstärkte Nutzung dient dazu, für militante Anhänger Material, Anleitungen und Strategien für den selbsterklärten Infokrieg bereitzustellen. Die Kanäle dienen als Schaltzentrale und Räume der Planung, Koordinierung und des Aufheizens der Diskussionstemperatur.

Gegner wie die PT oder die Spitzenkandidaten der Parteien werden zu unliebsamen Personen oder gleich zu Zielscheiben erklärt, verhöhnt, verspottet. Das geschah freilich auch schon früher per WhatsApp, doch Telegram bietet viel mehr Nutzerfreundlichkeit. Durch die umfangreichen Dateisammlungen und die multimediale Nutzung des Dienstes wird das Material direkt mitgeliefert: Unzählige verhetzende Memes oder Videos stehen zur Verfügung, können heruntergeladen und geteilt werden. Bei einer ganzen Reihe dieser Materialien führt eine direkte Spur in das „*Gabinete de Odio*".

Literatur

Campos Mello, Patricia, A Machina de Odio, Companhia das Letras, São Paulo, 2020
Da Empoli, Giuliano, Ingenieure des Chaos, Random House, München, 1. Auflage, 2020.
Moura, Mauricio/Corbellini, Juliano: A eleição disruptiva – por que Bolsonaro venceu, Editora Record LTDA, Rio de Janeiro, 2019.

11. Außenpolitik – Zwischen Abhängigkeit und Führungsanspruch

Als Brasiliens Präsident Lula mit einer mehr als 200-köpfigen Delegation nach China reiste und dafür sogar EU-Ratspräsidentin Ursula von der Leyen versetzte, war man in Europa irritiert. Kurz zuvor hatte doch Bundespräsident Frank-Walter Steinmeier Lula zum Amtsantritt gratuliert und auch Wirtschaftsminister Robert Habeck und Landwirtschaftsminister Cem Özdemir hatten die Reise nach Brasília angetreten, kurz nachdem Bundeskanzler Olaf Scholz ebenfalls dort gewesen war. Auf eine solche Dichte hochrangigster Bundespolitiker hatte man in Brasília allerdings fast acht Jahre warten müssen. Die erste und letzte Regierungskonsultation hatte es 2015 gegeben. Danach war lange Funkstille. Und auch als Präsident Lula sich zum Angriffskrieg auf die Ukraine äußerte, klang das nicht unbedingt so, wie man es in den Hauptstädten Europas und der USA gerne gehört hätte. Dabei hatte Lula gar nichts anderes getan, als was er in seiner ersten Amtszeit schon getan hatte und was die Außenpolitik Brasiliens in diesem Jahrtausend – mit Ausnahme der Bolsonaro-Jahre – charakterisierte: einen selbstbewussten, eigenen Weg gehen, der Brasilien viele Möglichkeiten offenlässt.

Eine einzelne Außenpolitik als solche kann es natürlich für ein Land vom Format Brasiliens nicht geben. So, wie sich Brasilien politisch entwickelt hat, hat auch die Außenpolitik eine Entwicklung genommen und diverse Phasen durchlaufen. Wenn im Folgenden die Außenpolitik etwas näher betrachtet werden soll, dann ist damit in erster Linie die Entwicklung der jüngeren Vergangenheit gemeint. Außerdem ist sie nie als isoliertes Politikfeld zu betrachten, sondern als ein zunehmend sich diversifizierendes und auffächerndes interdisziplinäres.

Grundsätzlich war und ist Außenpolitik in Brasilien auch immer ein Stück weit als Außenhandelspolitik zu denken. Das war zunächst dem Status als Kolonie geschuldet, wobei die dazugehörige Politik bis in das 19. Jahrhundert von Lissabon aus gemacht wurde. Mit der Unabhängigkeit 1822 begann für Brasilien der Versuch, einen eigenen Weg zu finden. Diesen beschreibt de la Fontaine als ein „Pendelverhalten zwischen den Großmächten".[1] Im 19. Jahrhundert waren dies Portugal und England,[2] später dann die USA und die UdSSR. Etwa seit der Jahrtausendwende rückte Asien und insbesondere China in den Blick der brasilianischen Außen- und Handelspolitik. Dabei immer im Fokus: Märkte für die reichhaltigen Rohstoffe des Landes erschließen, Quellen für technische Güter, die die eigene Industrie nicht herzustellen im Stande ist und potenzielle Investoren und Geldgeber. Ehe sich die brasilianische Industrie in den 1990er-Jahren in Richtung Weltmarkt zu orientieren begann, war sie auf Importsubstitution ausgerichtet. Die Außenpolitik musste also stets auch der eigenen wirtschaftlichen Entwicklung Rechnung tragen. So bestand bis dahin eine wesentliche Aufgabe für *Itamaraty*[3] darin, Bedingungen zur bestmöglichen Entfaltung der Industrie zu schaffen, ausländische Devisen anzulocken und den Absatzmarkt zu sichern.

Die generelle Grundlage der aktuellen Außenpolitik regelt der Artikel 4 der Verfassung von 1988 mit seinen zehn Prinzipien: I – nationale Unabhängigkeit, II – Vorherrschaft der Menschenrechte, III – Selbstbestimmungsrecht der Völker, IV – Nichteinmischung, V – Gleichheit unter den Staaten, VI – Verteidigung des Friedens, VII – friedliche Beilegung von Konflikten, VIII – Ablehnung von Terrorismus und Rassismus, IX – Zusammenarbeit zwischen den Völkern für den Fortschritt der Menschheit und X – Gewährung von politischem Asyl.[4] Ein Stück weit zurück gehen diese Prinzipien, vor allem der Punkt VII, auf den früheren Außenminister José Paranhos Baron Rio Branco,[5] dem es gelang, während seiner Amtszeit (1902–1912) zu Beginn der Republik ohne Kriege führen zu müssen, allein durch geschicktes diplomatisches Verhandeln und Schlichten mit den Nachbarstaaten die Fläche Brasiliens enorm zu erweitern. Dabei gelang ihm etwas, was zum Markenzeichen brasilianischer Außenpolitik werden sollte: Kontinuität in einem doch recht volatilen innenpolitischen Umfeld herzustellen. Denn während seiner zehnjährigen Amtszeit diente er unter insgesamt vier verschiedenen Präsidenten. Dieser Ruf Brasiliens als eine friedliebende Nation, ein „*good guy*" (Zilla) in der internationalen Wahrnehmung wird im Grunde bis heute geschätzt – wohl auch, weil es sich bei unangenehmen Punkten wie dem Anmahnen von Demokratie und Menschenrechtsverstößen von autokratisch gelagerten Regierungen heraushält. Brasilien beherrschte lange die Kunst, „Brücken über ideologische und wirtschaftliche Interessenunterschiede hinweg zu schlagen".[6] Inzwischen scheint aber diese Kunst ein wenig abhandengekommen zu sein. So lud Lula Venezuelas Diktator Nicolas Maduro zu einem Treffen von Staatschefs in Brasilien ein und weigert sich beharrlich, sich von Diktatoren in Mittelamerika zu distanzieren. Auch seine Aussagen zur Ukraine-Krieg, bei dem er Russlands Diktator Vladimir Putin und Ukraines Präsident Wolodymyr Zelenskyj als gleichermaßen schuldig am Krieg bezeichnete, stießen in der Weltöffentlichkeit sauer auf. Nach dem Terrorangriff der Hamas auf Israel brachte Lula die jüdische Gemeinde seines Landes gegen sich auf, als er das Vorgehen der israelischen Armee im Gazastreifen als Akt des Terrors bezeichnete. Auch international sorgten die Äußerungen bezüglich der Situation in Nahost für Verwunderung, spiegelten aber die traditionelle israelkritische Haltung innerhalb der brasilianischen und südamerikanischen Linken wider.

Die Arbeit des Außenministeriums war lange Zeit durch große Kontinuität gekennzeichnet. Das lag zum einen an der großen Autonomie, die ruhiges Arbeiten ermöglichte. Zudem bestand im Inland und auch bei Abgeordneten und Senatoren im Kongress traditionell wenig Interesse an Außenpolitik. Sie waren meist im Nachgang gefragt, wenn es zum Beispiel darum ging, internationale Abkommen zu ratifizieren. Auch parteipolitische und zivilgesellschaftliche Einflüsse blieben lange gering, bis auf wenige Ausnahmen. Etwa, als es darum ging, dass die USA um die Jahrtausendwende mehrere Militärstützpunkte in Kolumbien aktivieren wollten, oder als die Entscheidung anstand, Venezuela 2006 in den Staatenbund *Mercosul* aufzunehmen. Diese außenpolitischen Themen schlugen im Kongress und in der innenpolitischen Diskussion hohe Wellen.

Bis zur Präsidentschaft von Luiz Inácio Lula da Silva waren Außenminister und Botschafter klassische Diplomaten – keine Politiker. Das änderte sich erst, als der damalige Außenminister Celso Amorim 2009 in die Arbeiterpartei PT eintrat. Ein harmloser erster Schritt, wenn man bedenkt, wie das Amt des Außenministers von Ex-Präsident Jair Bolsonaro knappe zehn Jahre später ideologisch missbraucht wurde. Mit Ernesto Araújo installierte er auf dem Posten einen Hardliner mit dem Zweck, die ideologischen Grundzüge seiner neokonservativen Politik – Antikommunismus und Kampf gegen die vermeintliche Genderideologie – nach außen zu tragen, wobei alles, war Araújo tat, im Grunde nach innen gerichtet blieb, mit Blick auf die Machtbasis Bolsonaros. Araújo[7] war ein Wissenschaftsleugner, hing Verschwörungsmythen und mittelalterlichem Aberglauben an und galt als Verfechter einer weißen Suprematie, des Machismus und Rassismus – kurzum der genaue Gegenentwurf zu einem ideologisch zurückhaltenden und diskreten Chefdiplomaten. Die Außenpolitik Bolsonaros wird im weiteren Verlauf dieses Kapitels noch ausführlich besprochen.

Brasilien war über einen sehr langen Zeitraum in keine ernsthaften Konflikte involviert, die Souveränität, ob seiner einerseits abgeschiedenen Lage, andererseits seiner überragenden Bedeutung und Größe auf dem südamerikanischen Kontinent kaum ernsthaft gefährdet; im Großen und Ganzen kann man wohl von Brasilien von einem „geopolitisch zufriedenen Land"[8] sprechen. Die wohl letzte große Kriegsbeteiligung liegt schon fast 150 Jahre zurück, der so genannte Tripel-Allianz-Krieg, *Guerra da Tríplice Aliança* (1864–1870), zwischen Paraguay einerseits und den drei Verbündeten: Argentinien, Uruguay und Brasilien. In Brasilien spricht man deshalb auch vom Paraguayischen Krieg. Wobei an dieser Stelle nicht unerwähnt bleiben sollte, dass Brasilien während des Zweiten Weltkriegs auf Drängen der USA – und nach anfänglich freundschaftlichen Beziehungen zu den Nationalsozialisten bis 1937 – an der Seite der Alliierten kämpfte. Am 16. September 1944 halfen brasilianische Soldaten bei der Befreiung Italiens.

Die Außenpolitik Brasiliens verfolgte lange die Grundsätze Pazifismus, Achtung des Völkerrechts, Verteidigung der Selbstbestimmung und der Nichteinmischung sowie Pragmatismus, angesichts des diskreten diplomatischen Ansatzes brauchte es auch kein betontes Auftreten des Präsidenten nach außen. Die politische Autonomie *Itamaratys* begann in den 1990er-Jahren aufgeweicht zu werden. Eine der Ursachen hierfür war sicherlich der Zerfall der Sowjetunion und das Ende des Kalten Krieges. Aus dieser geopolitischen Umwälzung ergaben sich für Brasilien neue Möglichkeiten.

Die außenpolitische Rolle Brasiliens ist nicht einheitlich. Im Grunde agiert es in unterschiedlichen Rollen, die wiederum in Bezug zueinander stehen. Die

Politologin Claudia Zilla beschrieb die Rollen als Regionalmacht, Riesenstaat, Anti-Status-Quo-Akteur, aufstrebende Macht und Entwicklungsmacht.[9] Aus diesen unterschiedlichen Rollen ergeben sich unterschiedliche Handlungen, die Brasiliens Auftreten und Selbstverständnis auf dem internationalen Parkett kennzeichnen.

Zurück auf der Weltbühne

Das Comeback Brasiliens auf dem internationalen Parkett mit der dritten Amtszeit von Präsident Luiz Inácio Lula da Silva war vor allem von westlichen Regierungen aber auch Medien beinahe sehnsüchtig erhofft worden. Denn eines war klar: Unter Lula würde es keine außenpolitische Isolation mehr geben, wie sie die Amtszeit seines Vorgängers Jair Bolsonaro vier Jahre lang geprägt hatte. Natürlich hatte dies mit der strategisch zentralen Position zu tun, die Brasilien und die Amazonasregion im Zuge der sich beschleunigenden und intensivierenden Klimadiskussion als unverzichtbarer Akteur hat. Doch auch mit dem Angriff Russlands auf die Ukraine geriet die geopolitische Weltordnung (einmal mehr) ins Rutschen. Beim Besuch von Bundeskanzler Olaf Scholz Ende Januar 2023 hatte sich Lula als Schlichter des Konflikts ins Gespräch gebracht. Das geschah für viele Beobachter überraschend, hatten sie doch mit einer deutlichen Anerkennung der alleinigen Schuld Russlands und einer klaren Unterstützung der westlichen Allianz gerechnet. Dabei hat der Präsident nicht viel anderes getan, als an die Rolle Brasiliens auf mulilateraler Ebene, nach vier Jahren Abstinenz, anzuknüpfen – und dabei gerade in Fragen der Sicherheitspolitik durchaus eigene, kontroverse Positionen einzunehmen. Allerdings stieß Lulas relativierende Position zur russischen Kriegsschuld – etwa in einem großen Interview mit dem Time-Magazine – vor allem im Westen auch auf eine gewisse Irritation.

Brasilien erhebt seit Jahren den Anspruch, international auf Augenhöhe mit den traditionell großen Mächten, etwa im UN-Sicherheitsrat, mitentscheiden zu dürfen. Dort hätte Brasilien, das die Vereinten Nationen mitgründete und inzwischen elf Mal in den Sicherheitsrat als nicht-ständiges Mitglied berufen wurde, gerne seit einigen Jahren einen permanenten Sitz. Die Argumentation Brasiliens dahingehend erscheint nachvollziehbar. Die globalen Machtverhältnisse hätten sich verschoben, dem müsse auch in der internationalen Sicherheitsarchitektur Rechnung getragen werden. Die alten Machtkonstellationen, die noch vom Ende des Zweiten Weltkriegs stammten, sieht Brasilien als überholt und reformbedürftig an. Zumindest im Ansinnen, weniger in der Argumentation, stand Brasilien in einer Reihe mit Deutschland, Japan und Indien, mit denen sie die gemeinsame so genannte G4-Initiative starteten. Dagegen wiederum spricht der mangelnde Zuspruch der regionalen Staaten, insbesondere Mexikos und Argentiniens. Diese beiden Staaten, die selbst eine gewisse Führungsrolle für sich sehen, verweigerten Brasilien bislang die Unterstützung.

Auch wirtschaftlich spielte Brasilien vom Beginn des Jahrtausends an, bis zum Beginn der Rezession 2016, von der es sich bis zur für Brasilien verheerend verlaufenen Corona-Pandemie nur langsam wieder erholt hat, in der ersten Liga mit, belegte zwischenzeitlich Platz sechs der größten Volkswirtschaften. Inzwischen ist es aber wieder etwas im Ranking zurückgefallen. Auch die zuletzt stark forcierte Rückbesinnung auf die Rolle des Rohstoffexporteurs und selbsternannten Welternährers dürfte Brasiliens internationale Position eher geschwächt haben.

Seinen Anspruch, international Verantwortung übernehmen zu wollen, unterstrich Brasilien etwa durch seine Führungsrolle bei der UN-Stabilisierungsmission MINUSTAH (2004 bis Oktober 2017) in Haiti, bei der es auf Wunsch der USA das größte militärische Kontingent der 6700 eingesetzten Blauhelme stellte und zugleich auch andere Staaten der Region überzeugte, sich zu beteiligen. Ziel der Mission war die Stabilisierung des Landes, der Schutz der Zivilbevölkerung unter anderem durch die Unterstützung beim Überwachen, Strukturieren und Reformieren der haitianischen Polizei. Des Weiteren halfen die Soldaten der MINUSTAH bei der Entwaffnung von Rebellengruppen. Dabei ging Brasilien mit seiner Softpower-Diplomatie durchaus ungewöhnliche Wege, organisierte etwa 2004 das *jogo do paz*, das Friedensspiel, ein Fußball-Freundschaftsspiel zwischen den Nationalmannschaften Haitis und Brasiliens. Das brachte dem Land bei der Bevölkerung viele Sympathiepunkte.

Um dennoch an Profil und Einfluss zu gewinnen, stellt sich Brasilien durchaus geschickt als „Anti-Status-Quo-Macht"[10]dar, die den Schulterschluss mit anderen Mächten sucht. Daher sucht Lulas Regierung außenpolitisch nach Allianzen mit Ländern, die sie als ebenbürtig begreift, die bereit sind – auf Augenhöhe interessengeleitet zu agieren. Die Akronyme IBSA (für Indien, Brasilien, Südafrika) oder BRICS (Brasilien, Russland, Indien, China, Südafrika) bezeichnen keine Staatengruppen, die nach gehaltvollen Gemeinsamkeiten gebildet werden. Verbindendes Element ist also weniger eine horizontale Perspektive gemeinsamer außenpolitischer Kernpositionen oder sektoraler Interessen. Wichtiger, so formuliert es Claudia Zilla, sei vielmehr die vertikale Perspektive eines Bezugs auf jene Länder, die in der bestehenden internationalen Hierarchie besser platziert sind.[11] Zugleich sendet Brasilien damit ein Signal und ein Angebot an andere Länder des globalen Südens, einerseits ein Partnerland zu sein, das deren Probleme kennt, ernst nimmt und seinerseits teilweise selbst gelöst hat (Stichwort: Hunger- und Armutsbekämpfung) und andererseits ein bewährter und verlässlicher Partner des Nordens zu sein und somit ein Bindeglied. Brasilianische Außenpolitik hat heutzutage viele Gesichter: als regionale Integrationspolitik in Süd- bzw. Lateinamerika, als Wirtschafts- und Handelspolitik mit der Europäischen Union oder als Versuch, auf globaler multilateraler Ebene eine autonome Position zu finden und einzunehmen, die sowohl die alte Verbindung zu den USA pflegt als auch neue Wege öffnet, Stichwort: BRICS. Diese Spielarten der brasilianischen Außenpolitik werden im Folgenden vorgestellt.

Brasilien und die USA

Die diplomatischen Beziehungen zwischen Brasilien und den USA reichen weit zurück in das 19. Jahrhundert. Aber es waren wohl nicht, wie oft fälschlicherweise angegeben die USA, die als erstes Land die Unabhängigkeit Brasiliens anerkannten,[12] sondern das Nachbarland Argentinien – zumindest legt dies eine in jüngster Zeit aufgekommene Diskussion nahe. Was nun stimmt, scheint noch nicht abschließend geklärt. Festgehalten werden kann jedoch, dass die USA zu den ersten großen Nationen zählten, die Brasilien als eigenständigen Staat anerkannten.[13] Die Außenpolitik der Vereinigten Staaten, die den Süden des amerikanischen Kontinents betrifft, hat ihren Ursprung in der *Monroe Doktrin*. Aus Angst vor einer Rekolonialisierung Südamerikas durch Frankreich und Spanien erließ der damalige Präsident James Monroe diese Doktrin 1823.

Diese geht auf die Rede zur Lage der Nation vom 2. Dezember 1823 zurück, in der US-Präsident James Monroe vor dem Kongress die Grundzüge einer langfristigen Außenpolitik der Vereinigten Staaten entwarf. Monroe formulierte die Existenz zweier politischer Sphären. Er betonte das Prinzip der Nichteinmischung der Vereinigten Staaten in europäische Konflikte und forderte im Gegenzug ein Ende aller Kolonialisierungsbestrebungen in der westlichen Hemisphäre. Sollten die europäischen Mächte dies ignorieren, würden sich die USA das Recht auf eine Intervention vorbehalten. Die in der Doktrin vorgegebene Richtung stellte die Staaten Lateinamerikas in einen direkten außenpolitischen Einflussbereich der USA. Salopp wird auch gerne vom „Hinterhof" der USA gesprochen.

Knapp 80 Jahre später wurde diese Doktrin von Präsident Franklin Theodore Roosevelt als Reaktion auf den spanisch-amerikanischen Krieg (1898) erweitert. Mit der so genannte *Roosevelt Corollary* gaben sich die USA eine fortan sehr viel offensivere und aktivere politische Rolle in der Region. Europäische Regierungen hatten zudem damit begonnen, südamerikanische Länder mit Gewalt zur Tilgung ihrer Schulden zu bewegen. Deshalb befürchteten die Amerikaner, durch die europäische Intervention in Lateinamerika eine Wiederherstellung der traditionellen Vormachtstellung und gleichzeitig einen Verlust des eigenen Einflusses. Um andere Mächte fernzuhalten und die finanzielle Zahlungsfähigkeit zu gewährleisten, erließ Präsident Theodore Roosevelt diese Gesetzeserweiterung. „Chronisches Fehlverhalten [...] kann in Amerika, wie auch anderswo, letztlich das Eingreifen einer zivilisierten Nation erfordern", verkündete er in seiner Jahresbotschaft an den Kongress im Dezember 1904, „und in der westlichen Hemisphäre kann das Festhalten der Vereinigten Staaten an der Monroe-Doktrin die Vereinigten Staaten, wenn auch widerwillig, in flagranten Fällen solchen Fehlverhaltens oder solcher Ohnmacht zur Ausübung einer internationalen Polizeimacht zwingen."[14] Damit kündigte Roosevelt aktive Interventionen in Staaten an, die seitens der USA als zu schwach, instabil oder anfällig für die

Einflussnahme von außen gesehen wurden und definierte die Rolle der USA zunächst als die einer Art Regionalpolizei.

Die Kriterien dafür, was als schwach, instabil oder anfällig anzusehen war, bestimmten die USA aber selbst und legten die Kriterien auch durchaus weit aus. Denn auch wenn bereits nur wirtschaftliche Interessen tangiert waren, wurden die USA tätig, wie exemplarisch das Beispiel Guatemalas aus den 1950er-Jahren zeigt, als der US-amerikanische Bananenkonzern *United Fruit Company* (UFC) sein Geschäftsmodell in Gefahr sah. Der gewählte Präsident Jacobo Àrbenz Gúzman hatte damit begonnen, Land an Arbeiter zu verteilen. Die UFC fürchtete um ihre Plantagen und startete eine große Kampagne, in der sie vor einem möglichen Sowjeteinfluss in Guatemala warnte. Sie erwischte die US-Regierung an einem wunden Punkt: sie steckte mitten im Kalten Krieg. Die Angst der USA, Einflussgebiete insbesondere an die Sowjetunion zu verlieren, wurde als Rechtfertigungsgrund für viele politische und militärische Einmischungen angeführt. Die Angelegenheit wurde den USA zu heiß. Sie zettelte, gesteuert von der CIA, kurzerhand einen Regierungsumsturz an.[15] Ein demokratisch gewählter Präsident wurde abgesetzt und durch eine US-freundliche Militärregierung ersetzt. Der Begriff Bananenrepublik wurde geboren.

Ähnliches, wenn auch nicht primär aus wirtschaftlichen Interessen widerfuhr auch Brasilien ein gutes Jahrzehnt später. Die Kuba-Krise (ab 1959), als bis dahin dramaturgischer Höhepunkt des Kalten Kriegs, steckte den USA noch in den Knochen, als 1961 der linke Politiker João „Jango" Goulart als nachrückender Vizepräsident für den zurückgetretenen Janio Quadros ins Amt kam. Aus Angst, Brasilien könnte sich durch den sozialdemokratischen Goulart zu einem sozialistischen Staat entwickeln – wofür es jedoch keinerlei Anzeichen gab – unterstützten die USA unter dem Codenamen *Operation Brother Sam* prophylaktisch das Militär logistisch und materiell aber durchaus dezent im Hintergrund bleibend dabei, die Regierung Goularts zu stürzen – der Auftakt einer ganzen Reihe von Eingriffen der US-Regierungen in Staaten Lateinamerikas. Diese sollten später als Operation Condor bekannt werden.

Die Stellung Brasiliens gegenüber den USA ist auch ein konstanter innenpolitischer Streitpunkt. Grundsätzlich existieren im Verlauf der Geschichte zwei Lager: Liberale, die stets die Nähe zu den USA suchten und suchen – dazu zählte unter anderem das Militär, aber auch die ehemals sehr einflussreichen Oligarchen, deren Interesse natürlich der große Absatzmarkt im Norden war. Unter liberalen Gesichtspunkten befand sich Brasilien auf dem Weg einer aufstrebenden Industrienation, die insbesondere in der Kooperation mit den USA Anschluss auf dem Weltmarkt zu finden versuchte. Sie hatten vor allem in den 1950er Jahren und ab dem Jahr 1990 in Brasilien politisches Oberwasser und richteten die Politik entsprechend aus.

Dem gegenüber stehen die so genannten Universalisten.[16] Nach Ende des Zweiten Weltkriegs begann sich die Dominanz der USA in der Region, aber auch für Brasilien selbst immer deutlicher abzuzeichnen – vor allem in wirtschaftlicher Hinsicht, etwa was Kredite oder den Absatz von Rohstoffen betraf. Bis weit in das 21. Jahrhundert hinein sollten die USA, was das Volumen betrifft, wichtigster Handelspartner Brasiliens bleiben. Darum strebten die Universalisten nach mehr Autonomie, indem sie versuchten, den Handel breiter aufzustellen, aber auch den politischen Einfluss Washingtons auf Brasília zu minimieren.

Zunächst brachten die 1990er-Jahre jedoch eine Renaissance der Hinwendung zu den USA. Grund hierfür war das Ende des Kalten Krieges durch den Fall der Berliner Mauer im November 1989. Die bis dahin gekannte bipolare Weltordnung war dahin, die Sowjetunion und der Ostblock zerfielen in Einzelteile, die USA blieben als einzige globale Supermacht übrig. Darum wäre es aus brasilianischer Sicht leichtfertig gewesen, den Kontakt zu den USA in dieser Phase herunterzufahren. Er wurde sogar zunächst einmal intensiviert. Doch die Lage änderte sich, zunächst mit dem NAFTA-Freihandelsabkommen, das die USA, Kanada und Mexiko 1998 schlossen, dann noch radikaler mit den terroristischen Anschlägen auf das World Trade Center und das Pentagon am 11. September 2001 erneut grundlegend. Mit der Fokussierung auf die Bekämpfung des islamistischen Terrorismus im Irak und später in Afghanistan verloren die USA ihr Interesse an Südamerika.

Regionale Integration Brasiliens

Pendelte Brasilien lange zwischen den USA und der Sowjetunion, kam dieses Pendel mit dem Ende des Kalten Krieges zunächst zu einem Stillstand. Neben der angesprochenen Vertiefung des Kontakts zu den USA bastelte Brasilien parallel daran, die Abhängigkeit abzumildern. Präsident Fernando Henrique Cardoso (1995–2002) läutete eine Zeit der „außenpolitischen Autonomie durch Integration"[17] ein, deren Fokus sich auf die unmittelbare Nachbarschaft richtete. Damit einher ging auch eine veränderte Wahrnehmung der eigenen regionalen Bedeutung. Fühlte sich Brasilien als einziges portugiesisch-sprachiges Land in der Region lange eher fremd und definierte sich nicht als lateinamerikanisches Land, so schien man sich ab den 1990er-Jahren in sein geographisches Schicksal[18] zu ergeben und Südamerika als zusammenhängenden und miteinander verwobenen Raum zu sehen, gewissermaßen als eigenständige geopolitische Einheit – und nicht mehr, wie die Jahrzehnte bzw. Jahrhunderte zuvor als koloniales Anhängsel oder Hinterhof der Vereinigten Staaten. Hinzu kam, dass andere Schwergewichte der Region im Laufe der Zeit zunehmend an Bedeutung verloren: Mexiko orientierte sich durch den NAFTA-Freihandel mehr in Richtung Norden, Argentinien bekam irgendwann mit eigenen schweren und langwierigen Problemen zu kämpfen und das ölreiche Venezuela versank vor allem nach dem Tod von Hugo Chavez in einer Diktatur. Deshalb begann Brasilien seine eigene regionale Führungsrolle auszubauen, zunehmend den Blick in den globalen Süden zu richten und eigene außenpolitische Themen anzustoßen.

Mit dem *Mercado Comum do Sul* (*Mercosul*, spanisch: *Mercosur*) wurde die regionale Zusammenarbeit der Regierungen Südamerikas am 26. März 1991 institutionalisiert. Der *Mercosul* ist das Ergebnis von Verhandlungen, die bereits in den 1980er-Jahren aufgenommen wurden. Damals, 1985, sprachen José Sarney (erster Präsident Brasiliens nach der Diktatur) und Raúl Alfonsin (damals Präsident von Argentinien) über ein wirtschaftliches Integrationsprojekt, an dem die beiden Länder beteiligt sein sollten. Zur Gründung wurden zunächst zwei weitere Länder eingeladen, sich an dieser Integration zu beteiligen: Uruguay und Paraguay. Als 2012 der Beitritt Venezuelas anstand, mit großer Unterstützung der Regierung Brasiliens, führte dies zu heftigen Diskussionen innerhalb des Bündnisses, die – was sonst unüblich ist – bis in die brasilianische Innenpolitik ausstrahlten. 2016 setzte der *Mercosul* die Mitgliedschaft Venezuelas wieder aus, nachdem Nicolas Maduro die Macht an sich gerissen hatte. Der *Mercosul* war und ist eine rein wirtschaftlich ausgerichtete Zweckgemeinschaft, die im Wesentlichen auf der Regierungsebene funktioniert. Für Brasilien bzw. dessen Industriegüter ist Südamerika ein wichtiger Markt.

Doch sowohl der *Mercosul*, aber viel mehr noch das 2008 gegründeten Staatenbündnis UNASUR (*União das Nações Sul-Americanas*) – dessen Vorbild, theoretisch zumindest, die Europäische Union war – krankten und kranken vor allem an einem: dem mangelnden Integrationswillen der involvierten Staaten. Die Intensität der Politikkoordinierung galt als niedrig, der Rat der Staatschefs traf sich nur ein Mal pro Jahr und es gab kaum direkte Anknüpfungspunkte zum *Mercosul* oder zur CAN (*Comunidad Andina de Naciones*), der Gemeinschaft der Andenstaaten. Das Generalsekretariat in Quito blieb ohne nennenswerte Kompetenzen und finanziellen Ressourcen.

Darum wurde die regionale Desintegration zu einem der größten Trends des vergangenen Jahrzehnts.[19] 2018 kündigte zunächst Kolumbiens Präsident Ivan Duque den Austritt seines Landes aus der UNASUR an, später folgten die wirtschaftlichen Schwergewichte Argentinien, Brasilien, Chile und weitere Staaten. Die Austritte zeigen ein weiteres Charakteristikum südamerikanischer Politik. Mit Duque und später Bolsonaro (Brasilien) kamen konservative Regierungen an die Macht, die schon aus ideologischen Gründen eingeschlagene Wege der Vorgängerregierungen hinterfragten oder beendeten, um eigene, mitunter konträre Schwerpunkte zu verfolgen. Bolsonaros Wirtschaftsminister Paulo Guedes hielt den *Mercosul* als für Brasilien „entbehrlich". Diese innenpolitischen Pendelbewegungen zwischen der politischen Linken und Rechten machen politische Kontinuität schwierig, sorgen für Reibungsverluste und Unterbrechungen und wirken sich am Ende entwicklungshemmend aus. Nach zehn Jahren lag das Projekt praktisch am Boden und das, obwohl das Bündnis nur drei Jahre nach der Gründung einen Beobachterstatus bei der Generalversammlung der Vereinten Nationen erhalten hatte. Dabei hätte ein Staatenbund dieser Dimension, mit rund 400 Millionen Einwohnern und einer Fläche die vier Mal so groß ist wie die EU, theoretisch gute Chancen und zudem auch die wirtschaftlichen Voraussetzungen: Die Mitgliedsländer der UNASUR verfügten zusammen – bis zur Suspendierung Venezuelas – über die weltweit größten Rohölreserven, die größten Wasserreserven, nehmen den zweiten Platz bei den Erdgasreserven ein und auf drei Mitgliedsstaaten fällt knapp ein Viertel des globalen Zinnvorkommens. Darüber hinaus erstreckt sich um den Amazonas das (noch) größte zusammenhängende Gebiet tropischer Regenwälder. Auch die geostrategische Ausrichtung mit Zugang zum Atlantik und Pazifik ist günstig.

In der globalen Strategie spielt der *Mercosul* für Brasilien nur eine untergeordnete Rolle – China, die Vereinigten Staaten und die Europäische Union sind größere Handelspartner – jedoch überwiegend für Rohstoffe. Für die mit Abstand größte Volkswirtschaft des Subkontinents, die durchaus in der Lage ist, sich eigenständig mit politischen Positionen Gehör zu verschaffen, dürfte der *Mercosul* in erster Linie aus industriepolitischer Sicht attraktiv erschienen sein. Viele Industrieprodukte Brasiliens waren und sind nicht konkurrenzfähig auf einem hart umkämpften Weltmarkt, weil sie zu teuer sind, die Unternehmen zu klein, aber auch mangels Qualität. Um irgendwann den Schritt auf die ganz große Bühne wagen zu können, ist der regionale Markt ein gutes Erprobungsfeld für die brasilianischen Industrieprodukte.

Für diesen Zweck nahm die brasilianische Regierung Geld in die Hand, investierte in Infrastruktur oder transformierte die 1952 gegründete *Banco Nacional do Desenvolvimento* (BNDES) von einer rein nationalen zur zweitgrößten Entwicklungsbank der Welt. Investitionen brasilianischer Unternehmen haben nicht unbedingt einen entwicklungspolitischen Fokus, sondern zielen vielmehr darauf ab, durch Übernahmen, Erweiterungen oder strategischen Fusionen die eigene Machtposition zu sichern – mitunter auch auf Kosten der anderen Länder, die die politische Unterstützung der brasilianischen Regierung durchaus auch kritisch sehen.

Mit Luiz Inácio Lula da Silva hat im Januar 2023 ein Präsident das Ruder in Brasília übernommen, der versuchen dürfte, im Zuge einer ausgewogeneren Außenpolitik die Multipolarität Brasiliens wieder zu stärken. Lula reiste nicht zum Wirtschaftsgipfel nach Davos, sondern stattdessen nach Buenos Aires, um so ein Ausrufezeichen zu setzen. Denn dem Peronisten Alberto Ángel Fernández stand Lula ideologisch nahe. Es ist ein altbewährtes Muster in Lateinamerika: Enge politische Kooperation hat auch immer etwas mit ideologischer Verbundenheit zu tun – was innerhalb des *Mercosul* nicht immer gut ankam, wie der Versuch der Integration Venezuelas unter Hugo Chavez. Mit Fernández' Nachfolger Javier Milei dürfte der Austausch weniger innig sein. Mit dem 1990 gegründeten Forum von São Paulo (*Foro de São Paulo*) suchte die Arbeiterpartei PT schon sehr früh den Austausch mit anderen linksgerichteten Parteien in Lateinamerika. Ziel dieser Plattform war es, das neue internationale Szenario nach dem Fall der Berliner Mauer und die Folgen der Umsetzung der damals von den damaligen rechtsgerichteten Regierungen der Region verfolgten neoliberalen Politik zu erörtern, wobei das erklärte Hauptziel der Konferenz darin bestand, für Alternativen zum

Neoliberalismus einzutreten. Wobei es zweifellos zu Lulas Stärken zählt, statt ideologischer Verbissenheit eine gute Portion Pragmatismus an den Tag zu legen, die es ihm erlaubt, die Gesprächskanäle in alle politischen Richtungen offen zu halten.

Er empfing nur wenige Wochen nach seinem Amtsantritt Bundeskanzler Olaf Scholz, sprach mit diesem aber statt über Waffen- und Munitionslieferungen für die Ukraine über eine mögliche Vermittlerrolle Brasiliens zwischen Russland und der Ukraine. Er ließ EU-Kommissionspräsidentin Ursula von der Leyen abblitzen und holte stattdessen seine wegen Krankheit verschobene China-Reise nach. Kurz nach seiner Wiederwahl und noch vor dem offiziellen Amtsantritt reiste Lula im November 2022 zum Klimagipfel nach Ägypten, wo er wie ein Popstar empfangen wurde. Im Mai 2023 reiste er zum G7-Gipfel nach Hiroshima.

Brasilien ist mit Lula zurück auf der diplomatischen Weltbühne. Zwar agiert Lula in erster Linie im Interesse seines Landes, doch die Präsenz könnte auch auf Lateinamerika abstrahlen, findet Oliver Stünkel, Forscher für Internationale Beziehungen bei der Getúlio Vargas Stiftung (*Fundação Getúlio Vargas, FGV*) in São Paulo. Er sieht in Lula derzeit das einzige politische Schwergewicht, den global sichtbarsten politischen Anführer seiner Generation. „Brasiliens wiederentdeckter globaler Aktivismus geht weit über die präsidentielle Diplomatie hinaus."[20] Lula ist der einzige alte Hase unter ansonsten eher regierungsunerfahrenen Newcomern. Diese Führungsrolle wird in Südamerika jedoch deutlich weniger gerne gesehen wird als im Rest der Welt.

Auch wenn vereinzelt die aktuelle politische Landschaft Südamerikas schon wieder mit der rosa Welle Anfang der 2000er-Jahre verglichen wird, ist die Ausgangslage eine andere. Brasilien wie auch viele andere Länder in der Region haben mit ähnlichen innenpolitischen Problemen zu kämpfen: einer wachsenden Polarisierung, geringem Wirtschaftswachstum und einem Bruttoinlandsprodukt, das sich im Verlauf der vergangenen Dekade praktisch nicht erhöht hat. Die am deutlichsten wahrzunehmenden wirtschaftlichen Trends bestanden in einem Rückgang des regionalen Handels untereinander und einer deutlichen Zunahme des Handels mit China, den jedes Land individuell organisierte. Die industrielle Produktion ging zurück, dafür stieg in Brasilien wie auch in den meisten Nachbarländern die Abhängigkeit von Rohstoffexporten wieder deutlich an. Dennoch: Die durch den Ukraine-Krieg und den Handelskrieg zwischen den USA und China deutlich fragiler gewordenen globalen Lieferketten bieten durchaus Gelegenheiten, Brasilien und auch ganz Südamerika wieder stärker in den Fokus zu rücken. Auch im Bereich der Verkehrs- und Energiewende können Länder wie Bolivien, Chile, Argentinien und demnächst auch Brasilien mit ihren großen Lithiumvorkommen an Attraktivität gewinnen. Wobei abzuwarten bleibt, ob es gelingen wird, von der neuen Wertschöpfung mehr profitieren zu können als nur als bloßer Rohstofflieferant.

Vernachlässigte historische Bande: Brasilien und die EU

Ein besonderes, wenngleich komplexes und nicht ganz widerspruchsfreies Verhältnis verbindet Brasilien mit Europa bzw. der Europäischen Union. Dabei spielen mit Sicherheit die koloniale Vergangenheit und die Verbindungen nach England aber auch zu Frankreich und den Niederlanden eine wichtige Rolle. Einigend wirken durchaus ein gewisser Wertekanon und eine ganze Reihe von Kooperationen. Daneben bestehen aber auch durchaus Rivalitäten etwa, was die Politik des Internationalen Währungsfonds und der Vereinten Nationen betrifft. In beiden Gremien fordert Brasilien seit geraumer Zeit mehr Mitspracherechte – ein deutliches Zeichen für die außenpolitische Emanzipation Brasiliens und dessen wachsenden globalen Stellenwert. Sichtbar wird die Diskrepanz unter anderem häufiger in der Reaktion auf die UN-Sanktionspolitik. Während sich die EU in der Regel auf die Seite der USA stellt und mitunter auch aktive militärische Interventionen mitträgt, äußert Brasilien häufiger sein Misstrauen in die Notwendigkeit solcher Maßnahmen.

Beziehungen zwischen Brasilien und der EU bestehen auf mehreren Ebenen. So gibt es seit jeher politische und wirtschaftliche Verbindungen von Brasilien und Einzelländern der Europäischen Union. Historisch bedeutsam ist natürlich die Verbindung nach Portugal, aber auch Frankreich, Deutschland, Italien, die Niederlande und auch das Vereinigte Königreich (wenn auch kein EU-Mitglied mehr) haben ganz unterschiedliche Beziehungen aufgebaut. Daneben gibt es Verbindungen Brasiliens zur EU als Ganzes. Und zuletzt natürlich zwischen dem *Mercosul* und der EU.[21]

Auf der zeitlichen Achse hat sich das Verhältnis gewandelt. Gratius bezeichnet die Zeit zwischen dem Beginn der EU 1960 und kurz nach der Wende (1991) bis zur ersten demokratischen Wahl in Brasilien nach der Militärdiktatur als „gutartige Vernachlässigung"[22]. Denn trotz zahlreicher historischer Bande galt Brasilien über Jahrzehnte nicht als privilegierter Partner. War Brasilien vorwiegend Handelspartner, orientierte sich Brasilien nach der Diktatur in seiner demokratischen Ausrichtung indes durchaus in seiner politischen Entwicklung an Europa, gerade in Bezug auf soziale Entwicklung, Demokratie, Menschenrechte, aber auch die regionale Integration. Erst mit der Bildung des Staatenbunds *Mercosul* rückt auch Brasilien in den Blick Europas, wenn auch eher verstärkt als Teil dieses Bündnisses, was auch in der Präferenz der EU lag, die genau nach solchen Partnern suchte. Deshalb gingen die ersten Schritte recht schnell. 1995 unterzeichneten *Mercosul* und die EU ein so genanntes interregionales Kooperationsabkommen.

Strategische Partnerschaften sind stark interessengeleitete bilaterale Abkommen, die in den Rahmen der Gemeinsamen Außen- und Sicherheitspolitik (GASP) eingebettet sind. Darin strebt die EU auf politischen und ökonomischen Ebenen stabile Beziehungen zu wichtigen Staaten, Staatengruppen und internationalen Organisationen an. Dieses Instrument ging aus den intensivierten Bemühungen um eine verbesserte außen- und sicherheitspolitische Handlungsfähigkeit der EU zu Beginn des 21. Jahrhunderts hervor. Wie in der Europäischen Sicherheitsstrategie (ESS) 2003 fixiert, will die EU externen Bedrohungen der eigenen Werte und des Wohlstands beggnen, indem sie die Beziehungen zu denjenigen zentralen Akteuren ausbaut, die die Ziele und Werte der EU teilen. Hieran erkennt man, dass die inhaltlichen Schwerpunkte durchaus unterschiedlich ausgeprägt sein können bzw. sein müssen. 1999 wurde auch ein Freihandelsabkommen angestrebt, dessen Verhandlung rund 20 Jahre brauchte – weil unterschiedliche Interessanlagen in Einklang gebracht werden mussten. Während europäische Bauern die vermeintlich billigere und mitunter genveränderte Konkurrenz brasilianischer Agrarimporte fürchteten, sah die Industrie in erster Linie Absatzchancen für hochwertige Produkte auf einem Markt mit mehr als 350 Millionen potenziellen Konkurrenten. Aber: Dieses Freihandelsabkommen ist auch 2024, 25 Jahre nach Beginn der Verhandlungen noch nicht in Kraft.

Wohl auch, um den schleppenden Prozess nicht ganz einschlafen zu lassen scherten die EU und Brasilien aus dem laufenden Verhandlungsprozess aus und etablierten Brasilien als „strategischen Partner" – als einen der letzten der BRICS-Staaten. Das Deutsche Institut für Internationale Politik und Sicherheit der Berliner Stiftung Wissenschaft und Politik feierte dies seinerzeit als „Aufstieg in die 1. Liga der EU-Außenbeziehungen"[23]. Mit Indien (2004), China (2005) und Südafrika (2006) waren bereits ähnliche Partnerschaften vereinbart worden. Nach wiederum längerem Stillstand gab es neue Annäherungsversuche. Die Bundesregierung vereinbarte mit der damaligen Präsidentin 2015 regelmäßige Regierungskonsultationen. Umgehend reiste Kanzlerin Angela Merkel mit ihrem halben Kabinett nach Brasília. Es sollte die einzige Konsultation bleiben. 2016 wurde Rousseff des Amtes enthoben. Da dem Impeachment und ihrem Nachfolger, Interimspräsident Michel Temer, stets der Ruch eines ungerechtfertigten Verfahrens anhaftete, verzichtete Merkel auf weitere Besuche. 2017 reiste sie nach Buenos Aires und Mexiko-Stadt. Lediglich der damalige Außenminister Heiko Maas stattete im April 2019 Jair Bolsonaro einen Antrittsbesuch ab. Berlin bzw. Brüssel hielt sich Südamerika lediglich im Stand by-Modus warm.

Am 28. Juni 2019 wurde nach fast 20-jähriger Verhandlungsdauer und einigen längeren Pausen doch noch eine Einigung über den Handelsteil erzielt – der Zeitpunkt markiert einen durchaus einschneidenden Punkt im globalen Handel. Die USA unter Präsident Donald Trump und China hatten einen Handelskrieg entfacht, plötzlich schien eine Wiederbelebung der dümpelnden Beziehungen zwischen Brasilien und der EU wieder zur Option werden zu können. Seither, also seit nun wiederum vier Jahren, befindet sich das Abkommen in der formaljuristischen Prüfung. Im Anschluss wird das Abkommen in die europäischen Amtssprachen übersetzt und dem Rat der Europäischen Union und dem Europäischen Parlament zur Zustimmung vorgelegt. Stimmen diese zu, kann der Ratifizierungsprozess starten. Im Rahmen der Ratifizierung müssen jedoch alle nationalen Parlamente dem Abkommen zustimmen.[24]

Kaum lag das Abkommen auf dem Tisch, wurden Stimmen laut, die ein Nachverhandeln forderten. Insbesondere Umweltverbände und -organisationen übten Kritik bei der Nachhaltigkeit, grundsätzlich ein wichtiger Parameter bei allen EU-Verträgen. Ihrer Meinung nach ist der Vertrag sehr einseitig, bevorzuge die europäische Industrie und zementiere damit zugleich die bisherigen Strukturen wie das chronische Handelsdefizit Brasiliens, das günstige Rohstoffe gegen teure Fertigprodukte stellt. Dazu beinhalte es kaum Komponenten, die Umweltstandards, Menschen- und Arbeitsrechte berücksichtigen. Konkret wird ein Mehrbedarf an Flächen, an (teilweise in Europa verbotenen) Pestiziden und am Ende mehr CO_2-Ausstoß befürchtet. Zwar gibt es seit 2006 ein Sojamoratorium, das den Anbau auf frisch gerodeten Flächen in der Amazonasregion unterbinden soll.[25] Diese Punkte stellen auch den Nutzen für die EU infrage, wenn Produktionsstands unterlaufen oder -defizite weiterhin bestehen bleiben und verschärft werden. Der Sojaanbau ist ein Beispiel dafür: Durch das vereinbarte Moratorium wich der Sojaanbau in andere Regionen wie den angrenzenden Cerrado aus, der seither massiv unter Landnahme und Abholzungen leidet. Tatsächlich scheint es, als sei das Abkommen im Laufe der Jahre rundgeschliffen worden. Von den ursprünglichen drei Säulen – Handel, politischer Dialog und Kooperation – ist nur noch der Handel übriggeblieben.

Wäre deshalb ein Nachverhandeln des Abkommens sinnvoller? Nein, sagen die, die den Blick global ausrichten. Bereits durch die extrem langen Verhandlungen hat Europa bereits Boden in Südamerika verloren, ist in der Handelsbilanz auf Rang drei hinter China und die USA abgerutscht. Europa hat während seiner längeren politischen Abwesenheit in Südamerika und insbesondere Brasilien an politischem Gewicht verloren. Auf wirtschaftlicher Ebene ist China mit seinem großen Rohstoffhunger und seiner expansiven Wirtschaftspolitik im Eiltempo an Europa vorbeigezogen. Dabei scheint es für Brasilien und die Staaten Südamerikas kaum eine Rolle zu spielen, dass dort Werte wie Freiheit oder Demokratie am Ende des Tages eine deutlich untergeordnete Rolle spielen.

Brasilien und die Süd-Süd-Verbindungen

Pragmatismus, gewachsenes Selbstbewusstsein und das Selbstverständnis, eine durchaus gewichtige Anti-Status-Quo-Macht zu sein, die sich nicht zwangsläufig in bestehende Machtachsen einordnen lassen will, sondern eigenen Entscheidungsspielraum fordert – so präsentiert sich die brasilianische Außenpolitik seit Beginn des Jahrtausends – auch wenn die wirtschaftlichen Voraussetzungen nur bedingt für die Rolle als Schwergewicht taugen. Dieser Wunsch nach Neutralität, im gerne in Blöcken denkenden Westen oft als Zaunhocken (*fence sitting*[26]) und damit als Unentschlossenheit und vermeintliche Schwäche fehlinterpretiert, machte über Jahrzehnte die brasilianische Außenpolitik aus. Trotz allerhand Bemühungen ist Brasilien nach wie vor global gesehen ein Lieferant von Primärprodukten und nur regional ein dominierender Faktor. Die Wirtschaftskrise und die Pandemie haben diese Reprimarisierung der Wirtschaft vorübergehend wieder befeuert.

Eigentlich war 2001 der Investmentbanker Jim O'Neill nur auf der Suche nach Anlagemöglichkeiten abseits des amerikanischen Markts, der aufgrund der Anschläge des 11. September 2001 auf absehbare Zeit kaum attraktive Wachstumsergebnisse versprach. So richtete er den Blick in die aus westlicher Sicht, globale Peripherie und fand vier große und bevölkerungsreiche Länder denen – bei aller Unterschiedlichkeit – eines gemeinsam zu sein schien: sie standen an der Schwelle, sich zu Industrienationen entwickeln zu können und ließen sich deshalb gut gemeinsam in eine Anlageklasse typisieren. Die Anfangsbuchstaben Brasiliens, Russlands, Indiens und Chinas fasste O'Neill im Strategiepapier mit dem Titel „Building Better Global Economic BRICs" seiner Bank Goldman Sachs griffig zusammen.[27]

Dass aus der Asset-Klasse sich jedoch ein politisches Interessenbündnis entwickeln könnte, dessen Wirtschaftskraft bislang zwar noch nicht an das der G7-Staaten heranreicht, aber das immerhin fast 46 Prozent der Weltbevölkerung repräsentiert, hatte O'Neill sicher nicht gedacht. Zur westlich zentrierten Sichtweise schien ein Gegengewicht heranzuwachsen, das die bisherige, seit dem Ende des Kalten Krieges unipolare und westlich dominierte Weltordnung auf Dauer in Frage stellen könnte. Jedenfalls sahen sich die anfangs vier, inzwischen fünf Staaten als Repräsentanten des globalen Südens, der in der herkömmlichen globalen Weltordnung nach dem Ende des Zweiten Weltkriegs deutlich unterrepräsentiert war und ist.

Oliver Stünkel, Professor für internationale Beziehungen bei der Getúlio Vargas Stiftung (FGV) beschreibt in seinem Buch *Post Western World* die „Verschiebung des Kräfteverhältnisses und den Aufstieg des Rests",[28] also die Entwicklung von einer ausgeprägten Unipolarität hin zu einer Multipolarität, die vom bisherigen Platzhirschen, dem Westen (im Wesentlichen gemeint sind Europa und Nordamerika), durchaus kritisch betrachtet wird – weil sie historische Entwicklungen ausblendet. „Im Laufe der Geschichte war der Westen nicht das einzige Machtzentrum, das Geschichte selektiv bewerten durfte", schreibt Stünkel. „Nur, die, die die Vorherrschaft des Westens als unentbehrlich betrachten, werden die künftigen Entwicklungen als Bedrohung sehen."[29] Deshalb wirbt er dafür, sich von dieser Perspektive zu lösen, die die Gegebenheiten nur verzerrt wiedergeben kann.

Ein erstes offizielles Treffen fand 2009 – ein Jahr nach der globalen Immobilienkrise – im russischen Jekaterinburg statt, zu dem auch Südafrika eingeladen wurde. Schon damals wurden Stimmen insbesondere aus dem globalen Süden laut, die eine Reform des Internationalen Währungsfonds (engl. Abkürzung IMF) und der Weltbank forderten. Zwei Instrumentarien der internationalen Entwicklungspolitik, die bis heute stark USA-dominiert sind, sollen die Interessen von Entwicklungs- und Schwellenländern besser vertreten. Forderungen, die nicht nur aus Reihen dieser Länder, sondern auch von Entwicklungsexperten geteilt wurden. Ein Ziel müsse sein, sie zu wahrhaft globalen Organisationen auszubauen, die in den Augen aller Mitgliedsländer legitim, fair und überparteilich handeln, also nicht den nationalen Interessen der mächtigsten Staaten gehorchen. „Die Stimmenverteilung in den Steuerungsgremien beim Internationalen Währungsfonds (IWF) und in der Weltbank müssen rasch verändert werden, um die Einflussmöglichkeiten der armen Entwicklungsländer sowie der aufsteigenden Ökonomien zu verbessern. Die Abschaffung der US-Vetomacht, aber auch die Reduzierung der europäischen Stimmenanteile wären wichtige Schritte der Neuordnung. Zudem sollten die Chefposten beider Organisationen zukünftig nicht mehr automatisch von den USA und der EU besetzt werden, sondern Persönlichkeiten nach dem Prinzip der Leistungsfähigkeit berufen werden."[30]

Ein Stück weit hatte das Drängen Erfolg. Seit dem G20-Gipfel von Pittsburgh 2009 ist die G20 das zentrale informelle Forum für die internationale wirtschaftliche Zusammenarbeit, ursprünglich jedoch noch ausgestattet mit einem klaren Krisenfokus. Inzwischen hat sich die Agenda sehr verändert, man versucht auch Weichenstellungen in die Zukunft zu beschließen. Die G20 wendet sich immer stärker auch der Entwicklung von langfristigen Lösungen für weitere globale Herausforderungen zu. Fragen im Bereich der Klima- und Energiepolitik, des Handels und der Ernährungssicherung sowie der Arbeitsmarktpolitik haben an Bedeutung gewonnen. Seit dem Gipfel in Seoul 2010 beschäftigt sich die G20[31] auch mit den Auswirkungen ihrer Politik auf Entwicklungsländer und Unterstützungsmöglichkeiten. Trotz dieser Erweiterung, die durchaus einen Fortschritt auf multilateraler Ebene darstellt, planten die BRICS-Staaten parallel dazu weiter und gründeten 2014 kurzerhand eine eigene Entwicklungsbank – als Alternative zu den bis dato bekannten Institutionen Weltbank und IMF – mit einer Starteinlage von 50 Mrd. US-Dollar. Diese Bank, der seit Frühjahr 2023 die frühere brasilianische Präsidentin Dilma Rousseff vorsteht, sollte nicht nur den Mitgliedsstaaten dienen, sondern offen auch für andere Länder als Mitglieder sein. Und das Interesse schien groß. Ägypten, Uruguay, die Arabischen Emirate, Bangladesch zeigten ebenso Interesse, wie Saudi-Arabien, Algerien, Argentinien, Mexiko oder Nigeria. Bei einem Treffen im April 2023 in China warfen die BRICS-Präsidenten ganz offen die Frage auf, weshalb der Dollar als einzige Leitwährung für internationalen Handel funktionieren kann. Auch wenn zurzeit der globale grenzüberschreitende Handel noch zu mehr als 84 Prozent in Dollar abgewickelt wird,[32] werden solche laut geäußerten Gedanken vor allem im Westen mit größter Aufmerksamkeit verfolgt und aufgenommen. Schließlich ist der Finanzsektor mit der Dominanz der Börsen in New York und London noch eine der Domänen des Westens.

Es wäre sicher zu weit gegriffen, die BRICS als ein enges Staatenbündnis zu beschreiben, für Brasilien bietet die Mitgliedschaft in dieser Gruppe jedoch einige strategische Vorteile. Zunächst kann es daraus Selbstbewusstsein ziehen, seine Rolle als nicht nur wirtschaftliche, sondern auch politische Macht wird gestärkt. Ganz praktisch kann Brasilien auch den direkten Draht nutzen, um die Handelsbeziehungen zu Russland und Indien vertiefen. Des Weiteren bietet sich die Möglichkeit, China – wenn schon nicht wirtschaftlich – dann wenigstens auf diplomatischem Level auf Augenhöhe zu begegnen. Doch weist die Gruppe eine deutliche Heterogenität auf, die ein dauerhaftes Miteinander auf Augenhöhe nur schwer vorstellbar macht. China hat, im Gegensatz zu allen anderen BRICS-Staaten, einen geraden und steilen Wachstumskurs genommen und ist im Begriff, sich auch ohne die Mitstreiter *BRIS* über die Rolle der Regionalmacht hinaus künftig als Gegenpart zu den USA zu etablieren. Man kann auch nicht darüber hinwegsehen, dass die Haltungen in den einzelnen Politikfeldern sehr konträr sind. So dürfte es Brasilien schwerfallen, etwa mit China grundsätzlich große Gemeinsamkeiten in Bezug auf Menschenrechte oder Umweltschutz zu finden. Dient es dem Handel und dem Wirtschaftswachstum, werden schon heute diese Themen weiträumig umfahren, zumal Brasilien wirtschaftlich nicht auf Augenhöhe mit China steht, sondern das Verhältnis sehr hierarchisch ist, fast eine klassische Nord-Süd-Beziehung darstellt: Brasilien liefert benötigte Rohstoffe, China sorgt für verarbeitete Industrieprodukte und stellt in großem Stile Infrastruktur her, die wie die Beispiele zahlreicher Länder Afrikas, aber auch von Nachbarländern wie Peru oder Bolivien zeigen, die Abhängigkeit von China zementieren. BRICS scheint somit in erster Linie ein Wirtschaftsclub zu sein. Es muss sich jedoch dann auch zeigen, wie die BRICS die im Sommer 2023 angekündigte Erweiterung um neun Staaten verkraften wird. Beobachter sehen darin in erster Linie eine weitere Zementierung der ohnehin schon großen chinesischen Dominanz. Ob ein derart aufgepumptes, aber immer noch recht loses Bündnis dadurch an Manövrierfähigkeit und Durchschlagskraft gewinnt, wird sich zeigen. Auch die Heterogenität, dann mit einem Schwerpunkt autokratisch geführter Länder (Russland, China, Saudi-Arabien, Iran, Eritrea, Ägypten etc.) könnte die klassische neutrale und blockfreie Position Brasiliens, das im Gegensatz zu den genannten Staaten demokratisch und rechtsstaatlich aufgestellt ist, trüben, auch wenn Ex-Präsidentin Dilma Rousseff seit 2023 die Chefin der BRICS-Entwicklungsbank ist.

Ferner kommt es auch auf die innenpolitischen Verhältnisse in Brasilien an, wie sich die Beziehungen zu den Partnerländern gestalten. Solange Lula oder seine Nachfolgerin Dilma Rousseff regieren, zeigte sich Brasília China gegenüber aufgeschlossen. Mit Interimspräsident Michel Temer kühlte sich das Verhältnis zu den Nachbarn merklich ab – zu China indes nicht. Zudem kann man Temer eher ins Lager der USA-freundlichen Universalisten zählen, der eine Mitgliedschaft in der OECD und damit der westlich dominierten Weltordnung einer Mitgliedschaft in der BRICS-Gemeinschaft vorzog.[33] Nachfolger Bolsonaro riskierte es sogar, sich offen anti-chinesisch zu inszenieren. Wohl wissend, dass sein Land sich zunehmend von Exporten nach China abhängig gemacht hat, besuchte er Japan, Süd-

Korea und Taiwan. Wäre er für eine weitere Amtszeit gewählt worden, hätten sich Beobachter durchaus das Streben nach einem „BRAXIT" aus den BRICS vorstellen können – auch wenn dieser praktisch einem wirtschaftlichen Suizid gleichgekommen wäre.

Auch gegenüber dem autoritären Nationalismus, der Russland letztlich dazu veranlasst hat, einen Angriffskrieg gegen die Ukraine vom Zaun zu brechen, ist die Haltung der BRICS-Staaten uneinheitlich und zurückhaltend, was insbesondere im Falle Brasiliens im Westen zu Irritationen geführt haben. Zwar war Brasilien das einzige BRICS-Land, das am 22. März 2022 bei der UN-Generalversammlung gemeinsam mit 140 anderen Nationen Russlands Rückzug aus der Ukraine gefordert hatte, aber zugleich lehnt Brasília weitreichende Wirtschaftssanktionen ab – die brasilianische Landwirtschaft ist in großen Teilen von russischen Düngemittellieferungen abhängig. Zudem profitieren Brasiliens Energiesektor und die Landwirtschaft von der kriegsbedingt durcheinandergewirbelten globalen Wirtschaftsordnung. Wie sich die Ankündigung Lulas, eine Vermittlerfunktion zwischen den Kriegsparteien einnehmen zu wollen, entwickeln wird, muss sich noch zeigen. Dass dies funktionieren kann, zeigte sich am Beispiel Irans. Sehr zum Unmut der USA hatte sich Brasilien 2010 im Atomstreit mit dem Iran nicht an Sanktionen beteiligen wollen, um die Möglichkeiten für diplomatische Kontakte aufrechtzuerhalten. Brasilien hatte auf eine eigenständige diplomatische Linie gepocht.

Bolsonaro bricht mit brasilianischer Verlässlichkeit

Einige Wesensmerkmale der brasilianischen Außenpolitik mögen für den außenstehenden, vor allem westlichen Betrachter, wie beschrieben, nicht leicht zu verstehen sein, in einem Punkt kann es keinen Zweifel geben: *Itamaraty* hat sich stets als ein zuverlässiger und konstruktiver Partner des internationalen Multilateralismus gesehen und auch gezeigt. Mit Fernando Henrique Cardoso und Luiz Inácio Lula da Silva rückten zwar die Präsidenten als Handelnde stärker in den Fokus, die Linie blieb aber weitgehend erkennbar.

Mit Jair Bolsonaro änderte sich das: Bolsonaro veränderte die Prioritäten und verschob die Ausrichtung der internationalen Positionen Brasiliens. Dazu lieferte er sich Scharmützel mit historisch gewachsenen Verbündeten und gefährdete so wichtige wirtschaftliche Partnerschaften.[34] Bolsonaros Aufstieg an die Macht fiel zugleich in eine allgemeine Periode des weltpolitischen Wandels. Der Wettbewerb zwischen den Vereinigten Staaten und China hat sich verschärft, internationale Institutionen wie die UNO und die EU werden zunehmend geschwächt, und ein nicht kooperativer Nationalismus ist wiederauferstanden.

Seine außenpolitische Ausrichtung erfolgte ganz an den Regierungen der Staaten, die dem bereits zu Beginn des Buchs erwähnten religiösen Dispensationalismus anhängen: im Wesentlichen waren dies die USA, mit deren Vize-Präsident Mike Pence, und die israelische Regierung mit Präsident Benjamin Netanjahu. Und wie bereits erwähnt geschah dies überwiegend aus taktischen innenpolitischen Erwägungen, um sich die Gunst und Unterstützung der neopentekostalen Kirchen und deren Anhänger zu sichern. Bolsonaro reiste als erstes nach Washington, wo er neben Präsident Trump auch Steven Bannon traf. Es sollte die erste von insgesamt sieben USA-Reisen in vier Jahren werden. Das Verhältnis zu Trumps Nachfolger Joe Biden hingegen ist deutlich distanzierter. Bolsonaro war einer der letzten Regierungschefs, der Trumps Lügen von der gestohlenen Wahl stützte und Biden die Gratulation vorenthielt. Wieder waren innenpolitische Erwägungen der Grund. Schließlich wollte Bolsonaro im Falle einer eigenen Wahlniederlage selbst von Wahlfälschung sprechen.

China stieß Bolsonaro mit Reisen nach Japan, Südkorea und Taiwan vor den Kopf, zudem versuchte sein zweiter Sohn, der Abgeordnete Eduardo Bolsonaro, immer wieder in sozialen Netzwerken Stimmung gegen China zu machen, bezeichnete es als Rivale oder gar Feind, der sich anschicke, Brasilien kaufen zu wollen. Diese trotz großer wirtschaftlicher Abhängigkeit provozierten Eklats mit China und die offensichtliche Ausrichtung an den USA schienen die lange mühsam austarierte Balance der brasilianischen Außenpolitik aus dem Gleichgewicht zu bringen. In Südamerika zog es Bolsonaro vor, nur konservative Regierungen wie die von Benitez in Paraguay, Duque in Kolumbien oder Macri in Argentinien zu besuchen.

Auch Bolsonaros Auftritte auf der großen globalen Politikbühne verliefen bemerkenswert. Auf dem Weltwirtschaftsgipfel in Davos 2019 stellte er in knapp 15 der veranschlagten 30 Minuten Redezeit vor einem halbleeren Saal nur sehr rudimentär vor, weshalb Brasilien während seiner Amtszeit für Investoren interessant sein könnte.[35] Die Luzerner Zeitung titelte gar, dass Bolsonaro keine Ahnung von Ökonomie habe.[36]. Die darauffolgenden Jahre ließ er Davos ganz sausen. Bolsonaro zeigte damit kein Interesse an einer starken Rolle Brasiliens in der Weltpolitik und isolierte sein Land damit zusehends. Ein Zustand, der vielfach als Paria-Status beschrieben wurde. Ein krasser Kontrast zu Lulas Auftritt beim Klimagipfel im November 2022 in Sharm-el-Sheikh, wo dieser von einer begeisterten Menge wie ein Popstar gefeiert wurde.

Als die G7-Staaten 2019 20 Millionen Dollar Soforthilfe für die Bekämpfung der Waldbrände in der Amazonasregion bereitstellen wollten,[37] wies Bolsonaro dieses Angebot, das von Frankreichs Präsident Emanuel Macron an ihn herangetragen wurde, brüsk zurück und verbat sich jede Form von Einmischung von außen, insbesondere von den Staaten, die Jahrhunderte zuvor als Kolonialmächte weite Teile der Welt unterwarfen und ausbeuteten. Die 1822 erlangte Souveränität Brasiliens sah Bolsonaro in Gefahr. Zumindest tat er so, um die Anhänger im eigenen Land hinter sich zu scharen und Stärke zu zeigen. Denn der erneute Verlust der Souveränität ist eine Urangst der Brasilianer. Und gerade mit Frankreich verbindet Brasilien ein mehr als 300 Jahre alter Grenzkonflikt mit dem

Überseedepartement Französisch Guayana,[38] bei dem es weniger um rein territoriale Zugewinne ging, als vielmehr um die unter der Erdoberfläche vermuteten Bodenschätze. Man sollte aber durchaus die Sorgen Brasiliens anerkennen, wie es gelingen soll, ein unübersichtliches und riesiges Areal wie die Amazonasregion vor ungewolltem Zugriff von außen strategisch zu schützen. Gerade mit Blick auf die zahlreichen Schmuggelrouten der Drogenkartelle, die ihre Ware aus den Nachbarländern Kolumbien oder Peru durch den Dschungel an die Atlantikküste für den europäischen Konsumentenmarkt transportieren, ist diese Sorge nicht unbegründet.

Dennoch wirkte Bolsonaros Außenpolitik sprunghaft, inkonsistent und ideologisch. Bolsonaro hat Brasiliens Chancen teilweise bewusst eingeschränkt, um sein allgemeines Ansehen und seine Beliebtheit zu steigern. Viel dürfte auch mit seiner Person in Verbindung bleiben und weniger auf Brasilien allgemein bezogen werden. Dennoch: die Brüche und Irritationen, die Bolsonaro herbeiführte, dürften nur schwer und langfristig wieder zu heilen sein. „Es wird für jede andere Regierung in naher Zukunft schwieriger sein, die Welt davon zu überzeugen, was eigentlich eine staatliche Politik sein sollte, die immun gegen die Launen und radikalen Ansichten einer jeden Regierung ist", fasst es der Politologe Daniel Buarque zusammen.[39]

Literatur

De la Fontaine, Dana und Stehnken, Thomas (Hg.) Das politische System Brasiliens, VS Verlag, Wiesbaden, 2012.
Parker, Phyllis R., Brazil and the Quiet Intervention, 1964, University of Texas Press, Austin, 1979.
Stuenkel, Oliver, Post Western World, Polity Press, Cambridge, United Kingdom, 2016.

12. Von Menschenfressern und Auswandererströmen – Brasilien und Deutschland

In den vergangenen Jahren gab es in Brasilien nicht viel zu feiern. Manches aber schon. Etwa die 200 Jahre währende Unabhängigkeit, die am 7. September 2022, begangen wurde und ein wenig im Getöse des Präsidentschaftswahlkampfs unterging. Ein weiterer wichtiger Gedenktag steht den Brasilianern am 25. Juli 2024 ins Haus: Die (offiziell) erste Ankunft angeworbener deutscher Siedler ist dann genau 200 Jahre her.

Eine ganze Menge Brasilianer können von sich behaupten, deutsche Wurzeln zu haben. Wie viele genau – da gehen die Meinungen bei genauerem Hinsehen bereits auseinander. Quellen sprechen von zwei bis fünf Millionen Deutschstämmigen, andere sprechen von bis zu zwölf Millionen. Das Institut für geschichtliche Landeskunde Rheinland-Pfalz in Mainz nimmt vier Millionen Personen an. Wieder andere vermuten, dass bei bis zu zehn Prozent der brasilianischen Bevölkerung, das wären aktuell knapp 22 Millionen, irgendwo in ihrer Familiengeschichte ein Deutscher in der Ahnengalerie auftaucht. Das brasilianische Institut IBGE, das Pendant zum Statistischen Bundesamt hierzulande, rechnete eine Umfrage hoch und kam auf 7,2 Millionen Personen. Das Forschungsinstitut für angewandte Wirtschaft, *Instituto de Pesquisa Economica Aplicada* (IPEA),[1] hatte 2016 gut 46,8 Millionen Nachnamen analysiert und war zu dem Ergebnis gekommen, dass 3,3 Prozent der untersuchten Nachnamen, in absoluten Zahlen 1,525 Millionen, einen deutschen Nachnamen enthalten. Das wiederum umgerechnet auf 221 Millionen Brasilianer ergäbe knapp 8 Millionen deutschstämmige Brasilianer.

Rund 50 Millionen Menschen wanderten zwischen dem Beginn des 19. Jahrhunderts und dem Ende des Zweiten Weltkriegs aus Europa aus. Den überwiegenden Teil zog es in die USA, nach Australien, Argentinien oder Uruguay. 4,5 Millionen suchten sich Brasilien aus, um dort ihr Glück zu suchen, davon rund 250.000 Deutsche, die in mehreren Wellen in das Land schwappten, überwiegend im Süden des Landes, in den Bundesstaaten Rio Grande do Sul, Santa Caterina und Paraná.

Wie man sieht, wie man es dreht und wendet, man kommt immer wieder auf unterschiedliche Ergebnisse. Festhalten lässt sich jedoch: Die Deutschen waren eine der größten Einwanderergruppen in Brasilien. Und obwohl diese Einwanderungen teilweise schon viele hundert Jahre her sind, sind die Spuren nicht nur noch immer vorhanden, sondern nach wie vor sehr gut sichtbar. In weiten Teilen des Landes werden die Wurzeln der Vorfahren nach wie vor gepflegt: In Blumenau, im Bundesstaat Santa Caterina feiert man bis heute eines der größten Oktoberfeste außerhalb Bayerns, in Petrópolis, im Bundesstaat Rio de Janeiro, steigt jedes Jahr im Juni das große Bauernfest. Gefeiert wird mit Grillhaxe, Trachten und Trachtentanzgruppen. Der Süden, vor allem in Rio Grande do Sul pflegt mit dem „riograndeser Hunsrückisch" sogar noch einen eigenen deutschen Dialekt, ist damit aber bei weitem nicht allein. So wird auch unter Nachfahren der Russlandmennoniten vereinzelt noch „Plautdietsch" gesprochen. Zwischen 600.000 und 1,5 Millionen Brasilianer sollen Deutsch noch als Muttersprache sprechen und die offizielle Amtssprache des Landes, Portugiesisch, nur als Zweitsprache.

Mit den „Entdeckern" kamen auch die ersten Deutschen

Der Grund, weshalb in Brasilien der 25. Juli als der „Tag der ersten deutschen Einwanderung" gefeiert wird, der sich im Jahr 2024 zum 200. Male jährt, hat damit zu tun, dass die erste organisierte Einwandergruppe an jenem Datum 1824 in der Stadt São Leopoldo eintraf. Das ist ein kleiner Ort im Hinterland des südlichen Bundesstaats Rio Grande do Sul, wo sie sich nach fast viermonatiger Schiffsreise auf der „Wilhelmine" endlich niederlassen konnten, nachdem sie vom Kaiser Dom Pedro I. in Porto Alegre sogar persönlich in Empfang genommen worden waren.[2] Tatsächlich war es aber so, dass die ersten Deutschen lange davor schon ihren Fuß auf brasilianischen Boden gesetzt hatten.

Als Pedro Álvaro Cabral am 22. April 1500 in Porto Seguro im heutigen Bundesstaat Bahia an Land ging und Brasilien somit im Auftrag der portugiesischen Krone „entdeckte",[3] war seine Flotte von einem Navigator, von dem in vielen Texten als „Metre João" die Rede ist, dorthin gelotst worden. Bei diesem Meister Johann soll es sich um den Astronomen und Arzt Johannes Varnhagen gehandelt haben. Damit war er praktisch ein Mann der ersten Stunde. Hier und da ist auch von weiteren Mitgliedern der Flotte die Rede, die ebenfalls aus dem deutschen Sprachraum kamen, deren Namen aber nicht weiter belegt sind.

An dieser Stelle ist vielleicht ein kleiner Einschub notwendig, der den Begriff des Deutschen oder Deutschseins in diesem Zusammenhang etwas näher erläutern soll. Wenn ich in diesem Buch von Deutschen spreche, dann subsummiere ich darunter Personen aus dem deutschen Sprachraum. Natürlich ist mir bewusst, dass gerade in den ersten Jahrhunderten ein Deutschland in der Form, wie wir es heute kennen und beschreiben, nicht existierte. Auch wird im weiteren Verlauf von Personen die Rede sein, die aus Gebieten stammen, die historisch einmal vorübergehend zu Deutschland bzw. dem Deutschen Reich gezählt hatten, beispielsweise das Elsass, Lothringen oder Pommern. Auch bei diesen Personen werde ich der Einfachheit halber von Deutschen sprechen.

Von da an bis in die 1530er-Jahre konzentrierten sich viele Bemühungen Fuß zu fassen auf den La Plata-Raum im Süden, ein Gebiet, das heute zu Argentinien gehört. Immer wieder drangen Expeditionen vor, immer wieder auch mit deutschem Personal, meist Söldnern, an Bord. Ein Zeitgenosse, der diese Frühphase knapp 20 Jahre von 1535–1554 miterlebte und vor allem schriftlich dokumentierte, war Ulrich Schmiedel, *Ulrico Schmidl*, aus Straubing (geboren 1510 in Straubing; gestorben 1580/1581 in Regensburg), der 1536 das heutige Buenos Aires mitgründete. Er lieferte einen der frühesten Augenzeugenberichte dieser Eroberungsphase. Aber Schmiedel bereiste auch Teile Brasiliens. So kam er im Juni 1553 nach Santo André da Borda do Campo, der ersten Siedlung der Europäer, die sich im Landesinneren und nicht an der Küste befand. Er befand sich auf der Rückreise von Paraguay nach Straubing.

Ein noch heute recht prominenter und jedem brasilianischen Schulkind bekannter Deutscher aus der neuzeitlichen Frühgeschichte Brasiliens ist der in Deutschland heute weitgehend unbekannte Hans Staden. Er verfasste und veröffentlichte 1557 mit seiner „Wahren Historia" den ersten deutschsprachigen Reisebericht über Brasilien. In dem Buch schildert der Mann aus Homberg an der Efze sehr eindrücklich, wie es ihm gelungen war, während seiner beiden Brasilienreisen der rituellen Tötung durch den Indigenenstamm der Tupinambá zu entkommen.

Staden war kein Gelehrter oder Adelsspross. Als er sich 1548 aus der hessischen Provinz aufmachte, auf große Reise zu gehen, war er ein arbeitsloser Söldner. 1546/47 hatte der um 1525 Geborene noch für den hessischen Landgraf im Schmalkaldischen Krieg gekämpft. Doch der Adlige verlor, wurde gefangengenommen und sein Heer aufgelöst. Spanische und portugiesische Soldaten, die zu jener Zeit Hessen besetzt hatten, könnten ihm von Reichtümern erzählt haben, die man in Indien erlangen könnte. Über Bremen und Kampen (NL) segelte er nach Portugal.

Doch er kam zu spät. Die Flotte nach Indien war schon in See gestochen. Stattdessen konnte er nur noch als Büchsenschütze auf einem portugiesischen Schiff anheuern, das sich nach Brasilien aufmachen wollte, um Gefangene in die frisch entdeckte Kolonie zu schicken. Doch statt mit Reichtümern kehrte er im Herbst 1549 mit der Erfahrung zurück, bei Recife gegen Caétes-Indigene gekämpft zu haben, die die Stadt Igaraçu belagert hatten.

Auf Stadens zweiter Reise kam es noch dicker. Zwar überlebte er immerhin auf dem letzten verbliebenen Schiff der Expedition des Spaniers Diego de Sanabria die Überfahrt in Richtung Rio de la Plata. Aber das Schiff *San Miguel* sank nach der Ankunft an der Insel Santa Catarina in Südbrasilien. Während die Überlebenden hungerten und von den Indigenen das Nötigste zum Überleben ertauschten, begann Staden deren Sprache zu lernen. Da sich die Lage nach Monaten nicht besserte, beschloss Kapitän Salazar mit einer Handvoll Männern, darunter Staden, auf einem selbstgebauten Schiffchen loszusegeln, um irgendwie den Stützpunkt São Vicente zu erreichen. Kurz vor ihrem Ziel erlitten sie jedoch Schiffbruch und mussten zu Fuß weiter. Für Staden war die aufgeriebene Expedition dort auch beendet – wegen Geldmangels.

Glücklicherweise kann Staden bei den Portugiesen anheuern. Sie schicken ihn auf die kleine Insel Santo Amaro, wo er vom Frühjahr 1553 an eine kleine

Festung kommandieren soll. Der Deutsche kommt wie gerufen, denn die Aufgabe erscheint portugiesischen Soldaten zu gefährlich. Ihre Ahnung war richtig. Staden wurde, als er die umliegenden Wälder der *Mata Atlantica* zur Jagd durchstreifte, von Tupinambá-Eingeborenen gefangengenommen und nach Ubatuba gebracht. Die Lage für Staden wird ernst. Die Tupinambá halten ihn für einen Portugiesen, mit denen sie verfeindet sind. Darauf steht normalerweise die Todesstrafe: durch aufessen. Staden weiß: Wenn jetzt kein Wunder geschieht, wird seine Geschichte bald enden. Ihm bleibt nur das Gebet. Wie es der Zufall will, geschehen kleinere Dinge, die die Indigenen als Wunder deuten und als direktes Ergebnis von Stadens Gebeten. Dieser nutzt dies als List. Er überzeugt die Tupinambá, dass er von einem Gott beschützt werde und dieser die Indigenen bestrafen wird, sollten sie ihn tatsächlich aufessen. Staden gewinnt Zeit zu erklären, dass er kein Portugiese ist, sondern Deutscher, der mit den ihnen verbündeten Franzosen befreundet ist. Im Oktober 1554 gelingt Staden die Flucht. Er bittet den Kapitän eines französischen Handelsschiffs ihn mitzunehmen. Staden entkommt.

Fast fünf Monate später und nach insgesamt knapp fünf Jahren unterwegs betritt er im Februar 1555 in der kleinen Stadt Honfleur an der Seinemündung wieder europäischen Boden. Dort traf er wohl den Hugenottenführer Gaspard II. de Coligny, wahrscheinlicher aber den Vizeadmiral Nicolas Durand de Villegagnon, möglicherweise dienten diesem Stadens Erzählungen als Vorbereitung für eine eigene Brasilien-Expedition, die noch im selben Jahr starten sollte. Villegagnon gründete im heutigen Rio de Janeiro die Festung Fort Coligny, in der recht kurzlebigen Provinz *France Antarctique*.[4]

Zurück in der Heimat stießen die Erzählungen auf großes Interesse. Der Professor für Mathematik und Medizin Johannes Dryander von der Uni Marburg, offenbar ein Bekannter von Stadens Vater, half bei der Veröffentlichung der „Historia". Er öffnete die Tür zur Universitätsdruckerei. Der Erfolg war enorm: Noch im Erscheinungsjahr musste der Drucker Andreas Kolbe die zweite Auflage drucken, nachdem die Erstauflage – zwischen 1000 und 1500 Stück – rasch vergriffen war. Der Erfolg ist umso größer zu bewerten, wenn man die damaligen Verhältnisse mitbedenkt. 1450 erst hatte Gutenberg den Buchdruck erfunden. Zwischen 1527 und 1566 druckte die Universitätsdruckerei 404 Bücher, davon nur 66 von auswärtigen Autoren – einer davon war Staden.

Wiederentdeckt im deutschsprachigen Raum wurde er erst um 1650 von Johannes Justus Winkelmann aus Gießen. Von da an ist die Geschichte Stadens fest in der Literaturgeschichte verankert. Die Grimms verwiesen im Quellenverzeichnis ihres Wörterbuchs auf Staden, ebenso Goethe oder Alexander von Humboldt. Auch in Grimmelshausens *Simplicissimus* gibt es eine Passage, die nahelegt, dass er den Staden-Text gekannt haben muss.

Ungleich erfolgreicher war die Rezeption im Ausland. Latein war zunächst die Sprache der Gelehrten. Die erste lateinische Ausgabe erschien 1592 im Verlagshaus De Bry. Die Nachfrage explodierte regelrecht im 17. Jahrhundert bis weit in das 18. Jahrhundert hinein, vor allem in den Niederlanden. Die Niederländer hatten ab 1640 versucht, im Nordosten Brasiliens Fuß zu fassen. Offenbar benutzte man den Text als eine Art Handbuch. Nach Brasilien selbst gelangte der Text aber erst Mitte des 19. Jahrhunderts, als Übersetzung aus dem Französischen.

Für die heutige Diskrepanz in der Bekanntheit des Buches einerseits in Deutschland und andererseits in Brasilien scheint es eine ganz einfache Erklärung zu geben: Das Kinderbuch des Autors Monteiro Lobato. Der Verleger aus São Paulo starb 1948. In der 23-teiligen Kinderbuch-Reihe *„Sítio de Picapau Amarelo"* gab Lobato neben Peter Pan auch die Abenteuer Hans Stadens heraus. Die Reihe ist in Brasilien bis heute erfolgreich, wird nach wie vor aufgelegt und als Unterrichtsmaterial in Schulen verwendet. In der Metropole São Paulo gibt es das 1916 gegründete Instituto Martius-Staden, eine Forschungseinrichtung und Bibliothek, die sich vor allem mit der deutschen Einwanderungsgeschichte in Brasilien beschäftigt. 1999 verfilmte der Regisseur Luiz Alberto Pereira die Lebensgeschichte Stadens und erhielt für das Werk zahlreiche Preise.

Es gibt noch einen weiteren Aspekt, der die Historia im Bewusstsein hält. Die darin geschilderten Beschreibungen des Lebens der Tupinambá-Indigenen sind nicht nur umfangreich. Sie gelten für Historiker und vor allem Ethnologen bis heute als wichtige Primärquelle. „Die Beschreibung des Kannibalismus regt durchaus zu Streit an", sagt Professor Mark Münzel, emeritierter Professor für Ethnologie in Marburg und viele Jahre im Museum für Weltkulturen in Frankfurt für Amerika zuständig. Das liegt sicher auch an der Wahrnehmung von Kannibalismus aus heutiger Sicht – aus Horrorfilmen als schreckliches Verbrechen, wie es sich etwa in Rotenburg an der Fulda Anfang des Jahrtausends ereignet hatte; übrigens nur rund 30 km von Stadens Geburtsort Homberg entfernt.

Im Gegensatz zu den psychopathischen Verbrechen verspeisten die Tupinambá Menschen nicht aus Jux und Dollerei. Vielmehr handelte es sich um eine Bestattungsform. Das Vorstellung, im Magen von Verwandten zu enden schien den Indigenen angenehmer, als in der Erde zu verrotten. Für Ethnologen ist Staden noch heute interessant. Staden hatte mehrere Monate bei den Tupinambá verbracht, eine der wichtigsten Indigenengruppen der damaligen Zeit. Auch Stadens Verwendung zahlreicher Begriffe aus der Sprache der Indigenen verleiht dem Bericht Authentizität. Man kann nicht davon ausgehen, dass Staden und andere Brasilien-Reisenden der damaligen Zeit voneinander abgeschrieben haben. Und auch die spätere Befreiung Stadens durch die Franzosen lässt sich anhand anderer Quellen belegen.

Das Leben Stadens endete in Wolfhagen, zumindest geht man in der nordhessischen Stadt davon aus. Warum und wieso er dorthin umzog, ist nicht belegt. Wohl aber belegt ist, dass seine Eltern inzwischen in der Nähe in Korbach lebten und er nach seiner Rückkehr dorthin zog. Historiker gehen davon aus, dass Staden als Seifensieder und Pulvermacher in Wolfhagen seinen Lebensunterhalt verdiente. Staden hatte in seinem Leben allerhand Abenteuer erlebt und war sogar den Kannibalen entronnen – der Pest entkam er aber nicht. Sie soll 1579 seine Todesursache gewesen sein. Stadens literarisches Erbe wirkte lange über seinen Tod hinaus nach. Bis in das 19. Jahrhundert sollten seine Beschreibungen von Brasilien mit den Kannibalen die allgemeine Vorstellung über das Land prägen.

19. Jahrhundert – In der Not wird Brasilien Ort der Hoffnung

Anfang des 19. Jahrhunderts kommt es zu ersten organisierten Migrationsbewegungen von Europa in Richtung Brasilien. Schuld daran war zum einen die Hochzeit der Habsburger Erzherzogin Leopoldine, die 1816 mit dem Sohn des portugiesischen Monarchen Dom João VI., Dom Pedro I., die größte deutschsprachige Brasilien-Expedition des 19. Jahrhunderts in Gang setzte.[5] Denn neben der frisch gebackenen Prinzgemahlin reiste ein ganzer Pulk Gelehrter und Wissenschaftler mit ihr über den Atlantik, darunter der Botaniker Johann Christian Mikan als Expeditionsleiter, der Arzt und Mineraloge Johann Pohl und der Maler Thomas Ender, der knapp 800 Zeichnungen anfertigen sollte. Die bayrischen Naturforscher Carl Friedrich von Martius und Johann Baptist von Spix gehörten auch zum Tross. Aber auch abseits des habsburgischen Dunstkreises stieß Brasilien auf Interesse. Der Ethnologe, Naturforscher und Entdecker Maximilian zu Wied-Neuwied begab sich 1817 auf die Reise. Auch wenn Leopoldine insgesamt nur acht Jahre in Brasilien lebte und früh verstarb, gehörte Leopoldine zweifellos zu den bedeutendsten Personen an der Spitze Brasiliens. In Abwesenheit ihres Mannes fädelte sie 1822 die Unabhängigkeit ein.

Um ein Land der Größe Brasiliens zu erschließen, zu besiedeln und schließlich auch beherrschbar zu machen, brauchte es Personal. Die Briten machten schon seit geraumer Zeit Druck auf die portugiesische Monarchie, endlich den Sklavenhandel einzustellen. Zwar sollte es noch etliche Jahre dauern, bis das tatsächlich geschah, aber das Ende schien bereits absehbar und man musste sich nach alternativen Arbeitskräften umschauen. Das Mutterland Portugal hatte ebenfalls zu wenige Einwohner, als dass man welche in größerer Zahl von dort in die Kolonie hätte locken können. Auch die Jesuiten, die vor allem im Nordosten mit ihren Missionsstationen anzutreffen waren, leisteten zwar durchaus eine wichtige Arbeit bei der Erschließung des Hinterlands, doch reichte auch das nicht aus. Darum war man auf Kräfte von außen angewiesen, die man unter anderem in Deutschland fand. Eine Naturkatastrophe kam den brasilianischen Anwerbeplänen entgegen.

Am 5. April 1815 brach in Indonesien der Vulkan Tambora aus – eine Naturkatastrophe, die bis dahin so ziemlich alles Dagewesene und menschlich Dokumentierte in den Schatten stellte, und obwohl der Vulkan viele Tausend Kilometer von Europa entfernt liegt, hatte er doch in den Jahren nach dem Ausbruch einen erheblichen Einfluss auf die dortige Entwicklung. Die Dimensionen der

Eruptionen waren gewaltig. Auf der VEI-Skala[6] erreichte der Ausbruch einen Wert von 7, was ihn nach Behringer als den größten Vulkanausbruch der letzten 5000 Jahre klassifiziert.[7] Mehr als 140 Milliarden Tonnen vulkanisches Material wurden ausgeworfen, hinzu kamen 53–58 Tonnen Schwefeldioxid. Dies führte nicht nur dazu, dass der Tambora, vor der Eruption 4300 Meter hoch, hinterher nur noch 2850 Meter maß. Der Ausbruch kostete knapp 70.000 Menschen in der näheren Umgebung das Leben. Außerdem sorgte er dafür, dass in den Folgejahren der globale Temperaturdurchschnitt um 0,4–0,8 Grad Celsius sank. Mit fatalen Folgen – auch in Europa. Das Folgejahr 1816 sollte weltweit als das Jahr ohne Sommer in die Geschichtsbücher eingehen. In Mitteleuropa etwa kam es so zu einem kalten und verregneten Sommer und in der Folge zu Missernten und, im darauffolgenden Jahr, zu Hungersnöten und damit verbundenen sozialen Unruhen.

Die existenzielle Notlage, in der sich die Menschen befanden, machte empfänglich für Anwerbeversuche. 1818 hatte eine Gruppe von 20 deutschen Auswanderern, angeworben und angeführt von Georg Anton Schäffer im nordöstlichen Bundesstaat Bahia, die Siedlung Frankenthal, das heutige Ilhéus, gegründet – der Ort gilt als die erste deutsche Siedlung in Brasilien. Dieser Georg Anton Schäffer (1779–1836) war eine illustre Gestalt – Abenteurer, Stehaufmännchen, Geschäftsmann. Geboren in Mittelfranken hatte er in Göttingen Medizin studiert. Ab 1808 arbeitete Schäffer als Militärarzt in Moskau. Während der Invasion Napoleons in Russland (1812) wurde er von einem Jugendfreund für dessen Bomben-Luftschiff-Projekt rekrutiert und wurde später Schiffsarzt auf der Suworow. Im Dienst der Russisch-Amerikanischen Handelskompanie versuchte Schäffer ohne Zustimmung der russischen Regierung in den Jahren 1815 bis 1817 vergeblich, Kaua'i und Ni'ihau, die nördlichsten bewohnten Inseln von Hawaii, für die Kompanie in Besitz zu nehmen – scheiterte jedoch am Widerstand der Bevölkerung und der mangelnden Unterstützung der russischen Regierung. Er musste Hawaii verlassen. Nach besagter Siedlung in Bahia half Schäffer zwei Jahre später Schweizer Siedlern, die Siedlung Nova Friburgo im heutigen Bundesstaat Rio de Janeiro zu gründen.

Auf den rührigen Deutschen wurde auch die Krone aufmerksam. Mit seinen Verbindungen nach Deutschland konnte er hilfreich sein, auswanderwillige Siedler nach Brasilien zu locken. Deshalb wurde er damit beauftragt, genau das zu tun. 1823 reist Schäffer nach Deutschland, richtet in Hamburg ein Werbebüro ein und beginnt, gezielt und systematisch die deutschen Landschaften abzugrasen. Aus heutiger Sicht könnte man Schäffers Aufgabe als eine Schleppertätigkeit beschreiben. Für die angeworbenen Männer hatte das Abenteuer zudem einen kleinen Haken: Viele unverheiratete Männer wurden in Brasilien mit der Wehrpflicht konfrontiert, was Schäffer in den Werbeverträgen „vergessen" hatte zu erwähnen, da offiziell die Anwerbung von Soldaten verboten war. Auch ein oftmals versprochener Landbesitz erwies sich als unlauteres Werbemittel.

Stattdessen mussten zahlreiche Siedler, einmal in Brasilien angekommen, die Reisekosten mühsam jahrelang abstottern.

Auch die deutsche Obrigkeit ließ seine Bürger ungern und schon gar nicht widerstandslos ziehen. Wer bei den Behörden die Genehmigung zur Auswanderung beantragte, musste diverse Steuern und Gebühren entrichten. Wesentlicher Teil war die sogenannte Nachsteuer, die auf mitgeführtes Vermögen und allen Besitz – Möbel, Haus, Vieh etc. – zu zahlen war. So wollte der Staat seine künftigen Steuerausfälle kompensieren. Hinzu kam eine Freikaufgebühr, die sogenannte Manumissionsgebühr, in Höhe von 10 Prozent des Vermögens. Außerdem wurden noch Schreib- und Kanzleigebühren draufgeschlagen.[8] Auch die Tätigkeit der Werber war den Behörden ein Dorn im Auge. Darum rief man die Bevölkerung zur Wachsamkeit auf und schaffte finanzielle Anreize, „heimliche Werber und Leuteverführer" anzuzeigen.[9] Besonders die Werberkolonnen Schäffers fielen etwa den hunsrückischen Verwaltungen unangenehm auf. So stimmten die Ämter in Bingen der Auswanderung überhaupt nur dann zu, wenn Schäffers Agentur nicht involviert war. Doch alle Obacht der Behörden nutzte nicht viel. Vor allem Menschen aus Mecklenburg, dem Hunsrück, den nördlichen und westlichen Teilen des heutigen Saarlandes und der Westpfalz ließen sich von den Agenten Schäffers anwerben. Insgesamt werden Schäffer über 5000 Deutsche zugeordnet, die in den nächsten fünf Jahren (1824–1828) nach Brasilien auswanderten. Schäffers Erfolg wurde ihm später zum Verhängnis. Als er 1827 nach Brasilien zurückkam, verlangte er von Kaiser Dom Pedro II., ihm einen Lebensstil wie den eines Markgrafen zu ermöglichen. Der Monarch weigerte sich und gab ihm nur eine Geldprämie. 1829 versuchte es Schäffer erneut, seine Tätigkeit in Prestige umzumünzen. Er forderte ganz unbescheiden seine Ernennung zum Botschafter von Brasilien. Auch das wurde ihm verweigert.

Dom Pedro II. war es auch, der in den 1840er-Jahren eine weitere deutsche Auswandererwelle in Gang setzte. Um der sommerlichen Hitze Rio de Janeiros zu entgehen, plante er eine Sommerresidenz in den nahe gelegenen Bergen. Das Problem: In Brasilien waren zu jener Zeit kaum Ingenieure zu finden. Gut, dass ein gewisser Julius Friedrich Koeler, geboren in Mainz, bereits von sich reden gemacht hatte. Auch Koeler, vormals Offizier, ließ sich von Schäffer anwerben und heuerte bei der brasilianischen Armee als Oberleutnant an. Nach seiner Einbürgerung als Zivilingenieur trat er in den Dienst der Provinz Rio de Janeiro ein, plante und baute Brücken und Straßen, wurde bekannt für seine Verlässlichkeit und Qualität. Dom Pedro beauftragte ihn mit dem Bau seiner Sommerresidenz. Voraussetzung: Die Stadt musste wirtschaftlich unabhängig lebensfähig sein. Koeler konterte keck mit einer Gegenbedingung: Für die Arbeit dürften keine Sklaven herangezogen werden. Auch Dom Pedro, zu dem Zeitpunkt 17 Jahre alt, soll kein großer Freund der Sklaverei gewesen sein, auch wenn es noch ein halbes Jahrhundert bis zur offiziellen Abschaffung dauern sollte. Er willigte ein, solange Koeler das Budget nicht sprengte. Dies ist – in aller Kürze – die Entstehungsgeschichte der Stadt Petrópolis. Am 18. März 1843 wurde sie gegründet.

Heute hat die Stadt rund 320.000 Einwohner, mehrere Universitäten und ist der Ort eines der größten Volksfeste deutschstämmiger Brasilianer: des Bauernfests.

Alle benötigten Handwerker und Straßenbauer sollten aus Deutschland kommen. Daher schloss die Provinzregierung von Rio de Janeiro am 17. Juni 1844 mit dem Handelshaus Carl Delrue & Comp. einen Vertrag. Das Unternehmen aus Dünkirchen verpflichtete sich, 600 Familien nach Brasilien zu verschiffen. Ziemlich genau ein Jahr später, am 29. Juni, erreichten die ersten deutschen Siedler Petrópolis. Diese kamen überwiegend aus dem Hunsrück und Rheinhessen. Den Kolonisten wurden Parzellen zugewiesen, für die sie acht Jahre Pachtzinsen zu entrichten hatten, denn die Vergünstigungen mit kostenlosen Landparzellen, wie sie Siedler in den 1820er-Jahren erhalten hatten, hatte die brasilianische Krone 1830 wieder abgeschafft – die Anreize wurden schlicht zu teuer. Der regionalen Herkunft der Siedler trug man durch die Namensgebung der zwölf Quartiere Rechnung. Bingen, Ingelheim, Mosel, Nassau, Unter-Rheingau, Mittel-Rheingau, Simmern, Unter-Pfalz, Ober-Pfalz, Westphalen existieren noch heute, wenn auch teilweise sprachlich ins Portugiesische übertragen. Außerdem gab es die Plätze St. Goar, Wiesbaden, Kreuznach, Bingen, Ingelheim und Koblenz. Koblenz nannte man den Platz, an dem drei Bäche zusammenfließen. Dort steht seit 1884 ein Kristallpalast. 99 Jahre später, also 1983, wurde Koblenz zum Schauplatz eines Volksfests. Siedlerfest hieß es anfangs, seit 1990 ist es das Bauernfest. 2238 Siedler kamen nach Petrópolis. Ihre Namen finden sich auf einem Obelisken am Eingang der Avenida Koeler auf der Rua do Imperador. Der Plan Dom Pedros II. schien aufzugehen, viele Siedler brachten brauchbares Knowhow mit. In Petrópolis entstand die erste Textilfabrik Brasiliens – heute ist sie ein Parkhaus. Die erste Brauerei des Landes, Bohemia, gründete 1853 Henrique Kramer. Koeler konnte sein planerisches Werk von Petrópolis allerdings nicht vollenden. 1847 wurde er während eines Festes erschossen – weshalb, ob aus Versehen oder absichtlich, blieb ungeklärt.

Die Siedlung Petrópolis ist durchaus eine Besonderheit, denn die meisten deutschen Einwanderer ließen sich in den südlichen Bundesstaaten, vor allem in Rio Grande do Sul, Santa Catarina, Paraná und São Paulo nieder. Am 18. Juli 1824 wurde das erste Schiff mit angeworbenen Siedlern sogar noch von Dom Pedro I. persönlich am Hafen von Porto Alegre in Empfang genommen und an den Ort begleitet, an dem sie am 25. Juli ankamen und wo kurz darauf die erste offizielle Siedlung *Colonia Alemã de São Leopoldo* (in Anlehnung an Leopoldina) entstehen sollte. Die Einwanderung verlief in mehreren Schüben: Zwischen 1824 und 1847 wurden 8176 deutsche Einwanderer registriert, zwischen 1920 und 1929 mehr als 75.000 und noch einmal fast 27.500 zwischen 1930 und 1939[10]. Die Wirtschaftskrise der 1920er-Jahre und der Aufstieg des Nationalsozialismus dürfen als Gründe für diese Anstiege angenommen werden.

Der Sprung über den Atlantik war zu damaligen Zeiten ein gewaltiger Einschnitt. Zu Beginn siedelten die Neuankömmlinge in beinahe geschlossenen Siedlungen gemeinsam. Diese hatten, da sie meist im Hinterland lagen, wenig

Verbindung zur Außenwelt. Verbindungen zur brasilianischen Bevölkerung entstand meist nur durch wirtschaftliche Beziehungen, etwa den Verkauf von Ackerprodukten. Anstatt sich also in der neuen Umgebung zu assimilieren, kam es eher zu einer Akkulturation: die Herkunftskultur blieb neben der Brasilianischen bestehen und wurde gepflegt, man spricht von einem *Germanismo*.[11] Dabei spielte die Sprache eine große Rolle. Deutsch wurde vor allen in deutschsprachigen Schulen gesprochen die, oftmals mit konfessioneller lutherischer Ausrichtung, in den südlichen Bundesstaaten, allen voran in Rio Grande do Sul und Santa Caterina entstanden. Dabei erwies es sich für diese Schulen als förderlich, dass sie im Bereich der Bildung eine Lücke schlossen, die der Staat nicht schließen konnte und auch traditionell nicht unbedingt schließen wollte – in die Bildung der einfachen Landbevölkerung waren in Brasilien seit der Kolonialisierung wenig Energie und Ressourcen geflossen. Wohl auch deshalb hielten sich die Siedler-Schulen lange.

20. Jahrhundert – Schutz vor Krieg und Strafverfolgung

Das änderte sich erst im 20. Jahrhundert, in der Zeit des Estado Novo (1937–1945). Präsident Getúlio Vargas versuchte, die Deutschtümelei zu unterbinden und mit seiner Politik der *Nacionalisação* die deutschen Einwanderer stärker zur Assimilation zu zwingen, indem er die deutschen Schulen schloss. Die deutsche Sprache und kulturelle Veranstaltungen hatten bis dahin vielfach Einzug in die Gesellschaft erhalten. Es war eine Infrastruktur entstanden, die viele Lebensbereiche abdeckte: 1861 wurde die erste deutsche Zeitung in Porto Alegre veröffentlicht, die deutsche Schule in Rio de Janeiro öffnete 1862, 1916 folgte das Colégio Humboldt in São Paulo. Ebenfalls dort gründeten Deutschbrasilianer den Sportclub Germania, den es heute noch unter dem Namen *Pinheiros* gibt. Hinzu kamen etliche weitere Neugründungen von Siedlungen. Zu den bekanntesten zählen Blumenau, 1852 von Hermann Blumenau gegründet, oder Pomerode aus dem Jahr 1863.

Deutsch durfte unter Vargas fortan nur noch im Privaten gesprochen werden. Auch Japaner, die lange vor dem Krieg nach Brasilien gekommen waren, gerieten wie die Deutschen unter Spionageverdacht. Die Lösung für die Regierung: Viele Deutsch- und insbesondere Japanischstämmige wurde auf Empfehlung der USA ins Landesinnere in Internierungslager zwangsumgesiedelt.

In der ersten Hälfte der 1930er-Jahre hatte das noch ganz anders ausgesehen. Schon 1928 hatte sich bereits in Timbó, einer Stadt, die 1869 in Santa Caterina von deutschen Einwanderern gegründet wurde, ein Ableger der deutschen NSDAP etablieren können. Von dort aus entwickelte sich 1931 die Auslandsabteilung der NSDAP, die später Untergruppen in 17 Bundesstaaten bildete und den brasilianischen Ableger zum größten außerhalb Deutschlands machte.[12]

Sie waren keinesfalls allein, sondern kooperierten bei Veranstaltungen mit der Integralistischen Bewegung. Diese war eine 1932 gegründete Gruppierung, der sich hauptsächlich Deutsch- und Italienischstämmige anschlossen und die Sympathien für den italienischen Faschismus hegte und weitaus größer war als der NSDAP-Ableger: Bis zu 200.000 Mitglieder sollen die Integralisten gehabt haben. Noch heute existieren in Brasilien politische Gruppierungen, die sich auf den Integralismus berufen.

Lutherische Kirchen standen weniger im Fokus dieser Politik, konnten also weiter existieren und wurden so nicht nur zum Ort, an dem die Einwanderer weiter ihre Religion ausüben konnten, sondern auch zu Ersatzschulen und zu einem Ort für Zusammenkünfte und Feste – da das Deutschverbot sich auch auf kulturelle Veranstaltungen erstreckte. So erhielt das Deutschsein auch gesellschaftlich eine andere Konnotation, wurde mit gesellschaftlichem Ausschluss und Herabstufung assoziiert.[13] Eine besondere Bedeutung kam in diesem Zusammenhang dem Oktoberfest zu, das an vielen Orten zum Jahreskalender gehörte. Diese feierte man auch weiterhin. Valdir interpretiert dies als eine Form des Protests[14] gegen die Haltung, die der Estado Novo eingenommen hatte. Seit 1984 ist das Oktoberfest in Blumenau (Santa Catarina) eines der größten seiner Art außerhalb Bayerns und gilt allgemein als ein Fest, das deutsche Fröhlichkeit symbolisiert.

Opfer und Täter leben Tür an Tür

Vom Beginn der 1930er-Jahre bis in die 1950er-Jahre war Brasilien als Ziel für Flüchtende aus Deutschland oft der rettende Hafen. Vor dem Krieg flohen vornehmlich Juden vor den Nationalsozialisten, nach dem Krieg flüchteten nationalsozialistische Kriegsverbrecher auf den sogenannten Rattenlinien nach Brasilien und Südamerika, um der Strafverfolgung zu entfliehen. Nicht selten lebten sie praktisch Tür an Tür.

Die ersten Juden kamen freilich lange vor den 1930er-Jahren nach Brasilien. Die ersten, die kamen, waren sephardische Juden, die sich vor der Inquisition auf der Iberischen Halbinsel in Sicherheit bringen wollten. Als 1500 Pedro Álvares Cabral mit seiner Flotte in See stach, um nach Indien zu segeln, aber später Brasilien „entdeckte",[15] soll bereits ein Drittel der 1200 bis 1500 (je nach Quellenlage) Besatzungsmitglieder jüdischen Glaubens gewesen sein.[16] Ab 1540 machten sich dann „neue Christen" und Nicht-konvertierte verstärkt auf in die neue Welt.

Obwohl sich Brasilien unter Vargas wie bereits erwähnt rassistische Gesetze gab, in den 1930er-Jahren bereits versuchte, sich vor der Aufnahme einer wachsenden Zahl jüdischer Flüchtlinge zu drücken und Diplomaten von Beginn der 1940er-Jahre an angewiesen worden waren, keine Visa an Juden zu vergeben, gelang es rund 16.000–19.000 Flüchtlingen, nach Brasilien zu gelangen.[17] Das US-amerikanische Außenministerium spricht für den Zeitraum 1933–1941 von 12.000 Juden, die ein Visum erhielten und 16.000, deren Visums-Gesuche von Brasilien abgelehnt wurden,[18] die Regularien galten als streng und letztlich antisemitisch. Die brasilianische Historikerin Maria Luiza Tucci Carneiro beschreibt es in ihrem Buch „Weltbürger" so: „In diesen Jahrzehnten [gemeint sind die 1930er- und 1940er-Jahre, Anm. d. Autors] schlossen sich auf dem amerikanischen Kontinent viele Tore für die Juden, die nun nicht mehr als gewöhnliche Immigranten, sondern als Angehörige einer ‚unerwünschten Rasse', der ‚semitischen', behandelt wurden. Nach 1938 war die jüdische Immigration in der Mehrheit aller amerikanischen Länder praktisch untersagt."[19] Staatenlose Juden hielt die brasilianische Regierung für „nicht assimilierbar". Manche Behörden klassifizierten sie als subversive oder zersetzende Elemente, die dazu neigten, rassische Enklaven, wahre Fremdkörper im nationalen Organismus, zu bilden, wie es Außenminister Oswaldo Aranha in einem Brief an den Interventor des Bundesstaats São Paulo 1938 schrieb.[20] Die Vargas-Regierung fuhr mehrgleisig. Während sie sich gegen die jüdischen Flüchtlinge zu wehren versuchte, sollte zugleich das Image eines Aufnahmelandes und einer modernen Nation aufrechterhalten werden. In das Idealbild der Rassendemokratie schienen Juden demnach nicht zu passen.

Ausnahmen wurden lediglich bei Kulturschaffenden und Akademikern gemacht. Dass es dennoch Juden gab, die trotzdem ein Visum erhielten, dürfte an Bestechung aber auch humanitärer Zivilcourage gelegen haben. Für letzteres steht der Konsul Aristides de Sousa Mendes, der von Marseille aus etliche Juden mit Visa ausstattete. Auch der Botschafter Brasiliens in Frankreich, Luis Martins de Souza Dantas, widersetzte sich der offiziellen Weisung und stattete viele Juden mit Visa aus. Souza Dantas war bis 1944 Botschafter in Paris. Eine weitere Person, die erwähnt sein sollte, ist Aracy de Carvalho.

Nach ihrer Scheidung in São Paolo kam die junge Frau, Tochter eines portugiesischen Vaters und einer deutschen Mutter, 1934 nach Hamburg. Als Angestellte im brasilianischen Konsulat war sie mit der Ausstellung von Ausreiseanträgen und -visa beschäftigt. In geheimen Absprachen mit den Nationalsozialisten hatte Brasilien die Einbürgerung von Juden bereits von Oktober 1937 an verboten. Aracy umging das Einreiseverbot, indem sie verschwieg, dass es sich um Juden handelte.[21]

Obwohl es in Brasilien keinen Holocaust gab, kam 2017 der damalige Bürgermeister von Rio de Janeiro, Marcelo Crivella, auf die Idee, auf dem *Morro do Pasmado*, einem der vielen Granithügel der Stadt, eine Holocaust-Gedenkstätte zu bauen. Wichtig zu wissen in diesem Zusammenhang: Crivella ist ein Neffe von Edir Macedo, dem obersten Bischof der evangelikalen *Igreja Universal*, und pflegt besonders enge Bande zum Staate Israel. Inzwischen ist die Gedenkstätte fertig, statt eines reinen Holocaust- Mahnmals wurde daraus etwas allgemeiner gehalten eine Gedenkstätte an die Opfer von Verfolgung, wovon es in Brasiliens Geschichte durchaus reichlich viele gab. Eine Biografie sei hier besonders hervorgehoben: die von Olga Benário Prestes.

In die Vorgeschichte der Vargas-Putsches fiel die Niederschlagung des 1935 von der linken *Aliança Nacional Libertadora* (ANL) ausgerufenen Revolutionsversuchs, bei dem es gelang, den Anführer Luiz Carlos Prestes und seine Partnerin Olga Benário festzunehmen. Olga Benário, eigentlich Olga Gutmann Benário, Tochter einer jüdischen Familie aus München, verdient in diesem Zusammenhang eine besondere Erwähnung. Nach der Festnahme wurde sie, inzwischen schwanger, von der Vargas-Regierung im September 1936 an Deutschland ausgeliefert. Sie starb 1942 in Euthanasiezentrum in Bernburg. Sie gilt als das einzige brasilianische Opfer des Holocaust.

Der wahrscheinlich bekannteste jüdische Flüchtling war der österreichische Schriftsteller Stefan Zweig. Als die Nationalsozialisten 1933 seine Bücher verbrannten, begann für ihn ein Leben im Exil – zunächst ging er nach London, 1940 gelangte er über die USA nach Brasilien. Obwohl er nur wenige Monate in Brasilien verbrachte, schrieb er dort das Länderporträt „Land der Zukunft", in dem er sich recht überschwänglich und unkritisch mit seinem Gastland auseinandersetzt, in dem er etwa die Idee der vermeintlich in Brasilien anzutreffenden Rassendemokratie reproduziert, ein idealisierender und durchaus beschönigender Mythos, den der „Kulturideologe"[22] Gilberto Freyre[23] 1933 geprägt hatte. Zweig war schon zu Lebzeiten gefeiert und berühmt. Einem solchen Flüchtling gewährte die brasilianische Regierung natürlich gerne Asyl. Kritiker sahen in „Land der Zukunft" ein „Auftragswerk der Propagandabehörde", in dem er die Ideologie des Regimes unhinterfragt übernahm und mit seiner Reputation aufwertete und veredelte – auch weil Zweig durchaus Privilegien genoss. Die Regierung soll ihm seine Reisen ins Landesinnere bezahlt haben.[24]

Rund 50.000 Juden migrierten zwischen 1920 und 1939 nach Brasilien. Heute leben rund 100.000 Menschen jüdischen Glaubens in Brasiliens, überwiegend in den Metropolen São Paulo und Rio de Janeiro. Dort lebten sie teilweise in direkter Nachbarschaft mit den Menschen, vor denen sie mühsam und unter Einsatz ihres Lebens fliehen mussten. Denn als nach dem Zweiten Weltkrieg die Luft für nationalsozialistische Kriegsverbrecher und Funktionäre dünner wurde, suchten viele ihr Heil in der Flucht nach Südamerika.

Wie Naziverbrecher über die Rattenlinie nach Brasilien kamen

Als 1945 der deutsche Angriffskrieg verloren war, nutzten etliche Kollaborateure und hochrangige Personen des Regimes die allgemeine Verwirrung und machten sich aus dem Staub. Über die sogenannte Rattenlinie sollen mehrere Tausend Täter so gen Südamerika ihrer Strafverfolgung zunächst entgangen sein. Das US-amerikanische Außenministerium geht von 9000 Geflohenen aus, von denen 1500–2000 den Weg nach Brasilien fanden.[25] Oft führte ihr Weg über Südtirol nach Rom, wo sie neue Papiere erhielten, um anschließend über Genua in die ganze Welt auszureisen – vor allem nach Südamerika, aber auch nach Ägypten, in die USA, nach Syrien.

Unter den Geflohenen befanden sich hochrangige Nazi-Funktionäre wie SS-Obersturmbannführer Adolf Eichmann[26] (Tarnname: Ricardo Klement), der KZ-Arzt Josef Mengele (alias Helmut Gregor), der „Henker von Lyon", Klaus Barbie, oder Franz Stangl und Gustav Wagner, Verantwortliche für die Lager in Sobibor und Treblinka, um nur einige zu nennen. Als effektiver Fluchthelfer erwies sich in vielen Fällen die Katholische Kirche. Besonders Bischof Alois Hudal, Rektor des Priesterkollegs der *Santa Maria dell'Anima* in Rom. Hudal, schon als Student Mitglied der katholischen Studentenverbindung Winfridia, tritt in den Nachkriegsjahren der Deutschen Gemeinschaft bei. In diesem antisemitischen Geheimbund, der 1919 in Wien gegründet wurde, arbeiteten Deutschnationale und rechte Katholiken zusammen, um eigene Leute zu protegieren und Karrieren von Juden und/oder Linken zu sabotieren. Im Falle von Hudal bedeutete das konkret, sich später aktiv als Fluchthelfer zu betätigen – nach bisherigen Erkenntnissen ausschließlich in Richtung Argentinien. Offenbar gab es dorthin die besseren und vertrauensvolleren Kontakte, bin hinauf zu Juan Péron. Profiteure von Hudals Fürsorge waren einige hochrangige Nazifunktionäre: Der bereits erwähnte Franz Stangl; Eduard Roschmann, der „Schlächter von Riga"; Erich Priebke, beteiligt an der Erschießung von 335 Zivilisten (darunter 75 jüdischen Geiseln) in den Ardeatinischen Höhlen bei Rom, oder Walter Rauff, mitverantwortlich für den Einsatz mobiler Gaswagen, mit denen mutmaßlich eine halbe Million Menschen ermordet wurden.[27] Von all diesen Hilfsaktionen sollen sowohl der päpstliche Nuntius für Deutschland und spätere Papst Pius XII., Eugenio Pacelli, als auch der US-amerikanische Auslandsgeheimdienst CIC (*Counter Intelligence Corps*) detailliert Kenntnis gehabt haben. Als Hudal jedoch 1949 dem früheren SS-Gruppenführer Otto Wächter helfen wollte, wurde der Druck von außen, aus Reihen österreichischer Klerikaler zu groß und Hudal wurde nach fast drei Jahrzehnten in der Leitung der Anima – davon seit 1937 als Rektor – versetzt und somit aus dem Verkehr gezogen – jedoch nicht sanktioniert oder fallengelassen. Seit 2022 arbeitet die Anima mit dem *Washington Holocaust Museum* bei der Aufarbeitung des Archivs Hudals zusammen.[28]

Die Fluchthilfe geschah stets nach ähnlichen Mustern: Das Internationale Rote Kreuz (IRK) stellte Pässe aus, nachdem Geistliche großzügig ohne tiefergehende Überprüfung die Identität einer Person beglaubigt hatten. Der CIC konstatierte, der Vatikan sei „die größte Einzelorganisation, die in die illegale Bewegung von Auswanderern involviert ist".[29] Dabei war der CIC keinesfalls nur Beobachtungs- und Ermittlungsbehörde, sondern mischte munter mit. 1950 stattete man Klaus Barbie mit einer neuen Identität aus und half ihm so über Italien nach Bolivien auszuwandern. Die Länder Südamerikas waren bei den flüchtenden Kriegsverbrechern durchaus beliebt, da sie bereits seit mehr als einem Jahrhundert Ziel organisierter Auswanderung gewesen waren, die Communitys dort entsprechend groß waren. Das dürfte vielen die Anpassung an die neue Umgebung erleichtert haben.

Mit solchen neuen Papieren reisten die Ex-Kampfpiloten Emilio Meier, vormals Hans-Ulrich Rudel und Adolf Galland nach Argentinien. Der dortige Präsident Juan Perón soll durchaus großes Interesse am Knowhow der Piloten gehabt haben und erhoffte sich von den neuen Fachkräften positive Impulse für die eigene Wirtschaft – dasselbe taten durchaus auch die Siegermächte USA oder die Sowjetunion – man denke nur an den Raketentechniker Wernher Magnus Maximilian Freiherr von Braun. Auch Brasilien sah eine Chance, vom allgemeinen Chaos zu profitieren und bat die USA um Erlaubnis, in Deutschland Fachkräfte anwerben zu dürfen – dafür legte man den Behörden eine Namensliste vor, die zuvor überprüft wurde.

Durchaus zutreffend scheint auch zu sein, dass die südamerikanischen Regierungen wenig bis nichts unternehmen, Kriegsverbrecher aufzuspüren und für eine Verurteilung auszuliefern. Gerade einmal sechs hochrangige Kriegsverbrecher wurden aus Lateinamerika ausgeliefert.[30] Gustav Wagner beging Selbstmord – zumindest ist das die bis heute offizielle Lesart. Wagner hatte sich 1978 der brasilianischen Polizei in São Paulo gestellt. Dort traf er, 36 Jahre nach dem ersten Aufeinandertreffen, auf Stanislaw Smajzner, genannt Shlomo. Er gehörte zu den wenigen, die die Hölle von Sobibór überlebt hatten. Shlomo hatte Glück: Er war Goldschmied. Wagner ließ ihn leben, dafür musste Smajzner aus dem Gold ermordeter Juden Schmuck für die Nationalsozialisten schmieden. Wie in der mehrteiligen Dokumentation des NDR[31] „Shlomo der Goldschmied und der Nazi" von Antonius Kempmann, Martin Kaul und Willem Konrad gezeigt, versuchte Smajzner Wagner vor laufenden Kameras zu stellen. Gegen Wagner erhob die brasilianische Justiz keine Anklage, er wurde auch nicht ausgeliefert. Seine Taten galten nach brasilianischem Recht als verjährt. Zwei Jahre später war Wagner tot. Hubert Cukurs wurde vom israelischen Geheimdienst Mossad ausfindig gemacht und liquidiert. Der SS-Arzt Josef Mengele konnte relativ unbehelligt, wenn auch recht zurückgezogen, zunächst in Argentinien leben, später, nachdem der israelische Geheimdienst Mossad Eichmann in Argentinien schnappte, suchte Mengele in Paraguay und etwa von 1970 an in Brasilien Unterschlupf. 1979 starb er in der Nähe der Hafenstadt Santos bei einem Badeunfall.

Literatur

Behringer, Wolfgang, Tambora und das Jahr ohne Sommer, dtv, 2018.
Carneiro, Maria Luiza Tucci, Weltbürger – Brasilien und die jüdischen Flüchtlinge 1933-1948, deutsche Ausgabe, Lit Verlag, Berlin, 2014.
Dietrich, Ana Maria, Nazismo Tropical? O partido nazista no Brasil, Doktorarbeit, Universidade de São Paulo, Januar, 2007.
Goñi, Uki, Odessa – Die wahre Geschichte. Fluchthilfe für NS-Kriegsverbrecher, Assoziation A, Hamburg, Berlin, 5. Auflage, 2006.

Klee, Ernst, Persilscheine und falsche Pässe – Wie die Kirchen den Nazis halfen, Fischer, Frankfurt, 5. Auflage, 2005.

Neves, Flavio Menna Barreto und Zanatta Marchesini, Eliane, Traços de Koeler – A origem de Petrópolis a partir da Planta de 1846, Globalmídia Comunicação, Petrópolis, 2016.

Pohlai, Leandra A. und Schulz-Grobert, Jürgen (Hg.), Hans Staden – Seit Werk, seine Zeit, seine Wirkung, Cuvillier Verlag, Göttingen, 2017.

Sachslehner, Johannes, Hitlers Mann im Vatikan. Bischof Alois Hudal. Ein dunkles Kapitel in der Geschichte der Kirche, Molden, Wien 2019.

Sands, Philippe, Die Rattenlinie – ein Nazi auf der Flucht, deutsche Ausgabe, Fischer, Frankfurt, 2022.

Trespach, Rodrigo, 1824, LaYa Brasil, São Paulo, 2019.

Zahn, Walter, Auswanderer aus den Viertälern, Verein für die Geschichte der Stadt Bacharach, 2. Auflage, 2013.

13. Amazonien – Naturraum mit globaler Bedeutung

„Feuerrekord am Amazonas" mit solchen Überschriften, wie dieser wahllos herausgegriffenen vom European Scientist vom 12. April 2023,[1] versuchen Medien seit einigen Jahren, auf die herrschenden Probleme in einem der größten und wichtigsten Ökosysteme des Planeten aufmerksam zu machen. Das ist im Prinzip gut und richtig, auch wenn dabei – für Medien notwendigerweise – mal mehr mal weniger zugespitzt und vereinfacht wird.

Darum sei hier zunächst die Begrifflichkeit geklärt. Der Begriff „Amazonas" wird oftmals synonym für die Region benutzt, dabei handelt es sich dabei streng genommen nur um den Namen eines Flusses. Wiederum genauer ist der Amazonas ein Geflecht aus Fließgewässern, die in den peruanischen Anden entspringen. Erst nachdem die beiden Quellflüsse Marañón und Ucayali auf peruanischem Boden bereits stolze 1600 bzw. 2600 km zurückgelegt haben und sich nahe der 150.000 Einwohner zählenden Stadt Iquitos vereinen, spricht man vom Amazonas. Das aber auch nur, um ihn nach dem Grenzübertritt nach Brasilien wieder umzubenennen. Dort spricht man zunächst vom „Rio Solimões". Erst auf Höhe der Millionenmetropole Manaus wird daraus im Zusammenfluss mit dem Rio Negro der Amazonas. Aber eigentlich sprechen wir über ein Flusssystem aus mehr als 10.000 Nebenflüssen, von denen die sechs größten länger sind als der Rhein und unter denen zehn zu den 25 wasserreichsten auf der Welt gehören. Amazonas beschreibt obendrein den Namen eines brasilianischen Bundesstaats, der komplett in der Region verortet ist.

Nur wenig konkreter ist der Begriff *Amazonien*. Er beschreibt aber auch das Einzugsgebiet, das von den Anden im Westen, dem Guayana-Becken im Norden und im Süden vom brasilianischen Schild begrenzt wird. Im Osten befindet sich der Atlantik. Dieser Beschreibung inhaltlich recht nahe kommt der Begriff *Amazonasbecken*, der das Einzugsgebiet des Flusssystems ebenfalls zu beschreiben versucht. Es umfasst Gebiete in den Staaten Brasilien, Französisch-Guayana, Surinam, Guayana, Venezuela, Kolumbien, Ecuador, Peru und Bolivien, wobei zwei Drittel auf das Staatsgebiet Brasiliens entfallen. Außerdem ist hin und wieder *Amazonas-Regenwald* als Terminus zu lesen, er impliziert die Assoziation einer gewaltigen Waldfläche. Dabei stimmt es zwar, dass fünf bis sechs Millionen Quadratkilometer der Region bewaldet sind, oder besser von Natur aus waren, lässt aber außer Acht, dass auch rund eine Million Quadratkilometer, inzwischen sollen es durch das Eingreifen des Menschen fast 2,5 Millionen sein,[2] eine Savannenlandschaft darstellen. Das sind etwa fünf Prozent der globalen Landfläche. Zur Dimension und Bedeutung dieses Raums, für den fortan der Begriff Amazonien benutzt werden soll, ein paar Zahlen: Rund 6900 Kilometer lang fließt der

Amazonas einmal horizontal über den Kontinent, nur der Nil ist länger. Dabei lässt er sich Zeit. Das Gefälle ist gering. Es liegt bei gerade einmal fünf Zentimetern pro Kilometer.[3] Fast 20 Prozent des global verfügbaren Süßwassers werden durch das Flusssystem transportiert, ehe sie um die Insel Marajó, ein Eiland so groß wie die Schweiz, ins Meer fließen und sich erst 100 Kilometer vor der Küste mit dem Salzwasser vermischen. Dafür ist der Gezeitenhub auch noch weit im Binnenland spürbar – bis etwa 800 Kilometer im Landesinneren.[4] Amazonien ist nicht nur ein Lebensraum mit der größten Artenvielfalt bei Flora und Fauna – auch der Mensch hat sich in dem Naturraum breitgemacht. Allein im brasilianischen Teil lebten 2021 laut dem Statistischen Bundesamt (IGBE) offiziell knapp 30 Millionen Menschen,[5] davon 440.000 indigene Menschen aus 180 Völkern.[6] Den Mythos von einem weitgehend unberührten und intakten Naturraum wird man künftig neu bewerten müssen, wie dieses Kapitel zeigen soll.

Ursprünglicher Lebensraum

Ein vom Menschen unberührter Naturraum ist die Amazonasregion nicht – und war es auch nie. Und die Bevölkerung und damit der Druck auf die Region wächst: 1,7 Prozent mehr verzeichneten die Demoskopen 2021. Über die Region verteilen sich die Lebensräume der Indigenen Völker. Sie lebten in der Region schon lange bevor die Europäer den Kontinent „entdeckten".

Über die vorkoloniale Zeit wusste man lange nicht sehr viel. Lange ging man davon aus, dass die Amazonasregion von maximal ein bis zwei Millionen meist nomadisch lebenden Menschen besiedelt war. Eine erste grobe literarische Annäherung lieferten die Beschreibungen des spanischen Missionars Gaspar de Carvajal. Der Dominikaner war 1536 nach Peru gekommen, um die Inka zu bekehren. Er beschrieb den Versuch Franciscos de Orellana, das legendäre El Dorado zu finden. Gemeinsam mit Gonzalo Pizarro, Cousin des berüchtigten Gouverneurs von Peru, Francisco Pizarro, brach de Carvajal Mitte 1541 in Quito auf, um hinunter in das Tiefland zu ziehen, in dem man den sagenumwobenen Goldschatz wähnte. Die schlecht vorbereitete Expedition und das Unwissen über die ungewohnte Umgebung des Tieflands führte zu hohen Verlusten, als die Vorräte ausgingen. Um Lebensmittel suchen zu können, beschloss die Gruppe, sich zu teilen. Der Konquistador Francisco de Orellana und 59 Mann Besatzung brachen am 26. Dezember 1541 auf. Nach neun Tagen hatten sie bereits mehr als 1000 Kilometer auf dem Fluss zurückgelegt – eine Rückkehr war unmöglich. So beschloss die Expedition, die Reise bis zur Mündung fortzusetzen.

Carvajals schrieb wenig über Begegnungen mit den Völkern, die sich den Eindringlingen gegenüber eher abweisend zeigten. Die Rezeption des Werks, das erst 1894 offiziell verlegt und herausgegeben wurde, war zurückhaltend bis abweisend. Der Historiker Francisco López de Gómara soll es sogar als „voller Lügen" bezeichnet haben[7]. Dabei ging ein Aspekt der Beschreibung etwas unter.

Carvajal beschrieb ein wohlhabendes, mit fruchtbaren Böden ausgestattetes und vor allem belebtes und dicht besiedeltes Land. So soll die Expedition einen fast 300 Kilometer langen Abschnitt befahren haben, der ganz besiedelt gewesen sein soll und er beschrieb große zusammenhängende Siedlungen. Dabei will der Missionar auch große, barbusige, bewaffnete Kämpferinnen erblickt haben, die er mit den kriegerischen Amazonen aus der griechischen Mythologie verglich – und die letztlich dem Amazonas seinen Namen gaben. All das wirkte dick aufgetragen und stieß in allen möglichen Fachdisziplinen auf Skepsis. Naturwissenschaftler taten sich schwer, sich von ihrer Vorstellung der großen Wildnis zu trennen. Erst Anthropologen und Archäologen gelangten später zur Erkenntnis, dass Carvajal doch in manchen Punkten gar nicht so daneben gelegen hatte.

Der Eindruck eines überbordenden, üppigen Urwalds wurde erstmals vom Biologen Paul Richards in den 1950er-Jahren hinterfragt. Er entwickelte die bis heute gültige Lehrmeinung, dass zwar der Wald überaus reichhaltig sei, die Böden jedoch vergleichsweise karg. Daraus folgerte er, dass nicht der Boden der große Nährstoffspeicher sein kann, wie man es etwa in Europa kennt, sondern die Vegetation sich selbst die nötigen Nährstoffe liefert, die durch schnelle Zersetzung ebenso schnell aufgenommen werden können. Das bedeutet aber auch: Verschwindet der Wald, verschwinden auch die Nährstoffe.

Die US-amerikanische Archäologin Betty Meggers machte in den 1970er-Jahren zunächst die Gegebenheiten der Umwelt als einen bestimmenden Faktor für die kulturelle Entwicklung aus. Da der Boden in ihren Augen jedoch, wie schon bei Richards, einen eher limitierenden Faktor darstellte, waren die Bewohner der Region ihrer Meinung nach darauf angewiesen, die limitierenden Faktoren zu überwinden. Die einzige Möglichkeit, dies zu bewerkstelligen sei die Brandrodung. Dabei werden kleine Parzellen mithilfe des Feuers gesäubert. Anschließend werden zuvor gesammelte Samen ausgebracht. Die Asche der verbrannten Pflanzen reicht aus, eine begrenzte Zeit von wenigen Jahren für ausreichend Nährstoffe zu sorgen. Zugleich seien die Folgen der Rodung nicht so stark, dass sich die Vegetation der Parzelle nicht ebenso schnell wieder erholen könne. Bleibende Schäden und Degradierungen blieben so folglich aus. Für kleine Gemeinschaften dürfte diese Art von Landwirtschaft ausreichen, für größere, wie sie Carvajal gesehen haben will, hätte das aber kaum ausgereicht.

Inzwischen entdecken Archäologen immer mehr Spuren einer großen Zivilisation, die einst an den Ufern des Amazonas gelebt haben muss. Offenbar ernährten sich die Menschen überwiegend von Fisch, die in den periodisch überfluteten Savannen laichten. Wissenschaftler der Universität Exeter[8] entdeckten Netzwerke von Fischwehren mit trichterförmigen Netzen für Fangkörbe. Ging das Wasser zurück, wurden die Fische in künstliche Teiche geführt. Auf künstlichen Erdplattformen, die zwischen 500 und 3000 Jahren alt gewesen sein könnten, wurde Ackerbau betrieben. Andere Wissenschaftsdisziplinen förderten andere Erkenntnisse zutage. So beschreibt der Botaniker Charles R. Clement Hinweise darauf, dass die Bewohner Amazoniens keinesfalls reine Sammler waren, sondern vielmehr recht firm darin, Pflanzen für ihre Zwecke zu domestizieren.[9] Er schreibt sogar von einer „Domestizierung Amazoniens" – eine Umschreibung, die das Urwald-Image praktisch völlig auf den Kopf stellt.

All das deutet darauf hin, dass die Bevölkerungsdichte deutlich höher gewesen sein dürfte, als bislang angenommen. Die Forscher aus Exeter glauben, dass einst zwischen 500.000 und einer Million Menschen auf nur sieben Prozent der Fläche des Amazonasbeckens gelebt haben. Bisherige Schätzungen gingen von etwa zwei Millionen Menschen im gesamten Becken aus. Neuerer Untersuchungen gehen sogar noch weiter, sprechen von bis zu zehn Millionen Bewohnern in der präkolonialen Zeit.[10] Die im bolivianischen Amazonasgebiet gefundenen Erdpyramiden zeigen eine Gesellschaft, die so komplex und fortschrittlich war wie die der Maya und Azteken, nur mit differenzierteren Technologien. Eine Technologie war etwa, den Boden mit organischen Abfällen und weiteren Stoffen so anzureichern, dass er sehr wohl für eine längere landwirtschaftliche Nutzung zu gebrauchen war. Diese schwarze Erde, die etwa ab den 1980er-Jahren von mehreren Forschern an zahlreichen Stellen dokumentiert wurde, wird als *terra preta* bezeichnet. Bis dahin hatte es zwar auch schon vereinzelt Beschreibungen gegeben, allerdings war man sich uneins über die Herkunft.

Der deutsch-brasilianische Anthropologe Curt Unckel Nimuendajú[11] war der erste gewesen, der in den 1920er-Jahren die Schwarzerde westlich von Santarém kartierte. Den ersten wissenschaftlichen Artikel über die Eigenschaften der Schwarzerde schrieb der deutsche Geologe Friedrich Katzer im Jahr 1944.[12]

Es handelt sich um ein Gemisch aus Holzkohle, Tonscherben und zahlreichen organischen Materialien, wie Küchenabfällen, Knochen und Fäkalien. Fast alles, was an organischem Material anfiel, wurde wohl für ihre Herstellung verwendet – praktisch eine Art Kompost. Sie wirkt wie ein Speicher und verhindert, dass wichtige organische Nährstoffe durch den reichlichen Niederschlag aus dem Boden ausgewaschen werden. Dass diese großen Zivilisationen verschwanden, mag mit der Ankunft der Europäer zusammenhängen. Von ihnen seit dem 16. Jahrhundert eingeschleppte Infektionskrankheiten sollen 70 bis 90 Prozent der Indigenen nach dem Erstkontakt dahingerafft haben.

Ewiger Zankapfel und strategisch wichtige Region

„Amazonien gehört uns", sagte der damalige Präsident Jair Bolsonaro 2019 während eine Pressekonferenz mit ausländischen Journalisten, nachdem ihn der *Guardian*-Journalist Dom Philipps gefragt hatte, welche Maßnahmen seine Regierung gegen die steigende Abholzung unternehmen werde.[13] Die Botschaft war klar: Was auch immer in der Region geschieht, die brasilianische Regierung sieht sich zu keiner Rechenschaft gegenüber Dritten verpflichtet.

Das Video des Interviews wurde aber erst drei Jahre später, im Juni 2022 bekannt. Wenige Tage, nachdem eben jener fragende Journalist Dom Philipps mit seinem Begleiter, dem Indigenen-Experten Bruno Perreira im Vale do Jacari im äußersten Westen des brasilianischen Amazonasgebiets spurlos verschwunden war. Es stellte sich heraus, dass die beiden offenbar illegalen Machenschaften zu nahegekommen waren und darum sterben mussten. Über die Gefahren, welchen Umweltschützer und Journalisten ausgesetzt sind, die in der Region arbeiten, möchte ich im anschließenden Kapitel vertiefend sprechen. Zunächst einmal möchte ich aber den Blick auf die Landnutzung in der Region allgemein werfen und die Konflikte und Probleme, die daraus entstehen können.

Bolsonaros Worte beschreiben, in vereinfachter Form, einen brasilianischen Traum, der seit jeher gehegt wird: die Beherrschung und Erschließung des gewaltigen Staatsterritoriums – sei es, das Territorium schlicht kontrollieren zu können, inklusive strategischen und militärischen Überlegungen, oder wirtschaftlichen Nutzen und letztlich Wohlstand daraus zu ziehen. Dem Territoriumsbegriff sollte da eine besondere Aufmerksamkeit gelten. Grundsätzlich beschreibt es Bartelt[14] als Gebiet eines Nationalstaats, in dem Recht, Sprache und Herrschaftsbereich der Regierung zur Deckung kommen. Wobei er damit ein Gebiet beschreibt, auf das sich eine bestimmte Wirtschaftsweise als Naturgebrauch auszudehnen versucht. Bartelt beschreibt Territorien als Räume, „in denen Extraktivismus tätig wird und spezielle Konflikte in der Aneignung und des Gebrauchs mit der dort lebenden Bevölkerung auslöst, weil er komplexe Konsequenzen für die Lebensweise und Rechte mit sich bringt".[15]

Dieses Spannungsfeld entstand schon früh. Bereits im 17. Jahrhundert begannen die sogenannten *Bandeirantes*, mehr oder weniger systematisch ins Landesinnere vorzudringen und dieses in Besitz zu nehmen, also die Fahne (*bandeira*, daher der Name *bandeirante*, der Fahnenträger bedeutet) symbolisch in den Boden zu rammen. Oft folgten die Expeditionen Flussläufen oder den Pfaden der einheimischen Bevölkerung. Die Ziele waren klar: Inbesitznahme und die Suche nach Gold, Diamanten und Sklaven. Während des großen Kautschukbooms, etwa zwischen 1850 und 1900, rückte die Region erstmals systematisch ins ökonomische Blickfeld.[16]

Nach dem Putsch nahm das Militärregime den Amazonasraum richtig ins Visier. Die Regierung von Humberto de Alencar Castelo Branco gründete 1966 die *Superintendência do Desenvolvimento da Amazônia* (SUDAM), eine staatliche Agentur, deren Ziel es war, die Entwicklung des Amazonasgebiets zu fördern, indem sie besondere finanzielle und steuerliche Anreize schuf, um private Investoren aus dem In- und Ausland anzuziehen. Die SUDAM trat an die Stelle einer anderen Behörde, der *Superintendência do Plano de Valorização Econômica da Amazônia* (SPVEA), die 1953 von Getúlio Vargas zum Zweck der Entwicklung des Amazonasgebiets gegründet worden war. Das Interesse der Investoren wurde mit massiven finanziellen Anreizen geweckt: Befreiung von der Körperschaftssteuer für bis zu 15 Jahre, subventionierte Kredite, niedrige Einfuhrzölle auf Pestizide und Ackergeräte und der Möglichkeit, 50 Prozent der Einkommenssteuer von Fabriken, die außerhalb der Region liegen, abzuschreiben, wenn das gesparte Geld wiederum in Amazonien investiert wird. Das lockte die fleischverarbeitende Industrie, Autohersteller wie Volkswagen und etliche andere. Volkswagen wurde aber nicht etwa als Industriebetrieb in der Region tätig, sondern gründete eine riesige Rinderfarm mit 44.000 Tieren mit dem schönen Namen *Companhia Vale do Rio Cristalino*.[17] Seit 2022 steht der Autokonzern wegen Menschenrechtsverletzungen in der Kritik, die auf der Farm begangen worden sein sollen.[18]

Doch das zentrale Element der Erschließung Amazoniens sollte von 1970 an ein nationales Integrationsprogramm (*Programa de Integração Nacional, PIN*) werden, aufgelegt und vorgestellt von dem Präsidenten und General Emílio Garrastazu Médici. Herzstück des Programms war ein fast 5000 Kilometer langer Highway, der die Region einmal in Ost-West-Richtung durch die sieben Bundesstaaten Paraíba, Ceará, Piauí, Maranhão, Tocantins, Pará und Amazonas durchfahren sollte: Die berühmt berüchtigte *Transamazônica*.

Allerdings blieb das Großprojekt, das teilweise bereits 1972 eröffnet wurde, unvollendet. Die Straße mit der Kennung BR 230 wurde als Naturstraße konzipiert, zunächst ohne Asphaltdecke. Ihr Zweck sollte vor allem sein, als einzige traversale Straße den Gütertransport in und aus der Region zu befördern. Einher mit der Verkehrserschließung ging ein Siedlungsprogramm, denn bis dahin lebten in der Region nur knapp vier Prozent der brasilianischen Bevölkerung mit einer Bevölkerungsdichte von gerade einem Einwohner pro Quadratkilometer. Die Bewohner waren fast ausschließlich Indigene. Nun sollte also der gewaltige Raum in Besitz genommen werden. Getreu dem damals verbreiteten Leitwort *uma terra sem gente para gente sem terra* – ein Land ohne Volk für ein Volk ohne Land – sollten hierzu vor allem Personen aus dem armen Nordosten des Landes als Kleinbauern angesiedelt werden. Der Plan stieß auf unterschiedliche Resonanz. Während die Bewohner im Süden den Bau begrüßten, da er einer rückständigen Region Entwicklungspotenzial bescherte, waren die Menschen im Norden wesentlich skeptischer.[19]

Eine Dürre im Jahr 1970 hatte dort die ohnehin prekäre Situation noch verschärft. Wollte man nicht, dass weitere Binnenwanderung in die großen Ballungszentren des Südens stattfand, musste die Regierung Wege finden, die Menschen anderswo zu binden. Darum schwebte der Regierung vor, den Menschen Land entlang der *Transamazônica* zuzusprechen. Doch das Vorhaben floppte. Nicht eine Million Menschen kam, wie erhofft, sondern nur rund 7000 Siedler, und auch von diesen kam nur eine Minderheit aus den ursprünglichen Zielgebieten. Gleichzeitig eröffnete die Straße, die heute übrigens in weiten Teilen saisonal kaum nutzbar ist, ein Einfallstor für einen unkontrollierten Zustrom von Glücksrittern und Goldsuchern in die Region. Der Bau der *Transamazônica* markiert den Beginn der großflächigen Entwaldung, deren Bekämpfung heute nicht nur aus ökologischer Sicht höchste Priorität genießen sollte, sondern die auch die aktuelle Regierung vor Probleme stellt. Schließlich geht es darum, einen

Zwiespalt zu überbrücken, der unüberbrückbar erscheint: Fortschritt oder Umweltschutz.

Der politische Wille, wirtschaftliche Entwicklung und Wohlstand voranzutreiben, ist politisch legitim. Allerdings wurden mit dem *Programa de Integração Nacional, PIN* nicht nur die ursprünglichen Ziele verfehlt. Zugleich entstanden auf mehrerlei Weise gewaltige langfristige Schäden, die den erhofften Nutzen bei weitem übertrafen. Der US-Journalist Andrew C. Revkin betitelte in seinem Buch über den Umweltschützer Chico Mendes das sechste Kapitel durchaus passend mit „Straßen der Vernichtung". Da der Highway nie fertig gestellt wurde, ist sein Nutzen für die Allgemeinheit begrenzt. Die Menschen, die bereits in der Region lebten, brauchten diese Verbindung nicht – sie kamen und kommen weiterhin mit dem Netz, das ihnen die Flüsse bieten, klar. Ferner ist der Amazonas bis zur Metropole Manaus mit hochseetauglichen Frachtschiffen schiffbar. Die *Transamazônica* diente weniger der Allgemeinheit als vielmehr der Industrie: Bergbau, Forstwirtschaft, (illegaler) Holzhandel oder großflächige Landwirtschaft.

Mit der sogenannten nationalen Integration der Amazonasregion begann auch erneut das Leiden der indigenen Völker. Das zivil-militärische Regime argumentierte gerne damit, die indigenen Völker der Region könnten mit der Integration Amazoniens endlich an Fortschritt und Zivilisation teilhaben. Eine Argumentation, die fast 50 Jahre später Präsident Jair Bolsonaro ebenfalls gerne bemühte. Wenn dieses Versprechen überhaupt jemals eingelöst wurde, dann kostete diese Teilhabe einen sehr hohen Preis. Kritiker sprechen noch heute von einem Völkermord.[20] Nicht nur, dass sich die indigenen Völker der Region mit etwas konfrontiert sahen, das mitunter ihren Lebensraum tangierte oder durchschnitt. Denn der beinahe eben horizontale Verlauf der *Transamazônica* scheint im Planungsstadium keinerlei Rücksicht auf Rückzugsgebiete Indigener Rücksicht genommen zu haben – die Trasse wurde am Reißbrett durch die Landschaft gezogen. 15 Gebiete waren direkt betroffen. Die Straße ebnete den Weg für Eindringlinge, Goldsucher und Viehzüchter. Dort, wo die teilweise bis dato unkontaktierten Völker auf die vermeintliche Zivilisation stießen, starben viele Menschen an eingeschleppten Infektionen. Damit schien man durchaus gerechnet zu haben. Mit 5000 Betroffenen hatte man wohl gerechnet, de facto war es wohl eher ein Vielfaches dessen.[21]

In den 1980er Jahren verschlimmerte sich die Situation durch die Invasion von rund 40.000 Bergarbeitern in der Region, vor allem in Siedlungsgebieten der Yanomami. Eine internationale Kampagne forderte, dass die Militärdiktatur für einen Völkermord an den Yanomami verantwortlich gemacht werden sollte. Brasilien wurde in verschiedenen internationalen Gremien, wie der Interamerikanischen Menschenrechtskommission, angeprangert. Das indigene Land der Yanomami wurde erst nach langem Druck im Jahr 1992 abgegrenzt. Das Problem der teilweise fehlenden Demarkation von Indigenenschutzgebieten besteht bis in die Gegenwart.[22]

Aus einem 2014 abgeschlossenen Bericht der Nationalen Wahrheitskommission geht hervor, dass allein bei der Untersuchung von zehn Völkern mehr als 8000 Todesfälle als Folge der Militärregierung gesehen wurden. Im Fall des Yanomami-Volkes gibt es laut der Kommission keine offizielle Zahl der Todesopfer, aber es wird geschätzt, dass sie in die Tausende geht. Auch Jahrzehnte später – der ökologische Wert des Raums ist längst anerkannt und unstrittig – zeigte sich in der brasilianischen Politik dennoch die untergeordnete Wertschätzung für Natur und Indigene, wenn es in der politischen Situation opportun erschien.

Gefährliches Terrain

In der Amazonasregion dem vermeintlichen Fortschritt im Wege zu stehen, ist nicht nur für die indigenen Ureinwohner gefährlich. Auch für Umweltschützer, Kleinbauern oder Journalisten, die den vornehmlich illegalen Landnahme- und Explorationsprojekten im Weg stehen, kann es recht schnell tödlich enden. Die *Comissão Pastoral da Terra* (CPT) existiert seit 1975. Sie ist eine der wenigen Organisationen, die versucht, Morde in der Region zu dokumentieren. Auf die Statistiken der CPT greifen auch große internationale Organisationen wie *Human Rights Watch* oder *Global Witness* zurück. Seit 1985 führt die CPT Buch, notierte seither 1536 Morde. Damit liegt Brasilien an der Spitze der Statistiken, was gewaltsame Tode in Zusammenhang mit Umweltschutz betrifft. Denn, das zeigen die Statistiken deutlich: Zwischen 2012 und 2021 ließen in Brasilien allein 342 Umweltschützer ihr Leben. Ihr Tod stand in direktem Zusammenhang mit Landkonflikten, der überwiegende Teil wiederum starb in der Amazonasregion.[23] Nirgendwo auf der Welt ist Umweltschutz tödlicher. Ein Indiz, das zeigt, wie umkämpft das Territorium ist. 77 Prozent der Landkonflikte in Brasilien ereignen sich in der Amazonasregion, in der jedoch nur 24 Prozent der Landbevölkerung lebt.

Es sind vor allem illegale und kriminelle Strukturen, die inzwischen über die gesamte Wertschöpfungskette verfügen – etwa bei der Holzmafia vom Fällen des Baums über den Transport bis zur Weiterverarbeitung und Vermarktung. Dabei bedienen sie sich bewaffneter Söldner, um die Tätigkeiten durchzusetzen, wie es *Human Rights* Watch in seinem Bericht 2019 zusammenfasst.[24] Dabei riskieren die viel, die sich den Holzfällern in den Weg stellen, um geltendes Umweltrecht einzufordern, ohne damit rechnen zu können, dass sie von staatlicher Seite unterstützt werden. Dies war insbesondere während der Amtszeit Jair Bolsonaros (2019-2022) der Fall. Bolsonaro hatte sich mit seiner Politik klar auf die Seite der Holzfäller, *Garimpeiros*[25] und Großgrundbesitzer gestellt, die durchaus vorhandenen Aufsichtsbehörden *Ibama* und *Funai* personell und finanziell ausgetrocknet und so die Türe für illegales Tun in der Region noch weiter aufgestoßen. Ein weiterer entmutigender Faktor ist, dass der größte Teil der begangenen Verbrechen juristisch folgenlos bleibt. Von den eingangs erwähnten 1536 Morden seit 1985 landeten gerade einmal 47 vor Gericht. Der Rechtsstaat schaut weg und will von den Vorgängen in der Region wenig wissen. Es sei denn, ein Fall erlangt größere, überregionale Aufmerksamkeit. Der Tod von Chico Mendes ging sogar um die Welt.

Der Gewerkschafter und Umweltschützer Francisco Alves Mendes Filho, genannt Chico Mendes, wurde am 15. Dezember 1944 auf der Kautschukplantage Porto Rico in der Gemeinde Xapuri (Acre) als Sohn von Eltern aus dem Nordosten geboren, die in den Amazonas ausgewandert waren. Seit seinem elften Lebensjahr arbeitete er als Kautschukzapfer und teilte damit das Schicksal jener Familien, deren Kinder, anstatt zur Schule zu gehen, in der Latexgewinnung arbeiteten. Chico Mendes hatte das Glück, seinem großen Lehrer Fernando Euclides Távora zu begegnen, der ihm nicht nur Lesen und Schreiben beibrachte, sondern auch den Weg wies, der ihn dazu brachte, sich für das Schicksal des Planeten und der Menschheit zu interessieren. Euclides Távora war ein militanter Kommunist, der 1935 aktiv am kommunistischen Aufstand in seiner Heimatstadt Fortaleza und 1952 an der Revolution in Bolivien teilnahm. Nach seiner Rückkehr nach Brasilien über Acre ließ sich Euclides Távora in Xapuri nieder, wo er der Lehrer von Chico Mendes wurde. Nach dem Militärputsch 1964 verschwand Távora spurlos.

Chico Mendes mobilisierte die Kautschukzapfer gegen die Abholzung der Wälder. Er lehnte die Siedlungspläne der Bundesregierung ab, da sie den Kautschukzapfer zu einem Siedler-Bauern machen würden, der auf 50 oder 100 Hektar Land beschränkt wäre, was sein klares Verständnis für die Bedeutung dieser Regierungsstrategie zeigte, die auch bei den militanten Gewerkschaftern übernommen wurde. Chico Mendes schätzte die Lebensweise der Kautschukzapfer, die ein kleines Stück Land in der Nähe ihres Hauses für den Anbau von Feldfrüchten und die Aufzucht von Kleintieren nutzten und Früchte und Harze aus dem Wald sammelten. Für die *Seringueiros* ist das Ziel ihrer Arbeit nicht das Land, sondern der Wald. Damit war Mendes seiner Zeit weit voraus und einer der ersten Klima- und Umweltaktivisten Brasiliens.

Seine gewerkschaftliche Tätigkeit begann 1975 als Generalsekretär der Landarbeitergewerkschaft Brasiléia. Ab 1976 beteiligte er sich aktiv an den Kämpfen der Kautschukzapfer gegen die Abholzung der Wälder. Die von den Demonstranten angewandte Taktik nannte sich *empate* – der Begriff beschreibt friedliche Demonstrationen, bei denen die Kautschukarbeiter die Bäume mit ihrem eigenen Körper schützen. Die *empates* wurden vom Präsidenten der Gewerkschaft Brasiléia, Wilson Pinheiro, angeführt, der 1980 als Vergeltungsmaßnahme gegen die Bewegung in der Zentrale der Gewerkschaft ermordet wurde.

1977 beteiligte er sich an der Gründung der Gewerkschaft der Landarbeiter von Xapuri, gehörte Anfang der 1980er-Jahre zu den Gründungsmitgliedern der Arbeiterpartei PT. Eine Weggefährtin war die Umweltaktivistin und Politikerin Marina Silva, die ebenfalls aus dem Bundesstaat Acre stammt. Silva war von 2003 bis 2008 Umweltministerin unter Lula, schied dann aber im Streit um den bereits geschilderten Bau des Staudamms Belo Monte aus der Regierung aus und verließ auch die PT. Sein Engagement erregte Aufmerksamkeit. Vor den Vereinten Nationen hielt er Reden und 1986 kam eine UN-Delegation zu Besuch nach Xapuri. Auch bei der Weltbank verschaffte er sich Gehör. Mitte der 1980er-Jahre wurde Mendes mit zahlreichen internationalen Preisen ausgezeichnet. Kurzum: Er sorgte dafür, dass plötzlich die ganze Welt von seiner Arbeit und den Problemen der Landbevölkerung in Amazonien erfuhr. Mit derlei Publicity machte er sich nicht nur Freunde.

Obwohl Chico Mendes internationales Ansehen genoss, lebte er unter Drohungen von Landbewohnern. Die Auseinandersetzungen gingen weiter und führten sogar zu Verhaftungen, da die Landkonflikte nicht auf legalem Wege beigelegt werden konnten.

Am 22. Dezember 1988 wurde Chico Mendes ermordet, als er auf dem Weg zur Toilette im Hinterhaus seines Hauses war. Er wurde im Alter von 44 Jahren vor den Augen seiner Frau und seiner beiden Kinder mit einem Gewehr in die Brust geschossen. Sein Mörder war Darci Alves, der auf Befehl seines Vaters, des Großgrundbesitzers Darly Alves, Mendes erschoss. Alves war in verschiedenen Teilen Brasiliens für seine Gewalttätigkeit bekannt. Mendes' Tod hatte weltweit Auswirkungen und löste große Empörung aus – auch in Brasilien. Die nationale Presse hatte ihn bis dahin weitgehend ignoriert. Durch den öffentlichen Druck der Presse geschah das, was sonst eher selten ist: Ein Mörder eines Aktivisten wurde zur Rechenschaft gezogen. Darly, Darci und ein Bruder des Landwirts wurden angeklagt und 1990 zu einer Gefängnisstrafe von 19 Jahren verurteilt, was in der brasilianischen Landjustiz als beispiellos gilt.

1993 flohen Darly und Darci aus dem Gefängnis und wurden erst 1996 wieder gefasst. 1999 wurde Darly aus dem Gefängnis entlassen, um den Rest seiner Strafe aufgrund gesundheitlicher Probleme unter Hausarrest zu verbüßen, wie seine Anwälte behaupteten. Im selben Jahr erhielt Darci das Recht, die restliche Strafe in einem halboffenen Vollzug zu verbüßen.

Die Arbeit von Chico Mendes wirkte über seinen Tod hinaus fort: Im selben Jahr, in dem er starb, wurden die ersten Rohstoffreservate geschaffen. Der Traum von einem wertvollen Wald ohne Konflikte und mit der Aussicht auf eine Zukunft für die Kinder der Kautschukzapfer und Extraktivisten wurde wahr. Man kann sagen, dass das wichtigste Vermächtnis von Chico Mendes die *reservas extrativistas*, die Rohstoffreservate, sind. Dabei handelt es sich um ein gesetzlich geschütztes Waldgebiet, das traditionellen Bevölkerungsgruppen zugestanden wird, die sich hauptsächlich durch die Gewinnung von Waldfrüchten, Kautschuk, Ölen, Samen und Derivaten ernähren.

Andere Aktivitäten, die in den Reservaten erlaubt sind, sind Subsistenzlandwirtschaft und die Aufzucht von Kleintieren, ohne dass Bäume gefällt werden. Diese Schutzgebiete wurden eingerichtet, um den Lebensunterhalt und die Kultur der traditionellen Waldbevölkerung zu schützen und die nachhaltige Nutzung der natürlichen Ressourcen zu gewährleisten. Am 28. August 2007 wurde zudem durch das Gesetz 11.516[26] das Chico-Mendes-Institut für die Erhaltung der biologischen Vielfalt gegründet. Es handelt sich dabei um eine unabhängige Einrichtung, die dem Umweltministerium untersteht und Teil des nationalen Umweltsystems (*Sisnama*) ist. Das Institut kann Vorschläge für Schutzgebiete einreichen, umsetzen, verwalten, schützen, kontrollieren und überwachen.

Der Fall Dom Phillips und Bruno Pereira

Ein weiterer Fall, der die Weltöffentlichkeit wachrüttelte, ereignete sich im Juni 2022. Der britische Journalist Dom Phillips, der unter anderem für den *Guardian* schrieb und an einem Buch über die Amazonasregion arbeitete, und sein Begleiter Bruno Pereira, ein Experte für Indigene Völker, waren auf einer Expedition in den äußersten Westen des brasilianischen Amazonas-Territoriums spurlos verschwunden. Der Kontakt zu Phillips und Pereira war in der Nähe des Ortes Atalaia do Norte, im Grenzland zu Peru und Kolumbien, abgerissen. Die Reise in das Gebiet Vale do Javari war Teil von Recherchen für ein Buchprojekt.

Pereira, ehemaliger Mitarbeiter der Indigenen-Behörde *Funai*, wollte Phillips offenbar die Arbeit der Organisation *Univaj* zeigen. Diese Organisation von Indigenen überwacht und dokumentiert das illegale Eindringen in Schutzgebiete.

Das Vale do Javari im äußersten Westen Brasiliens, etwa 1100 Kilometer westlich von Manaus, ist nicht nur eines der größten noch zusammenhängenden Schutzgebiete für Indigenen-Stämme, es gehört zugleich zu den gefährlichsten Gegenden Brasiliens, weil dort der Staat praktisch nicht existiert. Es gibt kaum Sicherheitsstrukturen, weshalb die Region ein Hotspot für illegale Holzfäller, Goldsucher oder Fischer ist. Internationale Drogenbanden nutzen die Region für den Drogenschmuggel und dringen dafür tief in das Schutzgebiet ein, was immer wieder zu Konflikten mit den Ureinwohnern führt – mit ein Grund dafür, dass die Schutzorganisation *Univaj* gegründet wurde.

Der tragische Ausgang der Suchaktion hatte sich abgezeichnet. Noch am selben Wochenende fanden Suchtrupps Rucksäcke und persönliche Gegenstände der beiden Vermissten, darunter die Gesundheitskarte Pereiras. Am Freitag hatte die Polizei einen Verdächtigen festgenommen und vernommen. Er soll unter den Personen gewesen sein, die die beiden vor ihrem Verschwinden bedroht hatten, berichtet die Agentur Amazonia Real. Wenige Tage später waren die Ermittler auf Blutspuren in einem Boot gestoßen. Brasiliens damals regierender Präsident Jair Bolsonaro hatte sich zunächst recht lapidar zu dem Verschwinden der beiden Männer geäußert. „Zwei Menschen alleine in einem Boot in der Wildnis ist kein empfehlenswertes Abenteuer. Da kann viel passieren. Sie könnten einen Unfall gehabt haben, sie können aber auch getötet worden sein", sagte er in einem TV-Interview dem US-Nachrichtensender CNN. Inzwischen scheint festzustehen, dass die beiden einem örtlichen Drogenboss in die Quere gekommen zu sein scheinen. Jedenfalls soll Rubén da Silva Villar, genannt „Colombia", laut Ermittlungsbehörden den Mord in Auftrag gegeben haben.[27]

In der öffentlichen Diskussion wurde auch die Mitschuld der Regierung an der prekären Lage in den Schutzgebieten diskutiert. Bolsonaro hat während seiner Amtszeit nicht nur die zuständigen Schutzbehörden massiv geschwächt, indem er ihnen die Mittel rigoros zusammenstreichen ließ. Durch seine verbalen Angriffe gegen Indigene, deren Schutzgebiete er als übertrieben und ungerechtfertigt ansieht, habe er den illegalen Raubbau in diesen Gebieten aktiv ermutigt, sagen Kritiker.

Was tun für die Rettung Amazoniens?

Der Satz „Amazonien gehört uns", von Jair Bolsonaro dröhnte noch in den Ohren, da schlug Luiz Inácio Lula da Silva gegenteilige Töne an. Im Frühjahr 2023 sagte er in einem TV-Interview,[28] dass Amazonien nicht nur Brasilien gehöre. Zwar sei Brasilien souveräner Besitzer des Territoriums Amazonien, doch müsste dieses für die Wissenschaft der Welt geöffnet werden. Lula sagte aber auch, er wolle nicht, dass Amazonien zu einem „Heiligtum der Menschheit", schließlich lebten dort 29 Millionen Menschen, die ebenfalls essen und trinken wollten und ein Auto besitzen.

Markiert die dritte Amtszeit Lulas eine Zeitenwende im Umgang mit der Amazonasregion? Das abzusehen, dazu ist es vielleicht noch etwas früh. Bereits in seiner zweiten Amtszeit schaffte es seine Regierung, federführend die damalige Umweltministerin Marina Silva, von 2008 an mit dem *Programa Desmatamento Zero* die Abholzungsraten deutlich zu reduzieren, möglichst auf Null (siehe Grafik). Dieses setzte auf dem Aktionsplan zur Vorbeugung und Kontrolle der legalen Entwaldung in Amazonien (*O Plano de Ação para Prevenção e Controle do Desmatamento na Amazônia Legal, PPCDAm*) aus dem Jahr 2004 auf.

Doch stiegen die Raten zuletzt unter Bolsonaro und auch noch in den ersten Monaten der dritten Amtszeit Lulas deutlich an. Letzteres sicherlich eine Art Nachlaufeffekt der Bolsonaro-Zeit, ehe die Politik der neuen Regierung zu greifen beginnen konnte. Bemühungen und Initiativen, den Regenwald zu schützen und zu erhalten gab es schon länger, wie auch schon das Beispiel Chico Mendes zeigte. Doch ging diese Initiative nicht vom Staat oder der Regierung aus, sondern hatte ihren Ursprung in der Bevölkerung.

Unter Lula schien die Bekämpfung der Entwaldung zunächst Fahrt aufzunehmen. War die allgemeine Marschrichtung eher, die Verantwortung differenziert nach Verantwortlichkeit auf alle zu verteilen, um dabei besonders die historische Dimension und die Rolle des globalen Nordens besser zu berücksichtigen,

Was tun für die Rettung Amazoniens?

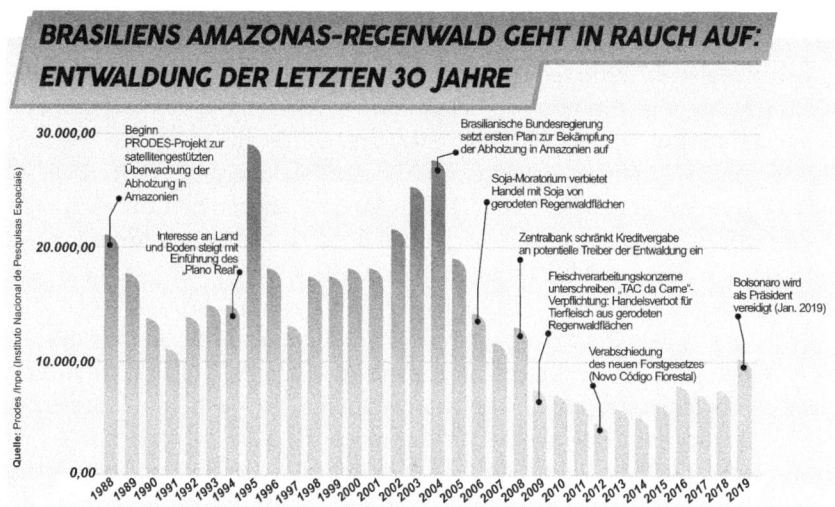

Abb. 12: Legal entwaldete Flächen in Amazonien zwischen 1988 und 2019.

stellte Lula auf der COP 15 in Kopenhagen erstmals freiwillige Reduktionsziele vor. Bei der Bekämpfung der Entwaldung setzte Lulas Regierung auf Kontrolle und Repression illegaler Aktivitäten. Die Mitarbeiter der Umweltbehörde *Ibama* erhielten die Befugnis, ausgehobene Grabungsstellen von illegalen Goldsuchern oder andere illegale Infrastruktur vor Ort zu zerstören. Ergebnis: Die illegale Entwaldung nahm deutlich ab.

Lulas dritte Amtszeit sorgte zunächst für Erleichterung allerorten. Und es schien, als würde er gleich richtig loslegen mit dem Versprechen, den Regenwald in Zukunft besser schützen zu wollen. Noch vor seiner Vereidigung reiste er zum Klimagipfel nach Sharm-el-Sheik, gemeinsam mit der designierten neuen Umweltministerin Marina Silva und seinem engsten Berater in Sachen Umweltpolitik, dem renommierten Klimaforscher Carlos Nobre, um dort Werbung für seinen geplanten neuen Politik- und Wertschöpfungsansatz zu machen: Einer Ökonomie des „stehenden Waldes". Dieser soll Schluss machen mit dem überholten Ansatz, dass nur durch Rodungen und Ausbeutung der Bodenschätze Wertschöpfung zu erzielen sei. Stattdessen soll künftig kein Baum mehr fallen. Der Ansatz, im Portugiesischen *Floresta em Pé* genannt, geht zurück auf Chico Mendes und wird in Brasilien seit 2012 diskutiert und erforscht. Der Kerngedanke ist, neben einer Wertschöpfung ohne Zerstörung und Ausbeutung der natürlichen Ressourcen, auch die Einbeziehung lokaler und indigener Akteure. Großen Unternehmen soll so das Geschäft entrissen werden. Ein Ansatz, der sich auch wirtschaftlich lohnen soll. Dafür sollen mithilfe ausländischer Investoren international vernetzte Forschungseinrichtungen entstehen, die nach Wirkstoffen für Medizin und Pharmaindustrie suchen sollen, oder neue Werkstoffe entwickeln und entdecken sollen. Das soll, so die Hoffnung, am Ende mehr bringen als geschlagenes Holz oder dem Boden entrissene Metalle, Erze und andere Rohstoffe. Die Weltbank rechnet damit, dass auf diese schonende Art und Weise bis zu sieben Mal mehr Profit erzielt werden könnte als durch ungebremste Exploration.[29] Sicher eine interessante Zukunftsvision, aber die gegenwärtigen Probleme und Sorgen vermag dies noch nicht zu zerstreuen. Allein mit Gesetzen, Verordnungen und Visionen dürfte es aber kaum gelingen, die Regenwaldregion zu retten und die große Gier nach Gold und anderen Rohstoffen zu bekämpfen. Werden einmal illegale Goldsucher erwischt, drücken sie sich oft um die Zahlung der Strafen, weil es an politischem und juristischem Willen mangelt, diese auch einzutreiben.

Was im globalen Norden auf Interesse stößt, ist in der brasilianischen Politik noch immer nicht mehrheitsfähig, wie etwa die 2008 von Frankreich im Grenzgebiet zwischen Französisch Guayana und Brasilien vom damaligen Präsidenten Nicolás Sarkozy initiierte „Operation Anakonda"[30] – eine militärische Großoffensive gegen illegale Goldsucher. Die Regierung Lulas lehnte eine Kooperation mit Frankreich ab. Darin spiegelt sich eine weitere brasilianische Urangst, ein Relikt aus der Militärdiktatur: ausländische Mächte, insbesondere die USA, könnten „unter dem Deckmantel internationaler Umweltschutzorganisationen eine ‚Internationalisierung' des Amazonasgebiets planen – eine Invasion mit grünem Tarnanstrich sozusagen".[31]

Die Amazonasregion ist ein Spielball unterschiedlichster Interessen. Kolumbiens Präsident Gustavo Petro regte etwa bei der Amazonaskonferenz im August 2023 in Belém ein Moratorium für weitere Erdölexplorationen in der Region an. Petro warnte und verglich den Wunsch der Linken, weiter nach Öl zu bohren, mit der rechten Leugnung der Klimawissenschaft und argumentierte, dass eine allmähliche, verzögerte Energietransformation weg von fossilen Brennstoffen lediglich eine Verzögerungstaktik sei, statt den Klimawandel ernsthaft anzugehen. Doch dieses fand nicht die Unterstützung weiterer Staaten wie Venezuela oder Guayana.[32] Und auch nicht die von Lula. Lulas Positionen scheinen also auch durchaus wandelbar, je nachdem mit wem er gerade am Verhandlungstisch sitzt. Denn eines machte er in Belém auch deutlich: „Wir werden aus Amazonien keinen reinen Nationalpark machen."[33]

Das wäre politisch auch nicht durchsetzbar, auch nicht im eigenen Lager. Wenige Monate nach Amtsantritt hatten sich die realpolitischen Probleme offenbart, mit der Lula die nächste Zeit zu kämpfen haben wird: einem Kongress, in dem die politische Gegenseite mit ihren konservativen und reaktionären Kräften ein gehöriges Wort mitzureden hat und die von Beginn an eine knallharte Oppositionspolitik angekündigt hat und die Lula mehrfach bereits zu Zugeständnissen zwang. Als die Umweltbehörde *Ibama* im April dem halbstaatlichen Energiekonzern Petrobras untersagte, 160 Kilometer vor der Amazonasmündung ein Ölfeld zu erschließen, war dies für Lulas Regierung ein erster Stresstest. Dabei ging es nicht nur um die Glaubwürdigkeit. Lula musste den Interessenskonflikt zwischen seiner Umweltministerin Marina Silva, die er mühsam zu einem Comeback überreden konnte, und dem Energieminister Alexandre Silveira moderieren, der sich für die Bohrung starkmachte. Auch Senator Randolfe Rodrigues, ein langjähriger Weggefährte Lulas, warnte eindrücklich vor den negativen Folgen, die das Bohrverbot für den armen Bundesstaat Amapá haben würde. Zudem musste Lula, der sich in der Frage zunächst im Hintergrund hielt, nicht nur innenpolitische, sondern auch außenpolitische Belange im Blick behalten. Denn seit dem Beginn der russischen Invasion in der Ukraine hat sich die weltpolitische Sicherheits- und Energiearchitektur verschoben. Viele Länder suchen nach den Sanktionen gegen Russland nach neuen Energielieferanten. Brasilien könnte diese Lücke teilweise schließen und würde das auch gerne tun, um die pandemiegebeutelte Wirtschaft nach einem Jahrzehnt Rezession wieder zurück in die Erfolgsspur zu bekommen. Wohl auch deshalb stimmte er am Ende zu.[34]

Mit Sonia Guajajara ernannte Lula erstmals in der Geschichte Brasiliens eine Ministerin für Indigenenfragen. Das Ministerium war erst Anfang des Jahres beim Amtsantritt von Präsident Luiz Inácio Lula da Silva geschaffen worden, um die Interessen der rund 900.000 indigenen Brasilianer besser vertreten zu können. Doch nach wenigen Monaten geriet Guajajara in eine erste brenzlige Situation. Dafür verantwortlich war unter anderem ein Eilantrag der Opposition mit der Kennung PL 490. Dieser könnte die Rechte der indigenen Völker bedrohen, da er neben dem Bergbau auch die Nutzung von Wasserkraft und Energie in ihren Gebieten zulässt. Zudem sieht der Gesetzestext vor, dass alle Erkundungsaktivitäten ohne die Einwilligung der direkt betroffenen indigenen Gemeinschaften oder der zuständigen Bundesbehörde für indigene Völker durchgeführt werden können. Hinzu kam ein ganzes weiteres Gesetzespaket das unter anderem vorsah, Ministerien umzustrukturieren. Die Ausweisung indigener Gebiete wäre dann nicht mehr Teil der Zuständigkeit des Indigenenministeriums, sondern des Justizministeriums.

Mit dem PL 490 droht Brasilien darüber hinaus eine verfassungsrechtliche Zerreißprobe. Zwar hat die brasilianische Bundesregierung schon vor Jahren damit begonnen, Schutzgebiete für indigene Völker auszuweisen – sie zu demarkieren –, doch längst nicht alle strittigen Fragen konnten bisher geklärt werden. In Brasilien gibt es derzeit 600 Indigenengebiete, in denen 227 indigene Völker mit rund 480.000 Menschen leben. Die Gebiete machen etwa 13 Prozent der Landesfläche aus. Würden alle noch vorliegenden Demarkationsanträge genehmigt, würde sich die Fläche auf 30 Prozent erhöhen. Bislang war umstritten, bis zu welchem Zeitpunkt in der Vergangenheit indigene Besitzansprüche zu berücksichtigen sind – obwohl die Verfassungsgebende Versammlung 1987 versucht hatte, die fortwährende Diskussion zu beenden, indem sie das Inkrafttreten der aktuell gültigen Verfassung im Jahr 1988 als Bezugszeitpunkt festlegte.

Eine Festlegung, die vor allem während der Zeit der linken Regierungen unter Luiz Inácio Lula da Silva und Dilma Rousseff erneut politisch infrage gestellt wurde. Die Folge: Die vermeintlich ungenaue Rechtslage machten sich Viehzüchter und Glücksritter zunutze, besetzten Flächen und schufen damit Fakten – ein Trend, den die Politik von Ex-Präsident Jair Bolsonaro noch verstärkt hatte.

Alle diejenigen, die in Lula einen „lupenreinen Umweltschützer"[35] sahen oder besser, sehen wollten, mussten schon bald einige Enttäuschungen und Rückschläge hinnehmen. Denn Lulas Politik folgte nicht den Hoffnungen und Wünschen, die so oft gerne von außen auf die brasilianische Umweltpolitik projiziert werden. Es ist ein Missverständnis, in Lula einen Umwelt- und Klimaschützer zu sehen – zumindest in dem Sinne, wie man sie in den reichen Ländern des Nordens kennt.[36] Lula ist kein Aktivist, sondern pragmatischer Realpolitiker, der versuchen muss, Politikansätze zu vereinen, die auf den ersten Blick unvereinbar erscheinen: Wirtschaftliche Wertschöpfung und soziale Perspektiven zu eröffnen und zugleich den Amazonasraum zu schützen, wobei bislang der Wirtschaft meistens Vorrang gegeben wurde. Sein Credo lautete stets: Im Amazonasgebiet lebten 20 Millionen Menschen, sie alle wollten Kühlschränke, Autos, Klimaanlagen. Erst, wenn deren Lebensstandards angehoben sind, lasse sich die Umwelt nachhaltig schützen.

Lulas anfängliches Vorpreschen mag ein Stück weit falsche Erwartungen geweckt haben, vielleicht war es eher ein taktisches Manöver. Es brauchte sicher ein Aufbruchssignal – vor allem nach außen, dass es so wie unter Bolsonaro nicht mehr weitergehen würde. Bei der Amazonaskonferenz im August 2023 in Belém war seine Forderung, die er bereits schon einige Monate früher in Paris aufgestellt hatte und die die Welt aufhorchen ließ: Wenn Brasilien den Regenwald schützen soll, dann geht das nur, wenn die reichen Länder des Nordens ihren Beitrag leisten und für den Schutz zahlen. Den ersten Scheck hatte bereits der deutsche Bundespräsident Frank-Walter Steinmeier lange davor als Antrittsgeschenk mitgebracht, gewissermaßen als Vorschuss auf die nun wieder anlaufenden Einzahlungen in den Amazonasfonds, den Deutschland aber vor allem Norwegen seit 2008 auf ein Volumen von gut einer Milliarde Euro anwachsen ließen. Während der Amtszeit von Jair Bolsonaro waren die Zahlungen unterbrochen worden. Das dürfte jedoch kaum ausreichen, um die oben skizzierten Ideen einer Bioökonomie schnell Wirklichkeit werden zu lassen. Der Kreis der Geberländer für den Amazonasfonds dürfte also weiterwachsen. Ende August 2023 stieß Dänemark hinzu, das umgerechnet immerhin gut 20 Millionen Euro in Aussicht stellte.[37]

Wieviel Zeit bleibt, um einen gangbaren Weg in Richtung nachhaltiger wirtschaftlicher Nutzung der Region zu gehen, die den Menschen eine Perspektive eröffnet und den Raubbau, der oftmals die Szenerie beherrscht, zu minimieren oder besser ganz abzuschaffen, ist offen. Die prognostizierten Kippunkte stehen unmittelbar bevor, wenn sie nicht sogar schon überschritten sind. Die Amazonasregion erlebt seit Mitte 2023 eine der heftigsten Dürreperioden, die die Region je erlebt hat und die ihre Verwundbarkeit schonungslos offenlegt. Zwar mag das Phänomen El Niño die Situation zusätzlich verschärft haben, jedoch liegt die Verantwortung für die Umwelt- und humanitäre Katastrophe deutlich bei den Menschen.

Literatur

Bartelt, Dawid Danilo, Konflikt Natur – Ressourcenausbeutung in Lateinamerika, Verlag Kauls Wagenbach Berlin, 2017, Lizenzausgabe für die Bundeszentrale für politische Bildung.
Brum, Eliane, Banzeiro Okòtó – The Amazon as the Centre oft he World, Indigo Press, London, 2023.
Glüsing, Jens, Das Guayana-Projekt, Christoph Linke Verlag, Berlin, 2008.
Lehmann, Johannes (Hg.), Amazonian Dark Earths: Origin Properties Management, Springer, 2004.
Mann, Charles C., Amerika vor Kolumbus, Rowohlt Verlag, Hamburg, 2. Auflage 2018.
Meggers, Betty, Amazonia: Man and Culture in a Counterfeit Paradise, Erstausgabe 1971, Smithsonian Institution Scholarly Press; Washington DC, Revised Edition, 17. Juli 1996.
Revkin, Andrew C., Chico Mendes – Tod im Regenwald, List Verlag, München, 1990.
Specht, Martin, Amazonas – Gefahr für die grüne Lunge der Welt, Christoph Links Verlag, Berlin, 2020, Sonderausgabe für die Bundeszentrale für politische Bildung, Bonn, 2020.

14. Bleibt Brasilien das ewige Land der Zukunft?

Brasiliens Demokratie ist noch jung. Diesen entschuldigenden Satz hört und liest man oft, wenn in der brasilianischen Politik mal wieder nicht alles so läuft, wie es vielleicht könnte. Dabei wird gerne vergessen, dass wir uns inzwischen in den 20er-Jahren des 21. Jahrhunderts befinden, die Redemokratisierung 2025 bald 40 Jahre zurückliegt. Dennoch ist das Konzept der Staatsbürgerschaft noch nicht vollständig entwickelt. Es setzt ein Engagement für die Regierung voraus. Doch die Mehrheit der Bevölkerung und der Bürger interessiert sich nicht dafür. Deshalb regiert die politische Klasse, die nicht wirklich staatsmännisch qualifiziert aber seit Jahrhunderten klug genug ist, ihre Agenda durchzusetzen.

Die Ausführungen in den vorangegangenen Kapiteln sollten verdeutlichen: Sicherlich ist Brasilien ein Land, eine Gesellschaft, die mit vielen politischen, wirtschaftlichen und gesellschaftlichen Problemen zu kämpfen hat, deren Wurzeln weit in die Geschichte des Landes zurückreichen, die nicht selten ihren Ursprung in der kolonialen Zeit haben und die bis heute nachwirken.

Brasilien hat einen einzigartigen Weg in der lateinamerikanischen Geschichte eingeschlagen, hat eine Geschichte, die nach 1500 von einer bereits dekadenten europäischen Seefahrernation aufgebaut wurde. Auch nach der Unabhängigkeit (1822) lebte das Land noch immer unter den trägen Werten der Kolonialzeit, wie dem Patrimonialismus des Ancien Regime und der Korruption. Demokratie, wie wir sie heute in Europa kennen, erfordert politische Reife und ein hohes Bildungsniveau, über das nur eine kleine Elite verfügt. Die kolonialen Eliten, die die Unabhängigkeit erlangten, passten sich der monarchischen und später der republikanischen Rhetorik an, hielten aber den Staat weiter als Geisel ihrer Interessen und ihrer Agenda. Die kurzen Zeitspannen des demokratischen Lebens im 20. und 21. Jahrhundert reichten nicht aus, um diese Missstände und Deformationen zu beseitigen. Viele Institutionen wurden von den Eliten gekapert, die es schaffen, jeden Versuch einer demokratischen und republikanischen Weiterentwicklung zu überleben. Im Grunde genommen könnte man das Land als eine Art Kolonie mit einer verfassungsmäßigen Fassade beschreiben.

Welchen Weg Brasilien künftig einschlagen wird, ob es die Kurve kriegt und endlich das lange verheißene Land der Zukunft werden kann, das viele sich erhoffen, muss und wird sich zeigen. Wie so oft in der Geschichte stehen die Vorzeichen für eine positive Entwicklung nicht schlecht. Aber man muss fairerweise hinzufügen, dass nicht jeder Entwicklungsschritt allein im Ermessen Brasiliens liegt. Wie in jedem Land gibt es zahlreiche Verflechtungen, Verpflichtungen, Faktoren, Voraussetzungen, die Entwicklungen befördern oder verhindern können. Dennoch will ich einen Blick in die nähere Zukunft wagen.

Es sind nicht nur völlig andere wirtschaftliche und geopolitische Voraussetzungen, unter denen Präsident Luiz Inácio Lula da Silva am 1. Januar 2023 in seine dritte Amtszeit (Lula III) startete. Innenpolitisch hatte Lula von Beginn an einen schweren Stand. Der Kongress ist mit den Wahlen nach rechts gerückt, was für Lula einen noch größeren Spagat notwendig macht, um sich eine regierungsfähige Mehrheit zu verschaffen. Überspitzt formuliert tut er so, als würde er regieren, aber in Wirklichkeit ist er eine Geisel der Legislative, die einen großen Einfluss hat und den Bundeshaushalt kontrolliert.

Auch wirkt Lula innerhalb seiner Regierung nicht mehr als der uneingeschränkte Chef, der er in seinen ersten Amtszeiten gewesen zu sein schien. Wichtige Personen, die ihn auch innerparteilich stützten, sind nicht mehr in seinem direkten Umkreis. Möglicherweise haben im Hintergrund bereits die Positionskämpfe darüber begonnen, wer das politische Erbe des PT-Übervaters antreten wird. Denn die politische Restlaufzeit des inzwischen 78-jährigen ist endlich, wenngleich er sich noch einmal zur Wahl stellen könnte, Ende 2026. Nichtsdestotrotz ist weder innerhalb der PT noch im weiter gefassten linken Parteienspektrum bislang eine Person auszumachen, die das Format und Charisma mitbrächte, in die politischen Fußstapfen Lulas zu treten.

Stünde dann ein politisches Comeback Jair Bolsonaros bevor? Der ist zwar erst 68 Jahre alt, jedoch verhindert ein Urteil des Obersten Wahlgerichtshofs eine weitere Kandidatur für 8 Jahre. Er könnte also frühestens 2034 nochmals bei der Präsidentenwahl antreten, mit dann auch schon 78 Jahren. Aber Bolsonaros Zeit erscheint auch so vorüber. Seit seiner Rückkehr aus dem Kurzzeit-Exil in Miami sieht er sich mit einer ganzen Reihe von Ermittlungen konfrontiert. Dabei geht es einerseits um eher kleinere Dinge wie unerlaubt einbehaltene Staatsgeschenke wie Edel-Kugelschreiber oder Schmuck. Doch ein sehr viel schwererer Vorwurf gegen ihn ist noch lange nicht juristisch ausgeräumt: Seine Beteiligung an dem Umsturzversuch am 8. Januar 2023. Zwar hatte er zunächst durch seine räumliche Abwesenheit den Eindruck erweckt, nicht beteiligt gewesen sein zu können, doch haben Aussagen eines früheren engen Mitarbeiters diese Version arg in Zweifel gezogen. Zudem war ein geheimer Videomitschnitt einer Sitzung Bolsonaros mit hochrangigen Militärs und Regierungsvertretern aufgetaucht, der ebenfalls erhebliche Zweifel an Bolsonaros Unschuld aufkommen lässt. Auch wenn Bolsonaro selbst wohl kaum mehr direkt eingreifen wird – den Einfluss, Kandidaturen zu befördern und zu steuern, sollte man ihm allemal zutrauen.

Die Frage, die sich die brasilianische Politik und Justiz in diesem Zusammenhang stellen muss lautet: Reichen die bislang wenigen Aussagen und der Mitschnitt aus, den Ex-Präsidenten hinter Gitter zu bringen. Oder würde einem solchen Urteil, ähnlich wie Lulas-Verurteilung 2018, der Verdacht einer politischen Motivation anhaften, der die gerade erst mühsam vernarbten Gräben in der Gesellschaft neu und vielleicht noch heftiger aufreißen würde als zuvor? Der Preis für ein riskantes und dann auch wahrscheinlich als ideologisch angesehenes Urteil gegen einen Politiker, dessen Zeit – läuft alles normal ab – höchstwahrscheinlich auch so vorbei ist, wäre unkalkulierbar. Bolsonaros Anhänger sind militant und mobilisierbar. Das bewies er Anfang März 2024, als er sie nach São

Paulo rief – und Hunderttausende kamen. Zusätzlichen Rückenwind bekämen Bolsonaro und seine Anhänger durch eine erneute Wahl Donald Trumps zum Präsidenten der USA.

Bislang ist zwar auch noch nicht geklärt, wer aus dem rechts-konservativen Lager 2026 bei den Präsidentschaftswahlen seinen Hut in den Ring werfen wird. Anders als bei der Linken bringen sich jedoch schon einige Kandidaten in Stellung, die gehandelt werden. Allen voran Tarcísio de Freitas, Gouverneur von São Paulo. Ein treuer Bolsonarista, der für den Ex-Präsidenten den wirtschaftsstärksten und bevölkerungsreichsten Bundesstaat gewann. Da auch viele verbündete Abgeordnete Bolsonaros ihre Mandate dort haushoch gewannen, gilt der Staat als „Bolsonaristan", als politisches Rückzugsgebiet der Rechtskonservativen und Bollwerk der Oppositionsarbeit. Allerdings scheint sich der Kandidat der Republicanos im Amt ein wenig von seinem Mentor freischwimmen und distanzieren zu wollen. Außerdem liefert er Ergebnisse vor allem in den neuralgischen Themengebieten Infrastruktur und innere Sicherheit. Statt ideologischem Krawall à la Bolsonaro setzt de Freitas auf Sachpolitik. Für den harten Kern der Bolsonaristas dürfte er nicht militant genug sein, um die benötigte Polarisierung herbeizuführen.

Ex-First Lady Michelle Bolsonaro gilt ebenfalls als potenzielle Kandidatin des rechten Lagers. Sie hat zwei Vorteile: Als Frau ist sie bei dieser wichtigen Wählergruppe möglicherweise im Vorteil, zudem ist sie eine fundamentalistische Evangelikale – und kann damit eine bereits große und noch wachsende Wählergruppe ansprechen. Anfang der 20230er-Jahre wird die Mehrheit der Bevölkerung Brasiliens evangelikalen Glaubens sein.

Michelles Nachteil wäre jedoch, dass sie praktisch keinerlei eigene politische Erfahrung vorzuweisen hätte. Die hätte im Gegenzug Bolsonaros zweiter Sohn, Eduardo. Der Kongressabgeordnete ist der große Vernetzer mit der globalen rechten Szene. Neben Kontakten zur deutschen AfD richtet sich sein Blick vor allem in Richtung USA. Eduardo Bolsonaro, der schon seinen Vater auf die wichtigsten Auslandsreisen, wie in die USA oder nach Israel begleitete, hat den brasilianischen Ableger des konservativen Jahrestreffens CPAC (Conservative Political Action Conference) etabliert, zeigte sich dort im Frühjahr 2023 in demonstrativer Herzlichkeit zusammen mit Argentiniens Motorsägen-Präsident Javier Milei und Donald Trump. Dessen keinesfalls unwahrscheinlicher Wahlsieg im November 2024 würde nicht nur der rechts-konservativen Bewegung in Lateinamerika Aufwind geben, sie würde auch explizit jedem Kandidaten nützen, der entweder den Namen Bolsonaro trägt, oder von dem Clan unterstützt würde.

Innenpolitisch läuft es für Präsident Lula gar nicht so übel – die Wirtschaftszahlen für Brasilien sind nicht schlecht, seine Zustimmungswerte lagen zeitweise bei um die 60 Prozent, was für einen amtierenden Präsidenten sehr ordentlich ist. Viel Energie steckt er zudem in die brasilianische Außenpolitik. Allerdings agierte der ehemals vor allem im Westen beliebte Präsident nicht immer glücklich. Seine Aussagen zum russischen Angriffskrieg und dem aufgeflammten Gaza-Konflikt irritierten, und sein Angebot, zwischen Russland und der Ukraine bei möglichen Friedensgesprächen als Mittelsmann agieren zu wollen, zeugte zwar von einem neuen politischen Selbstbewusstsein und spiegelte Brasiliens neue geopolitische Ambitionen wider, lag aber fern jeder Realität. Innerhalb der Staatengemeinschaft BRICS ist Brasilien neben China und Indien allenfalls eine Mittelmacht, die ihre Rolle neu interpretieren lernen muss, wenn die Zweckgemeinschaft demnächst deutlich aufgestockt wird. Dass es sich bei den Beitrittskandidaten fast ausschließlich um autoritäre Staaten handelt, macht die Aufgabe nicht leichter. Im schlimmsten Falle könnte dadurch Brasiliens globale Stellung geschwächt werden.

Die ist derzeit noch aufgewertet, auch wegen des Ukraine-Kriegs. Brasilien gehört wirtschaftlich zu den Profiteuren des Krieges. Es konnte vor allem helfen, den Energiesektor zu stabilisieren. Diese Muskeln zeigte Lula auch im Verhandlungsmarathon um das Mercosul-Abkommen. Nach mehr als 20 Jahren halbherzigen Konferierens und einige globale Krisen später sieht der Präsident Brasiliens ewige Rolle als Rohstofflieferant für den globalen Norden ein Stück weit als beendet an. Wer künftig mit Brasilien Handel treiben will, muss dies auf Augenhöhe tun, so seine Botschaft. Damit kappt er ein Stück weit historische Verbindungen nach Europa und in die USA – aus ideologischen Gründen. Deshalb zeigte er sich zusehends ungeduldig, als die EU damit begann, in das noch nicht ratifizierte Papier weitere Bedingungen hineinverhandeln zu wollen. Dinge wie Umwelt- und Arbeitsschutz, die in Peking niemanden interessieren und die die Produktion in Brasilien und im Mercosul zunächst einmal verkomplizieren und verteuern dürften. Mit China steht ein Kunde bereit, der keine derartigen Ansprüche formuliert, der investiert statt zu moralisieren und Fakten und harte Währungen sprechen lässt. So waren die Agrarexporte in das Reich der Mitte im ersten Jahr von Lulas dritter Amtszeit der große Garant eines moderaten Wirtschaftswachstums. Das Beispiel aber zeigt auch: Brasilien ist nach wie vor auf schnelles Geld für Exporte angewiesen, um die Binnenwirtschaft zu stützen. Inwieweit künftig der Klimawandel den Agrarsektor beeinflussen und zu Anpassungen zwingen wird, wird sich zeigen. Viel Zeit, eine nachhaltigere Diversifizierung der eigenen Produktion verarbeiteter Güter zu entwickeln, dürfte Brasilien auch mittelfristig kaum bekommen. Der Wunsch, endlich zu den großen Industrienationen aufschließen zu wollen, ist sicherlich nach wie vor vorhanden, dürfte sich aber kaum von innen heraus bewerkstelligen lassen und bleibt von den großen Märkten abhängig. Freilich muss man sich in Brasília bei allem nach außen getragenen Selbstbewusstsein in einer Frage klar werden: Will man die historische Verbindung nach Europa künftig stärker pflegen und ausbauen, oder will man sich zunehmend gen Osten orientieren?

Ob und in welcher Form es gelingt, den Regenwald im Amazonasgebiet zu erhalten und das Umkippen des Ökosystems zu verhindern, dürfte mehr noch als von der Innenpolitik davon abhängig sein, inwieweit die internationale Staatengemeinschaft künftig ernst macht mit dem Thema Klima- und Regenwaldschutz. In der brasilianischen Binnenwahrnehmung ist das Areal nach wie vor in erster Linie ein unerschöpfliches Rohstofflager und ein wirtschaftlicher Entwicklungsraum. Klima- und Umweltschutz sind vor allem Themen, die von außen herangetragen werden und bislang weniger aus intrinsischer denn monetärer Motivation bedient werden. Will man die Amazonasregion schützen, muss dies für die Anrainer, insbesondere Brasilien attraktiv sein. Im Klartext: Schutz kostet Geld. Diese Haltung deutete Lula schon beim COP-Vorbereitungstreffen in Belém an. Lula, als Pragmatiker bekannt, würde sich in der Abwägung zwischen Wachstum und Umweltschutz vermutlich eher für das Wirtschaftswachstum entscheiden – zu groß sind die Probleme großer Teile der Bevölkerung nach wie vor. Und auch sonst hat das Thema Umweltschutz in der brasilianischen Politik derzeit kaum eine Lobby. Es wird also im Wesentlichen darauf ankommen, zunächst außerhalb die Kräfte und Mittel zu bündeln und damit künftigen brasilianischen Regierungen einen ernst gemeinten Umwelt- und Naturschutz in der Region schmackhaft zu machen.

Anmerkungen

Einleitung

[1] Vgl. CIA-Factbook Brazil, https://www.cia.gov/the-world-factbook/countries/brazil/, aufgerufen am 4. September 2023
[2] Vgl. Seite des brasilianischen Statistischen Bundesamts IBGE: https://www.ibge.gov.br/apps/populacao/projecao/, aufgerufen am 3. September 2023.
[3] Vgl. Gablers Wirtschaftslexikon, https://wirtschaftslexikon.gabler.de/definition/schwellenlaender-43902, aufgerufen am 3. September 2023.

1. Bolsonaro und der neue Konservatismus

[1] Die Aufarbeitung der Ereignisse dauert weiter an. Ein erstes Urteil gegen einen Teilnehmer des Kongressturms erging Mitte September 2023. Vgl. u. a. O Globo, https://oglobo.globo.com/politica/noticia/2023/09/14/stf-julga-8-de-janeiro.ghtml, aufgerufen am 15. September 2023.
[2] Vgl. Serra, Paolla, CPI 8 de Janeiro: relatório atribui a Bolsonaro crimes de associação criminosa, violência política e golpe de Estado, https://oglobo.globo.com/politica/noticia/2023/10/17/cpi-8-de-janeiro-relatorio-atribui-a-bolsonaro-crimes-de-associacao-criminosa-violencia-politica-e-golpe-de-estado.ghtml, in: Globo, aufgerufen am 27. Oktober 2023.
[3] Biroli, Flavio, „Triumph der Frauen? Das weibliche Antlitz des Rechtspopulismus und -extremismus in ausgewählten Ländern". Berlin: Friedrich Ebert Stiftung, Band 7, Fallbeispiel Brasilien, 2021, S. 2.
[4] Vgl. Strobl, Natascha, „Die Verrückung der Normalität". Verfügbar in: Spiegel-Online, https://www.spiegel.de/kultur/natascha-strobl-ueber-den-radikalisierten-konservatismus-a-adfd52d8–8435–4918-b763-bfcb878ee24b, aufgerufen am 1. Dezember 2022.
[5] Diese Regelung war erst vor der Wahl 1998 eingeführt worden, damit Lulas Vorgänger Fernando Henrique Cardoso, gemeinhin FHC genannt, seine Arbeit fortsetzen konnte. Mit dem Vorschlag, der PT, Dilma Rousseff als seine Nachfolgekandidatin zu präsentieren, verfolgte Lula zwei Ziele: Weiter Zugriff auf die Politik zu haben, indem er eine loyale Gefolgsfrau installierte. Außerdem soll er mit dem Gedanken gespielt haben, 2013 nach einer Amtszeit des Wartens wieder selbst kandidieren zu können. Rousseff sollte praktisch nur eine Platzhalterin sein.
[6] Das Wahlergebnis gegen Aécio Neves (PSDB) galt bis Oktober 2022 als das knappste der Geschichte. Rousseff hatte 51,64 Prozent der Stimmen (54.5 Millionen Stimmen), Herausforderer Neves 48,36 Prozent (51 Millionen Stimmen).
[7] Biroli, S. 6.
[8] Vgl. Nöthen, „Bulldozer Bolsonaro", S. 61 ff.
[9] Vgl. Exame, „Mais de 2,3 mil militares ocupam cargos no governo de forma irregular, aponta CGU", https://exame.com/brasil/mais-de-23-mil-militares-ocupam-cargos-no-governo-de-forma-irregular-aponta-cgu/, in: Exame, aufgerufen am 2. Dezember 2022.

[10] Vgl. Ruffato, Luiz, „Brasilien über alles – Der furchterregende Aufstieg des Jair Bolsonaro", in: Blätter, Ausgabe März 2019, S. 55–66, in: https://www.blaetter.de/ausgabe/2019/maerz/brasilien-ueber-alles, aufgerufen am 1. Dezember 2022.

[11] Vgl. Schäuble, Juliane, „Mike Pence – Bindeglied zu den Evangelikalen", https://www.tagesspiegel.de/politik/donald-trump-und-ich-sind-sehr-enge-freunde-geworden-6600697.html, in: Tagesspiegel, aufgerufen am 5. Dezember 2022.

[12] Vgl. Alessi, Gil, Angela Alonso: „O Brasil é um país muito conservador, que não muda fácil, nem rápido e nem sem reação", in: El País, https://brasil.elpais.com/brasil/2019/02/01/politica/1549050356_520619.html, aufgerufen am 2. Dezember 2022.

[13] Mythos oder *mito* ist der Spitzname, den Bolsonaro von den militantesten Teilen seiner Anhängerschaft erhalten hat.

[14] Vgl. Strobl.

[15] ‚Mensalão' war kurz nach der Amtsübernahme Lulas der erste große Korruptionsskandal, der die Arbeiterpartei PT erschütterte. Da die PT nicht über eine Mehrheit im Kongress verfügte, kaufte sie die Stimmen von Abgeordneten anderer Parteien regelrecht ein, indem sie diesen eine Art Monatsgehalt, portugiesisch *salario mensal* zahlte, um deren Abstimmungsverhalten im Sinne der PT zu beeinflussen. Der Schwindel flog auf und Jahre später wanderten eine ganze Reihe hochrangiger PT-Politiker ins Gefängnis. Vgl. Nöthen, Lula, S. 112 ff.

[16] Vgl. Prazeres, Leandro und Souza, Felipe, Quem são os ‚lunaristas', eleitores de Bolsonaro que agora aprovam Lula, https://www.bbc.com/portuguese/articles/c98eqj941lpo, in: BBC Brazil, aufgerufen am 3. November 2023.

[17] Vgl. Ruffato.

[18] Biroli, S. 8.

[19] Die Zahlen stammen aus einem Vortrag des Vorsitzenden der AHK Rio de Janeiro, Hanno Erwes, beim Business Forum Brasilien-Hessen, https://www.technologieland-hessen.de/termine/Business-Forum-Brasilien-Hessen-2023–46623, am 22. November 2023 in Frankfurt am Main.

[20] Vgl. Carta Capital, Empresário repassou dinheiro a filho, advogada e marqueteiro de Bolsonaro enquanto fazia lobby por garimpo, https://www.cartacapital.com.br/politica/empresario-repassou-dinheiro-a-filho-advogada-e-marqueteiro-de-bolsonaro-enquanto-fazia-lobby-por-garimpo/, in: Carta Capital, aufgerufen am 11. September 2023.

[21] Vgl. Nöthen, Andreas, „Enger Berater Lulas erklärt, welche Folgen Bolsonaros Wiederwahl gehabt hätte", https://web.de/magazine/politik/enger-berater-lulas-erklaert-folgen-bolsonaros-wiederwahl-37452192, 11.11.2022, in: web.de, aufgerufen am 4. Dezember 2022.

[22] Vgl. Correio Braziliense, „Bolsonaro cogita ampliar número de ministros no Supremo caso seja reeleito", https://www.correiobraziliense.com.br/politica/2022/10/5042935-bolsonaro-cogita-ampliar-numero-de-ministros-no-supremo-caso-seja-reeleito.html, in: Correio Braziliense, aufgerufen am 3. Dezember 2022.

[23] Vgl. Aquino, Mariah und Pancher, Samuel, „Vídeo: Carla Zambelli saca arma no meio da rua e entra em comércio", https://www.metropoles.com/brasil/video-carla-zambelli-saca-arma-no-meio-da-rua-e-entra-em-comercio, in: Metropóles, aufgerufen am 4. Dezember 2022.

[24] Vgl. Bechara, Victoria, „Quatro fatores que explicam o avanço do neonazismo no Brasil", https://veja.abril.com.br/coluna/maquiavel/quatro-fatores-que-explicam-o-avanco-do-neonazismo-no-brasil/, in: VEJA, aufgerufen am 4. Dezember 2022.

[25] Nationalsozialistische und rechtsradikale Vereinigungen und Zusammenschlüsse haben in Brasilien Tradition, die lange über Bolsonaros Zeithorizont hinausgehen – bis in die 1920er-Jahre. In Kapitel 12 dieses Buches wird näher auf die Thematik eingegangen.

[26] Im Juli 2021.

27 Vgl. Zeit Online, „Waffenbesitz seit Jair Bolsonaros Amtsantritt versechsfacht", https://www.zeit.de/politik/ausland/2022-06/brasilien-jair-bolsonaro-waffenbesitz-anstieg-gesetz, in: Zeit Online, aufgerufen am 4. Dezember 2022.
28 Vgl. Castro, Caro, „Amazonia sitiada", https://theintercept.com/2022/11/09/sob-bolsonaro-clubes-de-tiro-explodem-em-areas-de-conflito-da-amazonia-legal/, in: The Intercept, aufgerufen am 4. Dezember 2022.

2. Frauen in der Politik

1 Nur ein Beispiel: Im Deutschen Bundestag sind Frauen, außer in den Fraktionen der Grünen und Linken unterrepräsentiert. Insgesamt sind 35,05 Prozent der Abgeortneten weiblich. In: https://de.statista.com/statistik/daten/studie/1063172/umfrage/frauenanteil-im-bundestag-nach-fraktionen-in-deutschland/, aufgerufen am 6. November 2023.
2 Vgl. IPU Parline, https://data.ipu.org/content/brazil?chamber_id=13349, aufgerufen am 5. Dezember 2022.
3 Vgl. Boldrini, Angela und Passos, Paulo und Daniela Arcanjo, 23 % das deputadas eleitas para Câmara em 2022 são esposas de políticos, https://www1.folha.uol.com.br/poder/2022/10/23-das-deputadas-eleitas-para-camara-em-2022-sao-esposas-de-politicos.shtml, in: Folha de São Paulo, aufgerufen am 12. Dezember 2022.
4 Dieser Umstand wird einem Einfluss der Weimarer Nationalversammlung von 1919 zugeschrieben. Peri Guedes, Marco Aurélio: Estado e Ordem Economica e Social – A experiencia constitucional da República de Weimar e a Constituição Brasiliera de 1934, S. 114.
5 Instituto Update, Elected – Women in Politics, 2022, S. 105.
6 Der Fall Maria da Penha erregte besonderes öffentliches Ansehen. In den 1983-Jahren hatte ihr Mann zwei Mal versucht, sie zu töten. Beim ersten Mal wollte er sie erschießen, während sie schlief. Dabei verletzte er sie schwer. Kaum wieder zu Hause versuchte er, sie mit durch einen Stromschlag zu töten, während sie duschte. Der Ehemann wurde Jahre später verurteilt. Anfang des Jahrtausends griff die Inter-Amerikanische Kommission für Menschenrechte den Fall auf und verurteilte den Fall erstmals als einen Fall häuslicher Gewalt. Fünf Jahre später verabschiedete die brasilianische Regierung das Gesetz am 7. August 2006. UN Woman, Maria da Penha Law: A Name that Changed Society, https://www.unwomen.org/en/news/stories/2011/8/maria-da-penha-law-a-name-that-changed-society, in: UN Women, aufgerufen am 7. Dezember 2022.
7 Pardellas, Sérgio, „A grande parceria", https://istoe.com.br/103645_A+GRANDE+PARCERIA/, in: Istoé, aufgerufen am 9. Dezember 2022.
8 Nöthen, „Lula", S. 167.
9 Vgl. Nöthen, „Lula", S. 181
10 Ibid. S. 9.
11 Vgl. Prengaman/Savarese, S. 156.
12 Transparencia Eleitoral, ‚Relatório 2020–2021 de violência política contra a mulher', Brasilia, 2021, S. 31.
13 Vgl. O Globo, Marielle Franco: saiba quem é Domingos Brazão e quais os indícios que o relacionam ao caso, https://oglobo.globo.com/rio/noticia/2024/01/23/marielle-franco-saiba-as-mencoes-a-domingos-brazao-na-investigacao-do-caso.ghtml, in: O Globo, aufgerufen am 26. Januar 2024.
14 Vgl. César, Caio, A verdade sobre a ideologia do Domingos Brazão, https://www.cartacapital.com.br/justica/a-verdade-sobre-as-preferencias-ideologicas-de-domingos-brazao/, in: Carta Capital, aufgerufen am 26. Januar 2024.

15   Vgl. Transparencia Eleitoral, ‚Relatório 2020–2021 de violência política contra a mulher', Brasilia, 2021.
16   Vgl. Biroli, S. 12.
17   Vgl. Revista Cult, „Sesc Pompeia sofre ataques por sediar evento com Judith Butler", https://revistacult.uol.com.br/home/sesc-pompeia-judith-butler/, in: Revista Cult, aufgerufen am 15. Dezember 2022.
18   Bonet í Martí, Jordi, „Antifeminismos e populismos de direita na América Latina", https://latinoamerica21.com/en/antifeminism-and-right-wing-populism-in-latin-america/, in: Latinoamérica21, aufgerufen am 15. Dezember 2022.
19   Päpstlicher Rat für die Familien, Ehe, Familie und „faktische Lebensgemeinschaften", veröffentlicht am 26. Juli 2000, in: https://www.vatican.va/roman_curia/pontifical_councils/family/documents/rc_pc_family_doc_20001109_de-facto-unions_ge.html, aufgerufen am 16. Dezember 2022.
20   Das Video ist auf Youtube unter https://www.youtube.com/watch?v=LD8-b4wvIjc abrufbar. Zuletzt aufgerufen am 16. Dezember 2022.
21   Vgl. Youtube https://www.youtube.com/watch?v=vzNva866hiw, aufgerufen am 16. Dezember 2022.
22   Vgl. Andrade, Taína, „Michelle e Janja: esposas de candidatos ampliam papel na campanha eleitoral", https://www.correiobraziliense.com.br/politica/2022/08/5030888-michelle-e-janja-esposas-de-candidatos-ampliam-papel-na-campanha-eleitoral.html, in: Correio Braziliense, aufgerufen am 16. Dezember 2022.
23   Vgl. Verenisz, Marina, „TSE determina a suspensão de mais uma propaganda de Bolsonaro com Michelle", https://www.cartacapital.com.br/politica/tse-determina-a-suspensao-de-mais-uma-propaganda-de-bolsonaro-com-michelle/, in: Carta Capital, aufgerufen am 19. Dezember 2022.

3. Und immer wieder die Korruption

1   Vgl. Motoryn, Paulo, „No JN, Bolsonaro diz que corrupção acabou; escândalos e interferências provam o contrário", https://www.brasildefato.com.br/2022/08/22/no-jn-bolsonaro-diz-que-corrupcao-acabou-escandalos-e-interferencias-provam-o-contrario, in: Brasil de Fato, aufgerufen am 5. Januar 2023. Wenngleich man hinzufügen muss, dass Bolsonaro dies als Präsident zwar so behaupten mag. Die rechtliche Befugnis, das Ende der Lava Jato-Ermittlungen oder anderer juristischer Ermittlungen zu verfügen, besitzt er nicht.
2   Vgl. G1 Globo, „Bolsonaro diz que ‚acabou' com operação Lava Jato porque governo ‚não tem mais corrupção'", https://g1.globo.com/politica/noticia/2020/10/07/bolsonaro-diz-que-acabou-com-a-operacao-lava-jato-porque-governo-nao-tem-mais-corrupcao.ghtml, in: G1 Globo, aufgerufen am 5. Januar 2023.
3   Vgl. FGV, https://pesquisa-eaesp.fgv.br/publicacoes/gvp/elites-brasileiras-sao-nacional-dependentes, aufgerufen am 16. November 2023.
4   Vgl. Moritz Schwarcz, S. 77.
5   Vgl. Dias Mergulhão, Maria Fernanda, „A corrupção e seus efeitos: o caso brasileiro", http://genjuridico.com.br/2021/01/08/corrupcao-e-seus-efeitos-caso-brasileiro/ in: Genjuridico.com.br, aufgerufen am 5. Januar 2023.
6   Buarque da Holanda, Sérgio, Die Wurzeln Brasiliens, Suhrkamp, Frankfurt, 1. Auflage, 2013, S. 112.
7   Der Vertrag von Methuen erlaubte eine zollgünstige Einfuhr von portugiesischem Wein (Portwein, Sherry) gegen eine Bevorzugung englischer Textilien. Zugleich aber gestattete

Anmerkungen

er britischen Händlern einen privilegierten Zugang in die Kolonie und zugleich verbesserte Handelskonditionen, wodurch die wirtschaftliche Abhängigkeit Portugals von England weiter zementiert wurde.

8 Dazwischen gab es andere Wirtschaftskreisläufe, wie den Ochsenzucht zur Versorgung der Minen in Minas Gerais und Baumwolle in Maranhão, die nach England exportiert wurde, um die Baumwolle der Konföderierten während des amerikanischen Bürgerkriegs zu ersetzen.

9 Vgl. Skidmore, Thomas, Brazil – Five Centuries of Change, Oxford University Press, New York/Oxford, 1999, S. 85 ff.

10 Moritz Schwarcz, S. 82.

11 Fausto, Boris, „História do Brasil", Editora da universidade São Paulo, Sao Páulo , 14. Auflage, 2015, S. 227.

12 Moritz Schwarcz, Lilia, S. 91.

13 Dias Mergulhão, Maria Fernanda, „A corrupção e seus efeitos: o caso brasileiro", http://genjuridico.com.br/2021/01/08/corrupcao-e-seus-efeitos-caso-brasileiro/, in: Genjuridico.com.br, aufgerufen am 5. Januar 2023.

14 Vgl. Moritz Schwarcz, Lilia, „Brazilian Authoritarianism – Past and Present", Princeton University Press, New Jersey, 2022, S. 94/95.

15 Motta, Rodrigo Patto Sá, „Os expurgos de 1964 e o discurso anticorrupção na caricatura da grande imprensa", Zeitschrift Tempo e Argumento, Bd. 8, Nummer 18, Seiten 9–39, 2016.

16 Nöthen, A., „Lula", S. 76.

17 Vgl. Nöthen, A., „Lula", S. 78 ff.

18 Fischermann, Thomas, Brasiliens Geheimwaffe gegen die Obrigkeit, https://www.zeit.de/gesellschaft/zeitgeschehen/2013-11/strandreporter-brasilien-fuehrerschein-despachante, in: Die Zeit, aufgerufen am 24. November 2023

19 Sehr viel ausführlicher habe ich die Geschehnisse in meiner politischen Biografie über Lula zusammengefasst, S. 112 ff.

20 Vgl. Nöthen, „Bulldozer Bolsonaro", S. 21 ff.

21 In der brasilianischen Politik bezeichnet der *centrão* wörtlich „große Mitte", eine Gruppe politischer Parteien, die keine spezifische oder konsistente ideologische Ausrichtung haben und im Grunde nur darauf abzielen, die Nähe zur Exekutive zu gewährleisten, um sich Vorteile zu sichern und über klientelistische Netzwerke Privilegien verteilen zu können. Trotz seines Namens ist der *centrão* keine zentristische politische Gruppierung, sondern setzt sich im Allgemeinen aus Hinterbänklern und aus Parteien des so genannten „großen Zelts" (big tent) zusammen, die nach ihren eigenen Interessen handeln, die mit Vetternwirtschaft und Klientelismus verbunden sind. In Brasilien sind das neben der MDB die *Republicanos* (REP), *Progressistas* (PP), *Partido Liberal* (PL), *Partido dos Trabalhadores brasileiros* (PTB), *Podemos* (PODE), *União* (UB), *Partido Social Democrata* (PSD), *Partido Social Cristão* (PSC), *AGIR*, *Patriotas* (PATRI), *AVANTE*, *Solidarity* (SD) und *Partido Republicano da Ordem Social* (PROS).

22 Vgl. Transparencia Internacional, Índice de percepção da corupção 2023, https://transparenciainternacional.org.br/ipc/, in: Transparencia Internacional Brazil, aufgerufen am 5. Januar 2023.

23 Vgl. Lago, Rodolfo und Sardinha, Edson, "Orçamento secreto é o maior esquema de corrupção institucionalizada da historia", diz Transparencia Internacional, https://congressoemfoco.uol.com.br/area/pais/orcamento-secreto-e-o-maior-esquema-de-corrupcao-institucionalizada-da-historia-diz-diretor-da-transparencia-internacional/, in: Congresso em Foco, aufgerufen am 5. Januar 2023.

4. Ein tierisches Kulturgut – *Jogo do bicho* oder wie aus Spaß Ernst wurde

1. U.a. http://www.vila-isabel.de/geschichte/bicho.htm, aufgerufen am 30. Dezember 2022.
2. Santos Ribeiro, Thiago, „Breve relato histórico do jogo do bicho no Brasil e os efeitos do contrato de trabalho dos apontadores", https://jus.com.br/artigos/52136/breve-relato-historico-do-jogo-do-bicho-no-brasil-e-os-efeitos-do-contrato-de-trabalho-dos-apontadores, in: Jus.com.br, aufgerufen am 20. Dezember 2022.
3. Vgl. Tatemoto, Rafael, „Aliança de policiais com crime organizado vem desde a década de 50", diz escritor, https://www.brasildefato.com.br/2019/01/29/alianca-de-policiais-com-crime-organizado-vem-desde-a-decada-de-50-diz-escritor, in: Brasil de Fato, aufgerufen am 31. Dezember 2022. Der interviewte Aloy Jupiara ist, gemeinsam mit dem Journalisten Chico Otávio Autor des Buchs „Os porões da contravenção: Jogo do bicho e Ditadura Militar: a história da aliança que profissionalizou o crime organizado", Record, 1. Ausgabe, Sao Paulo, 2015, in dem sie die Verbindungen einiger ehemaliger Militärs und Folterer zur Glücksspielszene offenlegen und deren wachsenden Einfluss nachzeichnen.
4. Vgl. O Globo, „Relembre a operação Hurricane", https://oglobo.globo.com/rio/relembre-operacao-hurricane-2970404, in: O Globo, aufgerufen am 31. Dezember 2022.
5. Vgl. Aprígio, Marcelo, „Como surgiu o jogo do bicho? Uma das maiores loterias do mundo, prática pode ser legalizada no Brasil", https://jc.ne10.uol.com.br/economia/2021/12/14922086-como-surgiu-o-jogo-do-bicho-uma-das-maiores-loterias-do-mundo-pratica-pode-ser-legalizada-no-brasil.html, in: UOL JC, aufgerufen am 2. Januar 2023.
6. Vgl. Da Escóssia, Fernanda, „Lista do bicho inclui Collor e Maluf", https://www1.folha.uol.com.br/fsp/1994/4/08/cotidiano/2.html, in: Folha de Sao Paulo, aufgerufen am 2. Januar 2022.
7. Vgl. Lagoa, Tatiana, „Se fossem legais, jogos renderiam R$ 20 bilhões em impostos por ano", https://www.otempo.com.br/economia/se-fossem-legais-jogos-renderiam-r-20-bilhoes-em-impostos-por-ano-1.2207273, in: O Tempo, aufgerufen am 3. Januar 2023.
8. Vgl. O Globo, Copa do Mundo: O treinador que inventou o termo zebra ha quase 60 anos, https://oglobo.globo.com/blogs/blog-do-acervo/post/2022/11/copa-do-mundo-o-treinador-que-inventou-o-termo-zebra-ha-quase-60-anos.ghtml, in: O Globo, aufgerufen am 24. April 2024.

5. Der Sound der Großgrundbesitzer – *Sertanejo*

1. Vgl. u. a. https://www.domaniconsultoria.com/post/o-brasil-no-mercado-mundial-de-bebidas-alco%C3%B3licas, aufgerufen am 26. Januar 2023.
2. Vgl. u. a. eine von vielen Erhebungen dazu, welche Musik am meisten on Air gespielt wurde: https://maistocadas.mus.br/musicas-mais-tocadas/, aufgerufen am 26. Januar 2023. Solche Auswertungen – entweder über Radio Air Play oder die großen Streaming- und Videoplattformen gibt es einige. Sie zeigen mitunter andere Titel, aber beim meistgespielten Genre ist die Lage ziemlich eindeutig.
3. Rhormens, Diego Paulo, „O negócio da musica sertaneja no Brasil: tocando as emoções, as relações, o corpo e a alma", Pontifícia Universidade Católica do São Paulo – PUC-SP, São Paulo, 2018, S. 29.
4. Vgl. u. a. https://blog.palcomp3.com/fas-de-musica-sertaneja/, aufgerufen am 25. Januar 2023. Der Beitrag bezieht sich auf eine Umfrage des Marktforschungsinstituts Hibou aus São Paulo.
5. Vgl. Martins Ribeiro, Raquel, „Sertanejo ainda naturaliza o machismo apesar do feminejo", aponta pesquisa, https://www.metropoles.com/entretenimento/musica/sertanejo-

Anmerkungen

ainda-naturaliza-o-machismo-apesar-do-feminejo-aponta-pesquisa, in: *Metropoles*, aufgerufen am 26. Januar 2023.
6 Freire Valladão, Vivianne, „O Discurso Misógino e Machista am Lettras da Música Sertaneja", UFRJ, April 2021.
7 Ibid. S. 5.
8 Vgl. Website IBDFAM, https://ibdfam.org.br/noticias/10312/Brasil+teve+recorde+de+fe minic%C3%ADdios+no+primeiro+semestre+de+2022, aufgerufen am 27. Januar 2023.
9 Senado Federal, „Violência contra a mulher aumentou no último ano", revela pesquisa do DataSenado, https://www12.senado.leg.br/noticias/materias/2021/12/09/violencia-con tra-a-mulher-aumentou-no-ultimo-ano-revela-pesquisa-do-datasenado, aufgerufen am 26. Januar 2023.
10 Vgl. Metropoles, https://www.metropoles.com/brasil/violencia-contra-a-mulher-bolso naro-gastou-25-vezes-menos-que-o-previsto-em-lei, aufgerufen am 18. September 2023.
11 Es handelt sich dabei um den Tafelspitz.

6. Deindustrialisierung – warum Brasilien immer wieder den Anschluss verpasst

1 Meyer-Stamer, Jörg, „Industrialisierungsstrategie und Industriepolitik", Publikation „Brasilien heute. Politik, Wirtschaft, Kultur", Frankfurt am Main 1994. Vervuert. https://publications.iai.spk-berlin.de/receive/riai_mods_00000063, S. 304.
2 König, Hans-Joachim, S. 247.
3 König, Hans-Joachim, S. 259.
4 Vgl unter anderem Agentur für Wirtschaft & Entwicklung, eine dem Bundesministerium für wirtschaftliche Zusammenarbeit (BMZ) nachgeordnete Institution, https://wirtschaft-entwicklung.de/blog/das-engagement-deutscher-unternehmen-in-brasilien-ist-beeindr uckend/#:~:text=Sao%20Paulo%20ist%20der%20gr%C3%B6%C3%9Fte,guten%20Draht%20in%20die%20Gesellschaft, aufgerufen am 10. November 2023.
5 Vgl. Mayer-Stamer, Jörg, S. 306.
6 Vgl. Meyer-Stamer, Jörg, S. 306.
7 Vgl. Meyer-Stamer, Jörg, S. 306.
8 Ibid. S. 307.
9 Nöthen, Andreas, „Lula", S. 143 ff.
10 Vgl. Troyjo, Marcos, „Brazil's import substitution industrialisation 2.0". https://www.ft.com/content/f4d81da3-7992-3223-a579-1a15a652b499, In: Financial Times, aufgerufen am 16. Februar 2023.
11 Vgl. International Council on Clean Transportation, Brazil's INOVAR-AUTO incentive program, in: ICCT Policy Updates, Februar 2013.
12 Vgl. De Souza, Luciana und Silva Nascimento, Fernanda, „Nova Matriz Econômica e queda nas taxas de lucros: a política econômica e economia política entre 2011–2016", Sociedade Brasileira de Economia Política SEP, Niteroí, 2021.
13 Vgl. Busch, Alexander, „Empregos mal pagos e produtos ruins para os brasileiros?", https://www.dw.com/pt-br/o-brasileiro-terá-que-se-acostumar-com-empregos-mal-pagos-e-pr odutos-ruins/a-61248416, in: Deutsche Welle, aufgerufen am 5. Februar 2023.
14 Vgl. Nöthen, Andreas, „Corona-Pandemie unter Kontrolle: Das Impfwunder von Brasilien – trotz Bolsonaro", https://web.de/magazine/news/coronavirus/corona-pandemie-kon trolle-impfwunder-brasilien-trotz-bolsonaro-36365738, in: web.de, aufgerufen am 16. Februar 2023.
15 Vgl. Opitz, Christian, S. 59.

16 Vgl. Corona Fernandes, Renato, „Custo Brasil na Indústria de Transformação", https://de.slideshare.net/FIESP/custo-brasil-e-taxa-de-cmbio-na-indstria-de-transformao-2013, in: FIESP 2022, aufgerufen am 13. Februar 2023.
17 Opitz, Christian, S. 61.
18 Seite des Rechnungshofs, https://portal.tcu.gov.br/imprensa/noticias/brasil-campeao-de-burocracia.htm, aufgerufen am 12. Februar 2023.
19 Souza, André Portela/Firpo, Sérgio P/Ponczek, Vladimir/Zylberstajn, Eduardo/Ribeiro, Felipe: „Custo do Trabalho no Brasil. Proposta de uma nova metodologia de mensuração", https://eesp.fgv.br/sites/eesp.fgv.br/files/file/Custo%20do%20Trabalho%20no%20Brasil%20-%20Relat%C3%B3rio%20Final.pdf, in: Getúlio Vargas Stiftung (FGV), aufgerufen am 13. Februar 2023. S.4.
20 Website des Portals: https://www.portaltributario.com.br/tributos.htm, aufgerufen am 13. Februar 2023.
21 https://www.contabilizei.com.br, aufgerufen am 13. Februar 2023.
22 Vgl. Website des brasilianischen Regierung: https://www.gov.br/tesouronacional/pt-br/noticias/carga-tributaria-bruta-do-governo-geral-chega-a-33-90-do-pib-em-2021, aufgerufen am 13. Februar 2023.
23 Vgl. https://datosmacro.expansion.com/estado/gasto/brasil, aufgerufen am 13. Februar 2023.

7. Evangelikale – im Namen des Herrn?

1 Vgl. Guimarães, Arthur, „Brás vê duplicar número de templos evangélicos desde 2009", https://vejasp.abril.com.br/cidades/bras-templos-evangelicos/ , in: Veja, aufgerufen am 17. Februar 2023.
2 G1; „50 % dos brasileiros são católicos, 31 %, evangélicos e 10 % não têm religião", diz Datafolha, https://g1.globo.com/politica/noticia/2020/01/13/50percent-dos-brasileiros-sao-catolicos-31percent-evangelicos-e-10percent-nao-tem-religiao-diz-datafolha.ghtml, in: G1 Globo, aufgerufen am 17. Februar 2023.
3 Vgl. Zylberkan, Mariana, „Evangélicos devem ultrapassar católicos no Brasil a partir de 2032", https://veja.abril.com.br/brasil/evangelicos-devem-ultrapassar-catolicos-no-brasil-a-partir-de-2032/, in: Veja 19. Februar 2023.
4 Vgl. Carrança, Thais, „Jovens ‚sem religião' superam católicos e evangélicos em SP e Rio", https://www.bbc.com/portuguese/brasil-61329257, in: BBC Brasil, aufgerufen am 19. Februar 2023.
5 Vgl. Araújo, Beatriz, Schrieder, Lucas und Ferrari Murrilo, „Concentradas no Sul, cidades mais católicas e evangélicas têm vitória de Bolsonaro", https://www.cnnbrasil.com.br/politica/concentradas-no-sul-cidades-mais-catolicas-e-evangelicas-tem-vitoria-de-bolsonaro/, in: BBC Brasil, aufgerufen am 19. Februar 2023.
6 Vgl. Souza de Matos, Alderí, „História de protestantismo no Brasil", https://de.scribd.com/document/355316075/Breve-Historia-Do-Protestantismo-No-Brasil-Alderi-Souza-de-Matos, in: Privatem Blog des Theologen und Historikers der Presbyterianischen Kirche in Brasilien und Forscher der Universität von Boston, aufgerufen am 23. Februar 2023.
7 Vgl. Homepage der Kirche Congregacional, https://www.iecb.org.br/a-igreja/historia/, aufgerufen am 23. Februar 2023.
8 Vgl. Nascimento, Gilberto, „O Reino – A história de Edir Macedo e uma radiografia da Igreja Universal", Companhia das Letras, São Paulo, 2019, S. 40.
9 Vgl. Media Ownership Monitor Brazil 2017, http://brazil.mom-gmr.org/, aufgerufen am 23. Februar 2023.

Anmerkungen

10 Ein ausführlicher Lebenslauf findet sich auf der Website der von ihm gegründeten Glaubensgemeinschaft Nova Vida: https://www.novavida.org.br/historia-da-igreja-de-nova-vida, aufgerufen am 23. Februar 2023.

11 Siehe Webseite von Forbes: https://www.forbes.com/profile/edir-macedo/, aufgerufen am 24. Februar 2023.

12 Vgl. Nascimento, Gilberto, S. 175.

13 Vgl. Nascimento, Gilberto, „O Reino – A história de Edir Macedo e uma radiografia da Igreja Universal", Companhia das Letras, São Paulo, 2019, S. 41.

14 Ibid., S. 50.

15 Ibid., S. 54.

16 Ibid. S. 77.

17 Als Orishas werden die Götter in der Religion der Yoruba und in den darauf beruhenden afroamerikanischen Religionen wie der kubanischen Santería und dem brasilianischen Candomblé und der Umbanda bezeichnet, Caboclos nennt man die Mischlinge aus Indigenen und Europäern.

18 Vgl. Agencia Folha, „Juíza suspende venda de livro do bispo Edir Macedo", https://www1.folha.uol.com.br/folha/cotidiano/ult95u115122.shtml, in: Folha de São Paulo, aufgerufen am 24. Februar 2023.

19 Vgl. Tostes, Angélica, „Evangélicos no Brasil – do impeachment de Dilma Rousseff ao tempo presente", https://religiaoepoder.org.br/artigo/evangelicos-no-brasil-do-impeachment-de-dilma-rousseff-ao-tempo-presente/, in: Religião e Poder, aufgerufen am 27. Februar 2023.

20 Vgl. Capriglione, Laura, „Edir Macedo e a Universal agora dizem que Lula foi ‚escolha divina'", https://jornalistaslivres.org/edir-macedo-e-a-universal-agora-dizem-que-lula-foi-escolha-divina/, in: Jornalistas Livres, aufgerufen am 25. Februar 2023.

21 Vgl. Mello Bernardo und Marques, Jéssica, „Câmara e assembleias legislativas têm recorde de pastores evangélicos eleitos", https://oglobo.globo.com/politica/eleicoes-2022/noticia/2022/10/camara-e-assembleias-legislativas-tem-recorde-de-pastores-evangelicos-eleitos.ghtml, in: Globo, aufgerufen am 25. Februar 2023.

22 Vgl. https://religiaoepoder.org.br/. Religion und Macht ist eine Plattform, die offene Daten, Artikel, Forschungsarbeiten und Berichte sowie bibliografische Referenzen über die Schnittstelle zwischen Religion und institutioneller Politik in Brasilien bietet. Ursprünglich wurde sie vom Institut für das Studium der Religion konzipiert. Aufgerufen am 27. Februar 2023.

23 Vgl. Tostes, Angélica, „Evangélicos no Brasil – do impeachment de Dilma Rousseff ao tempo presente", https://religiaoepoder.org.br/artigo/evangelicos-no-brasil-do-impeachment-de-dilma-rousseff-ao-tempo-presente-%ef%bf%bc/, in: Religião e Poder, aufgerufen am 27. Februar 2023.

24 Der Mitschnitt der Zusammenkunft findet sich bei Youtube. Temers zitierte Aussage etwa ab Minute 03:00: https://www.youtube.com/watch?v=LGDuQLSBbNw, aufgerufen am 1. März 2023.

25 Vgl. Saldana, Paulo, „Ministro da Educação diz priorizar amigos de pastor a pedido de Bolsonaro"; ouça áudio, https://www1.folha.uol.com.br/poder/2022/03/ministro-da-educacao-diz-priorizar-amigos-de-pastor-a-pedido-de-bolsonaro-ouca-audio.shtml, in: *Folha de São Paulo*, aufgerufen am 27. Februar 2023.

26 Die Darstellung gibt weitestgehend die Argumentation von Jean Goldenbaum wieder. Goldenbaum ist ein brasilianischer Musikwissenschaftler und Politiker, der in Niedersachsen lebt. Gemeinsam mit Prof. Michel Gherman und anderen Intellektuellen hat er vor der Wahl 2022 die Initiative „Juden gegen Bolsonaro und für Lula" gegründet. Hintergrund ist, dass in der Analyse des Wahlausgangs 2018 immer wieder darauf verwiesen

wurde, dass die jüdische Gemeinde Brasiliens, rund 100.000 Personen, mehrheitlich Bolsonaro unterstützt habe. Mit ihm führte ich mehrere Gespräche zu dem Thema.

27 Vgl. IBI – Instituto Brasil-Israel, „Quando a nova erquerda e a nova direita encontram o Israel imaginário", no Brasil, aufgerufen am 27. Februar 2023.

8. Rassismus und der Mythos von der Rassendemokratie

1 Vgl. Barsakanmaz, Cengiz, Critical Race Theory in Deutschland, https://verfassungsblog.de/critical-race-theory-in-deutschland/, in: Verfassungsblog, aufgerufen am 4. September 2023.
2 Vgl. Manhattan Institute, What Critical Race Theory is really about, https://manhattan.institute/article/what-critical-race-theory-is-really-about, in: Manhattan Institute, aufgerufen am 20. September 2023.
3 Das *World Inequality Lab* ist ein internationaler Thinktank, dessen Co-Director der französische Wirtschaftswissenschaftler Thomas Piketty ist: https://inequalitylab.world/en/, aufgerufen am 3. März 2023.
4 Vgl. Maia, Katia, Brazil: extreme inequality in numbers, https://www.oxfam.org/en/brazil-extreme-inequality-numbers, in: Oxfam, aufgerufen am 3. März 2023.
5 Definition nach Statistischem Bundesamt: https://www.destatis.de/DE/Themen/Gesellschaft-Umwelt/Einkommen-Konsum-Lebensbedingungen/Glossar/gini-koeffizient.html, aufgerufen am 3. März 2023.
6 *Veja* Especial, „Como é ser negro no Brasil", Sonderheft, Heft 2557, 22. November 2017.
7 Der Begriff „*negro*" ist in Brasilien gebräuchlich als Sammelbegriff für den Teil der Bevölkerung, der afrikanische Wurzeln hat. Auch Personen, die sich als Mischlinge (*pardos*) bezeichnen, fallen, statistisch gesehen, darunter. Vgl. Brasilianischer Senat, https://www12.senado.leg.br/noticias/videos/2020/08/negros-representam-56-da-populacao-brasileira-mas-representatividade-em-cargos-de-decisao-e-baixa, aufgerufen am 3. März 2023.
8 Prutsch, Ursula und Rodrigues-Moura, Enrique, „Brasilien – Eine Kulturgeschichte", Bundeszentrale für politische Bildung, Bonn, 2014, S. 33.
9 Vgl. Eckert, Andreas, „Geschichte der Sklaverei – Von der Antike bis ins 21. Jahrhundert", Schriftenreihe der Bundeszentrale für politische Bildung, Bonn, 2022, S. 61.
10 Davis, Mike, „Die Geburt der Dritten Welt – Hungerkatastrophen und Massenvernichtung im imperialistischen Zeitalter", Assoziation A, Berlin, 2001, S. 377.
11 Ibid. S. 378.
12 Ibid.
13 Zu diesem Zeitpunkt wurde das *Feijó*-Gesetz verabschiedet. Es verfügte im Wesentlichen das Ende des Sklavenhandels in Brasilien, und alle Afrikaner, die ab dem Zeitpunkt seiner Verabschiedung in das brasilianische Hoheitsgebiet kamen, wurden als frei betrachtet. Es entfaltete aber wenig Wirksamkeit.
14 Davis, Mike, S. 383.
15 Vgl. Brito, Luciana, „Freiheit und ihre Bedeutung", https://www.goethe.de/prj/hum/de/dos/lib/23142789.html, in: Goethe-Institut, aufgerufen am 2. März 2023.
16 Vgl. Prutsch, S. 141
17 Zweig, Stefan, „Brasilien – Land der Zukunft", Insel Verlag Berlin, 2. Auflage, 2013. Erstmals erschienen 1941 im Bermann-Fischer Verlag AB, Stockholm, S. 17.
18 Vgl. Domingues, Petronio, „O mito da democracia racial e a mestiçagem no Brasil (1889–1930)", in: Diálogos Latinoamericanos 10, 2009. Vorliegend als pdf aus der Royal Danish Library, S. 116–131.
19 Vgl. Prutsch, Ursula, S. 37.

Anmerkungen

[20] Vgl. Brito, Luciana, Freiheit und ihre Bedeutung, https://www.goethe.de/prj/hum/de/dos/lib/23142789.html, in: Goethe-Institut, aufgerufen am 2. März 2023.
[21] Vgl. Domingues, Petronio, S. 118.
[22] Ibid. S. 126.
[23] Vgl. Medienbericht in der *Folha de São Paulo*: https://www1.folha.uol.com.br/fsp/1994/5/31/brasil/18.html, aufgerufen am 10. März 2023.
[24] Instituto Brasileiro de Geografia e Estatística (IBGE), „Quilombos no Brasil", https://educa.ibge.gov.br/jovens/materias-especiais/21311-quilombolas-no-brasil.html, in: IBGE, aufgerufen am 6. März 2023.
[25] Vgl. Beraldo, Lilian, „Menos de 7 % das áreas quilombolas no Brasil foram tituladas", https://agenciabrasil.ebc.com.br/direitos-humanos/noticia/2018-05/menos-de-7-das-areas-quilombolas-no-brasil-foram-tituladas, in: Agencia Brasil, aufgerufen am 6. März 2023.
[26] Vgl. Supremo Tribunal Federal, https://portal.stf.jus.br/noticias/verNoticiaDetalhe.asp?idConteudo=369187, aufgerufen am 8. März 2023.
[27] Almeida, Silvio, „Racismo Estrutural", Editora Jandaira, São Paulo, 2019, S. 37/38.
[28] Ibid. S. 21.
[29] Ibid. S. 37.
[30] Zu hören unter CNN Brasil, https://www.cnnbrasil.com.br/nacional/racismo-no-brasil-nao-e-estrutural-e-institucional-defende-professor/, aufgerufen am 11. Oktober 2023.
[31] Vgl. Roza, Gabriele, „Brasilien: rassistische und geschlechtsspezifische Ungleichheit prägt auch Zugang zu Land", https://www.boell.de/de/2023/01/30/brasilien-rassistische-und-geschlechtsspezifische-ungleichheit-praegt-auch-zugang-zu-land?amp, in: Heinrich Böll Stiftung, aufgerufen am 2. März 2023.
[32] Die Ansage des Ministers wurde seinerzeit aus der Kabinettssitzung geleakt und erregte großes Aufsehen. Anzusehen ist ein Bericht dazu auf Youtube unter: https://www.youtube.com/watch?v=VR-SwI9Rg9c, aufgerufen am 8. März 2023.
[33] Die Studie der Christlichen Initiative Romero ist auf deren Website herunterladbar: https://www.ci-romero.de/produkt/studie-ausgepresst-hinter-den-kulissen-der-saftindustrie/, aufgerufen am 8. März 2023.
[34] Vgl. Busch, Alexander, „Auf brasilianischen Weingütern wurden Arbeiter wie Sklaven gehalten", https://www.nzz.ch/international/brasilianische-weingueter-haben-arbeiter-wie-sklaven-gehalten-ld.1728231, in: NZZ, aufgerufen am 15. März 2023.
[35] Vgl. Araújo, Joel Zito, „The black in dramaturgy, a perfect case of the decadence of the myth of the brazilian racial democracy", in: Dossiê 120 anos da abolição da escravidão no Brasil: um processo ainda inacabado, https://doi.org/10.1590/S0104-026X2008000300016, in: Rev. Estud. Fem. 16 (3), Dez. 2008, aufgerufen am 10. März 2023.
[36] Vgl. Torres Freire, Vinicius, „A cor do pecado da cor", https://www1.folha.uol.com.br/folha/pensata/ult1851u7.shtml, in: Folha de São Paulo, aufgerufen am 10. März 2023.
[37] Vgl. Araújo, Joel Zito, „The black in dramaturgy, a perfect case of the decadence of the myth of the brazilian racial democracy", in: Dossiê 120 anos da abolição da escravidão no Brasil: um processo ainda inacabado, https://doi.org/10.1590/S0104-026X2008000300016 in: Rev. Estud. Fem. 16 (3), Dez 2008, aufgerufen am 10. März 2023.
[38] Ibid.
[39] Ramos, Silvia et al., „Pele-alvo: A Cor da Violência Policial", Rio de Janeiro: CESeC, dezembro de 2021. https://cesecseguranca.com.br/wp-content/uploads/2021/12/RELATORIO_REDE-DE-OBS_cor-da-violencia_dez21_final.pdf
[40] Ibid. S. 12
[41] Ibid. S.14

42 Vgl. Merlino, Tatiana, „Um Estado que mata pretos, pobres e periféricos", https://brado negro.com/content/arquivo/18062019_231355.pdf, in: Fundação Rosa Luxemburgo, 2018, aufgerufen am 13. März 2023.
43 Ramos, Silvia. S. 29
44 Vgl. Coelho, Henrique, „Jacarezinho: 1 ano após 28 mortes, 10 de 13 investigações do MP foram arquivadas", https://g1.globo.com/rj/rio-de-janeiro/noticia/2022/05/05/jacarezinho-1-ano-apos-28-mortes-10-de-13-investigacoes-do-mp-foram-arquivadas.ghtml, in: G1, aufgerufen am 13. März 2023.
45 Vgl. Ramos et al., S. 14.
46 Joseph-Achille Mbembe, geboren im Juli 1957 in Malande, ist ein kamerunischer Historiker, Politikwissenschaftler und Theoretiker des Postkolonialismus. Er lehrt und forscht aktuell als Professor an der Witwatersrand-Universität in Johannesburg, Südafrika.
47 Vgl. Mbembe, Achille, „Necropolitics". In: Public Culture. Band 15, Nr. 1, Januar 2003, S. 11–40.
48 Vgl. Cano, S. 83.
49 Vgl. Website, https://soudapaz.org/wp-content/uploads/2019/11/Instituto-Sou-da-Paz_Onde_Mora_a_Impunidade.pdf, aufgerufen am 13. März 2023.
50 Hoffmann French, Jan, Rethinking Police Violence in Brazil: Unmasking the Public Secret of Race, Latin American Politics and Society, Band 55 Nr. 4 (Winter 2013), Cambridge University Press, S. 161–181.
51 Vgl. Hofmann French, S. 161

9. Rechtsfreie Räume – Milizen, Drogenbanden und Rechtsstaatlichkeit

1 Im Vergleich zu anderen Ländern Lateinamerikas, die teilweise zigmal ihre Verfassungen gewechselt haben erscheint dies vergleichsweise stabil. Allerdings ist in Betracht zu ziehen, dass es in der Zeit seit 1988 bei der brasilianischen Verfassung ebenfalls zig Änderungen, Erweiterungen und andere Modifikationen gegeben hat.
2 Vgl. Konrad Adenauer Stiftung, https://www.kas.de/de/web/brasilien/rechtsstaat-und-ordnungspolitik, aufgerufen am 28. März 2023.
3 Paul, Wolf, „Strafrecht und Rechtsstaat in Brasilien". Ein kriminologisches Portrait, in: Brasilien heute. Geographischer Raum, Politik, Wirtschaft, Kultur, 2010, S. 230.
4 Ibid. S. 219.
5 Vgl. Valesco, Clara, „Número de assassinatos cai 1 % no Brasil em 2022", https://g1.globo.com/monitor-da-violencia/noticia/2023/03/01/numero-de-assassinatos-cai-1percent-no-brasil-em-2022.ghtml, in: G1 Globo, aufgerufen am 27. März 2023.
6 Meyer, Gunda, Polizeigewalt in Brasilien, MRM — MenschenRechtsMagazin Heft 3 2005, S. 282.
7 Paul, Wolf, S. 220.
8 Vgl. Fausto, Boris, S. 351.
9 Vgl. Meyer, Gunda, S. 283.
10 Paul, Wolf, S. 219.
11 Ibid.
12 Meyer, Gunda, S. 283.
13 Dokument des CIA, The Situation in Brazil, Special National Intelligence Estimate, Nr. 93-69, 13. Februar 1969, S. 8.
14 Paul, Wolf, S. 223.
15 Vgl. Nationale Sicherheitskommission: http://cnv.memoriasreveladas.gov.br/, aufgerufen am 16.12.2020.

Anmerkungen 225

16　Meyer, Gunda, S, 286. Meyer bezieht sich auf Zitate aus folgender Untersuchung: Caldas, Andressa, Carvalho, Sandra, Relatório RIO: violência policial e insegurança pública, Centro de Justiça Global, Rio de Janeiro, 2004.
17　Meyer, Gunda, S. 286.
18　Vgl. Camara dos Deputados, Comissao de Direitos Humanos e Minorias, Relatório sobre Torturas no Brasil, Brasilia 2005, S. 8ff
19　Klumpp, Dietmar (Hg.), „Transformation von Rechtssystemen in Brasilien", Springer, Wiesbaden, 2014, S. 12.
20　Ibid. S. 82.
21　Vgl. Pereira Luz, José Wiliam und Cordão, Romulo Paulo, „Análise da evolução das facções e de sua constituição em organizações criminosas", https://jus.com.br/artigos/96766/analise-da-evolucao-das-faccoes-e-de-sua-constituicao-em-organizacoes-criminosas, in: Jus.com.br, aufgerufen am 31. März 2023.
22　Der Zehnte oder ‚décimo' dürfte in Anlehnung an die katholische Kirche entstanden sein. Auch die evangelikalen Kirchen verlangen oder fordern von ihren Mitgliedern die Zahlung eines „Zehnten".
23　Klumpp, Dietmar, S. 81.
24　Vgl. Bittar, Paula, „Especial Presídios – A história das facções criminosas brasileiras", https://www.camara.leg.br/radio/programas/271725-especial-presidios-a-historia-das-faccoes-criminosas-brasileiras-05–50/, in: Radio Camara, aufgerufen am 31. März 2023.
25　Vgl. Paes Mando Bruno und Nunes Dias, Camila, S. 220 ff.
26　Ebenfalls mediale Bekanntheit erlangte Antônio Francisco Bonfim Lopes, genannt *Nem da Rocinha* aus Rio de Janeiro. Er war Anführer der *Amigos dos Amigos* in der Rocinha. Die Favela galt lange als die größte Favela Südamerikas. Bekannt wurde seine Geschichte durch das Buch *O Dono do Morro* des britischen Journalisten Misha Glenny (bibliographische Daten im Literaturverzeichnis).
27　Ibid. S. 82.
28　Vgl. Aleixo, Isabela, „O que há por trás da desconhecida favela do Comando Vermelho que se tornou a campeã de operações policiais na pandemia", https://www.intercept.com.br/2021/07/12/favela-cv-campea-operacoes-pm-pandemia/, in: The Intercept, aufgerufen am 2. April 2023.
29　Vgl. Ramsey, Geoffrey, „Making Rio's Pacification Work: The Limits of 'UPP Social'", https://insightcrime.org/news/analysis/rio-pacification-limits-upp-social/, in: Insight Crime, aufgerufen am 2. April 2023.
30　Ibid.
31　Ibid.
32　Vgl. TCU, Realidade prisional: auditoria mostra que o custo mensal do preso é desconhecido em vários Estados, https://portal.tcu.gov.br/imprensa/noticias/realidade-prisional-auditoria-mostra-que-o-custo-mensal-do-preso-e-desconhecido-em-varios-estados.htm, in: TCU (bras. Bundesrechnungshof), aufgerufen am 27. Oktober 2023.
33　Vgl. Caulyt, Fernando und Walter, Jan D., „Gefängnismassaker: Prozess nach 20 Jahren", https://www.dw.com/de/gef%C3%A4ngnismassaker-prozess-nach-20-jahren/a-16754196, in: Deutsche Welle, aufgerufen am 3. April 2023.
34　Vgl. Coutinho, Leonardo, „The Evolution of the Most Lethal Criminal Organization in Brazil – the PCC", https://ndupress.ndu.edu/Media/News/News-Article-View/article/1943465/the-evolution-of-the-most-lethal-criminal-organization-in-brazilthe-pcc/, in: National Defense University Press, aufgerufen am 3. April 2023.
35　Vgl. Zeitungsbericht ISTOÉ: https://istoe.com.br/quem-matou-o-coronel-ubiratan/, aufgerufen am 3. April 2023.

36 Vgl. Jusbrasil: https://goncarlosjr.jusbrasil.com.br/artigos/859017906/tempo-maximo-de-prisao-no-brasil, aufgerufen am 3. April 2023.
37 Vgl. Cavallaro, James Louis und Ferreira Dodge, Raquel, „Understanding the São Paulo Attacks", https://revista.drclas.harvard.edu/understanding-the-sao-paulo-attacks/, in: ReVista Harvard Review of Latin America Online, Spring 2007, aufgerufen am 3. April 2023.
38 Vgl. Paes Manso, Bruno, Nunes Dias, Camila, S. 14
39 Ibid. S. 220.
40 Vgl. Manfrin, Juliet, „PCC, Comando Vermelho e Hezbollah: o triângulo do terror e do crime no Brasil", https://www.gazetadopovo.com.br/brasil/pcc-comando-vermelho-e-hezbollah-o-triangulo-do-terror-no-brasil/, in: Gazeta de Povo, aufgerufen am 13. November 2023.
41 Vgl. Coutinho, Leonardo, „The Evolution of the Most Lethal Criminal Organization in Brazil – the PCC", https://ndupress.ndu.edu/Media/News/News-Article-View/Article/1943465/the-evolution-of-the-most-lethal-criminal-organization-in-brazilthe-pcc/, in: National Defense University Press, aufgerufen am 3. April 2023.
42 Vgl. Jozino, Josimar, „PCC tem 112 mil membros no Brasil, estima o Ministério Público de São Paulo", https://noticias.uol.com.br/colunas/josmar-jozino/2021/09/21/pcc-100-mil-associados.htm, in: UOL, aufgerufen am 3. April 2023.
43 Vgl. Coutinho.
44 Vgl. Sullivan, John P., und Bunker, Robert J., „Third Generation Gang Studies: an Introduction", Journal of Gang Research 14.4, 2007, S. 1–10
45 Vgl. Text der Nachrichtenagentur dpa im Handelsblatt: https://www.handelsblatt.com/politik/international/weltweit-fast-elf-millionen-inhaftierte-haelfte-der-gefangenen-in-den-usa-china-russland-und-brasilien/20957404.html, aufgerufen am 4. April 2023.
46 Vgl. Coutinho, Leonardo, „The Evolution of the Most Lethal Criminal Organization in Brazil – the PCC", https://ndupress.ndu.edu/Media/News/News-Article-View/Article/1943465/the-evolution-of-the-most-lethal-criminal-organization-in-brazilthe-pcc/, in: National Defense University Press, aufgerufen am 3. April 2023.
47 Paes Manso, Bruno, S. 13.
48 Ibid. S. 76/77.
49 Vgl. Klumpp, Dietmar, S. 191ff
50 Ibid. S. 193
51 Vgl. O Globo, „Jornalistas são torturados por milicianos no Rio". Equipe de ‚O Dia' foi espancada por 7 horas na Zona Oeste, https://extra.globo.com/noticias/rio/jornalistas-sao-torturados-por-milicianos-no-rio-equipe-de-dia-foi-espancada-por-7-horas-na-zona-oeste-519747.html, in: Extra, aufgerufen am 6. April 2023.
52 Assembléia Legislativa do Estado do Rio de Janeiro, Relatório Final da Comissão Parlamentar de Inquérito Destinada a Investigar a Ação de Milícias no Ambito do Estado do Rio de Janeiro, Rio de Janeiro, 2008.
53 Vgl. Marés, Chico, „CPI das Milícias: o que ocorreu com os políticos citados no relatório?", https://lupa.uol.com.br/jornalismo/2018/05/12/cpi-milicias-politicos, in: Lupa UOL, aufgerufen am 24. April 2023.
54 Hirate, Daniel Veloso (et al.), „The Expansion of Milicias in Rio de Janeiro. Political and Economic Advantages", Journal od Illicit Economies and Development, 4(3), S. 257–271.
55 Vgl. G1, „Cinco pessoas morrem em desabamento de prédios na Muzema", comunidade na Zona Oeste do Rio, https://g1.globo.com/rj/rio-de-janeiro/noticia/2019/04/12/imovel-desaba-na-zona-oeste-do-rio.ghtml, in: G1 O Globo, aufgerufen am 6. April 2023.
56 Ibid., S. 265.

57	Den Begriff des *urbanismo miliciano* prägten Leandro Benmergui und Rafael Soares Gonçalves. Vgl. Benmergui, Leandro und Gonçalves, Rafael Soares, Urbanismo Miliciano in Rio de Janeiro, NACLA Report on the Americas, Bd. 51 Jg. 4, 2019, S. 379–385.
58	Vgl. Mello, Igor, „Milícia cresce 387 % e ocupa metade do território do crime no RJ", diz estudo, https://noticias.uol.com.br/cotidiano/ultimas-noticias/2022/09/13/milicia-cresce-161-e-ocupa-metade-do-territorio-do-crime-no-rj-diz-estudo.htm?, in: UOL; aufgerufen am 25. April 2023.
59	Bei einer Gesamtbevölkerung von 6,3 Millionen, laut Zensus von 2020: https://cidades.ibge.gov.br/brasil/rj/rio-de-janeiro/panorama, aufgerufen am 25. April 2023.
60	Goulart Silva, Meira (et al.), Do Leme a Santa Cruz: a territorialização eleitoral de Jair Bolsonaro no município do Rio de Janeiro, in: Opinião Publica, Zeitschrift des Centro de estudos de opinião publica (CESOP) an der Universität von Campinas, Band 28, Nr. 1, Januar 2022, S. 93–125. https://www.cesop.unicamp.br/eng/opiniao_publica/artigo/726
61	Vgl. Dal Piva, Juliana, „PM abafa inquérito contra Queiroz por crime militar", https://oglobo.globo.com/epoca/pm-abafa-inquerito-contra-queiroz-por-crime-militar-23638652, in: Globo, aufgerufen am 25. April 2023.
62	Paes Manso, Bruno, S. 43.
63	Jair Bolsonaro pflegt seine Söhne dem Alter nach durchzunummerieren. 01 (*zero um*) ist Flávio, 02 (*zero dois*) Carlos und 03 (*zero tres*) Carlos. Später kam als 04 noch Nachzügler Renan hinzu.
64	Paes Manso, Bruno, S. 50.
65	Paes Manso, Bruno, S. 45.
66	Ibid., S. 60
67	Die lange Verbindung von Nobregás zu den Bolsonaros, insbesondere zu Flavio Bolsonaro hat Sergio Ramalho in dem Buch *Decaído: A história do capitão do Bope Adriano da Nóbrega e suas ligações com a máfia do jogo, a milícia e o clã Bolsonaro* aufbereitet.
68	Vgl. Nöthen, Andreas, „Brasilien: Mord an Marielle Franco bleibt nach fünf Jahren ungeklärt", https://web.de/magazine/panorama/brasilien-mord-marielle-franco-bleibt-fuenf-jahren-ungeklaert-37908282, in: Web.de, aufgerufen am 6. April 2023.

10. WhatsApp und Co. entscheiden die Wahl

1	Da Empoli, Giuliano, „Ingenieure des Chaos", Blessing Random House, München, 2020, S. 49.
2	Vgl. Campanha, Diógenes, Acusações de uso de cocaína vêm do ›submundo da política‹, diz Aécio, https://www1.folha.uol.com.br/poder/2014/05/1459651-acusacoes-de-uso-de-cocaina-vem-do-submundo-da-politica-diz-aecio.shtml, in: Folha de São Paulo, aufgerufen am 14. November 2023.
3	Vgl. G1, Robôs foram usados em campanhas nas eleições de 2014, revela estudo, https://g1.globo.com/fantastico/noticia/2018/03/candidatos-postaram-usando-robos-nas-eleicoes-revela-estudo-da-fgv.html, in: G1 Globo, aufgerufen am 14. November 2023.
4	Die brasilianische TV-Landschaft hat eine Besonderheit – eine Qualitätsabstufung. Kunden der großen Kabelfirmen, die entsprechend für das Angebot zahlen, bekommen bei den Nachrichten andere, tiefergehende Formate geboten als der 08/15-Konsument, der nur die frei empfangbaren Kanäle sieht. Man kann sich das vorstellen wie in der medizinischen Versorgung. Gesetzlich Versicherte bekommen eine Basisversorgung, privat Versicherte erhalten Extras und höhere Qualität. Das hat natürlich auf längere Sicht Folgen bei der Rezeption von Nachrichten und Informationen.
5	Vgl. Campos Mello, Patricia, S. 49.

6 Vgl. Reuters Institute, https://reutersinstitute.politics.ox.ac.uk/news/statistic-week-how-brazilian-voters-get-their-news, aufgerufen am 21. März 2023.

7 Vgl. Zahlen des Mainzer Medieninstituts: https://www.mainzer-medieninstitut.de/facebook-datenmissbrauch-um-cambridge-analytica/, aufgerufen am 19. März 2023.

8 Inzwischen wirbt WhatsApp damit, dass Nutzer-Chatgruppen bis zu einer Größe von 1024 Teilnehmern eingerichtet werden können: https://faq.whatsapp.com/3242937609289432/?locale=de_DE&cms_platform=iphone, aufgerufen am 20. März 2023.

9 Vgl. Martins, Helena, „Kampf um Kommunikation", https://www.rosalux.de/news/id/50066/, in: Rosa Luxemburg Stiftung, aufgerufen am 28. März 2023.

10 Vgl. Heldt, Amélie P., „Von der Schwierigkeit, Fake News zu regulieren: Frankreichs Gesetzgebung gegen die Verbreitung von Falschnachrichten im Wahlkampf", auf: http://www.bpb.de/gesellschaft/digitales/digitale-desinformation/290529/frankreichs-gesetzgebung-gegen-die-verbreitung-von-falschnachrichten (aufgerufen am 30. April 2020)

11 Fachin, Patricia, "A direita pop e a memificação da política. Entrevista especial com Esther Solano", http://www.ihu.unisinos.br/159-noticias/entrevistas/583242-a-direita-pop-e-a-memificacao-da-politica-entrevista-especial-com-esther-solano (aufgerufen am 20.4.2020)

12 Vgl. Moura/Corbellini, S. 31.

13 Weitere: *Jovem Pan, Conexão Politica, Crítica Nacional, Jornal da Cidade, Pleno News, Hipócritas, Renova Mídia, Movimento Brasil Conservador, República de Curitiba, Senso Incomum.*

14 Vgl. Bilenky, Thais, „Bolsonaro diz que não permitirá propaganda de estatal que não siga sua linha", https://www1.folha.uol.com.br/mercado/2019/04/bolsonaro-diz-que-nao-permitira-propaganda-de-estatal-que-nao-siga-sua-linha.shtml, in: *Folha de São Paulo*, aufgerufen am 20. März 2023.

15 Campos Mello, Patricia, S. 106.

16 Vhl. Campos Mello, Patricia, S. 114.

17 Definition Astroturfing u. a. Lobbypedia.de: https://lobbypedia.de/wiki/Astroturfing, aufgerufen am 20. März 2023.

18 Vgl. Carta Capital, „Eduardo Bolsonaro operou perfis que foram derrubados pelo Facebook", https://www.cartacapital.com.br/cartaexpressa/eduardo-bolsonaro-operou-perfis-que-foram-derrubados-pelo-facebook/, Carta Capital, aufgerufen am 14. März 2023.

19 Homepage des DRFLab: https://www.atlanticcouncil.org/programs/digital-forensic-research-lab/, aufgerufen am 21. März 2023.

20 Vgl. Poder360, „Eduardo Bolsonaro é condenado por ofender jornalista Patricia Campos Mello", https://www.poder360.com.br/congresso/eduardo-bolsonaro-e-condenado-por-ofender-jornalista-patricia-campos-mello/, in: Poder360, aufgerufen am 22. März 2023.

21 Campos Mello, Patricia, S. 92.

22 Vgl. Lima, Eudes und Strecker, Marcos, „Como funciona a máquina de ódio do Telegram no Brasil", https://istoe.com.br/como-funciona-a-maquina-de-odio-do-telegram/, in: Istoé, aufgerufen am 14. März 2023.

23 Guhl, Jakob, Ebner, Julia und Rau, Jan, „Das Online-Ökosystem rechtsextremer Akteure", ISD Institute for Strategic Dialogue, London, Washington, Beirut, Toronto, 2020, S. 21. Als weitere libertäre, aber weniger populäre Plattformen stuft die Studie Minds, Voat, Gab, Gettr oder BitChute ein.

24 Voller Titel: Nascimento, L. F., Cesarino, L. M. & Fonseca, P. F. C. (coords.), Democracia digital: análise dos ecossistemas de desinformação no Telegram durante o processo eleitoral brasileiro de 2022, Band 1, São Paulo, 2022.

25 Vgl. Nascimento, Leonardo F. (et al.), „Públicos refratados: grupos de extrema-direita brasileiros na plataforma Telegram", in: Internet & Socialidade, Band 3, Nr. 1, August 2022, S. 35.

Anmerkungen 229

26 Ibid.
27 Nascimento, L. F., Cesarino, L. M. & Fonseca, P. F. C. (coords.), „Democracia digital: análise dos ecossistemas de desinformação no Telegram durante o processo eleitoral brasileiro de 2022", Band 1, São Paulo, 2022, S. 8.
28 Vgl. Agencia Pública, „Bolsonaristas usam WhatsApp e Telegram para recrutar ‚fiscais' e intimidar mesários", https://www.terra.com.br/byte/bolsonaristas-usam-whatsapp-e-telegram-para-recrutar-fiscais-e-intimidar-mesarios,f6c22356e055f9447598cd986e1c4437hpzchgl3.html, in: Terra, aufgerufen am 25. März 2023.

11. Außenpolitik – Zwischen Abhängigkeit und Führungsanspruch

1 Vgl. De la Fontaine, Dana und Stehnken, Thomas (Hg.), „Das politische System Brasiliens", VS Verlag, Wiesbaden, 2012, S. 405.
2 Der Einfluss Englands wird auch im Kapitel zum Thema Rassismus in diesem Buch gestreift. England war vor allem ein wichtiger Handelspartner und Investor, der dafür aber auch Forderungen an die Herrschenden stellte und Ansprüche geltend machte.
3 Der *Palácio Itamaraty*, oder kurz auch nur *Itamaraty*, in Brasilia ist der Sitz des brasilianischen Außenministeriums in Brasília. Der Begriff wird oft synonym für das Außenministerium benutzt.
4 Vgl. https://www.planalto.gov.br/ccivil_03/constituicao/constituicao.htm, aufgerufen am 1. Mai 2023.
5 Vgl. Grabendorff, Wolf, „Brasilien auf dem Weg zur Weltmacht?", in: Bürger im Staat, Jan./Feb. 2013, S. 120
6 Grabendorff, Wolf, S. 122.
7 Araújos Vater war der frühere Generalstaatsanwalt und Bundesabgeordnete aus Porto Alegre, Henrique Araújo. Dieser war dafür bekannt, dass er sich gegen die Auslieferung des Nazi-Kriegsverbrechers Gustav Franz Wagner ausgesprochen hat und die Forderungen Polens, Österreichs, Israels und Westdeutschlands nicht beachtet hat.
8 Vgl. Zilla, Claudia, Brasilianische Außenpolitik – Nationale Tradition, Lulas Erbe und Dilmas Optionen, SWP Studie, Stiftung Wissenschaft und Politik, Deutsches Institut für internationale Sicherheit und Politik, Berlin, November 2011, S. 6.
9 Vgl. Zilla, Claudia, „Brasiliens zehnte Amtszeit", Vereinte Nationen Heft 1/2013, S. 9
10 Grabendorff, Wolf, S. 121.
11 Zilla, Claudia, „Brasiliens zehnte Amtszeit", in: Vereinte Nationen Heft 1/2013, S. 11.
12 Argentinien kam den USA ziemlich genau ein Jahr zuvor und erkannte Brasilien bereits im Mai 1823 als souveränen Staat an. Vgl. Resende, Márcio, O primeiro país a reconhecer a Independência do Brasil foi também o primeiro a quem declarou guerra, https://g1.globo.com/mundo/noticia/2022/09/07/o-primeiro-pais-a-reconhecer-a-independencia-do-brasil-foi-tambem-o-primeiro-a-quem-declarou-guerra.ghtml, in: Globo, aufgerufen am 11. Mai 2023.
13 Der erste europäische Staat war Frankreich. England, lange enger Geschäftspartner der portugiesischen Krone, erkannte Brasilien erst an, nachdem es die angehäuften Schulden der Portugiesen bei den Briten beglichen hatte. Brasilien startete also mit einer stattlichen Hypothek in Form eines beträchtlichen Schuldenbergs in seine Unabhängigkeit.
14 Vgl. Nationalarchiv: https://www.archives.gov/milestone-documents/roosevelt-corollary, aufgerufen am 12. Mai 2023.
15 Der chilenische Dichter Pablo Neruda verarbeitete diesen Umsturz in einem Gedicht mit dem Titel *The United Fruit Company*.
16 Vgl. de la Fontaine, Dana

17 Ibid. S. 409
18 Vgl. Zilla, Claudia, Nachbarn, in: „Bürger im Staat", Jan./Feb. 2013, S. 58.
19 Vgl. Stuenkel, Oliver, „Under Lula, Brazil Can Take On Regional Leadership. Will It?", https://americasquarterly.org/article/under-lula-brazil-can-take-on-regional-leadership-will-it/, in: Americas Quarterly, aufgerufen am 28. April 2023.
20 Vgl. https://americasquarterly.org/article/under-lula-brazil-can-take-on-regional-leadership-will-it/, in: Americas Quarterly, aufgerufen am 28. April 2023.
21 Vgl. Gratius, Susanne, „Brasilien und die Europäische Union", in: Bürger im Staat, Jan./Feb. 2013, S. 66–74.
22 Ibid. Benutzt sie den Terminus „*benign neglect*".
23 Vgl. Seite des SWP, https://www.swp-berlin.org/publikation/brasilien-in-den-eu-aussenbeziehungen, aufgerufen am 29. Mai 2023.
24 Vgl. Internetseite des Bundeswirtschaftsministeriums, https://www.bmwk.de/Redaktion/DE/Artikel/Aussenwirtschaft/assoziierungsabkommen-zwischen-der-eu-und-den-mercosur-staaten.html, aufgerufen am 22. Mai 2023.
25 Vgl. Schlesinger, Sergio, „The Mercosul-European Union agreement and the environment", in: EU-Mercosur Trade Agreement – Analysis of Sectoral Impacts in Brazil, Friedrich Ebert Stiftung, Brüssel, Februar 2021.
26 Der argentinische Politologe Matias Spektor veröffentlichte im April 2023 einen vielbeachteten Aufsatz, in dem er die außenpolitische Haltung Brasiliens als *Fence Sitting* bezeichnete. Vgl. Spektor, Matias, In Defense oft he Fence Sitters, https://www.foreignaffairs.com/world/global-south-defense-fence-sitters?, in: Foreign Affairs, aufgerufen am 24. August 2023.
27 Der Bericht von Goldman Sachs ist hier abrufbar: https://www.gspublishing.com/content/research/en/reports/2004/01/27/fcaffb70–04fc-11da-8624-b16d0c0183a5.pdf, aufgerufen am 26. Mai 2023.
28 Stuenkel, Oliver, Post Western World, Polity Press, Cambridge, United Kingdom, 2016, S. 63 ff.
29 Ibid. S. 61.
30 Vgl. Messner, Dirk, „Weltbank und IWF reformieren", https://www.dw.com/de/weltbank-und-iwf-reformieren/a-4502175, in: Deutsche Welle, aufgerufen am 26. Mai 2023.
31 Die G-20 ist ein Forum der Regierungen der 20 weltweit wichtigsten und größten Wirtschaftsmächte. Die G20-Staaten repräsentieren knapp über 80 Prozent des weltweiten Bruttoinlandsprodukts (BIP) und des globalen CO_2-Ausstoßes, drei Viertel des Welthandels und rund zwei Drittel der Weltbevölkerung, in: https://www.bundesregierung.de/breg-de/themen/internationale-zusammenarbeit-g7-g20/das-ist-g20-387324, aufgerufen am 26. Mai 2023.
32 Vgl. Sullivan, Joseph W., „A BRICS Currency Could Shake the Dollar's Dominance", https://foreignpolicy.com/2023/04/24/brics-currency-end-dollar-dominance-united-states-russia-china/, in: Foreign Policy, aufgerufen am 22. Mai 2023.
33 Vgl. Casarões, Guilherme, „Brazilian Elections and the Future of the BRICS", https://www.ispionline.it/en/publication/brazilian-elections-and-future-brics-21347#:~:text=It%20served%20three%20major%20purposes,notably%20with%20Russia%20and%20India in: Italian Institute für International Political Studies, aufgerufen am 22. Mai 2023
34 Vgl. Buarque, Daniel, „The decline of Brazil's foreign policy and international status under Bolsonaro", https://theloop.ecpr.eu/the-decline-of-brazils-foreign-policy-and-international-status-under-bolsonaro/, in: The Loop, aufgerufen am 1. Juni 2023.
35 Vgl. u. a. Pressebericht in der Süddeutschen Zeitung, https://www.sueddeutsche.de/wirtschaft/weltwirtschaftsforum-bolsonaro-brasilien-davos-1.4298463, aufgerufen am 29. Mai 2023.

Anmerkungen 231

36 Vgl. Luzerner Zeitung, https://www.luzernerzeitung.ch/international/jair-bolsonaro-versteht-nichts-von-okonomie-dafur-hat-er-einen-neoliberalen-einflusterer-ld.1339682, aufgerufen am 29. Mai 2023.
37 Vgl. Deutsche Welle, https://www.dw.com/de/brasilien-lehnt-amazonas-soforthilfe-der-g7-ab/a-50177486, aufgerufen am 24. April 2024.
38 Vgl. Nöthen, Andreas, Bulldozer Bolsonaro, S. 166 f.
39 Vgl. Buarque, Daniel, „The decline of Brazil's foreign policy and international status under Bolsonaro", https://theloop.ecpr.eu/the-decline-of-brazils-foreign-policy-and-international-status-under-bolsonaro/, in: The Loop, aufgerufen am 1. Juni 2023.

12. Von Menschenfressern und Auswandererströmen – Brasilien und Deutschland

1 Leonardo Monasterio (setembro de 2016). „Sobrenomes e ancestralidade no Brasil", https://repositorio.ipea.gov.br/bitstream/11058/7019/1/td_2229.pdf, IPEA, 2016, aufgerufen am 21. November 2022.
2 Vgl. Zahn, S. 120/121.
3 Das Verb „entdeckte" steht deshalb in Anführungszeichen, weil es sich bei dem Begriff um einen sehr europazentrierten handelte. Denn zu jener Zeit war das Land natürlich schon seit vielen Hundert und sogar einigen Tausend Jahren von indigenen Völkern besiedelt und genutzt gewesen.
4 *France Antarctique* war eine französische Kolonie in Rio de Janeiro im heutigen Brasilien, die zwischen 1555 und 1567 bestand und die Kontrolle über die Küste von Rio de Janeiro bis Cabo Frio hatte. Die Kolonie wurde zu einem Zufluchtsort für Hugenotten und wurde 1567 von den Portugiesen zerstört.
5 Vgl. Prutsch, Ursula, „Leopoldine von Habsburg", S. 11.
6 VEI steht für „volcanic explosivity index". Dieser klassifiziert nach explosiver Stärke und dem Ausstoß von vulkanischen Lockerstoffen (Fachbegriff: Tephra). Es gibt neun Stufen (0–8), wobei jede Erhöhung um eine Stufe einer Verzehnfachung der Ausbruchsstärke entspricht. Besonders starke Vulkanausbrüche mit einem VEI 7 oder 8 können das Weltklima stark beeinflussen und sogar einen globalen Winter verursachen. Quelle: https://www.vulkane.net/vulkanismus/vei.html, aufgerufen am 9. Juni 2023.
7 Vgl. Behringer, Wolfgang, „Tambora und das Jahr ohne Sommer", dtv, 2018, S. 13.
8 Vgl. Zahn, S. 17 ff.
9 Ibid. S. 24.
10 Vgl. Valdir, Gregory, „Imigração alemã no Brasil", Konrad Adenauer Stiftung, Cadernos Adenauer xiv, Sonderausgabe, 2013, S. 17
11 Ibid. S. 21.
12 Vgl. Dietrich, Ana Maria, „Nazismo Tropical? O partido nazista no Brasil", Doktorarbeit, Universidade de São Paulo, Januar, 2007, S. 20. http://www.educadores.diaadia.pr.gov.br/arquivos/File/outubro2013/historia_artigos/dietrich_t.pdf. Vgl. auch Arreguy, Juliana, „Brasil teve maior partido nazista fora da Alemanha, apontam historiadores", https://noticias.uol.com.br/politica/ultimas-noticias/2022/02/08/historia-partido-nazista-no-brasil.htm, in: UOL, aufgerufen am 12. Juni 2023.
13 Valdir, S. 25
14 Ibid. S. 26
15 Der Begriff der „Entdeckung" Brasiliens ist bewusst in Anführung gesetzt, da es sich um eine sehr europazentrierte Betrachtungsweise handelt. Aus südamerikanischer Sicht interpretiert man diese Episode mehr als eine Invasion.

16	Vgl. Valente, Sarah, Post-World War II Brazil: A New Homeland for Jews and Nazis?, Comparative Cultural Studies: European and Latin American Perspectives 11, University of Texas, 2021, S. 75
17	Vgl. Prutsch und Rodrigues-Moura, S. 148.
18	Vgl. Seite des US-Außenministeriums, https://www.state.gov/reports/just-act-report-to-congress/brazil/, aufgerufen am 16. Juni 2023.
19	Carneiro, Maria Luiza Tucci, Weltbürger – Brasilien und die jüdischen Flüchtlinge 1933–1948, deutsche Ausgabe, Lit Verlag, Berlin, 2014, S. 53.
20	Ibid. S. 50.
21	Haag, Carlos, „A Guerra dos Rosas", https://revistapesquisa.fapesp.br/a-guerra-dos-rosas/, in: Revista Pesquisa FAPESP, aufgerufen am 16. Juni 2023.
22	Prutsch und Rodrigues-Moura, S. 141.
23	In dem 1933 erschienenen Buch *Herrenhaus und Sklavenhütte* (*Casa-Grande & Senzala*) beschreibt Freyre dieses Konzept der Rassendemokratie, das teilweise bis heute in Brasilien verbreitet ist.
24	Vgl. Prutsch und Rodrigues-Moura, S. 150.
25	Vgl. Webseite des US-Außenministeriums, https://www.state.gov/u-s-relations-with-brazil-2/, aufgerufen am 20. Juni 2023.
26	Während der Zeit des Nationalsozialismus und des Zweiten Weltkrieges leitete er in Berlin das sogenannte Eichmannreferat. Diese zentrale Dienststelle des Reichssicherheitshauptamtes (RSHA, mit dem Kürzel IV B 4) organisierte die Verfolgung, Vertreibung und Deportation von Juden und war mitverantwortlich für die Ermordung von schätzungsweise sechs Millionen Menschen im weitgehend vom NS-Staat besetzten Europa. Zu Eichmanns Leben und Wirken gibt es mannigfaltige Abhandlungen und sind zahlreiche Bücher erschienen.
27	Vgl. Taschwer, Klaus, „NS-Fluchthelfer: Der ‚braune Bischof' und die Rattenlinie", https://www.derstandard.de/story/2000114377607/ns-fluchthelfer-der-braune-bischof-und-die-rattenlinie, in: Der Standard, aufgerufen am 20. Juni 2023.
28	[Anm. d. Autors: Gerne hätte ich mit der Anima über die Aufarbeitung gesprochen. Nach einem ersten Telefonat und der Ankündigung, mir die Bibliothek gerne zeigen zu wollen, blieben weitere Kontaktversuche leider unbeantwortet.]
29	Klee, Ernst, „Persilscheine und falsche Pässe – Wie die Kirchen den Nazis halfen", Fischer, Frankfurt, 5. Auflage, 2005, S. 28.
30	Prutsch, Rodrigues-Moura, S. 163.
31	Abrufbar unter: https://www.ndr.de/geschichte/Dramatische-Historie-Shlomo-Der-Goldschmied-und-der-Nazi,shlomo104.html, aufgerufen am 10. Juli 2023.

13. Amazonien – Naturraum mit globaler Bedeutung

1	„Entwicklungen besorgniserregend: Feuerrekord im Amazonas", https://www.europeanscientist.com/de/artikel-der-woche/entwicklungen-besorgniserregend-feuerrekord-im-amazonas/, in: European Scientist, aufgerufen am 23. Juni 2023.
2	Vgl. Nöthen, Andreas, „Enger Berater Lulas erklärt, welche Folgen Bolsonaros Wiederwahl gehabt hätte", https://web.de/magazine/politik/enger-berater-lulas-erklaert-folgen-bolsonaros-wiederwahl-37452192, in: Web.de, aufgerufen am 23. Juni 2023.
3	Vgl. Mann, Charles C., „Amerika vor Kolumbus", Rowohlt Verlag, Hamburg, 2. Auflage 2018, S. 442
4	Vgl. Rostain, Stéphen, „Archäologie in Amazonien", in: Spektrum der Wissenschaft Kompakt, 11. September 2017, S. 5.

Anmerkungen

5   Vgl. Oliveira, Diego, „População amazônida chega a 29,6 milhões de pessoas em 2021", https://portalamazonia.com/noticias/populacao-amazonida-chega-a-29-6-milhoes-de-pessoas-em-2021, in: Portal Amazonica, aufgerufen am 22. Juni 2023.
6   „Die Zahlen stammen von dem Institut für Gesellschaft", Bevölkerung und Natur, (*Instituto sociedade, população e natureza, ISPN*), https://ispn.org.br/biomas/amazonia/povos-e-comunidades-tradicionais-da-amazonia/, aufgerufen am 26. Juni 2023.
7   Mann, Charles C., S. 440.
8   Vgl. Blakemore, Erin, „Präkolumbianische Zivilisation im Amazonas war deutlich größer als gedacht", https://www.nationalgeographic.de/geschichte-und-kultur/2018/03/praekolumbianische-zivilisation-im-amazonas-war-deutlich-groesser-als-gedacht, in: National Geographic, aufgerufen am 22. Juni 2023.
9   Vgl. Clement, Charles R. (et al.), „The Domestication of Amazonia before European conquest", in: Proceedings oft he Royal Society, Biological Sciences, Band 282, Ausgabe 1812, August 2015.
10 Vgl. Costa, Augusto Dala, „Evidências mostram que Amazônia pré-colonial tinha 10 milhões de habitante", https://canaltech.com.br/ciencia/evidencias-mostram-uma-complexa-amazonia-pre-colonial-com-10-milhoes-de-pessoas-234782/, in: Canaltech, aufgerufen am 22. Juni 2023.
11 Den Nachnamen „Nimuendajú" erhielt er von der Apapocuva-Untergruppe des Guaraní-Volkes, was so viel bedeutet wie "derjenige, der sich ein Zuhause geschaffen hat", nachdem er ein Jahr lang unter ihnen gelebt hatte. Als er 1922 die brasilianische Staatsbürgerschaft annahm, fügte er den Nimuendajú offiziell als einen seiner Nachnamen hinzu.
12 Lehmann, Johannes (Hg.), „Amazonian Dark Earths: Origin Properties Management", Springer, 2004, S. 23
13 Vgl. O Globo, Vídeo: ‚Amazônia é do Brasil, não é de vocês', disse Bolsonaro a jornalista inglês desaparecido, em 2019, https://oglobo.globo.com/brasil/noticia/2022/06/video-amazonia-e-do-brasil-nao-e-de-voces-disse-bolsonaro-a-jornalista-ingles-desaparecido-em-2019.ghtml, in: O Globo, aufgerufen am 3. Juli 2023.
14 Bartelt, Dawid Danilo, Konflikt Natur – Ressourcenausbeutung in Lateinamerika, Verlag Kauls Wagenbach Berlin, 2017, Lizenzausgabe für die Bundeszentrale für politische Bildung, S. 31.
15 Ibid.
16 In dieser Zeit kamen viele indigene Völker erstmals mit der so genannten Zivilisation in Berührung, woraufhin viele Völker einen Rückzug in die Isolation wählten, Vgl. Specht, S. 73.
17 Vgl. Der Spiegel, 46/1986, „In einer Randgesellschaft", https://www.spiegel.de/wirtschaft/in-einer-randgesellschaft-a-995c8760-0002-0001-0000-000013520853, in: Der Spiegel, aufgerufen am 9. Juni 2023.
18 Vgl. Busch, Alexander, „Volkswagen steht in Brasilien wegen Sklaverei auf seiner Farm im Amazonasgebiet am Pranger", https://www.nzz.ch/wirtschaft/brasilien-volkswagen-steht-am-pranger-wegen-sklaverei-ld.1686975, in: NZZ, aufgerufen am 9. Juli 2023.
19 Vgl. Almeida, N., und Oliveira, F. L., „Transamazônica Highway: the challenge of economic and social development / Auto-estrada Transamazônica: o desafio do desenvolvimento económico e social". Brazilian Journal of Development, 2021, 7(4), S. 37711.
20 Vgl. Brasil, Kátia und Farias, Elaíze, „Comissão da Verdade: ao menos 8,3 mil indígenas foram mortos na ditadura militar", https://amazoniareal.com.br/comissao-da-verdade-ao-menos-83-mil-indios-foram-mortos-na-ditadura-militar/, in: Amazonia Real, aufgerufen am 7. Juli 2023.

21   Vgl. Der Spiegel 44/1969, „Sie werden alle ausgerottet", 26. Oktober 1969, S. 102, https://www.spiegel.de/politik/sie-werden-alle-ausgerottet-a-501102a0-0002-0001-0000-000045520508?context=issue, in: Spiegel, aufgerufen am 6. Juli 2023.

22   Vgl. Nöthen, Andreas, „Brasilien: Parlament schwächt Recht der indigenen Völker deutlich", https://web.de/magazine/politik/brasilien-parlament-schwaecht-recht-indigenen-voelker-deutlich-38288210, in: web.de, aufgerufen am 7. Juli 2023.

23   Vgl. Madeiro, Carlos, „Amazônia concentra 77 % das mortes por conflito no campo em 10 anos no país", https://noticias.uol.com.br/colunas/carlos-madeiro/2022/06/11/amazonia-concentra-77-de-mortes-por-conflito-no-campo-em-10-anos-no-pais.htm, in: UOL, aufgerufen am 7. Juli 2023,

24   Human Rights Watch, Rainforest Mafias – How Violence and Impunity Fuel Deforestation in Brazil's Amazon, New York, 2019, S. 1

25   Als Garimpeiros bezeichnet man illegale Goldsucher, die in den Regenwald eindringen, sich Flächen aneignen und auf diesen, meist unter Missachtung jeglicher Umweltschutzminimalstandards nach Gold oder Edelsteinen suchen. Die Umweltfolgen, etwa der Eintrag von giftigem Quecksilber, ist verheerend. Jair Bolsonaros Politik unterstützte die Politik, vielleicht auch, weil er deren Situation aus eigener Erfahrung kannte. Ende der 1970er-Jahre machte er sich selbst auf in die *Serra Pelada*, im Bundesstaat Pará, um dort nach Gold zu suchen (vgl. Nöthen, A., Bulldozer Bolsonaro, S. 60 f.) Zur damaligen Zeit erlebte die Region den größten Goldrausch, den Lateinamerika in der Neuzeit erlebte. Zigtausende schürften damals in der Hoffnung auf schnellen Reichtum nach Gold. Dokumentiert wurde diese Zeit in dem atemberaubenden Fotobildband *Gold* des Fotografen Sebastião Salgado.

26   Vollständiger Gesetzestext unter: http://www.planalto.gov.br/ccivil_03/_ato2007-2010/2007/lei/l11516.htm, aufgerufen am 9. Juli 2023.

27   Der Spiegel, Drogenboss soll hinter Doppelmord im Amazonasgebiet stecken, https://www.spiegel.de/panorama/justiz/brasilien-dom-phillips-und-bruno-pereira-drogenboss-soll-hinter-doppelmord-im-amazonasgebiet-stecken-a-cef88637-2813-4b31-bb37-7abae9e5ee14, in: Spiegel.de, aufgerufen am 27. Oktober 2023.

28   Vgl. UOL, „Não quero transformar a Amazônia em um santuário da humanidade, diz Lula ..." https://noticias.uol.com.br/meio-ambiente/ultimas-noticias/redacao/2023/04/10/nao-quero-transformar-amazonia-santuario-humanidade-lula.htm?, in: UOL, aufgerufen am 10. Juli 2023.

29   Vgl. UOL, Amazônia em pé vale sete vezes mais que exploração ilimitada, https://noticias.uol.com.br/meio-ambiente/ultimas-noticias/deutschewelle/2023/05/10/amazonia-em-pe-vale-sete-vezes-mais-que-exploracao-ilimitada.htm?, in: UOL, aufgerufen am 25. August 2023.

30   Vgl. Glüsing, Jens, Sarkozys Häscher machen Jagd auf Goldgräber, https://www.spiegel.de/wirtschaft/franzoesisch-guayana-sarkozys-haescher-machen-jagd-auf-goldgraeber-a-541945.html, in: Spiegel, aufgerufen am 31. Januar 2024.

31   Glüsing, Jens, Das Guayana-Projekt, Christoph Linke Verlag, Berlin, 2008, S. 218

32   Zwischen diesen beiden Staaten kam es kurz darauf sogar zu außenpolitischen Spannungen, als Venezuelas Präsident Nicolas Maduro Anfang Dezember 2023 ein Referendum abhalten ließ, in dem es darum ging, ob die weitgehend unbewohnte aber rohstoffreiche Provinz Essequibo im westen Guyanas von Venezuela annektiert werden soll.

33   Vgl. Costa,Mariana, Lula diz que Amazônia é para gerar riqueza e não só ser "um santuário", https://www.metropoles.com/brasil/lula-diz-que-amazonia-e-para-gerar-riqueza-e-nao-so-ser-um-santuario, in: Metropoles, aufgerufen am 1. September 2023.

34   Vgl. Gaspar, Malu und Moura, Rafael Moraes, arecer da AGU dá a Lula saída para liberar exploração de petróleo na Foz do Amazonas, https://oglobo.globo.com/economia/noticia/

2023/08/08/parecer-da-agu-da-a-lula-saida-para-liberar-exploracao-de-petroleo-na-foz-do-amazonas.ghtml, in: Globo, aufgerufen am 3. September 2023.
35 Vgl. Fischermann, Thomas, Wollt ihr den Wald, müsst ihr bezahlen, in: Zeit, Nr. 35, 17. August 2023, S. 19.
36 Ibid.
37 Vgl. León, Lucas Pordeus, Dinamarca pode doar R$ 110 milhões para Fundo Amazônia, https://agenciabrasil.ebc.com.br/geral/noticia/2023-08/dinamarca-pode-doar-r-110-milhoes-para-fundo-amazonia, in: Agencia Brasil, aufgerufen am 1. September 2019.

Ausgewählte Literatur

Ein detailliertes Verzeichnis finden Sie im Zusatzmaterial online unter
https://dl.kohlhammer.de/978-3-17-043773-9

Alencar, Bruno Holanda Moura, Castor de Andrade e o Jogo do Bicho: Um ensaio sobre violência urbana na cidade do Rio de Janeiro, Universidade Federal Fluminense, 2017.
Almeida, Silvio, Racismo Estrutural, Editora Jandaira, São Paulo, 2019.

Bartelt, Dawid Danilo, Konflikt Natur – Ressourcenausbeutung in Lateinamerika, Verlag Klaus Wagenbach Berlin, 2017, Lizenzausgabe für die Bundeszentrale für politische Bildung.
Behringer, Wolfgang, Tambora und das Jahr ohne Sommer, dtv, 2018.
Brum, Eliane, Banzeiro Okòtó – The Amazon as the Centre of the World, Indigo Press, London, 2023.
Buarque da Holanda, Sérgio, Die Wurzeln Brasiliens, Suhrkamp, Frankfurt, 1. Auflage, 2013.

Campos Mello, Patricia, A Machina de Odio, Companhia das Letras, São Paulo, 2020
Cano, Ignacio und Santos, Nilton, Violencia letal, renda e disigualidade no Brasil, 2. Auflage, 7 Letras, Rio de Janeiro, 2007.
Carneiro, Maria Luiza Tucci, Weltbürger – Brasilien und die jüdischen Flüchtlinge 1933-1948, deutsche Ausgabe, Lit Verlag, Berlin, 2014.
Chazkel, Amy, Laws of Chance – Brazil's Clandestine Lottery and the Making of Urban Public Life, Duke University Press, London 2011.
Cunha, Eduardo, Tchau, Querida! O diário do impeachment, São Paulo, Matrix, 2021.

Da Empoli, Giovanni, Ingenieure des Chaos, Karl Blessing Verlag, Verlagsgruppe Random House, Berlin, 2020.
Da Empoli, Giuliano, Ingenieure des Chaos, Random House, München, 1. Auflage 2020.
Davis, Mike, Die Geburt der Dritten Welt – Hungerkatastrophen und Massenvernichtung im imperialistischen Zeitalter, Assoziation A, Berlin, 2001.
De la Fontaine, Dana und Stehnken, Thomas (Hg.) Das politische System Brasiliens, VS Verlag, Wiesbaden, 2012.
De la Fontaine, Dana und Stehnken, Thomas (Hg.), Das politische System Brasiliens, VS Verlag/Springer, Wiesbaden, 2012.
Dietrich, Ana Maria, Nazismo Tropical? O partido nazista no Brasil, Doktorarbeit, Universidade de São Paulo, Januar, 2007.
Dip, Andrea, Em nome de quem?, Civilização Brasileira, Rio de Janeiro, 2018.

Eckert, Andreas, Geschichte der Sklaverei – Von der Antike bis ins 21. Jahrhundert, Schriftenreihe der Bundeszentrale für politische Bildung, Bonn, 2022.

Fausto, Boris, História do Brasil, Editora da universidade São Paulo, Sao Pãulo, 14. Auflage, 2015.

Glenny, Misha, O Dono do Morro – Um Homem a a Batalha pelo Rio, Companhia das Lettras, São Paulo, 2015.
Glüsing, Jens, Das Guayana-Projekt, Christoph Linke Verlag, Berlin, 2008.
Goñi, Uki, Odessa – Die wahre Geschichte. Fluchthilfe für NS-Kriegsverbrecher, Assoziation A, Hamburg, Berlin, 5. Auflage, 2006.

Jupiara, Aloy und Otávio, Chico, Os porões da contravenção: Jogo do bicho e Ditadura Militar: a história da aliança que profissionalizou o crime organizado, Record, 1. Ausgabe, Sao Paulo, 2015.

Klee, Ernst, Persilscheine und falsche Pässe – Wie die Kirchen den Nazis halfen, Fischer, Frankfurt, 5. Auflage, 2005.
Klumpp, Dietmar (Hg.), Transformation von Rechtssystemen in Brasilien, Springer, Wiesbaden, 2014.

Lehmann, Johannes (Hg.), Amazonian Dark Earths: Origin Properties Management, Springer, 2004.
Lemke, Thomas, Biopolitik zur Einführung, Junis, Hamburg, 2007.

Mann, Charles C., Amerika vor Kolumbus, Rowohlt Verlag, Hamburg, 2. Auflage 2018.
Meggers, Betty, Amazonia: Man and Culture in a Counterfeit Paradise, Erstausgabe 1971, Smithsonian Institution Scholarly Press; Washington DC, Revised Edition, 17. Juli 1996.
Moritz Schwarcz, Lilia, Brazilian Authoritarianism – Past and Present, Princeton University Press, New Jersey, 2022.
Moura, Mauricio/Corbellini, Juliano: A eleição disruptiva – por que Bolsonaro venceu, Editora Record LTDA, Rio de Janeiro, 2019.

Nascimento, Gilberto, O Reino – A história de Edir Macedo e uma radiografia da Igreja Universal, Companhia das Letras, São Paulo, 2019.
Netto, Vladimir, Lava Jato, GMT Editores, Rio de Janeiro, 2016.
Neves, Flavio Menna Barreto und Zanatta Marchesini, Eliane, Traços de Koeler – A origem de Petrópolis a partir da Planta de 1846, Globalmídia Comunicação, Petrópolis, 2016.
Nöthen, Andreas, Bulldozer Bolsonaro – Wie ein Populist Brasilien ruiniert, Chr. Links Verlag, Berlin, 2020.
Nöthen, Andreas, Luiz Inácio Lula da Silva – Eine politische Biografie, Mandelbaum Verlag, Wien, 2022.

Paes Manso, Bruno, A República das Milícias, São Paulo, 2020.
Paes Manso, Bruno, Nunes Dias, Camila, A Guerra – A Ascensão do PCC e o Mundo do Crime no Brasil, 6. Auflage, Todavia, São Paulo, 2021.
Parker, Phyllis R., Brazil and the Quiet Intervention, 1964, University of Texas Press, Austin, 1979.
Peri Guedes, Marco Aurélio, Estado e Ordem Economica e Social – A experiancia constitucional da República de Weimar e a Constituição Brasiliera de 1934.
Pohlai, Leandra A. und Schulz-Grobert, Jürgen (Hg.), Hans Staden – Seit Werk, seine Zeit, seine Wirkung, Cuvillier Verlag, Göttingen, 2017.
Prengaman, Peter und Savarese, Mauricio, Dilma's Downfall, Associated Press, New York, 2021.
Prutsch, Ursula und Rodrigues-Moura, Enrique, Brasilien – Eine Kulturgeschichte, Bundeszentrale für politische Bildung, Bonn, 2014.
Prutsch, Ursula, Leopoldine von Habsburg, Molden, Wien/Graz, 2022.

Ramalho, Sergio, Decaído: A história do capitão do Bope Adriano da Nóbrega e suas ligações com a máfia do jogo, a milícia e o clã Bolsonaro, Matrix, São Paulo, 2024.
Revkin, Andrew C., Chico Mendes – Tod im Regenwald, List Verlag, München, 1990.
Richter, Frederik, Geheimsache Korruption – Wie die deutsche Schmiergeldindustrie weltweit die Demokratie verrät, Correctiv, Essen, 2020.

Sachslehner, Johannes, Hitlers Mann im Vatikan. Bischof Alois Hudal. Ein dunkles Kapitel in der Geschichte der Kirche, Molden, Wien 2019.
Sands, Philippe, Die Rattenlinie – ein Nazi auf der Flucht, deutsche Ausgabe, Fischer, Frankfurt, 2022.
Skidmore, Thomas, Brazil – Five Centuries of Change, Oxford University Press, New York/Oxford, 1999.
Sodré, Muniz, O fascismo da cor: uma radiografia do racismo nacional, Editora Vozes, São Paulo, 2019.
Specht, Martin, Amazonas – Gefahr für die grüne Lunge der Welt, Christoph Links Verlag, Berlin, 2020, Sonderausgabe für die Bundeszentrale für politische Bildung, Bonn, 2020.
Strobl, Natascha, Radikalisierter Konservatismus, Suhrkamp, Frankfurt, 2021.
Stuenkel, Oliver, Post Western World, Polity Press, Cambridge, United Kingdom, 2016.

Trespach, Rodrigo, 1824, LaYa Brasil, São Paulo, 2019.

Zahn, Walter, Auswanderer aus den Viertälern, Verein für die Geschichte der Stadt Bacharach, 2. Auflage, 2013.
Zweig, Stefan, Brasilien – Land der Zukunft, Insel Verlag Berlin, 2. Auflage, 2013. Erstmals erschienen 1941 im Bermann-Fischer Verlag AB, Stockholm.

Abkürzungsverzeichnis

AD	*Asembleia de Deus*, pfingstkirchliche Glaubensgemeinschaft
ADA	*Amigos dos Amigos*, Drogenkartell
BOPE	*Batalhão de Operações Policiais Especiais*, Spezialeinsatzkommando der Polizei
CAN	*Comunidad Andina de Naciones*, Gemeinschaft der Andenstaaten
CCB	*Congregação Cristão no Brasil*, Glaubensgemeinschaft
CDE	*Conta de Desenvolvimento Energético*, -Stromumlage
CDM	Clean Development Mechanism, Mechanismus für umweltverträgliche Entwicklung
CESeC	Zentrum für Studien zur Sicherheit und Bürgerschaft
CIC	*Counter Intelligence Corps*, US-amerikanischer Auslandsgeheimdienst
CIESP	*Centro das Indústrias do Estado de São Paulo*, Interessensvertretung der Industrie
CNI	*Confederação Nacional da Indústria*, Nationaler Industrieverband
CNP	*Conselho nacional de Petróleo*, nationaler Erdölrat
CLT	*Consolidação das Leis do Trabalho*, Arbeitsgesetz
CPI	*Corruption Perceptions Index*, Korruptions-Wahrnehmungsindex
CPT	*Comissão Pastoral da Terra*, Kommission der Landpastorale
CPMI	*Comissão Parlamentar Mista de Inquérito*, Parlamentarischer Untersuchungsausschuss, vgl. CPI
CV	*Comando Vermelho*, Rotes Kommando, größtes Drogenkartell in Rio de Janeiro
ENCCLA	*Estratégia Nacional de Combate à Corrupção e à Lavagem de Dinheiro*, Maßnahmen der nationalen Strategie zur Bekämpfung von Korruption und Geldwäsche
ESS	Europäische Sicherheitsstrategie
EUA	*Esdatos Unidos Americanos*, portugiesische Abkürzung für USA
Faturd	*Faculdade Teológica Universal do Reino de Deus*, Theologische Fachhochschule der Universalkirche
FBSP	*Fórum Brasileiro de Segurança Pública*, Brasilianisches Forum für öffentliche Sicherheit
FIESP	*Federação das Indústrias do Estado de São Paulo*, Industrieverband des Bundesstaats São Paulo
FDN	*Familia do Norte*, Drogengang
FGV	*Fundação Getúlio Vargas*, Getúlio Vargas Stiftung
Funai	*Fundação Nacional do Índio*, Indigenenschutzbehörde
FUNPEN	*Fundo Penitenciário Nacional*, Nationaler Finanzierungsfonds für den Strafvollzug

FPE	*Frente Parlamentar Evangélica*, parlamentarische evangelikale Front
GASP	Gemeinsame Außen- und Sicherheitspolitik
G.R.E.S. Portela	*Grêmio Recreativo Escola de Samba Portela*, Freizeitverein Sambaschule Portela
IBAMA	*Instituto Brasileiro do Meio Ambiente e dos Recursos Naturais Renováveis*, Umweltschutzbehörde
IBAD	*Instituto Brasileiro de Ação Democrática* , konservativer Thinktank mit dem Ziel, die Ausbreitung des Kommunismus zu verhindern
IBDFAM	*Instituto Brasileiro de Direito de Família*, Brasilianisches Institut für Familienrecht
IBDR	*Instituto Brasileiro de Direito e Religião*, rechtskonservativer religiöser Thinktank
IBGE	*Instituto Brasileiro de Geografia e Estatística*, brasilianisches statistisches Bundesamt
IBPT	*Instituto Brasileiro de Planejamento e Tributação*, Brasilianisches Institut für Planung und Steuern
IBSA	Indien, Brasilien, Südafrika, vgl. BRICS: Brasilien, Russland, Indien, China, Südafrika
IPEA	*Instituto de Pesquisa Economica Aplicada*, Forschungsinstitut für angewandte Wirtschaftswissenschaft
IPI	*Imposto sobre Produtos Industrializados*, Industrieproduktionssteuer
IU	*Igreja Universal*, Universalkirche, pentekostalische Glaubensgemeinschaft, auch IURD, *Igreja Universal do Reino do Deus*
MINUSTAH	französisch: *Mission des Nations Unies pour la stabilisation en Haïti*, war eine Friedensmission der Vereinten Nationen in Haiti.
PAC	*Programa de Aceleração do Crescimento*, staatliches Wirtschaftsförderungsproramm ab 2007-2010 und PAC II ab 2010
PCC	*Primeiro Comando do Capital*, Erstes Kommando der Hauptstadt, Verbrechensorganisation
PF	*Policia Federal*, Bundespolizei
PIN	*Programa da Intergração Nacional*, Nationales Integrationsprogramm
PL	*Partido Liberal*, politische Partei
PM	*Policia Militar*, Militärpolizei
PND	*Plano Nacional de Desenvolvimento*, nationaler Entwicklungsplan
(P)MDB	*Movimento Democrático Brasileiro*, brasilianische Freiheitsbewegung, politische Partei

Abkürzungsverzeichnis

PP	*Partido Progressista*, politische Partei
PRONAPABA	*Pesquisas Arqueológicas na Bacia Amazônica*, archäologisches Forschungsprogramm im Amazonasbecken
PSDB	*Partido da Social Democracia Brasileira*, politische Partei, im Volksmund auch *Tucanos* (Die Tukane) genannt
PSL	*Partido Social Liberal*, politische Partei
PT	*Partido dos Trabalhadores*, Arbeiterpartei
SUDAM	*Superintendência do Desenvolvimento da Amazônia*, Aufsichtsbehörde für die Entwicklung des Amazonasgebiets
SPVEA	*Superintendência do Plano de Valorização Econômica da Amazônia* Oberaufsicht über den Plan zur wirtschaftlichen Aufwertung des Amazonasgebiets
TCU	*Tribunal de Contas da União*, Bundesrechnungshof
UFC	United Fruit Company
UFRJ	Bundesuniversität von Rio de Janeiro
UFSP	Bundesuniversität von São Paulo
UNASUR	*União das Nações Sul-Americanas*, Union Südamerikanischer Nationen
SPF	*Sistema Penitenciário Federal*, Bundesgefängnissystem
SUS	*Sistema Único de Saúde*, staatliches Gesundheitssystem
STE	*Supremo Tribunal Eleitoral*, Oberster Wahlgerichtshof
STF	*Supremo Tribunal Federal*, Oberster Gerichtshof
STJ	*Superior Tribunal da Justiça*, Oberster Gerichtshof der Justiz
TCU	*Tribunal de Contas da União*, Bundesrechnungshof
TC	*Terceiro Comando*, Drittes Kommando, Drogenkartell
UPP	*Unidade de Polícia Pacificadora*

Abbildungsverzeichnis

Abb. 1 Daten: https://www.bbc.com/portuguese/brasil-63115390.amp, eigene Zusammenstellung 25
Abb. 2 w:User:Captainjacksparrow, Public domain, via Wikimedia Commons. https://commons.wikimedia.org/wiki/File:Josewdw.jpg 48
Abb. 3 Foto: Andreas Nöthen 73
Abb. 4 Instituto de Estudos da Religião, https://iser.org.br/ 92
Abb. 5 Instituto de Estudos da Religião, https://iser.org.br/ 94
Abb. 6 Foto: Andreas Nöthen 97
Abb. 7 https://data.worldbank.org/indicator/SI.POV.GINI?locations=ZA%26most_recent_value_desc=true-BR, CC-BY-4.0, https://creativecommons.org/licenses/by/4.0/ 98
Abb. 8 Instituto Brasileiro de Geografia e Estatística (IBGE), https://educa.ibge.gov.br/jovens/materias-especiais/21311-quilombolas-no-brasil.html 107
Abb. 9 Ramos, Silvia et al., „Pele-alvo: A Cor da Violência Policial", Rio de Janeiro: CESeC, dezembro de 2021, S. 9. https://cesecseguranca.com.br/wp-content/uploads/2021/12/RELATORIO_REDE-DE-OBS_cor-da-violencia_dez21_final.pdf 112
Abb. 10 Fogo Cruzado, Pista News, Disque Denúncia, *Grupo de Estudos dos Novos Ilegalismos* (Geni/UFF), Nev/USP, Okt. 2020. https://geni.uff.br/2021/03/26/mapa-dos-grupos-armados/ 131
Abb. 11 Goulart Silva, Meira (et al.), Do Leme a Santa Cruz: a territorialização eleitoral de Jair Bolsonaro no município do Rio de Janeiro, in: Opinião Publica, Zeitschrift des Centro de estudos de opinião publica (CESOP) an der Universität von Campinas, Band 28, Nr. 1, Januar 2022, S. 116. https://www.redalyc.org/articulo.oa?id=32971992004 137
Abb. 12 Heinrich-Böll-Stiftung, https://www.boell.de/de/2021/01/08/factsheet-zu-abholzung-amazonien, CC-BY-SA 4.0, https://creativecommons.org/licenses/by-sa/4.0/deed.de 203